KB055454

—

독일의
사회통합과
새로운 위험

—

이 도서의 국립중앙도서관 출판예정도서목록(CIP)은 서지정보유통지원시스템 홈페이지(http://seoji.
nl.go.kr)와 국가자료공동목록시스템(http://www.nl.go.kr/kolisnet)에서 이용하실 수 있습니다.
(CIP제어번호: CIP2017025445)

독일의 사회통합과 새로운 위험

*The Social Integration and
New Risks of Germany*

한 독 사 회 학 자 들 의 눈 으 로 본 독 일 사 회

홍찬숙·차명제·전태국·이종희
이승협·노진철·김주일 지음

한울
아카데미

차 례

일러두기

독일은 내각책임제를 실시하는 국가로 독일에서의 '총리(Kanzler)'는 대통령 책임제를 바탕으로 하는
한국에서의 '국무총리'와는 역할이 다릅니다. 이 책에서는 한국의 국무총리와 구분할 수 있게 '수상'으
로 표기했습니다.

서문

　근년에 독일 대학의 초청을 받아 강의하면서 라이프치히Leipzig와 바이마르Weimar를 비롯하여 동독 지역을 두루 여행하는 기회를 가졌다. 이 여행에서 독일의 위력을 실감할 수 있었다. 통일 직후의 황폐한 모습은 불과 20여 년 만에 사라지고 왕년의 아름다운 모습이 완연하게 복구되어 있었다. 우리나라가 어떤 철없는 자의 방화로 어처구니없게 불타버린 국보 1호 숭례문을 복원하는 데 보여준 온갖 무능과 비교되었다. 또 하나 인상적인 것은 동독 지역의 고속도로, 철도, 통신망 등 인프라 재건을 위해 엄청난 천문학적 금액이 투입되었지만, 횡령이나 비리 스캔들 없이 재건 사업이 깨끗이 실행되었다는 점이다. 이것도 방탄복, 잠수함, 헬기 등 첨단무기 도입에서 벌어진 우리나라의 각종 방위 사업 비리, 최근에 온 국민을 망연자실하게 만든 전대미문의 기괴한 '최순실 국정농단'과 비교된다.

　최근 한국 사회는 급격한 변혁기를 겪으면서 독일을 새삼 주목하고 있다. 독일은 분단된 국가의 시민들에게 통합의 선망을 불러일으킬 만큼 풍요롭고 정의로운 사회 발전을 이루었다. 국제정치의 양대 축인 미국과 소련을 달래고 이웃 나라 프랑스와 영국의 의심을 잠재우고 마침내 평화통일을 달성해서만이 아니다. 통일 사반세기가 지난 오늘, 독일은 세계의 선진국 중에서 유일하게 중단 없이 경제성장을 보이는 나라이다. 미국과 일본이 경제 위기에 빠져 허덕였고 지금도 헤어나지 못하고 있는 데 비해, 독일은 세계경제가 위기로 치달았던 2007년과 2008년에 세계 1위의 수출 대국으로 부상했고, 오늘에는 중국과 미국에 이어 세계 3위의 경제 대국으로 성장했다. 또한 독일은 주요 사회지표에서 세계의 선두를 달리고 있다. 유엔개발계획UNDP이 2016년에 발표한 '인간개발지수HDI: human development index'에서 세계 4위를 차지했고, 국제투명성기구 Transparency International가 2016년에 발표한 '부패인식지수'에서는 10위를, 국경없는기자회Reporters Without Borders가 2017년에 발표한 '언론자유지수'에서는 16위를 차지했다. 이 모든 사회지표에서 독일은 주요 경쟁국인 미국, 영국, 프랑스, 일본보다 앞서 있다.

또한 독일은 '중앙주의'를 탈피하고 있다. 대부분의 나라에서는 수도가 그 나라의 부의 중심이다. 서울도 그렇고 런던도 그렇고 파리도 그렇고 동경도 그렇다. 그러나 베를린은 전혀 그렇지 않다. 최근에 쾰른Köln의 독일경제연구소DIW가 '수도가 빠지면 그 나라의 1인당 소득이 얼마나 바뀌는가'를 분석한 재미난 연구결과를 발표했다. 그리스는 아테네가 빠지게 되면 1인당 국민소득이 19.9% 감소하고, 파리 없는 프랑스는 15.0% 감소하고, 프라하 없는 체코는 14.2% 감소하고, 런던 없는 영국은 11.2% 감소하고, 마드리드 없는 스페인은 6.0% 감소한다. 이에 반해, 독일은 베를린이 빠지면 오히려 0.2% 증가한다(*Die Welt*, 2016.8.23). 또하나 독특한 것은 국회, 헌법재판소, 대법원, 중앙은행 등 중요 국가기관이 수도 서울에 모여 있는 한국과는 달리 독일에서는 분산되어 있다는 점이다. 국회는 베를린에, 헌법재판소와 연방대법원은 칼스루에Karlsruhe

에, 중앙은행은 프랑크푸르트Frankfurt am Main에 있다. 독일의 이러한 '분산주의'는 대규모 국가적 기념행사에서도 나타난다. 이를테면 2015년 10월 3일 독일 통일 25주년을 기념하여 대통령, 수상, 국회의장, 헌법재판소장이 모두 참석하는 국가적 기념식이 베를린이 아니라 프랑크푸르트에서 개최되었다. 삼일절, 광복절 등 모든 중요한 국가적 기념식이 언제나 수도 서울에서만 열리는 우리와는 사뭇 대조적이다.

독일이 주목받는 더욱 중요한 이유는 '사회적 정의'와 '사회적 안전'을 국가의 기본 의무로 하는 '사회국가'를 모범적으로 실현하고 있기 때문이다. 독일 기본법 20조 1항은 독일연방공화국을 "민주적이고 사회적인 연방국가"라고 규정하고 있다. 사회국가는 품위 있는 삶을 보장하고, 빈곤과 싸우고, 기회균등을 조성하고, 노령 소득을 보증하고, 실업의 위험을 최소화하고, 질병, 돌봄, 육아에 재정을 지원하는 것을 목표로 한다. 독일은 세계 최초로 19세기에 이미 '질병보험'(1883년), '재해보험'(1884년), '노령 및 폐질보험'(1889년)을 실시했다. 제1차 세계대전 후에는 '중상장애자보호Schwerbeschäigtenschutz'(1919년)와 '실업자보험'(1927년)을 실시했고, 통일 후에는 노인 돌봄을 위한 '개호보험Pflegeversicherung'(1995년)을 실시했다. 사회국가 이념과 일치하여 아동 수당, 유아 양육비, 주택 수당을 지불할 뿐만 아니라, 대학까지 수업료가 없는 독일은 오늘날 사회 불평등 해소에서 세계의 모범국이 되고 있다. 최근 ≪슈피겔Der Spiegel≫이 독일 사회에서 빈부 격차가 심화되고 있고, 하층에서 상층으로 사회이동에 성공한 사람이 드물며, 이러한 양극화와 사회 분열이 독일의 성장과 번영을 위협하고 있다는 우려를 나타냈지만(*Der Spiegel*, 2016.3.12), 정작 독일은 소득 불평등이 OECD 국가들 중에서 매우 낮은 나라에 속한다. 다음 페이지에 첨부하는 '사회지표로 본 한국과 독일의 위상'은 이를 증명한다.

사회지표로 본 한국과 독일의 위상

세계 10대 수출국(2016)   (단위: 억, 미 달러)

순위	국가	수출액
1	중국	2,098.16
2	미국	1,454.61
3	독일	1,339.65
4	일본	644.93
5	네덜란드	569.71
6	홍콩	516.73
7	프랑스	501.26
8	한국	495.43
9	이탈리아	461.52
10	영국	409.43

자료: https://de.statista.com/statistik/daten/studie/37013/umfrage/ranking-der-top-20-exportlaender-weltweit

인간개발지수(2015)

순위	국가	인간개발지수
1	노르웨이	0.949
2	스위스 / 호주	0.939
4	독일	0.926
5	덴마크 / 싱가포르	0.925
7	네덜란드	0.924
10	미국 / 캐나다	0.920
16	영국	0.909
17	일본	0.903
18	한국	0.901
21	프랑스	0.897
26	이탈리아	0.887
27	스페인	0.884

자료: UNDP(2016).

부패인식지수(2016)

순위	국가	부패인식지수
1	덴마크	90
1	뉴질랜드	90
3	핀란드	89
4	스웨덴	88
5	스위스	86
10	독일 / 영국	81
18	미국	74
20	일본	72
23	프랑스	69
52	한국	53
60	이탈리아	47
174	북한	12
176	소말리아	10

자료: Transparency International(2016).

언론자유지수(2017)

순위	국가	언론자유
1	노르웨이	7.60
2	스웨덴	8.27
3	핀란드	8.92
4	덴마크	10.36
5	네덜란드	11.28
16	독일	14.97
39	프랑스	22.24
40	영국	22.26
43	미국	23.88
63	한국	27.61
72	일본	29.44
176	중국	77.66
180	북한	84.98

자료: Reporters Without Borders(2017).

1인당 국민소득(2015)

(단위: 미 달러)

OECD 역내 순위	국가	1인당 국민소득
1	룩셈부르크	66,392.6
2	노르웨이	65,151.5
3	스위스	63,930.3
4	미국	57,493.9
5	아일랜드	54,580.0
9	독일	49,043.4
16	일본	42,279.0
17	프랑스	41,670.6
18	영국	41,205.1
19	이탈리아	37,048.3
22	한국	34,729.7
33	터키	24,036.9
34	칠레	22,452.5
35	멕시코	17,382.7

자료: OECD(2017a).

소득 배율(가처분소득 상위 20%/하위 20%, 2014)

OECD 역내 순위	국가	소득 배율
1	덴마크 / 아이슬란드	3.6
3	슬로베니아 / 체코 / 핀란드	3.7
6	노르웨이 / 슬로바키아	3.9
8	벨기에 / 스웨덴 / 오스트리아	4.1
12	독일	4.4
13	프랑스 / 헝가리	4.5
21	한국*	5.7
23	이탈리아 / 포르투갈	5.9
24	영국	6.0
29	일본*	6.1
30	스페인	6.6
33	미국	8.7
34	멕시코	10.4
35	칠레*	10.6

주: 한국은 2011년, 일본은 2012년, 칠레는 2013년 기준임.
자료: https://stats.oecd.org/Index.aspx?DataSetCode=IDD

지니계수(가처분소득, 세후, 2014)

OECD 역내 순위	국가	지니계수
1	아이슬란드	0.246
2	슬로바키아	0.247
3	슬로베니아	0.251
4	덴마크	0.256
5	노르웨이 / 체코 / 핀란드	0.257
13	독일	0.289
14	스위스 / 프랑스	0.297
18	한국	0.302
23	일본*	0.330
30	영국	0.356
31	이스라엘	0.365
32	미국	0.394
34	멕시코	0.459
35	칠레*	0.465

주: 일본은 2012년, 칠레는 2013년 기준임.
자료: https://stats.oecd.org/Index.aspx?DataSetCode=IDD

빈곤율(빈곤선 50%, 2014)

OECD 역내 순위	국가	세후 빈곤율
1	덴마크	0.055
2	체코	0.059
3	아이슬란드	0.065
4	핀란드	0.068
5	네덜란드	0.077
6	노르웨이 / 룩셈부르크	0.081
8	프랑스	0.082
15	독일	0.095
19	영국	0.105
25	한국	0.144
26	그리스	0.148
29	일본*	0.161
34	미국	0.175
35	이스라엘	0.186

주: 일본은 2012년 조사임.
자료: https://stats.oecd.org/Index.aspx?DataSetCode=IDD

세전과 세후의 빈곤율 차이(2014)

OECD 역내 순위	국가	세전과 세후의 빈곤율 차이	세전 빈곤율	세후 빈곤율
1	아일랜드	0.294	0.386	0.092
2	프랑스	0.276	0.358	0.082
3	핀란드	0.264	0.332	0.068
4	헝가리	0.247	0.348	0.101
5	벨기에	0.245	0.336	0.091
6	독일	0.238	0.333	0.095
14	이탈리아	0.201	0.338	0.137
16	영국	0.191	0.296	0.105
19	일본*	0.167	0.328	0.161
29	미국	0.097	0.272	0.175
30	스위스	0.060	0.159	0.099
33	한국	0.027	0.171	0.144
34	터키	0.021	0.194	0.173
35	칠레*	0.019	0.180	0.161

주: 일본은 2012년, 칠레는 2015년 조사임.
자료: https://stats.oecd.org/Index.aspx?DataSetCode=IDD

66세 이상 노인 빈곤율(2014)

OECD 역내 순위	국가	66세 이상 노인 빈곤율
1	네덜란드	0.031
2	덴마크	0.032
3	프랑스	0.036
4	체코	0.037
5	슬로바키아	0.038
18	이탈리아	0.093
19	독일	0.095
24	영국	0.131
27	일본*	0.190
29	미국	0.210
33	호주	0.257
34	라트비아	0.265
32	한국	0.488

주: 일본은 2012년 조사임.
자료: https://data.oecd.org/inequality/poverty-rate.htm#indicator-chart

취업률(2016) (단위: %)

OECD 역내 순위	국가	취업률
1	아이슬란드	86.5
2	스위스	80.8
3	스웨덴	76.2
4	뉴질랜드	75.6
5	네덜란드 / 덴마크	74.8
7	독일	74.7
8	일본	74.4
10	영국	73.5
16	미국	69.4
21	한국	66.1
28	프랑스	64.2
33	이탈리아	57.3
34	그리스	52.0
35	터키	50.6

자료: OECD(2017b).

청년 실업률(15~24세, 2016) (단위: %)

OECD 역내 순위	국가	청년 실업률
1	일본	5.2
2	아이슬란드	6.5
3	독일	7.0
4	멕시코	7.7
5	스위스	8.4
7	미국	10.4
9	한국	10.7
16	영국	13.0
31	프랑스	24.6
32	포르투갈	27.9
33	이탈리아	40.3
34	스페인	44.5
35	그리스	47.4

자료: OECD(2017c).

NEET 청년(취업, 교육, 훈련 등의 활동이 없는 20~24세 청년) 비율(2015)　　　(단위: %)

OECD 역내 순위	국가	NEET 청년 비율
1	아이슬란드	6.6
2	네덜란드	8.8
3	독일 / 룩셈부르크	9.3
5	일본*	10.1
17	영국	15.6
18	미국	15.8
28	프랑스	20.9
30	한국*	22.2
31	멕시코	25.3
32	스페인	27.2
33	그리스	28.1
34	터키	33.2
35	이탈리아	33.9

주: 한국은 2013년, 일본은 2014년 자료임.
자료: OECD(2017d).

성불평등지수(2015)

순위	국가	성불평등 지수
1	스위스	0.040
2	덴마크	0.041
3	네덜란드	0.044
4	스웨덴	0.048
5	아이슬란드	0.051
9	독일	0.066
10	한국	0.067
16	이탈리아	0.085
19	프랑스	0.102
21	일본	0.116
28	영국	0.131
43	미국	0.203
65	칠레	0.322
69	터키	0.328
73	멕시코	0.345

자료: UNDP(2016).

국회 여성의원 비율(2015)

(단위: %)

OECD 역내 순위	국가	국회 여성의원 비율
1	스웨덴	43.6
2	벨기에	42.4
3	핀란드	41.5
4	아이슬란드	41.3
5	멕시코	40.6
9	독일	36.9
14	이탈리아	30.1
20	영국	26.7
22	프랑스	25.7
28	미국	19.5
31	한국	16.3
32	칠레	15.8
33	터키	14.9
34	일본	11.6
35	헝가리	10.1

자료: http://hdr.undp.org/sites/default/files/2016_human_development_report.pdf

중앙정부 신뢰도(2014~2015)

(단위: %)

OECD 역내 순위	국가	중앙정부 신뢰도
1	스위스	79
2	룩셈부르크	69
3	독일	63
4	뉴질랜드	62
5	노르웨이	59
15	영국	46
21	일본	38
23	미국	35
25	프랑스	33
27	한국	28
31	멕시코 / 이탈리아	26
33	포르투갈	22
34	폴란드	21
35	슬로베니아	20

자료: http://hdr.undp.org/sites/default/files/2016_human_development_report.pdf

정부의 정책 수행 능력 평가(2016)

순위	국가	정부의 정책 수행능력 평가
1	스웨덴	7.99
2	덴마크	7.79
3	노르웨이	7.74
4	스위스 / 핀란드	7.41
6	독일	7.29
9	영국	6.91
17	한국 / 프랑스	6.07
23	일본	5.85
25	미국	5.68
30	이탈리아	5.34
31	헝가리	5.19
32	칠레	5.17
33	터키	4.85
34	멕시코	4.72
35	그리스	4.35

자료: Bertelsmann-Stiftung(2016).

이상에서 살펴본 한국과 독일 사회의 위상 자료를 통해 두 나라 특징을 몇 가지로 나누어볼 수 있다.

첫째, 독일은 소득 배율과 지니계수가 매우 낮다. OECD에 따르면, 2014년 기준 독일의 소득 상위 20%와 하위 20%의 소득 배율은 4.4로, OECD 35개 회원국 중에서 12위를 차지했다. 소득 배율이 가장 낮은 나라는 아이슬란드와 덴마크로 3.6의 소득 배율을 기록했다. 칠레(10.6, 2013년)는 가장 높은 소득 배율을 보였고, 멕시코(10.4)와 미국(8.7)이 뒤를 이었다. 소득 배율이 가장 낮은 나라와 가장 높은 나라의 격차는 무려 세 배 가까이에 달했다. 한국의 소득 배율은 5.7(2011년)로 OECD 회원국 중에서 21위였고, 일본(6.1, 2012년), 영국(6.0), 이탈리아(5.9)보다 낮지만 독일보다 훨씬 높다. 지니 계수도 독일은 0.289로 OECD 국가 중에

18

서 13위를 차지했다. 지니계수가 가장 낮은 나라는 아이슬란드(0.246)였고, 다음으로는 슬로바키아(0.247), 슬로베니아(0.251), 덴마크(0.256) 순이었다. 이에 반해 지니계수가 가장 높은 나라는 칠레(0.47, 2013년)였고, 다음으로 멕시코(0.459), 터키(0.459), 미국(0.394)이 뒤를 이었다. 한국의 지니계수는 0.302로 이탈리아(0.326), 일본(0.330, 2012년), 영국(0.356)보다 낮지만, 독일보다 훨씬 높다. 지니계수와 소득 배율에서 볼 때, 불평등이 가장 심한 나라는 칠레, 멕시코, 미국, 터키, 이스라엘이고, 평등 국가는 아이슬란드, 덴마크, 핀란드, 노르웨이 등 북유럽국가와 슬로베니아, 슬로바키아, 체코이다. 이 사이에서 독일은 평등 국가에 가깝고, 한국은 중간에 위치한다고 볼 수 있다.

둘째, 독일의 빈곤율은 2014년 기준 0.095로서 낮은 수치를 보인다. 빈곤율이 가장 낮은 나라는 덴마크(0.055)이었고 다음으로는 체코, 아이슬란드, 핀란드, 네덜란드, 노르웨이의 순이었다. 빈곤율이 가장 높은 나라는 이스라엘(0.186), 미국(0.175), 터키(0.173), 멕시코(0.167)였다. 소득 불평등이 낮은 나라는 빈곤율도 낮고, 역으로 불평등이 심한 나라는 빈곤율도 높다. 한국은 0.144로 일본(0.161, 2012년)보다는 낮았지만, 영국(0.105)과 이탈리아(0.137)보다 더 높았고, 빈곤율이 가장 낮은 덴마크와 체코에 비해 두 배 이상 높았다.

독일의 낮은 빈곤율은 무엇보다 조세 체계 덕분이다. 2014년 기준 독일의 세전 빈곤율은 0.333으로 매우 높지만, 세후에는 0.095로 대폭 감소해 세전과 세후의 빈곤율 차이가 무려 23.8%p에 달했다. 빈곤율 차이를 따져보면 세계 6위이다. 대부분의 서구 국가들은 균형적 조세 체계 덕분에 낮은 빈곤율을 유지하고 있다. 세전과 세후의 빈곤율 차이가 가장 큰 나라는 아일랜드로 그 차이가 무려 29.4%p에 달했다. 다음으로는 프랑스(27.6%p)와 핀란드(26.4%p)였다. 스페인, 그리스, 포르투갈, 이탈리아도 모두 20%p 이상의 높은 빈곤율 차이를 보였다. 반면, 한국은 세전과 세후의 빈곤율 차이가 2.7%p에 불과해 조세의 소득 균형 효과가 OECD 회원국 중에서도 최하위 수준이다. 세계에서 가장 불평등한 나라 중 하나로 간주되는 미국도 세전과 세후의 빈곤율 차이가 9.7%p에 달해 조세의 소득 균형 효과가 우리나라보다 다섯 배나 컸다.

셋째, 독일은 높은 노인 인구 비율에도 불구하고, 노인 빈곤율이 매우 낮다. 독일의 65세 이상 노인 인구 비율은 2007년에 이미 20.2%에 달했고, 2014년에는 21.4%로 세계에서 일본(25.1%, 2013년) 다음으로 높았다.[1] 독일의 노인 인구 비율은 20년 전인 1994년과 비교해 5.6%p가 증가했다.[2] 유럽 국가들 중에서 독일보다 더 큰 노인 인구 증가율을 보인 나라는 핀란드(5.9%p)가 유일하다. 네덜란드(4.0%p), 프랑스(3.0%p), 영국(1.5%p), 벨기에(2.2%p), 덴마크(2.6%p), 미국(1.8%p) 등 다른 선진국들은 모두 독일보다 낮다. 2014년 기준 독일의 노인 빈곤율은 0.095로서 전년의 0.084에 비해 1% 이상 증가했지만, 미국(0.210)과 영국(0.131), 스위스(0.194)보다 훨씬 낮다. 노인 빈곤율이 가장 낮은 나라는 네덜란드(0.031), 덴마크(0.032), 프랑스(0.036), 체코(0.037), 슬로바키아(0.038)이다.

---

[1] 일본은 독일보다 2년 앞서 2005년에 노인 인구 비율이 20.2%에 달했다(https://data.oecd.org/ pop/elderly-population.htm).

[2] 독일에서는 노인 인구 증가율뿐만 아니라 전체 인구 증가율도 높아지고 있다. 2004년 처음 마이너스 성장률(-0.022)을 보인 이후 줄곧 감소하던 독일의 인구 증가율은 2012년 커다란 반전을 보였다. 0.188이라는 플러스 성장률을 보이기 시작해, 이후 계속 플러스 성장률을 기록한 것이다. 2016년에는 1.2%로 역대 최고의 인구 증가율을 기록했다(https://data.worldbank.org/indicator/SP.POP.GROW?end=2016&locations=DE). 이런 인구의 반전에는 난민과 이민의 유입이 결정적 요인으로 작용했다.

한국의 1994년 노인 인구 비율은 5.7%로 OECD 회원국 중에서 최하위권 수준이었다. 한국보다 낮은 나라는 터키(5.2%)와 멕시코(4.3%) 두 나라뿐이었다. 20년 후인 2014년 한국의 노인 인구 비율은 12.7%로 증가하여, 20년간 7%p의 증가율을 보였다. 이는 11%p의 증가율을 보인 일본 다음으로 높은 수치지만, 여전히 한국의 노인 인구 비율은 OECD 회원국 중에서 최하위권에 머물고 있다. 노인 인구 비율이 한국보다 낮은 나라는 멕시코(6.7%), 터키(7.8%), 칠레(10.0%), 이스라엘(10.6%, 2013년) 네 나라뿐이다(https://data.oecd.org/pop/elderly-population.htm#indicator-chart). 한국은 이렇게 노인 인구의 비율이 OECD 국가 중에서 최하위권이지만, 노인 빈곤율은 0.488로 세계에서 가장 높다. 호주(0.257), 멕시코(0.256), 이스라엘(0.226), 미국(0.210)도 노인 빈곤율이 상당히 높은 나라에 속한다.

넷째, 독일의 힘은 무엇보다도 강력한 노동시장에서 나온다. 2016년 기준 노동 능력이 있는 독일인의 74.7%가 일하고 있으며, 독일은 OECD 국가 중에서 일곱 번째로 취업률이 높다. 제2차 세계대전 이후 독일에서 취업률이 이렇게 높았던 적이 없었다. 취업률이 가장 높은 나라는 아이슬란드(86.8%)였으며, 스위스(80.6%), 스웨덴(76.2%), 뉴질랜드(75.8%), 덴마크(74.8%), 네덜란드(74.8%)가 그다음으로 높았다. 영국(73.5%), 미국(69.4%), 프랑스(64.2%)는 독일보다 낮았으며, 한국은 66.1%로서 OECD 평균(67%)에도 미치지 못했다. 일본은 74.4%로 독일 다음으로 높았다. 취업률이 가장 낮은 나라는 터키(50.4%)였고, 그리스(52,4%), 이탈리아(57.3%), 스페인(59.7%), 멕시코(61.0%)가 그다음이었다.

다섯째, 독일의 청년 실업률과 청년 '니트NEET: Neither in employment nor in education or training' 비율이 매우 낮다. 우리나라가 심각하게 앓고 있는 청년 실업의 문제가 독일에서는 전혀 없다. 15~24세 청년 실업률이 독일은 2016년 기준 7.0%로 세계에서 세 번째로 낮다. 가장 낮은 나라는 일본(5.2%)과 아이슬란드(6.5%)였다. 반면, 그리스(47.4%), 스페인(44.5%), 이탈리아(37.8%)는 가장 높은 청년 실업률을 보였다. 프랑스의 청년 실업률은 24.6%로 독일보다 세 배 이상 많았고, 미국(10.4%), 영국(13.0%), 네덜란드(11.1%), 덴마크(12.0%) 등 모든 선진국이 독일보다 높은 실업률을 보였다. 한국은 10.7%로 OECD 평균(13.0)보다 낮았다. '청년 비활동youth inactivity'의 비율, 즉 직업도 없고, 교육이나 훈련도 없는 20~24세 청년 니트의 비율에서도 독일은 2015년 9.3%로 OECD 국가 중에서 세 번째로 낮았다. 가장 낮은 나라는 아이슬란드(6.6%)와 네덜란드(8.8%)였다. 프랑스(20.9%), 미국(15.8%), 영국(15.6%)은 독일보다 높았다. 한국은 무려 22.2%(2013년)로 30위였다. '청년 니트' 비율이 한국보다 높은 나라는 멕시코(25.3%), 스페인(27.2%), 그리스(28.1%), 터키(33.2%), 이탈리아(33.9%)였다.

여섯째, 독일은 '성 평등'을 고도로 실현하고 있다. 유엔개발계획이 최근에 발표한 『2016 인간개발보고서Human Development Report 2016』에 의하면, 독일은 성불평등지수가 0.066으로 전 세계 188개국 중에서 9위의 성평등 국가이고, 전년도에는 세계 3위였다. 프랑스(0.102, 19위), 영국(0.131, 28위), 미국(0.203, 43위)은 독일보다 성불평등지수가 훨씬 높았다. 한국은 성불평등지수가 0.067로 독일 다음이었고, 순위로는 전년도(23위)보다 13단계 상승하여 10위를 기록했으며, 아시아 국가 중에서는 성불평등지수가 가장 낮은 나라로 나타났다. 그러나 '성 평등'의 중요한 지표인 여성 국회의원 비율은 16.3%로 OECD 35개 회원국 중에서 최하위권에 속했다. 이에 반해 독일은 36.9%로 9위였다. 프랑스(25.7%)와 영국(26.7%), 미국(19.5%)은 OECD 국가 평균(27.7%)에 미치지 못했다.

일곱째, 독일 정부는 국민으로부터 높은 신뢰를 받고 있다. 『2016 인간개발보고서』에 의하면 독일의 중앙정부 신뢰도는 63%로 스위스(79%)와 룩셈부르크(69%)에 이어 세계 3위로 높다. 영국(46%), 프랑스(33%), 미국(35%)은 독일보다 현격히 낮았다. 한국은 28%로 일본(38%)보다 더 낮았다. 베르텔스만 재단Bertelsmann-Stiftung이 최근에 발표한 '지속가능한 정부지표Sustainable Governance Indicators'에 의하면, 독일은 정부의 정책 수행 능력 평가에서 2016년 7.29를 받아 OECD 국가 중에서 6위를 차지했다. 주요 경쟁국들은 독일보다 뒤처졌다. 브렉시트의 나라 영국은 9위(6.91), 가장 중요한 유럽 파트너 프랑스는 17위(6.07), 세계 최대 경제국의 하나인 미국은 25위(5.68)였다. 한국은 프랑스와 함께 17위(6.07)를 차지해 일본(23위: 5.85)보다 앞섰다(Bertelsmann-Stiftung, 2016).

독일의 이러한 '사회국가적' 성공은 동시에 새로운 도전에 직면케 했다. 세계의 난민과 이민이 독일로 몰려든 것이다. 어려움에 봉착한 사람들이 살기 좋은 곳으로 몰려드는 것은 자연스러운 현상이다. 세계의 난민을 흔쾌히 받아들인 독일 메르켈 정부의 결정에 온 세계가 찬탄하기도 했다. 2015년 한해에만 해도 독일에 들어온 난민이 110만 명에 이르렀고, 이주민은 213만 명에 달했다. 통일 직후인 1992년 이주민이 150만 명에 달한 이래 최고 수치이다. 그리하여 2015년 현재 독일에는 이민배경Migrationshintergrund을 가진 사람이 1700만 명으로 전체 인구의 21%를 차지하고, 외국인 여권을 갖고 살고 있는 사람이 911만 명에 달한다.

세계 난민과 이민자의 쇄도는 한편으로는 독일의 사회적 기후를 매우 음산하게 바꾸었다. 이슬람 배척을 노골적으로 표방하는 극우주의 정당과 사회단체들이 대두하고 난민 숙소를 방화, 습격하는 사건들이 끊이지 않으며, 테러가 전국 곳곳에 발생하여 사회불안이 만연하고 있다. 독일인에게 2016년은 실로 '불안의 해'였다. 최근에 조사한 「2016 독일인의 불안Die Ängste der Deutschen 2016」에 의하면 독일인 네 명 중 세 명(73%)

이 테러 공격에 대한 불안을 갖고 있고, 정치적 극단주의를 불안해하는 시민도 68%나 되었다. 그리고 외국인의 쇄도로 독일인과 독일에 살고 있는 외국인 간에 일어날 긴장을 불안해하는 시민도 67%나 되었다 (R+V-Studie, 2016). 다른 한편으로는 이민과 난민의 대량 유입과 함께 외국인에 대한 부정적 인식이 많이 감소했다. 독일의 종합사회조사 알부스ALLBUS: Allgemeine Bevökerungsumfrage der Sozialwissenschaften에 의하면, "외국인들이 독일인의 일자리를 빼앗아 간다"는 의견에 동의한 사람이 1996년에는 22.5%에 달했는데, 20년이 지난 2016년에는 6.0%로 대폭 감소했고, "일자리가 모자라면 독일에 살고 있는 외국인은 다시 자신의 고향으로 돌아가야 한다"는 의견에 동의한 사람이 1996년에 20.3%였는데, 2016년에는 8.3%에 불과했다. "외국인은 독일인보다 더 자주 범행을 저지른다"는 의견에 동의한 사람도 1996년에 27%였는데, 2016년에는 17.3%로 감소했다(GESIS-Leibniz-Institut für Sozialwissenschaften, 각연도). 독일은 사회국가적 성공과 함께 사회통합의 '아우토반'도 잘 건설하고 있는 것으로 보인다.

이 책은 이렇게 통일 후 많은 변화를 겪고 있는 독일 사회를 한국 사회학자의 시선으로 진단하고 분석한 공동 저작이다. 저자들은 모두 독일에 유학한 사회학자들로서 '한독사회학회' 회원들이다. 회원들은 매달 둘째 주 토요일에 만나 담론을 즐기는 '이토회'를 통해 독일의 최신 사회학 연구서를 번역하여 국내에 소개하고, 또한 저명한 독일 학자들을 초청하여 세미나와 학술대회를 개최하고 있다. 『독일의 사회통합과 새로운 위험』은 독일과 한국 사회를 모두 겪어본 한독사회학회 구성원들이 두 사회를 견주어보며 더 나은 사회로 나아갈 수 있는 방편을 조금이라도 마련하기 위해 쓴 책이다.

이 책은 총 3부로 구성되어 있다. 1부 '사회통합'에서는 독일의 사회통합 전반에 대해 살핀다. 차명제 교수는 독일 시민사회단체를 분석한다. 독일 시민사회단체는 미국과는 달리 재정적으로 국가 지원에 절대적으로 의존하고 있지만, 독립성과 자율성이 훼손되지 않고 국민들로부터 높은 신뢰를 받는다. 정부와 기업, 사회에 대한 영향력도 매우 크다. 그렇지만 내부적으로는 간부급 여성의 비중이 매우 낮고, 여성들이 남성에 비해 일방적으로 불리한 상황이다. 독일 시민사회의 긍정적인 면과 부정적인 면을 두루 살피며 독일 시민사회의 허와 실을 알아본다. 전태국 교수는 한국과 독일의 사회통합을 비교한다. 극심한 불평등과 배제의 구조로 인해 매우 불안정한 상태에 있는 한국의 사회통합과 튼튼한 균등적 구조 위에 기반하고 있는 독일의 사회통합을 대조하며 올바른 사회통합의 모습을 찾는다. 이종희 교수는 독일의 다문화 경험과 시사점에 대해 서술한다. 외국인과 이주민의 통합 정책에 초점을 맞추어, 외국인 노동자에게도 노동자 대표 평의회의 선거권과 피선거권을 부여하는 노동시장에서의 통합 정책, 2005년에 이민법이 제정된 이후 시행되고 있는 사회통합 교육, 그리고 외국인에게도 동등하게 적용되는 사회부조 제도 등을 분석한다.

2부 '노동'에서는 독일의 노동시장을 살펴본다. 홍찬숙 교수는 일·가족의 양립을 도모하는 시간제 고용의 문제점과 보육 인프라 확충을 비롯한 다양한 가족 지원 정책을 살펴보고 동서독 지역 간의 여성 문화의 상이를 분석한다. 이승협 교수는 세계적으로 사랑과 신뢰를 받는 '메이드 인 저머니Made in Germany'의 기초로서 양질의 인적 자원을 제공하는 직업교육훈련 체계를 분석한다.

3부 '위험사회'에서는 시대가 바뀌면서 새롭게 다가오는 위험에 대처하는 독일의 자세를 알아본다. 노진철 교수는 2011년 일본 후쿠시마 핵사고로 상징되는 현대의 기술화된 산업사회에서 핵 재앙 위험을 과감하게 축출한 탈핵 과정을 시민운동, 연방정부, 지방정부, 기업의 차원에서 분석한다. 김주일 교수는 현대사회의 또 다른 위험인 약물 문제와 관련하여 독일의 대마 사용 실태를 분석하고 종전의 대마 금지 정책을 다양한 논거를 들어 비판하며 새로운 대마 규제 정책을 제안한다.

근래 한국 사회는 현직 대통령이 국회에서 탄핵당하고, 마침내 헌법재판소에 의해 파면되는 초유의 사태를 겪었다. '이게 나라냐?' 하고 분노한 시민들의 촛불시위가 주말마다 광화문을 비롯하여 전국적으로 뜨겁게 일어났고, 온 세계의 주목을 받았다. 시민들은 부패와 거짓을 걷고 인권과 정직이 자리를 잡는 새로운 정의로운 민주 사회 건설에 대한 열망을 뿜어냈다. 이 열망의 실현에 독일이 많은 시사점을 주리라는 생각에서 이 책이 기획되었다. 물론 독일 사회는 상술한 일곱 가지 측면 외에도 논의할 많은 측면을 갖고 있다. 이에 대한 작업은 차후의 과제이다. 수년 전에 초고가 작성되었는데 출간을 미루다 보니 최신 통계 자료와 변화된 상황에 대한 서술의 보충이 요구되기도 했다. 이제 저자들의 공동 노력이 빛을 보게 됨에 한울 출판사 김종수 사장님께 감사의 말씀을 드리며, 변함없이 후의를 베풀어주시는 오즈 리서치 오숙영 사장님께도 고마움을 표한다. 한독사회학회 회원 여러분과 기쁨을 나누고 싶다.

2017년 11월
저자를 대표하여 전태국 씀

참고문헌

Bertelsmann-Stiftung. 2016. SGI Sustainable Governance Indicators, Policy Performance.

Müller, von Ann-Katrin. et al. 2016. 3. 12. "Das Schattenreich." *Der Spiegel.*

GESIS-Leibniz-Institut für Sozialwissenschaften. 2017. ALLBUS(Allgemeine Bevölkerungsumfrage der Sozialwissenschaften) 2016. Köln: GESIS-Leibniz-Institut für Sozialwissenschaften.

OECD. 2017a. Gross national income. doi: 10.1787/8a36773a-en(Accessed on 26 May 2017).

_____. 2017b. Employment rate. doi: 10.1787/1de68a9b-en(Accessed on 25 May 2017).

_____. 2017c. Youth unemployment rate. doi: 10.1787/c3634df7-en(Accessed on 25 May 2017).

_____. 2017d. Youth not in employment, education or training. doi: 10.1787/72d1033a-en (Accessed on 25 May 2017).

_____. 2017e. Income inequality. doi: 10.1787/459aa7f1-en(Accessed on 26 May 2017).

Reporters Without Borders. 2017. 2017 World Press Freedom Index.

R+V-Studie. 2016. Die Ängste der Deutschen 2016.

Stocker, Frank. 2016.8.23. "Berlin trägt zum BIP fast nichts bei." *Die Welt.*

Transparency International. 2016. Corruption Perception Index 2016.

UNDP. 2016. *Human Development Report 2016.* New York: UNDP.

https://stats.oecd.org/Index.aspx?DataSetCode=IDD

https://data.oecd.org/natincome/gross-national-income.htm

https://data.oecd.org/inequality/income-inequality.htm#indicator-chart

https://data.oecd.org/pop/elderly-population.htm#indicator-chart

https://data.worldbank.org/indicator/SP.POP.GROW?end=2016&locations=DE

https://de.statista.com/statistik/daten/studie/37013/umfrage/ranking-der-top-20-exportlaend er-weltweit

I

—

사회통합

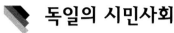

독일의 시민사회
시민사회지표와 자원활동 설문조사를 중심으로

차명제 | 한일장신대학교 NGO 정책대학원 교수

1. 제19대 총선 결과 및 독일 민주주의의 보루인 선거제도

2017년 9월 24일 독일에서는 제19대 총선이 실시되었다. 앙겔라 메르켈Angela Merkel 수상이 4선에 성공했지만, 극우정당이 대약진하며 총선 이후 메르켈 수상에게 커다란 정치적 부담으로 작용할 가능성이 높아졌다. 이번 총선에서 메르켈 수상이 이끄는 정부 여당인 기독민주당CDU·기독사회당CSU 연합에 대한 지지율은 지난 총선에 비해 8.6% 감소했다. 대연정을 구성했던 사회민주당SPD의 지지율도 5.2% 감소하여 지난 대연정에 대한 독일 유권자들의 강한 불만이 나타났다. 대신 극우정치 집단인 '독일을 위한 대안AfD: Alternative für Deutschland'이 12.6%의 유권자 지지로 94석을 차지하여 제3당으로 연방하원에 진출했다. 극우정당이 전후 독일 정당정치에서 원내 의석을 차지하게 된 것은 이번이 처음이다.[1]

---

1 지난 제18대 총선에서 '독일을 위한 대안'은 5% 이하인 4.7%를 얻어 연방하원 진출이
   불가능했는데, 이번 제19개 총선에서는 무려 12.6%를 얻어 원내 정당의 지위를 확고

연방하원에서 40석을 잃은 사회민주당은 선거 결과가 확정되자 더 이상의 대연정은 없다고 선언하고 야당의 역할에 충실할 것이라고 선언했다. 이 상황에서 메르켈 수상은 정당의 정체성이 매우 다른 자유민주당FDP과 녹색당Grüne과의 삼자 연정을 구성할 수밖에 없게 되었다.[2] 독일 통일의 주역이었던 헬무트 콜Helmut Kohl 수상과 함께 최장수 독일 수상 반열에 오른 메르켈 수상의 정치 생명은 가장 큰 도전에 직면하게 되었다. 선거를 통해 그들의 반난민 정서를 표출한 독일인들은 지금까지의 정부의 난민 정책을 좌시하지 않을 것임을 분명히 예고했다. 이에 따른 독일 정부의 정책 전환은 향후 독일뿐 아니라 유럽연합 전체에도 커다란 영향을 끼칠 것으로 보인다. 내각책임제를 채택하고 있는 독일은 연방하원 총의석인 598석[3] 중 과반 이상을 차지한 정당이 단독 정부를 구성할 수 있다. 그러나 보수 정당인 기독민주당·기독사회당 연합이 제2대와 제3대 총선 결과에 따라 단독정부를 수립했었던 경우를 제외하면 한 정당이 단독으로 과반 이상의 의석을 차지한 적이 없었기 때문에 현

히 함으로 인해 독일의 정당 정치 환경에 지각변동의 원인이 되고 있다. 모든 원내 정당들이 기피했던 이 극우 성향의 정당의 출현에 대해 독일 언론과 정치관계자들은 메르켈 수상을 겨냥하여 선거운동 기간에 극우정당에 대한 날선 비판이 부족했고, 너무 안일하게 처신했다며 날선 비판을 가하기도 했다.

2   자유민주당과 녹색당은 연방정부 차원에서 연정 경험이 있으며, 현재는 주정부 차원에서 연정을 구성하고 있다.

3   독일의 연방하원 의석수는 원래 598석이나 선거 결과에 따라 의석수가 늘어나기도 한다. 제18대에는 32석이 늘어난 630석이었고, 제19대에는 111석이 늘어 709석이 되었다. 이렇게 늘어난 의석을 추가 의석(Zusatzmandat)이라고 한다. 추가 의석은 독일의 독특한 선거제도인 혼합식 소선거구 비례 병용제(personalisierte Verhältniswahl)에 따른 것으로, 비례대표 의석과 299개의 선거구에서 다수로 직접 선출된 의석과의 격차를 최소화하기 위해 도입되었다.

재까지 연합정부의 형태로 집권해왔다. 연합정부는 총선 결과 연방하원에서 50% 이상의 의석을 얻은 정당이 없을 경우 다수를 차지한 정당이 이념적으로 유사한 여타 군소 정당과 연합하여 과반수 이상의 의석을 인위적으로 만들어 내각을 구성하고 국정을 운영을 하게 된다. 그러나 대연정은 일반적인 연정과 달리 서로 적대적인 거대 양당인 여당이 제1야당과 내각을 구성하는 경우이다. 독일은 지금까지 이 대연정이란 방식을 통해 정치적·경제적 위기 상황에 처했을 때 그들의 문제를 극복해왔다. 독일의 양대 정당인 보수 성향의 기독민주당·기독사회당 연합과 진보 성향의 사회민주당은 1966년 3년 동안 대연정을 구성한 경험이 있었다. 그 후 번갈아가며 집권을 했던 이 두 정당이 2005년 제16대 총선부터 현재까지 12년 동안 다시 대연정을 구성하여 집권 여당의 역할을 담당해오고 있다. 메르켈 수상도 이 연정을 바탕으로 지난 12년 동안 부드러움과 책임감을 겸비한 '어머니 리더십'으로 한때 유럽의 문제아로 전락했던 독일을 사회통합과 경제발전, 그리고 안정적인 국정 운영을 통해 유럽의 중심 국가로 이끌었다.

제2차 세계대전 패전국이면서 전범 국가인 독일은 유럽의 전승 국가인 영국과 프랑스에 비해 정치적으로 매우 안정된 기반을 구축해왔다. 유사한 내각책임제인 영국과 비교해도 수상의 임기가 평균적으로 매우 긴 편이다. 메르켈이 집권한 지난 12년 동안 영국에서는 토니 블레어Tony Blair, 고든 브라운Gordon Brown, 데이비드 캐머런David Cameron에 이어 테리사 메이Theresa May에 이르기까지 무려 네 번이나 수상이 바뀌었다. 제2차 세계대전 이후 민주주의의 모국으로 일컬어지는 영국에서 15명이 수상을 맡았는데, 독일에서는 같은 기간 동안 8명이 수상을 맡았다.

물론 독일에서도 1960년대 중반부터 1970년대 중반까지 11년 동안 수상이 세 번이나 바뀌는 불안한 시기도 있었다. 이는 당시 독일이 정치적·사회적 위기 상황에 처했기 때문이었다. 1968년 학생운동과 그 여파로 좌와 우의 이념 갈등이 첨예화되었고, 노동운동과 학생운동이 정점에 달했었다. 심지어 68 학생운동의 일부가 적군파로 변신하여 독일 자본주의를 무너뜨리기 위해 독일의 저명인사들을 납치·암살하기도 하고 도심 중심에서 은행이나 기업 건물들을 폭파하기도 했다. 또한 1972년 뮌헨올림픽에서는 이스라엘 선수들이 이슬람 급진파에 의해 피살되기도 했다. 이와 같은 사회적 대혼란은 정치적 불안정을 초래하여 정권이 보수당에서 대연정으로, 다시 진보당으로 이동하는 사태를 발생시켰다. 잦은 정권 교체는 이런 정치적·사회적 위기 상황을 반영한 것이다.

이 시기의 정치적 위기 상황을 제외하면 독일은 분단국이었음에도 불구하고 유럽의 다른 민주주의 국가들에 비해 정치적으로 매우 안정된 상태를 유지해왔다. 독일의 정치적 안정은 경제 발전의 원동력이 되었고, 결과적으로 사회 안정의 기반을 구축하는 계기가 되었다.

독일은 안정된 사회 분위기 속에서 메르켈이 장기 집권해왔지만, 몇 차례 위기 상황을 맞기도 했다. 가장 최근의 위기 상황은 2016년 12월 독일의 수도 베를린시의 중심에 위치한 성탄절 시장에서 발생했다. 매년 12월이면 한 달간 독일 전역에서 성탄절 시장이 개설되며 사람들로 붐비게 마련이다. 그런데 사람들로 가득한 이 성탄절 시장으로 대형 화물차가 돌진하여 수십 명이 사망했다. 이 화물차를 몰던 이슬람 테러리스트는 독일의 이슬람 난민 수용소 출신으로 밝혀져 현 정권의 난민 정책이 더욱 커다란 사회적 이슈가 되었다. 난민, 특히 시리아 내전에 의해 발생한 수백만 명의 난민 문제는 전 유럽의 공동의 과제이자 골칫거리였다. 2015년부터 이슬람 난민들에 의해 발생한 무차별적 테러는 전 유럽을 이슬람 공포로 떨게 했고, 이슬람 증오와 인종주의를 확산시키는 촉매제 역할을 톡톡히 했다. 독일을 제외한 대부분의 유럽 국가들에서는 반이슬람 정서에 편승하여 난민 유입과 수용을 거부하는 극우파 정당들이 득세했고, 심지어는 2016년 6월 영국이 유럽연합을 탈퇴하는 사태로까지 확대되었다. 유럽연합의 주요 회원국들인 스페인, 프랑스, 이탈리아, 네덜란드, 오스트리아 등에서는 유럽연합 탈퇴를 주장하는 극우 정당들이 국민들의 지지를 얻어 다수당으로 부상하는가 하면 난민들에 대한 크고 작은 테러도 일상화되다시피 했다. 그러나 정작 2015년 이후 백만 명 이상의 난민을 받아들여 최대 난민 수용국이 된 독일에서는 반난민 정서가 크게 확산되지 않았다. 구동독 지역에서만 반난민 시위와 함께 인종 혐오를 부추기는 극우정당인 '독일을 위한 대안' 의원들이 지방자치 선거를 통해 5% 이상 한 자릿수의 유권자 지지를 얻어 몇몇 기초와 광역에 진출했을 뿐 전국적인 영향력은 매우 제한적이었다. 이러한 정치 현상은 프랑스의 극우정당인 국민전선당FN: Front National의 대통령 후보가 지난 5월에 치러진 대통령 선거에서 결선 투표까지 진출한 것과 비교해 매우 대조적이며 이를 통해 독일의 정치적 분위기와 독일인들의 정치적 역량이 어느 수준인지 가늠할 수 있을 것이다.

또한 이러한 난민 수용 정책을 적극적으로 펼쳐온 메르켈 수상의 국민적 지지는 매우 높고 안정적이어서 2017년 9월에 치러지는 19대 총선에서도 무난히 승리하여 4선 연임이 가능할 것으로 예상된다. 이러한 예상은 기독민주당이나 제1 야당이자 연정 파트너인 사회민주당에서도 메르켈에 필적할 만한 정치인이 나타나지 않고 있다는 독일 내의 언론과 정치인들의 현실적 판단에 따른 것이다.

2016년 베를린시의 성탄절 시장 테러 이후에도 일반 독일 시민들의 난민에 대한 휴머니즘적 태도는 크게 변화되지 않았다. 한 언론 인터뷰에 등장한 시민은 테러는 극소수의 이슬람 극단주의자들에 의한 것이며 다수의 이슬람 난민들은 가족을 잃고 고향을 떠나 타국에서 고된 삶을 살아가기 때문에 독일이 적극 돕고 지원해야 한다고 언급했다. 이러한 독일인들이 다수이기에 반난민 정서가 독일 전역으로 확대될 가능성은 거의 희박하며 따라서 친난민 정책을 실시해온 현 정부가 다음 선거에서도 무난히 재집권할 수 있는 기반이 형성되고 있는 것이다.

전후 최대의 호황을 누리고 있는 독일은 이제 2020년까지 완전고용을 실현한다는 야심찬 계획을 갖고 유럽과 세계의 중심 국가로 거듭나고 있다.[4] 특히 미국 트럼프 대통령이 기존의 개입주의 정책을 버리고 고립적인 자국(미국) 중심주의로 회귀하는 동안 독일은 새롭게 초강대국으로 부상한 중국과 함께 글로벌 차원에서 미국이 떠난 빈 공간을 메워가고 있다. 그동안 축적된 독일의 정치적·외교적·경제적·문화적·(시민)사회적·환경적 역량이 국내와 유럽을 넘어 전 세계로 확장되고 있다. 이란의 비핵화에 중심적 역할을 수행하여 성공적인 결과를 도출해냈고 기후변화를 포함한 글로벌 환경 레짐에서도 선도적 역할을 담당하고 있다. 최근 메르켈 수상이 트럼프 대통령의 고립주의와 자국 중심주의 정책을 비판하면서 세계 무대에서의 유럽연합의 주도적 역할과 지도력을 강조했는데 이는 과거와 달리 국력이 수반된 독일과 유럽연합의 자신감의 결과로 평가할 수 있을 것이다.

그렇다고 독일 사회가 평온한 것만은 결코 아니다. 2017년 7월 초 독일 함부르크에서는 G20회의에 반대하는 좌파 집단들의 격렬한 시위가 있었다. 사망자는 발생하지 않았지만 500여 명의 경찰들이 부상을 당했

---

4 독일의 실업률은 2016년 12월 기준 3.9%로 미국의 4.7%, 프랑스의 9.6%, 영국의 4.8% 보다 현저하게 낮다. 또한 청년 실업률은 7.4%로 스페인의 44.7%, 프랑스의 27.3%, 미국의 10.8%보다 매우 낮은 수준을 유지하고 있다.(Eurostat, 2016) 한국의 실업률은 2017년 7월 기준 3.8%이고, 청년 실업률은 10.5%로 성인은 독일과 비슷한 수준이지만 청년 실업률은 현저히 높은 수준을 유지하고 있다(≪연합뉴스≫, 2017.7.11).

으며 수십 대의 자동차들이 파괴되고 상점들이 시위대에 의해 털리거나 쑥대밭이 되었다. 이런 폭력적인 시위를 목격한 시민들은 마치 시가전을 방불케 할 정도로 파괴적이었다고 전한다. 정도의 차이는 있지만 이러한 폭력 시위는 독일에서 심심치 않게 발생하고 있다. 연 인원 1천 7백만 명 이상이 참여한 지난해 한국에서 발생한 촛불시민혁명의 평화롭고 비폭력적인 시위는 독일에서는 거의 실현 불가능한 것이나 마찬가지이다. 지구화와 신자유주의에 반대하여, 원자력발전소와 핵폐기물 처리장에 반대하여, 반인권과 빈곤, 혹은 환경문제에 저항하는 사회집단들의 저항이 때로는 이렇게 폭력적으로 표출되기도 하는 것이다.

　이러한 사회적 갈등과 혼란에도 불구하고 독일이 안정적으로 발전할 수 있는 이유는 바로 독일인들의 성숙한 시민의식과 시민사회의 활성화에서 찾을 수 있을 것이다. 그러므로 이 장에서는 성숙한 시민 정신을 바탕으로 시민 행동을 해나가고 있는 독일 시민사회를 분석하고, 시민사회가 기능적으로 유지될 수 있도록 돕고 있는 독일 정부에 대해 이야기해보고자 한다. 독일이 유럽의 중심 국가로 발돋움할 수 있었던 것은 비단 정치·경제 분야에 국한된 것이 아니라 사회통합이나 갈등 조정 등의 다른 사회 영역에서도 성과를 거두고 있기 때문이다. 특히 시민사회 영역에서 배울 게 많아 한국 시민사회 전문가와 시민운동가들은 독일 시민사회에 대해 꾸준히 연구하고 분석해왔다. 독일 시민사회에서 배울 수 있는 점을 몇 가지 살펴보면 다음과 같다.

　첫째, 동·서독 평화통일의 실현이다. 제2차 세계대전 이후 한국과 독일은 분단된 상태로 독립국가가 되었다. 그러나 1990년 독일은 서독에 의한 통일을 실현했다. 이 통일은 당사자 사이의 대화와 협력을 통해 비폭력으로 실현되었는데, 그 과정에서 구동독과 구서독 시민사회의 시민운동은 결정적인 역할을 했다. 통일 이후 두 지역의 통합 과정에서도 독일 시민사회의 시민운동은 중추적인 역할을 했으며, 현재까지도 독일 사회에서 매우 중요한 역할을 담당하고 있다.

둘째, 제2차 세계대전 전범국으로서 역사를 청산한 방법과 내용이다. 독일은 일본과 달리 과거사에 대한 철저한 반성과 사죄, 보상과 재발 방지를 위한 노력을 바탕으로 유럽의 선도국으로 부상했다. 이 과정에서 평화운동 등의 시민운동과, 반국가주의, 반민족주의, 국제 연대 활동 등을 통해 서로의 적대감과 편견을 완화하고 극복해왔다.

셋째, 시민운동의 정치세력화를 들 수 있다. 독일의 녹색당은 1970년대의 환경, 평화, 여성을 위한 신사회운동을 통해 시민정치의 역량을 극대화한 시민사회의 결정체라 할 수 있다. 녹색당은 독일뿐만 아니라 전 세계적으로도 기존 정치 질서를 개혁하고 지속 가능 발전 사회로의 전환을 적극 주도하고 있다.

넷째, 민주시민교육이다. 한국에서 민주시민교육으로 불리지만 독일에서는 정치교육die politische Bildung을 통하는 이 교육은 독일인들이 시민의식을 고양하고 시민사회를 활성화하는데 도움을 준다. 시민들의 민주의식은 우연의 산물이 아니라 지속적인 교육과 학습을 통해 습득된다는 사실을 두 차례의 세계대전을 통해 뼈저리게 경험했던 독일은 국가가 앞장서서 전 독일 국민을 대상으로 체계적인 의식 교육을 실시하고 있다. 이 정치교육을 통해 독일인들은 학교에서만이 아니라 학교 밖에서도 평생교육과 사회교육의 일환으로 언제, 어디서나 이 교육 과정에 참여하여 민주시민으로서의 권리와 의무를 학습할 수 있고 실천할 수 있는 기회를 제공받고 있는 것이다. 이러한 노력과 실천적 저항의 결과, 독일은 성숙한 시민사회를 만들 수 있었으며, 이 시민사회가 독일을 안정적 통일국가로,[5] 지방분권과 주민자치에 기초한 안정된 정치체제로 이끌었다. 그러므로 독일 시민사회에 대한 과학적 연구는 우리의 시민사회 발전에 영감을 줄 수 있을 것이다.

그러나 시민사회에 대한 연구는 매우 광범위하고 추상적이어서 대부분의 연구자들이 동의하고 합의가 가능한 학문적 시도는 그리 용이하지 않다. 나라마다 역사와 문화적 배경, 경제적 발전 수준이 상이한 것도 시민사회에 대한 연구를 더욱 어렵게 하는 요인이다. 이러한 어려움을 극복하고 독일 시민사회를 과학적으로 분석하기 위해 필자는 두 가지 자료를 이용하고자 한다. 하나는 독일 정부에서 5년마다 실시하는 「자원활동 설문조사Freiwilligensurvey」이고, 다른 하나는 세계시민단체연합 CIVICUS에서 세계 70여 개국을 대상으로 측정한 '시민사회지표CSI: Civil Society Index'이다. 「자원활동 설문조사」는 독일 정부가 1999년부터 5년마다 독일인들의 시민사회 참여 정도와 경로를 측정·분석하기 위해 전 국민을 대상으로 실시하는 설문조사이다. 이 책에서 필자는 2014년 조사 결과를 참고했다. 또 다른 자료인 시민사회지표는 세계시민단체연합이 전 세계의 시민사회를 연구하고 이를 나라별로 비교 평가하기 위해

---

5 1990년에 냉전이 종식되지 않았다면 독일 통일은 불가능했을 것이다. 냉전의 종식은 당시 두 체제의 지도적 국가였던 미국과 소련의 화해 때문에 가능했다. 당시 소련의 지도자였던 미하일 고르바초프(Mikhail Gorbachev)는 미국과의 체제 경쟁을 포기하고 사회주의 경제와 사회체제의 비효율적인 면을 개혁하고자 했다. 고르바초프는 페레스트로이카(Perestroika)와 글라스노스트(Glasnost)운동을 통해 자본주의 경제체제를 적극적으로 수용했다. 고르바초프가 서방의 경제체제를 과감히 수용할 수 있었던 원인 중 하나가 바로 독일의 평화운동을 비롯한 신사회운동이었다. 당시 미국이 독일에 배치하려던 중거리 미사일에 반대하던 평화운동 열기의 진정성을 확인한 소련은 군사력 증강 대신 경제 발전 중심의 개혁 정책을 추진했고, 이 과정에서 서독 주도의 통일을 용인하게 된 것이다. 역설적으로 독일 평화운동을 소련이 진지하게 인식하지 않고, 냉전 체제를 유지했다면 독일 통일은 그리 순조롭게만 실현되지는 못했을 것이다. 결론적으로 시민사회의 활성화는 국내외의 갈등을 평화적인 방식으로 해결할 수 있는 잠재력이 그 어느 분야보다 강력하다고 할 수 있다.

개발한 지표로 시민사회 연구자들에게는 더없이 유용한 자료이다. 그러므로 필자는 시민사회지표를 통해 독일 시민사회를 분석해보고자 한다. 독일의 시민사회지표는 2003년부터 2005년 동안 세계 70여 개국을 상대로 세계시민단체연합의 1단계 시민사회지표 조사의 일환으로 진행되었다. 세계시민단체연합은 이 1단계 조사를 토대로 이를 개량하고 수정하여 2008년부터 2011년에 걸쳐 세계 41개국에서 2단계 조사를 실시했는데, 독일은 이 2단계 조사에 참여하지 않았다. 그러므로 시민사회지표를 통한 독일 시민사회 연구는 1단계 조사를 근거로 정리할 수밖에 없었다. 그럼에도 독일 시민사회에 대한 광범위한 객관적인 정보들이 1차 자료를 통해 설득력 있게 제시되고 있어 필자는 이를 토대로 독일 시민사회를 비교적 정확하게 분석하고 이해할 수 있었다. 한편, 독일 시민사회의 시민사회지표의 객관적인 이해를 돕기 위해 1단계 조사에 포함되었던 한국 시민사회지표를 함께 소개한다. 이 글은 양국 시민사회의 비교가 아니기 때문에 한국의 시민사회지표 소개는 독일 시민사회지표를 보다 객관적으로 이해하기 위한 참고자료라는 점을 밝힌다.

끝으로 참고문헌을 가능한 많이 소개했다. 독일 시민사회에 관심 있는 활동가나 전문가들이 참고할 수 있게 하기 위함이다. 국내 시민사회 연구자가 매우 한정적인 상황에서 외국의 시민사회 자료에 대한 소개가 절대적으로 부족한 상황이다. 한국 시민사회에 대한 객관적 연구를 위해서도 외국의 시민사회에 대한 정확한 이해가 필요하다. 필자가 소개하는 독일 시민사회에 대한 자료가 시민사회 연구자들과 시민사회에 관심이 있는 활동가들에게 도움이 되기를 기대해본다.

2. 「자원활동 설문조사」로 본 독일 시민사회의 잠재력[6]

독일에서는 시민사회에 대한 연구와 조사가 매우 다양하고 광범위하게 진행되고 있다. 이런 다양한 연구와 조사는 사회운동, 단체와 조직, 시민 참여bürgerschaftliches Engagement 등으로 분화될 수 있는데 이 장에서는 시민 참여를 중심으로 독일 시민사회를 분석해보려고 한다.

1) 역사

일반적으로 시민사회는 시민의 참여가 전제되어야만 활성화될 수 있다. 그러므로 시민 참여에 대한 연구가 매우 활성화되어 있는데, 독일에서는 국가 차원에서도 이러한 연구와 조사가 이뤄지고 있다.[7] 독일연방

---

6 독일연방정부의 가족·노인·여성·청소년부에서 2014년에 발간한 「자원활동 설문조사 (Freiwilligensurvey)」를 참고했다.

7 독일에서 정부 차원의 시민사회에 대한 직접적인 연구는 1차 자료가 대부분이다. 예를 들어 이 「자원활동 설문조사」에는 시민들의 자원봉사 시간, 유형, 시민사회단체의 영역, 지역별 시민 참여 유형과 질적변화, 세대별 참여 경향과 유형, 성별 참여와 유형, 성별 참여 현황 등이 포함된다. 이러한 1차 자료는 시민사회 연구자들에게 중요하고 핵심적인 정보들을 제공해주고 있어 정부와 시민사회, 학계 사이의 원활하고도 협력적인 상보 관계가 성립되어 있다. 이에 비해 한국의 시민사회에 대한 연구는 연구자 중심으로 수행되고 있어 제한적이라 할 수 있다. 또한 시민사회에 대한 1차 자료도 부족하여 주로 2년마다 민간단체인 시민운동정보센터에서 발간하는 『한국민간단체총람』에 의지하고 있다. 그러나 이 자료마저 부정확하고 발행 기간도 일정치 않다. 2012년 이후 발간이 중단된 상태이고, 이 총람에 등재된 1만 3천여 개의 시민사회단체도 허수인 경우도 많다. 활발하게 활동하는 시민사회단체가 제외된 경우도 비일비재하다. 시민사회와 시민에 대한 연구가 이런 부실한 1차 자료에 근거한다면 한국의 현실을 제대로 반영할 수 없을 뿐만 아니라 시민사회와 시민운동 발전에도 기여할 수 없을 것이다. 따라서 시민사회에 대한 정확한 1차 자료의 수집·정리가 시급하다.

의회는 시민 참여를 "사회 결속을 위한 포기할 수 없는 전제 조건"으로 정의한다.[8] 독일 시민의 자발적 참여freiwilliges Engagement는 19세기의 명예직 제도Ehrenamt에서 유래하고 있는데, 당시 이것은 빈민층에 대한 구제 활동을 의미했다. 가난한 집단을 돕는 행위는 명예로운 것이며, 이러한 활동은 명예로운 시민의 권리Recht이기도 했던 것이다. 명예로운 시민은 특별한 이유 없이 국가가 그에게 부여한 직책Amt을 거부하지 않는 자이며, 이를 거부하는 자는 명예로운 시민의 자격을 얻을 수 없었다.[9] 그러므로 독일은 빈민 구제마저 국가로부터 공인된 시민들이 수행했다는 점에서 다른 유럽 국가와 구분된다. 즉 독일에서는 시민 참여가 전적으로 개인의 자유의지에 기반을 두기보다는 자유의지와 개인의 공명심, 그리고 국가의 관료적 사회질서가 혼합되어 주체들의 상호보완적 관계로 연결된 국가시장주의적인 성격을 띤다고 평가할 수 있다.

자발적 참여는 전통적인 명예직으로부터 유래하기는 했지만, 독일이 근대 자본주의국가로 발전함에 따라 점차 시민들의 자유의지에 의한 참여로 성격이 전환되었다. 현재 독일에서는 자원봉사활동Freiwilligenarbeit과 명예직 제도의 성격을 ① 자발적, ② 비영리, ③ 공공적, ④ 공동체적, ⑤ 공익적으로 규정하고 있으며, 명예직 제도는 위의 다섯 요소를 공유하면서 이에 더해 실정법에 의해 임명되거나 선출된 경우로 정의하고 있다.

---

8 이 정의는 1999년 연방의회의 앙켓위원회(Enquete Kommission)에서 「미래 시민사회의 시민 참여(Bürgerliches Engagement in der zukünftigen Zivilgesellschaft)」라는 보고서 서론에 명기되어 있다.

9 Preussische Kommunalverwaltungsreform, 201쪽

2) 자발적 참여의 현황

2014년에 실시된 자원봉사활동에 대한 설문조사에 의하면 독일 성인 인구의 43.6%가 자원봉사활동에 참여하고 있는 것으로 나타났다. 유럽 차원에서 비교해보면 네덜란드, 영국, 오스트리아, 스웨덴 등이 40% 이상으로 독일과 비슷한 수준으로 유럽에서 가장 높았고, 덴마크, 룩셈부르크, 핀란드 등이 30%대, 프랑스, 라트비아와 에스토니아는 20%대, 벨기에, 아일랜드, 폴란드, 포르투갈, 루마니아, 스페인은 10%대었고, 10% 이하에는 불가리아, 그리스, 이탈리아 등의 나라들이 있었다.

독일은 유럽 국가들 중 자원봉사활동 비율에 있어 상위권에 속한다. 2014년 현재 독일 14세 이상 인구의 70.2%는 시민단체의 회원이다.[10] 이들은 대개 공적인 사회생활에 참여하고 있는 집단들로서 직장에서 시민사회와 만나거나, 교육과 훈련 기간에 시민사회와의 접촉할 기회가 많다. 반면 노년층, 실업자, 저학력 집단, 이주민 집단들의 자발적 참여는 극히 저조했다.

자발적 참여가 가장 활성화된 영역은 스포츠(10.3%)였고, 학교와 유치원(9.1%), 문화와 음악(9.0%), 사회 서비스 분야(8.5%), 교회와 종교(7.6%), 여가와 사교 모임(5.6%), 학교 외에서의 성인교육(4.0%), 정치 활동과 정당 관련 활동(3.6%), 환경운동과 동물 보호(3.6%), 소방서와 응급 구조 단체(2.9%), 직업 관련 활동(2.5%), 건강과 보건(2.5%), 사법과 범죄(1.2%), 기타(2.7%) 순으로 집계되고 있다.

---

10 독일인들의 자원봉사활동은 일반적으로 점차 증가한 것으로 나타나고 있다. 이 조사가 처음 실시된 1999년에는 65.8%, 2004년에는 69.5%, 2009년에는 71.3%이었으나 2014년 조사에서는 이전보다 1.1% 감소한 것으로 나타났다.

자발적 참여의 동기로는 ① '자원봉사활동이 즐거워서'가 93.9%로 가장 많았고, ② '타인들과 건전한 관계 형성을 위해'가 82%, ③ '사회발전에 도움이 될 것 같아서'가 81%, ④ '다른 세대와의 소통과 연대를 위해'가 81%, ⑤ '삶의 질 향성을 위해'가 61.6%, ⑥ '사회적 명예와 영향력 행사를 할 수 있어서'가 31.6%, ⑦ '활동 경험이 직업에 도움이 될 것 같아서'가 24% 등으로 나타났다.

여성과 남성의 차이도 뚜렷하게 나타나고 있는데, 남성(40%)이 여성(32%)보다 적극적으로 활동하고 있었다. 남성은 스포츠, 정치, 직업과 관계있는 단체에 참여하는 경우가 많았고, 여성은 학교, 유치원, 교회 등의 단체에 참여하는 경우가 많은 것으로 나타났다.

지역별로는 구서독 지역(36~48.3%)이 구동독 지역(37.1~42.8%)보다 시민사회 활동이 높게 나타났고, 주별로는 라인란트팔츠Rheinland-Pfalz주와 바덴뷔르템베르크Baden-Württemberg주가 높았고, 바이에른Bayern주, 헤센Hessen주, 자를란트Saarland주가 그다음이었다. 함부르크Hamburg 자치시는 가장 낮은 시민사회 활동 비율을 보였다.[11] 구동독 지역에서는 메클렌부르크포어포메른Mecklenburg-Vorpommern주가 가장 높았고, 작센안할트Sachsen-Anhalt주가 가장 낮게 나타났다.

자원봉사활동 시간은 주 2시간 이하가 58.1%로 가장 많았고, 3~5시간 사이가 그다음인 23.8%이며 6시간 이상이 18.1%로 나타났다. 1999년 이후 매 5년마다 조사하는 주당 자원봉사활동 시간은 완만하지만 지

---

11 일반적으로 구서독 지역이 구동독 지역에 비해 시민사회가 활성화되어 있다. 시민 참여도 활발하고 시민사회단체도 활성화되어 있다. 구동독 지역에서는 반인종적이고 난민 적대적인 시위가 구서독 지역에 비해 훨씬 자주 발생하는데, 난민들에게 구호품을 전달하는 뮌헨역의 시민들과 대조적으로 폭력을 수반하는 경우가 많다.

속적으로 감소하는 것으로 나타났다. 2시간 이하가 1999년 조사에는 50.2%에서 58.1%로 증가했지만 주 6시간 이상은 22.9%에서 18.1%로 감소했다. 이는 짧은 자원봉사 시간은 증가한 반면, 긴 봉사 시간은 감소한 것이다. 독일인들의 생애주기에서 자원봉사활동 기간은 매우 긴 것으로 나타났는데 1/3 정도가 11년 이상 꾸준하게 자원봉사활동에 참여하고 있었다.

성별 자원봉사활동 유형을 살펴보면 여성들은 주로 사람들을 대상으로, 남성들은 스포츠나 구조 활동 등의 행위를 중심으로 자원봉사활동에 참여하는 것으로 나타났다.

3. 독일의 시민사회지표

1) 의미와 배경

시민사회지표는 세계시민단체연합이 전 세계의 시민사회 역량을 비교·분석하기 위해 헬무트 안하이어Helmut Anheier 교수와 함께 개발한 지표이다. 1990년의 실험 과정을 통해 1차로 54개국을 대상으로 조사했으며, 2008년부터 2011년까지 2차로 41개국의 시민사회 역량을 조사했다. 세계시민단체연합은 이 시민사회지표 조사 사업을 통해 시민사회 연구자와 활동가들이 시민사회를 과학적으로 이해할 수 있는 지식을 축적하고, 시민사회 참여자 사이의 원활한 소통을 도우며, 향후 국내외의 정치와 사회활동을 분석할 수 있기를 바랐다.

시민사회지표 조사는 두 단계로 진행된다. 첫 번째 단계에서는 조사 대상 시민사회에 대한 자료와 정보를 축적하고 2차 자료를 이용하여 분석한다. 이 과정을 살펴보면 다음과 같다.

① 2차 자료를 분석한다.
② 지역 시민사회에서 활동하고 있는 지역 자문단을 구성하여 지표의 적절
   성에 대해 토론한다.
③ 해당 지역의 활동가들에 대한 대면 인터뷰를 실험적으로 진행한다.
④ 전문가들과의 인터뷰를 진행하고 가능하면 외부적으로 잘 알려지지 않
   은 사실들을 찾는다.
⑤ 대중매체에 보도되는 시민사회에 대한 기사들을 모아 분석한다.

두 번째 단계에서는 시민사회 활동가들이 첫 번째 단계에서 모은 정
보를 분석하고, 지표화된 국가와 시민사회와의 관계를 평가한다. 그 후
국가자문단NAG: National Advisory Groups을 구성하여 이 시민사회지표를 완
성한다. 시민사회지표를 조사하려는 나라들은 두 개의 각기 독립적인
국가자문단을 조직해야 한다. 세계시민단체연합은 국가자문단의 구성
을 시민사회단체CSO: Civil Society Organization에서 8명, 정부, 기업, 학계, 언
론관계자 각 1명씩 도합 12명으로 할 것을 제안한다.[12] 국가자문단은 시
민사회지표를 확정하고, 네 개의 하위 차원을 구성하는 시민사회지표
다이아몬드 도형을 완성한다. 0점은 최저, 3점은 최고로 표시하는 3점
척도를 이용하여 평가한다.

---

12 국가자문단 구성은 세계시민단체연합이 권유를 하는 것이지 모든 나라들이 12명으로
   조직되는 것은 아니다. 독일의 경우 각 9명과 8명이 참여하는 등 나라마다 상황에 적합
   한 형태로 조직했다.

2) 개요

독일 시민사회지표 조사는 2003~2005년 베를린 홈볼트 대학교의 메세나타 연구소Maecenata Institute for Philanthropy and Civil Society에서 수행했다. 시민사회지표 추출 과정은 다른 나라의 경우와 동일하게 진행되었는데, 70개의 문항을 시민사회단체 관계자들이 피설문자가 되어 조사를 실시하고, 언론에 보도된 시민사회에 대한 기사와 2차 자료를 참고하여 독일 시민사회를 정리, 분석한 뒤 포괄적인 보고서를 작성했다. 이 보고서를 두 개의 국가자문단이 독자적으로 3점 척도를 통해 평가했다. 독일의 경우 국가자문단 중 하나가 평가한 국제 협력 분야의 점수가 약간 높았고, 그에 따라 국제 관련 문항의 점수가 조금 높게 평가되었다.

시민사회지표는 구조, 영향력, 가치, 환경 등 네 개 차원으로 구성되었다. 구조 차원에서는 시민사회단체의 특성과 시민사회단체 사이의 관계, 기반 등을 측정했다. 환경 차원에서는 시민사회에서의 정치적·법적·사회경제적·사회문화적 관계를 평가했다. 가치 차원에서는 투명성의 원칙, 민주주의 실현 등이 시민운동에서의 민주적인 가치가 어떤 수준으로 반영되고 실천되는지를 측정했다. 영향력 차원에서는 시민사회가 정치, 경제, 사회 전반에 어떻게 작용하는지를 평가했다. 네 개 차원의 70개 항목에 대한 독일 시민사회지표는 〈표 1-1〉과 같이 도출되었다.

시민사회지표에 따르면 독일 시민사회는 구조 차원의 점수가 1.6으로 가장 낮았고, 영향력이 2.5로 가장 높았다. 구조 차원의 점수가 낮았던 이유는 자원활동, 회원 수, 비정파적 정치 활동, 재원과 인적 자원 부분의 점수가 낮았기 때문이다. 독일 시민사회는 연대 활동 부분에서는 매우 높게 평가되었다. 국가자문단은 독일의 시민사회 환경에 대해서는 매우 긍정적으로 평가했고, 반대로 시민사회 내에서의 부정부패 문제와

표 1-1 | 독일과 한국의 시민사회지표 (단위: 점)

구분	독일	한국
구조	1.6	1.5
환경	2.3	1.8
가치	2.2	2.3
영향력	2.5	1.9

자료: CIVICUS(2005).

그림 1-1 | 한국과 독일의 시민사회 다이아몬드 (단위: 점)

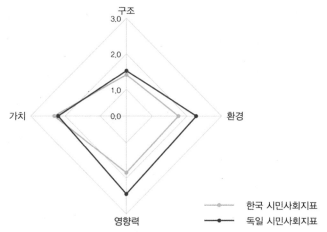

자료: CIVICUS(2005)를 참고해 그림으로 재구성.

재원 운영의 투명성에 대해서는 대체로 부정적인 평가를 내렸다.

〈그림 1-1〉은 독일과 한국의 시민사회지표 다이아몬드를 표시한 것이다. 한국은 독일보다 가치 차원에서 0.1이 높은 반면, 다른 세 가지 차원에서는 낮은 것으로 나타났다. 영향력 차원에서 그 차이가 가장 크게 나타났는데, 이는 양국의 민주주의 실현 정도, 시민들의 시민사회단체에 대한 신뢰도가 다르기 때문이다.

4. 독일의 시민사회

1) 역사

독일 시민사회의 전통은 매우 길다. 이 긴 역사 속에서 독일 시민사회는 상호 보완 원칙을 지켜왔다. 이는 가톨릭의 도덕철학과 밀접한 관계가 있다. 오랫동안 지켜온 상호 보완 원칙은 1930년대 독일의 유명 인사들이 나치 독일의 독재 체제에 저항할 근거를 제공해주었다.

독일 시민사회의 상호 보완 원칙은 사회적 약자와 소수자에 대한 지원과 도움의 형태로도 나타났다. 1960년대 독일에서는 수많은 시민사회단체들이 출현했는데, 독일인들은 정치·경제 영역의 시민사회단체보다 자선사업, 건강, 보건 위생 등의 사회복지를 다루는 시민사회단체들에 더 큰 관심을 가졌다. 사회복지에 대한 높은 관심은 이 분야에 대한 정부 지원의 정당성을 확보하게 만들었다. 그 결과 독일은 전통적으로 사회 복지 분야를 국가가 주도해야 하는 영역으로 인식하고 있다. 복지 문제 해결은 국가 존립 이유이기도 하다. 실제로 복지는 개인이나 특정 사회 집단보다는 국가의 체계적이고 제도적인 개입이 필요하기 때문이다.

이러한 전통은 현재 독일 시민사회의 특징을 잘 반영하고 있다. 독일 시민운동은 크게 두 가지로 분류할 수 있는데, 하나는 사회문화적인 영역의 운동으로 이들은 회원의 회비나 후원금으로 재정을 충당한다. 또 다른 영역의 운동은 사회 복지와 건강 분야이다. 이 영역에서 활동하는 시민사회단체의 재정은 기본적으로 정부가 부담하며, 이들은 정부와 긴밀한 협력 관계를 형성하고 있다.

독일에서는 다양한 형태의 교회 관련 재단과 직능단체가 19세기 이전부터 존재했다. 이 단체들은 대개 가톨릭교회를 기반으로 사민주의적social-democratic 성격을 갖고 있었다. 1970년대에 이르러 새로운 유형의 시민사회단체들이 출현했는데, 이들은 대개 환경과 평화와 같은 신사회운동과 주민운동의 중심이 된다. 1990년대에 독일 시민사회는 독일 통일이라는 엄청난 변화에 직면하게 된다. 동독의 시민운동은 동독 체제를 와해시키고 통일을 이룩하는 데 큰 역할을 담당했다. 통일 후에도 동독 지역에서는 작은 규모지만 광범위하게 시민운동이 일어나고 있다. 서독 지역 역시 새롭게 제기되는 환경, 에너지, 다문화와 이민 등의 이슈에 적극 대응하는 시민운동을 전개하면서 시민운동은 과거보다 더욱 분화되고 전문화되고 있다.

2) 지형

일반적으로 시민사회단체Civil Society Organisations를 의미하는 CSO는 현재 독일에서 그리 광범위하게 사용하는 용어가 아니다. 대신 비영리단체Non Profit Organisation를 의미하는 NPO를 주로 사용한다. NPO는 영리를 추구하지 않는 조직으로 제3섹터에서 활동하지만, 독일에서는 비영리적·비정부적·자발적·자율적인 민간 조직을 의미하고 있다. 존스홉킨스 대학교의 비영리 영역 비교연구프로젝트JHP: Johns Hopkins Comparative Non Profit Sector Project는 NPO, 즉 비영리단체의 정의를 다음과 같이 내린다.

- 조직화: 재정과 조직 구성원들의 민주적 의사 결정 구조
- 사적: 조직적으로 국가와 분리된 민간 영역에 해당함
- 비영리적 이윤 분배: 이윤이 조직의 소유자나 대표자에게 분배되지 않음
- 자율적: 그들 스스로가 조직을 운영함
- 자원활동에 기반을 둠

이 프로젝트에서는 교회 관련 단체는 비영리단체의 범주에 속한다고 보지만, 정당과 교회는 비영리단체의 범주 밖에 있다고 본다. 이러한 범주 구분은 세계시민단체연합에서 규정하는 시민사회단체의 범주 구분과는 차이가 있다. 세계시민단체연합 정의에 의하면 시민사회는 시장과 정부의 밖에서 시민들이 다양한 형태의 조직을 통해 이윤 추구가 목적이 아닌 활동을 할 수 있는 공간을 의미한다. 이 공간은 국가와 시장으로부터 자유로운 곳이다. 따라서 교회와 노동조합, 자조적 조직도 시민사회지표 조사 과정에서 시민사회의 범주에 속하게 된다.

시민사회지표를 측정하는 독립적으로 조직된 두 국가자문단에서는 시민사회와 시민사회단체에 대한 정의를 두고 많은 논쟁을 벌였다. 독일의 경우 교회는 종교세를 통해 (국민의 세금을 통한) 국가의 지원을 받고 있으며, 정당은 정부를 구성하는 정치사회의 주요 구성단위이기 때문에, 노동조합은 노동자라는 직업군과 집단의 이익을 우선하기 때문에 시민사회의 행위자로 분류하기가 쉽지 않다. 그러나 이 단체들은 독일의 시민사회 발전 과정에 크게 기여했고, 현재에도 시민 참여를 촉진시키는 주요 조직이기에 이 조사에서는 이들을 시민운동단체로 분류했다. 그러나 이러한 분류 방식은 그 나라의 민주주의 전통, 각 단체들의 시민사회와 민주주의 발전의 기여 정도, 그리고 시민단체(NGO와 NPO)들과의 연대 활동 여부와 정도에 따라 달리 해석되고 있다.

독일의 시민사회단체 유형으로는 시민 행동, 자조 조직, 재단, 다양한 결사체 등이 있다. 〈표 1-2〉에서 보듯 시민사회단체 중 재단에 등록된 단체는 1/4 이상이다. 교회가 직간접적으로 관여하는 재단이 비종교적 재단보다 무려 일곱 배 정도 많은데, 교회의 사회적 영향력이 어느 정도인지를 보여주고 있다. 또한 이는 교회가 사회 문제에 개입하고 해결하는 데 얼마나 적극적인지를 이해할 수는 척도가 되고 있다. 교회의 전통

표 1-2 ㅣ 독일의 시민사회단체

조직 형태	수	조사 연도
등록된 단체	574,359	2003
자조 집단	70,000	2003
시민 주도 조직(주민운동 포함)	10,000~20,000	2000
재단(교회 관련 재단 제외)	15,449	2007
연대 조직과 연방의회에 등록된 이익 단체(로비 집단 포함)	1,746	2002
교회 관련 재단	100,000	2000

자료: Bundesverband Deutscher Stiftungen(2007).

은 독일 시민사회의 핵심인 상호 보완 원칙을 지키고 유지할 수 있는 원천이 되고 있다.

5. 시민사회지표를 통한 차원별 독일 시민사회의 분석

1) 구조

〈표 1-3〉은 독일의 시민사회지표 중 구조 차원의 지표를 시민 참여의 폭, 시민 참여의 깊이, 시민사회 참여의 다양성, 조직 수준, 내적 관계, 자원 등 여섯 개의 하위 차원으로 나타낸 것이다. 이 표에 따르면, 시민사회단체 사이의 관계를 나타내는 내적 관계에 대한 지표가 2.5로 가장 높게 나타났고, 시민들이 자선단체에 후원하는 금액과 시민들의 시민사회단체 가입 여부, 자원활동 시간 등을 나타내는 시민 참여의 깊이가 1로 가장 낮게 나왔다. 시민사회단체의 인적 자원과 물적 자원을 반영하는 자원에 대한 지표 역시 1로 가장 낮게 나타났다.

구분	점수
시민 참여의 폭	1.2
시민 참여의 깊이	1
시민 참여의 다양성	2
조직 수준	1.9
내적 관계	2.5
자원	1
구조	1.6

자료: CIVICUS(2005).

(1) 시민 참여의 폭(1.2점)

독일에서 비정치적 참여는 서명, 보이콧, 합법적으로 공인된 시위, 격렬한 시위나 건물 점령 등이 포함된다. 1999년의 통계에 의하면 독일 성인의 50%는 지난 10년 동안 적어도 한 번은 이러한 비정치 활동에 참여한 것으로 나타났다. 또한 1999년 자료에 의하면 14세 이상의 독일인 중 41%가 적어도 1년에 한 번은 비영리단체를 후원한다고 한다. 이 수치는 2005년 47%로 증가했다. 1996년 자료에 의하면 후원금은 1인당 평균 148유로(약 19만 원), 후원금 총액은 38억 7000만 유로(약 5조 원)이며 그 중 개인 기부금의 비중이 60%를 차지한다. 노년층의 후원 비중이 크고, 고소득자가 저소득자에 비해 더 많은 후원을 한다. 기부금 증감은 경제 상황에만 국한된 것이 아니라 개인들의 가치관에 의해 좌우되기도 한다. 예를 들어 교인들이 비교인들에 비해 더 많은 기부금을 내는 것으로 나타났다. 한편, 2005년 조사에 의하면 16세 이상 독일 성인의 49%는 한 개 이상의 시민사회단체 회원인 것으로 나타났다. 또한 독일 성인의 36%는 시민사회에서의 자원봉사활동에 참여하는 것으로 나타났다. 이

수치는 2009년 조사에도 똑같이 나타났다(Freiwilliges Engagement in Deutschland, 2011).

(2) 시민 참여의 깊이(1점)

시민 참여의 깊이는 시민들의 시민사회단체 참여 강도를 측정하는 하위 차원이다. 1991~1992년 자료에 의하면 독일 성인들이 자선단체에 기부하는 기부금은 1인당 평균 소득의 0.18%로 나타났다. 여기에는 종교세를 제외한 교회 관련 각종 기금이 포함되어 있다. 또한 2001년 통계에 의하면 독일 성인들은 한 달 평균 19시간의 자원봉사를 하는 것으로 나타났다. 39%의 독일 성인들이 한 개의 시민사회단체 회원이며, 14%가 두 개의 시민사회단체, 6%가 세 개 이상의 시민사회단체 회원이었다. 〈표 1-4〉에 의하면 시민사회단체 가입 비율은 동독 지역이 서독 지역에 비해 현저하게 낮은 것으로 나타났다.

(3) 시민사회 참여의 다양성(2점)

시민사회단체의 고위급 간부 중 남성이 차지하는 비율은 68%였다. 44%의 여성 활동가들은 진급의 기회가 거의 없이 평간사로 활동하고 있었다. 독일의 시민사회단체는 농촌 지역보다 도시 밀집 지역에 더 많았고, 구동독 지역보다 구서독 지역에 더 많이 분포되어 있었다.

(4) 조직 수준(1.9점)

이 문항은 주로 시민사회단체 연대와 관련되어 있다. 89%의 시민사회단체가 연대 조직에 참여하고 있으며, 한 시민사회단체당 평균 두세 개의 연대 조직에 참여하고 있었다. 1/5의 시민사회단체가 연대 조직에 대해 만족하지 못했는데, 만족하지 못하는 이유는 시민사회단체가 스스

표 1-4 | 독일 성인들의 시민사회단체 회원 가입률(1998)　　　　　　　　　　　(단위: %)

구분	구서독 지역	구동독 지역
가입 단체 없음	42	62
한 개	39	29
두 개	14	7
세 개 이상	6	1

자료: Zentrum für Umfragen(1999).

로의 이익을 대변하지 못하거나, 가입비가 너무 높고, 회원 단체 서비스가 기대에 미치지 못하기 때문인 것으로 나타났다. 이러한 불만은 스포츠, 사회 서비스, 건강 분야에서 주로 표출되고 있었다. 독일 시민사회단체의 64%는 그 활동 범위가 기초자치단체와 광역자치단체 단위였고, 34%는 전국 단위로 활동하고 있었다. 또한 대부분의 시민사회단체가 글로벌 차원에서 활동하고 있었다.

(5) 내적 관계(2.5점)

독일 시민사회단체는 영역별로 협의체도 구성하고 있고, 상호 정보교환도 활발하게 실천하고 있었다. 회원과 일반 시민들을 상대로 (전자)소식지 등을 통해 정보도 활발히 공유한다. 다만, 서로 다른 영역 간의 교류는 그리 활발하지 않은 것으로 나타났다. 한편, 900여 개의 시민사회단체가 인종주의, 신나치, 반유대주의 활동을 하는 것으로 나타났다.

(6) 자원(1점)

가장 취약한 부분이다. 1995년 독일 시민사회단체의 총수입은 692억 3000만 유로였다. 1995년 자료를 보면 독일 시민사회는 재정의 64.3%를 정부로부터, 32.3%를 회비로, 3.4%를 후원금으로 충당했다. 독일 시민사회단체는 근본적으로 국가의존형이라 규정할 수 있는데, 이는 회원의 회비와 후원금이 재정의 대부분을 차지하고 있는 미국의 독립적 시민사회단체와 큰 차이가 있다. 독일 시민사회단체의 37%는 재정 부족에 따른 운영의 어려움을 호소하고 있다.

250만 명의 독일 성인이 자원봉사 조직에 참여하고 있는데, 그중 100만 명이 상근자이다. 이는 독일 총 고용 인구의 4.7%에 해당한다. 48%의 활동가가 상근 인력으로, 25%가 반상근자로, 10%는 무보수로 시민사회단체에서 근무하고 있다. 또 정부의 일자리 창출 정책 중 하나로 83%의 시민사회단체가 정부로부터 상근 인력 지원을 받고 있었다.

결론적으로 독일의 시민 참여는 그리 활발하지 않은 것으로 나타났고, 특히 지역과 비정치 분야에서 이러한 현상이 두드러졌다. 시민 참여 강도는 지역별로 차이가 있었고, 교육 정도에 따른 차이도 두드러졌다. 여성 활동가들은 남성들에 비해 사회적 이동 기회가 훨씬 제한적이지만, 시민운동 활동가로의 충원은 비교적 용이한 것으로 나타났다. 시민사회단체 사이의 연대 활동은 매우 활성화되어 있으며, 회원들과의 소통도 원활한 편이었다. 재정 부분에서는 독일 시민사회의 특징이 잘 나타났다. 상호 보완 원칙이 바로 그것이다. 재정적으로 독일 시민사회단체의 국가의존도는 매우 높았다. 그중에서도 특히 건강, 사회 서비스 부분에서의 국가의존도가 높았다. 반면, 문화 부분의 국가의존도는 비교적 낮게 나타났다.

표 1-5 | 독일 시민사회 환경 （단위: 점）

구분	점수
정치적 맥락	2.7
기본권	2.4
사회경제적 맥락	3
사회문화적 맥락	1.9
제도적 환경	2.2
국가와 시민사회의 관계	2.5
사적 영역과 시민사회의 관계	1.9
환경	2.4

자료: CIVICUS(2005).

2) 환경

독일 시민사회의 환경은 비교적 양호한 것으로 나타났다. 환경 차원의 시민사회지표는 〈표 1-5〉에서 살펴볼 수 있듯이 사회경제적 차원이 가장 높고, 사회문화적 차원이 가장 낮게 나왔다. 시민사회의 외부 환경은 전반적으로 양호한 것으로 평가되었다.

(1) 정치적 맥락(2.4점)

독일은 프리덤 하우스Freedom House의 민주주의지수에서 1점을 받아 자유국가로 분류되고 있다. 독일에서는 사법부가 국민들의 높은 신뢰를 얻고 있는데, 연방헌법재판소에 대한 신뢰도가 경찰과 대학 다음으로 높았다. 독일 국민의 76%가 연방헌법재판소를 (매우) 신뢰한다고 응답한 반면 15%는 (매우) 신뢰하지 않는다고 응답했다. 부정부패와 관련하여 국제투명성본부가 실시한 2004년 조사에 의하면 독일은 145개국 중 15위를 차지해 부패가 가장 적은 나라군에 속했다.[13]

(2) 기본권(2.4점)

독일은 기본권(정치·경제·환경)이 헌법으로 규정되어 있고, 국가가 국민들에게 이를 충분히 보장하고 있다. 또한 국민들에게 정보공개권이 광범위한 범위에서 보장되고, 언론의 자유도 높은 수준으로 보장된다.[14]

(3) 사회경제적 맥락(3점)

독일은 개도국에 비해 사회 혼란, 경제 불황, 종교 갈등, 집단 간 IT 격차, 사회 갈등 등이 적으며, 인간개발지수도 0.911로 세계 6위를 기록하고 있어 이 영역에서 3점 만점을 받았다.

(4) 사회문화적 맥락(1.9점)

이 하위 차원에서는 독일이 비교적 낮은 점수를 받았다. 이는 사회적 신뢰나 관용, 공공성(공공질서) 등에 있어 그리 높은 평가를 받지 못했기 때문이다. 타인을 신뢰하는가에 대한 질문에 독일 국민의 1/3만이 신뢰한다고 대답했다(Federal Statistic Office, 2003). 반면, 독일 국민들은 사회적 소수자, 외국인, 타종교, 동성애자, 이민자 등에 대해서는 그리 배타적이지 않았다.

---

13 2013년 부패인식지수에 의하면 178개국 중 독일은 12위. 한국은 46위를 기록하고 있다. 한국보다 부패인식지수가 낮은 나라는 싱가포르, 홍콩, 일본, 부탄, 타이완 등이며, 부패인식지수가 낮은 국가들은 대개 유럽 국가들이었다.

14 프리덤 하우스의 언론자유지수는 0~100점으로 낮을수록 언론의 자유가 보장되고, 높을수록 언론이 탄압받는 것을 의미한다. 독일은 이 지수 평가에서 2003년에는 15점, 2015년에는 18점을 얻었다. 과거에 비해 언론의 자유가 어느 정도 약화되었지만 여전히 높은 수준으로 언론의 자유가 보장되고 있었다. 2013년 같은 조사에서 한국은 33점을 얻어 독일에 비해 언론의 자유가 약한 것으로 나타났다.

(5) 외부 환경(2.2점)

독일에서 시민사회단체는 직능단체, 재단, 협동조합 등 크게 세 가지 형태로 분류될 수 있다. 그리고 이 조직들은 해당 지역의 법원에 등록해야만 한다. 물론 임의단체로도 존재할 수 있지만 이 경우 정부와의 협력 관계 혹은 거버넌스 구성은 불가능하다. 협동조합도 물론 해당 지역 법원의 경제 단체에 등록해야 한다. 독일의 시민사회단체는 자유롭게 조직할 수 있고, 결사의 자유는 기본법으로 보장된다. 독일에서는 주창 활동이 법으로 금지되어 있지 않다. 그리고 등록된 단체에 대해서는 면세 등의 세제 혜택을 받게 된다. 그러나 경제 단체를 대변하는 로비 집단이나 님비NIMBY활동을 하는 단체에 대해서는 세제 혜택이 전혀 없다.

(6) 정부와 시민사회와의 관계(2.5점)

독일에서 시민사회와 정부와의 관계는 매우 긴밀하다. 독일 시민사회단체는 재정의 64%를 정부로부터 지원받고 있으나 시민사회는 정부로부터 자율성과 독립성을 인정받고 있다. 독일 정부는 시민사회와의 원활한 관계 유지를 위해 2002년 연방시민참여센터BBE: Bundesnetzwerk Bürger-schaftliches Engagement를 설립하여 다양한 방법으로 시민사회와 협력하고 있다. 정기적으로 전국적인 시민 참여에 대한 설문조사를 실시하여 시민사회에 대한 보고서를 발간하기도 한다.

(7) 사적 영역(기업)과 시민사회와의 관계(1.9점)

시민사회와 기업(시장)과의 관계는 국가와의 관계보다는 좋지 않다. 독일의 기업들은 기업의 사회적 책임CSR: Cooperate Social Responsibility을 비교적 충실하게 이행하고 있었다. 1995년 자료에 의하면 시민사회단체 총수입의 3%만이 기업 후원금이었다. 2002년 기업 후원금 총액은 7억

4000만 유로였는데, 이 금액은 그해 모금 총액 27억 유로의 약 27%에 불과했다. 독일의 재단 총 5270개 중 기업이 설립한 재단 수는 6.5%인 360개였다. 독일 기업은 시민사회 활성화를 위해, 혹은 시민사회와의 관계 강화를 위해 노력을 하지만 충분하지 못한 것으로 평가할 수 있다.

3) 가치

독일 시민사회의 가치는 환경 차원보다 낮게 평가되었다. 가치의 하위 차원에서는 환경 강국답게 환경적 지속 가능성 부분이 3점으로 가장 높게 평가되었고, 투명성 부분이 1점으로 가장 낮게 평가되었다.

(1) 민주주의(2.8점)

시민사회단체 내부의 민주주의는 광범위하게, 효과적으로 작동하고 있었다. 시민사회단체는 그 성격에 따라 시민 참여에 차이가 있었는데, 시민 참여 중심의 결사체(회원 중심)와 시민 참여가 부차적인 재단의 시민 참여 차이가 뚜렷했다. 시민 참여와 시민 행동을 통해 독일에서 민주주의가 촉진되는 현상도 발견할 수 있었다. 다문화, 이민자, 성적 소수자 등의 이슈를 공론화하고 이를 정책에 반영시킨 것을 예로 들 수 있다.

(2) 투명성(1점)

독일의 시민사회단체는 그들의 재정 상황(수입과 지출)을 일반에 공개할 의무가 없다. 그러나 공인된 비영리단체는 그들의 수입과 지출을 세무서에 신고해야 한다. 수익 사업에 대한 납세의 의무가 있으며 후원금을 받은 경우에는 후원자에게 공개해야만 한다. 정도의 차이가 있지만 규약이나 정관에 재무 보고에 대한 사항이 있는 경우 시민사회단체는

표 1-6 | 독일 시민사회의 가치 (단위: 점)

구분	점수
민주주의	2.8
투명성	1
관용	2.3
비폭력	2.8
양성평등	1.5
빈곤 퇴치	2.5
환경적 지속 가능성	3
가치	2.1

자료: CIVICUS(2005).

회원들에게 보고할 의무가 있다. 비영리 단체의 경우 회원 조직이 아니기 때문에 회계 보고는 대개 이사회에 하게 된다. 그러나 이런 보고는 세무서와 후원자에게는 알려지지만 일반인들에게는 공개되지 않는다. 많은 시민사회단체는 부정부패 척결을 위한 노력을 하고 있고, 국제투명성기구Transparency International와 같은 시민사회단체가 설립되어 국내외의 부패 척결을 위해 활동하고 있다.

(3) 관용(2.3점)

독일 시민사회의 관용의 형태를 측정하기 위해 언론 매체에 보도된 관용과 비관용에 대한 양적 측정을 해볼 수 있다. 독일 언론 보도의 2.1%가 인종주의와 관련된 범죄행위에 대한 것이었다. 그리고 인종주의, 혹은 극우주의를 극복하기 위한 시민사회의 노력에 대한 보도는 1.9% 정도였다. 언론에 노출되는 시민사회의 노력은 매우 적지만, 시민사회는 인종주의 및 극우주의를 극복하기 위해 매우 적극적이고 광범위한 수준으로 활동하고 있다.[15]

(4) 비폭력(2,8점)

2004년 연방범죄수사국의 자료에 따르면 2만 1178건의 정치적 성격이 농후한 범죄가 발생했다. 56%는 정치 선전이었고, 8.5%는 폭력 범죄였다. 1만 2553건이 극우파에 의한 것이었고, 3521건이 좌파에 의한 것이었다. 603건이 반외국인에 대한 범죄였다. 언론에 나타난 시민사회단체의 비폭력 캠페인에 대한 보도는 1.1%에 불과했다. 그러나 시민사회의 비폭력 활동은 넓은 범위에 걸쳐 다양한 형태를 띠고 있다. 여기에는 비단 외국인뿐만 아니라, 청소년, 가정, 여성, 사회적 소수자 문제에 대한 활동이 포함된다. 이러한 활동을 하는 시민사회단체의 대부분은 비폭력과 평화 실현을 목적으로 한다.

(5) 양성평등(1,5점)

1999년 자원활동에 관한 통계에 의하면 남성의 30%, 여성의 38%가 자원활동에 참여하고 있었다. 전체 자원활동 참여 인구에서 남성들이 차지하는 비중이 점차 증가하고 있으나, 이는 직업과 관련된 경우가 대부분이다. 자원활동 참여 인구 전체에서 여성의 비율은 80%로 절대적으로 높다. 이 여성들은 행정 부분보다 경제 부분에서 더 많이 활동한다. 남성 정규직 인구가 여성 정규직 인구보다 훨씬 많으며, 행정 부분

---

15 물론 독일에서는 다양한 형태의 폭력과 범죄행위가 자행되고 있고 이에 대한 문제점들도 보도되지만, 제2차 세계대전의 전범국으로서, 유대인에 대한 인종 학살을 주도한 독일에서는 특히 인종주의와 극우주의에 대해서는 매우 민감하게 반응하고 있다. 따라서 제도권의 언론도 인종주의와 극우주의 보도에 매우 엄격하고 비판적이다. 또한 시민사회의 개인과 조직의 활동도 다양하여 "얼굴을 보여라! 독일의 진면목을 세계에 보여주자"라는 반인종주의를 지향하는 시민사회단체도 많이 있지만 대부분의 시민사회단체들은 그들의 사업에 반인종주의 내용을 담고 있다.

에서 그 점유율이 여성에 비해 월등히 높다. 시민단체에 상근자로 근무하는 근로자 중 여성의 비율은 65%인데, 이는 경제활동을 하고 있는 독일 전체 인구에서 여성 근로자가 차지하는 비율인 40%보다 훨씬 높은 편이다. 시간제 근로자 중 83%는 여성이다. 여성들은 타 영역에 비해 사회적 편견이 상대적으로 낮은 시민사회에서의 활동이 특히 두드러지게 나타나고 있다. 대신 간부급 여성들의 비율이 매우 낮다. 여성들이 남성에 비해 일방적으로 불리한 상황이지만 언론 기사 중 양성평등에 관한 기사는 1%에 불과하다. 이런 의미에서 이 항목에 대한 평가는 매우 낮을 수밖에 없다.

(6) 빈곤 퇴치(2.5점)

대부분의 시민사회단체들은 빈곤 퇴치에 역점을 두고 있다. 2000년 통계에 따르면 9만 4000개의 시민사회단체가 빈곤 퇴치 사업에 참여하고 있었다. 자선사업 단체들은 빈곤 퇴치를 위해 독일 정부와 공적 기관으로부터 상당한 지원을 받으며 적극적으로 노력하고 있다. 빈곤 퇴치에 관한 언론의 보도 비율도 5%정도로 시민사회나 여성에 대한 보도 비율보다 높은 편이다.

(7) 환경적 지속 가능성(3점)

이 문항은 매우 높게 평가되었다. 독일이 환경 선진국으로 전환되는 과정을 살펴보면 당연한 결과라고 할 수 있다. 반핵운동과 평화운동, 환경보존운동이 1970년대 이후 신사회운동의 주류를 형성하면서 독일뿐만 아니라 전 유럽과 전 세계적으로 확산되었고, 독일에서는 녹색당이 출범하면서 제도 정치에서 본격적으로 환경문제가 주요 의제로 등장했다. 지속 가능성이란 효율적인 경제 발전과 사회 정의, 환경 보존의 조화로운 발전을 의미한다. 1996년 존스홉킨스 대학교의 비영리 영역 비교연구프로젝트에 의하면 독일의 환경 시민사회단체는 전체 시민사회단체의 7%를 차지하고 있고, 환경 시민사회단체 활동가는 전체 시민사회단체 활동가 중 2.5%를 차지한다. 사회복지 부분에 고용된 활동가는 38.8%이며, 건강·보건 분야는 30.6%, 교육 분야에서는 전체의 11.7%가 활동하고 있었다. 사회복지와 건강·보건 분야는 기본적으로 국가로부터 재정 지원을 받는 반면 환경 분야는 62.1%가 회원들의 회비, 22.3%는 공공 영역으로부터, 15.6%는 후원금으로 재정을 충당하고 있다.

4) 영향력

영향력 차원은 시민사회가 정치와 사회 분야에 영향을 미치는가를 평가하는 항목이다. 정부와 시장의 주요 이슈에 시민사회단체가 미치는 영향력에 대한 언론 기사는 전체 기사의 45%에 이른다.

(1) 공공 정책에 대한 영향력(1.9점)

독일의 시민사회단체는 연방의회에서 자문 역할을 담당하고 있다. 미국과 달리 의회 정책에 영향을 크게 미치는 싱크탱크think tank와 같은 연구소는 아직 없으나 의회에 대한 영향력이 계속 증가하는 추세에 있다. 2003년을 기준으로 보면 130개의 시민사회단체 연구소가 활동하고 있다. 1970년대와 같은 시민들의 직접 참여 열기는 사라졌으나 1990년대 이후 지방자치단체를 중심으로 시민사회단체의 영향력이 지속적으로 증가하고 있다. 특히 인권 문제에 깊이 개입하여 일정 수준의 성과를 나타내고 있다. 한편 시민사회단체의 예산 개입과 참여는 아직은 그리 활성화되지 못하고 있다. 참여예산제도 초보 단계이다. 전반적으로 독일

표 1-7 | 독일 시민사회의 영향력   (단위: 점)

구분	점수
공공 정책에의 영향력	1.9
정부와 기업의 책임성	2
사회적 이해에 대한 책임	2.8
시민 권한	2.8
사회적 요구 충족	3
영향력	2.5

자료: CIVICUS(2005).

시민사회단체가 공공 정책에 미치는 영향력은 아직 부족한 상태이다.

(2) 정부와 기업의 책임성 강화(2점)

독일의 시민사회단체는 정부와 기업에 어느 정도 영향을 미친다. 환경 단체인 분트BUND는 정부와 환경 정책에, AI는 인권 문제에, TI는 정부의 부정부패 등에 영향을 미치고 정부는 이를 수용하고 있다. 또한 시민사회단체들은 기업의 사회적 책임 강화와 확대를 위해 노력하고 있다. 그러나 이 분야에서의 영향력은 아직 한정적이라 할 수 있다.

(3) 사회적 이해에 대한 책임(2.8점)

이 문항은 사회 문제에 대한 독일 시민사회단체의 관심과 사회 문제를 해결하기 위한 노력을 의미한다. 2004년 독일의 가장 큰 사회적 이슈는 청년 실업이었다. 시민사회단체들은 이 문제에 천착했다. 신자유주의에 대한 반대 시위, 사회복지 부분의 예산 삭감에 대한 다양한 형태의 반대 운동 등을 전개했다. 시민사회의 사회 문제 해결을 위한 노력은 사회적 신뢰도 조사를 척도로 삼아 평가할 수 있다. 2001년 알렌스바흐

연구소Institut für Demoskopi Allensbach가 실시한 기관에 대한 조사에 의하면 경찰이 시민들로부터 가장 높은 신뢰를 얻었고, 그다음으로 신뢰도가 높은 기관은 사법기관, NATO, 노동조합, 교회, 정당, 경제 단체 순이었 다.[16] 독일의 경우 다양한 주체들에 의해 신뢰도가 측정되며, 주관 기관 에 따라 어느 정도 차이가 있지만 대개 경찰을 포함한 국가기관 다음으 로 노동조합과 같은 시민사회단체들이 높은 신뢰도를 보였다. 대부분의 신뢰도 조사에서는 시민사회단체 대신 조사 내용과 방향에 적합한 영역 에서 활동하는 환경단체, 국제개발협력단체, 노동단체, 직능단체 등 구 체적인 단체를 제시했는데, 이 단체들의 신뢰도 역시 높은 편이었다.

(4) 시민 권한(2.8점)

2002년 독일에는 180개의 자원봉사 대행 단체, 160개의 자활 단체, 160개의 노인 관련 단체가 존재했으며, 2004년에는 68개의 지역 재단이 275만 유로를 후원금과 기부금, 재산 신탁 등을 통해 모금했다. 사회적 소수자, 여성의 역량 강화를 위한 다양한 형태의 시민사회단체 활동이 전개되고 있다. 또한 사회적 신뢰 강화를 위한 시민사회단체의 활동도 상당한 수준으로 전개되고 있다. 16세 이상 성인의 49%가 하나 이상의 시민사회단체 회원이며, 34%가 적극적으로 자원봉사활동에 참여하고 있다. 또한 시민사회단체 회원에 대한 사회적 신뢰는 40.7%로 비회원 에 대한 사회적 신뢰 34.8%보다 높게 나타났다.

---

16 2014년에 실시된 조사에서도 이와 유사했다. 독일의 주간지 ≪슈테른(Stern)≫에 의하 면 경찰, 대학, 자기가 일하는 회사의 고용주, 의사, 연방헌법재판소, 대통령, 수상, 여론 조사 기관, 교황, 라디오 방송, 군대, 시정부, 의료보험, 연방정부, 주정부, 연방의회(국 회), 주의회, 기업, 언론, 지역 은행, 노동조합, 유대교, 유럽연합, 연금보험, 독일산업총 연맹, TV 방송, 이슬람교, 가톨릭교회, 일반은행, 주식, 매니저, 광고 회사 순이었다.

종합적으로 봤을 때, 독일 시민사회와 시민사회단체의 영향력은 비교적 높은 것으로 나타났다. 시민사회단체는 사회 서비스 부분에서 그 영향력이 매우 높고 자선 활동 분야에서도 마찬가지로 매우 높았다. 반면 시민사회의 예산의 감시와 참여 영역에서의 영향력은 비교적 낮은 것으로 평가되었다.

6. 우리가 주목해야 할 독일 시민사회

독일 시민사회지표는 두 팀으로 구성된 국가자문단이 주관적으로 평가한 결과이므로 독일 시민사회를 완벽하게 객관적으로 평가했다고 할 수는 없을 것이다. 그럼에도 두 결과가 유사했고, 결과가 도출된 근거가 마련되어 있어 이 근거 자료를 해석하는 작업이 필요하다. 시민사회지표는 네 개 차원(구조·영향력·가치·환경)으로 구성되었다. 독일의 경우 영향력, 가치, 환경에 대한 점수가 높고, 구조에 대한 점수가 가장 낮았다. 영향력 차원이 높게 평가된 것은 빈곤층과 사회적 약자에 대해 시민사회단체가 국가와의 분업 및 협업을 통해 적극적이고도 효과적인 지원을 해왔기 때문이다. 이 결과는 시민사회단체가 독일 사회에서 확고한 위치를 점유하고 있으며, 거버넌스의 주요 파트너란 점을 되새겨준다. 반면, 구조 차원의 낮은 평가는 시민사회단체의 부족한 재정과 인적자원 때문이었다. 시민사회단체에 대한 시민들의 참여가 정치 참여에 비해 저조한 것도 구조 차원에서 낮은 점수를 받은 요인이었다.

독일의 시민사회단체가 다른 나라의 시민사회단체와 다른 점은 국가에게 받는 재정 지원 비율이 상대적으로 높다는 것이다. 시민사회단체의 재정은 국가 지원 64%, 회비 32%, 후원금 4%로 구성되어 있어 재정에서 차지하는 국가 지원 비율이 절대적이다. 이를 보면 시민사회단체의 독립성과 자율성에 대한 훼손 가능성을 배제할 수 없지만, 현재까지이런 경우는 거의 발견되지 않았다. 시민사회단체에 대한 신뢰가 크게상처받지 않은 이유는 다른 나라와 달리 국가에 대한 국민들의 신뢰가매우 높기 때문일 것이다.

끝으로 한국과 독일의 시민사회지표를 간단하게 비교해보려고 한다. 한국의 시민사회지표는 가치 차원에서 독일 시민사회지표보다 0.1점이높고, 영향력 차원에서 0.6점, 환경에서 0.5점 낮게 평가되었다. 가치차원의 점수가 독일보다 높게 나온 이유는 첫째, 시민운동에 의한 뚜렷한 사회 변화, 즉 민주화가 1987년 6월 항쟁 이후 시민사회단체에 의해지속적으로 추진되어왔기 때문이며, 둘째로는 한국 사회에서 시민사회적 가치인 투명성 제고, 민주주의 확립, 양성평등 실현, 다문화와 인권문제 해결 등이 시민사회단체에 의해 사회 전체로 확산되고 있기 때문이다. 반면, 영향력과 환경 차원의 점수가 독일에 비해 낮게 평가된 것은 시민사회의 역사가 매우 짧아 단단한 토대를 구축하지 못했기 때문이다. 독일 시민사회의 주요 원칙인 상호보완성이 한국 시민사회에는결여되어 있다. 한국의 시민사회는 독일과 달리 민주화운동의 전통에의거하고 있거나 국가로부터 전혀 독립적이지 못한 경우가 많았다.[17]

---

17 만약 한국의 시민사회단체의 범주를 교회, 노동조합, 교회, 각종 정당 관련 단체, 직능단체까지 확장한다면 기존의 시민단체를 규정하는 개념인 NGO와 NPO에 대한 재정의가 필요하다. 한국도 시민단체의 다양성과 개인들의 시민의식이 고양됨에 따라, 그리고 지역에서의 시민사회가 확산되고 다양한 형태의 시민운동이 활성화됨에 따라 기존의 정치적 중립성과 비영리성이 강조되는 NGO와 NPO의 개념보다는 CSO의 개념을폭넓게 적용할 필요가 있다. 그래야만 현재 전국적으로 다양한 형태로 확산되고 있는협동조합, 사회적 기업 등에 대한 학문적 분석과 해석이 가능해질 것이다.

한국의 시민사회지표가 독일보다 매우 낮게 평가됐지만 이 시민사회 지표로 그 나라의 시민사회를 정확하게 파악하기란 거의 불가능하다. 또한 국가자문단의 주관적 평가로는 객관성을 담보하기 어렵다. 3점 척도도 미세한 차이를 설명하는 데에는 한계가 있을 수밖에 없다. 그러므로 세계시민단체연합도 2019년에 실시하는 시민사회지표에서는 주관적 평가보다는 객관적 평가에 의존하면서 100점 척도를 도입하여 나라별 차이를 보다 섬세하게 측정할 수 있도록 결정했다.

현행 시민사회지표 측정의 이러한 한계에도 불구하고, 우리는 이 지표를 통해 각 나라별 시민사회의 특성이 무엇인지, 시민사회 발전에 어떤 장애가 있는지 파악할 수 있다. 더 나아가 발전 잠재력을 어떻게 발굴할 것인지, 역량 강화를 위한 시민사회와 국가는 어떠한 노력을 해야 하는지에 대한 현실적이고 과학적인 대안을 제시해볼 수 있다.

참고문헌

Anheier, Helmut K. 1997. "Der Dritte Sektor in Zahlen." in Anheier, Helmut K. et al(eds.). *Der Dritte Sektor in Deutschland: Organisationen zwischen Staat und Markt im gesellschaftlichen Wandel*, Berlin: Ed. Sigma.

_____. 2003. "Das Stiftungswesen in Deutschland: Eine Bestandsaufnahme in Zahlen." in Bertelsmann Stiftung(ed). *Handbuch Stiftungen: Ziele - Projekte - Management - Rechtliche Gestaltung*, 2. vollständig überarbeitete Auflage. Wiesbaden: Gabler Verlag.

_____. 2004. *Civil Society: Measurement, Evaluation, Policy*. London: Routledge.

Anheier, Helmut K. and Toepler, Stefan. 2003. *Bürgerschaftliches Engagement zur Stärkung der Zivilgesellschaft im internationalen Vergleich: Zukunft des Bürgerschaftlichen Engagements(Enquete-Kommission)*. Wiesbaden: VS Verlag für Sozialwissenschaften.

Arnold, Anne Kathrin. 2004. "Die Darstellung der Zivilgesellschaft in der deutschen Presse: Eine inhaltsanalytische Untersuchung ausgewählter Tageszeitungen." Hannover.

Beher, Karin, R. Liebig and T. Rauschenbach. 1999. *Das Ehrenamt in empirischen Studien - ein sekundäranalytischer Vergleich*. Stuttgart: Kohlhammer.

BDA/BDI. 2004.3.31 "Position Paper on an ISO(International Organisation for Standardisation) Standard for Social Responsability."

Bundesarbeitsgemeinschaft der Freien Wohlfahrtspflege. 2002. *Die Freie Wohlfahrtspflege: Profil und Leistungen*. Freiburg: Lambertus.

Bundesministerium des Innern. 2002. *Verfassungsschutzbericht*. Berlin: Bundesministerium des Innern.

Bundesministerium für Familie, Senioren, Frauen und Jugend. 2009. *Hauptbericht des Freiwilligungsurveys 2009*. München: Bundesministerium für Familie, Senioren, Frauen und Jugend.

_____. 2014. *Hauptbericht des Freiwilligensurveys 2014*. Berlin: Bundesministerium für Familie, Senioren, Frauen und Jugend.

Bundestag. 2003. Föderalismuskommission: Drucksache 15/1685 des 15. Deutschen Bundestages.

Bundesverband Deutscher Stiftungen. 2001. *Zahlen, Daten, Fakten zum deutschen Stiftungswesen*. Berlin: Bundesverband Deutscher Stiftungen.

_____. 2004. "Stiftungen in Zahlen 2004." *Bundesverband Deutscher Stiftungen*. Internet download: www.stiftungen.org/aktuelles/index.html.

_____. 2005. *Zahlen, Daten, Fakten zum deutschen Stiftungswesen*. Berlin: Bundesverband Deutscher Stiftungen.

_____. 2007. *Zahlen, Daten, Fakten zum deutschen Stiftungswesen*. Berlin: Bundesverband

Deutscher Stiftungen.

CIVICUS. 2003/2004. "CIVICUS Civil Society Index Project, Toolkit, Implementation Phase 2003-04." CIVICUS.

_____. 2005. Civil Society Index.

Enquete Kommission. 2002. Bericht Bürgerschaftliches Engagement: auf dem Weg in eine zukunftsf ähige Bürgergesellschaft. Wiesbaden: VS Verlag für Sozialwissenschaften.

Erlinghagen, Marcel, K. Rinne and J. Schwarze. 1997. *Ehrenamtliche Tätigkeiten in Deutschland – komplementär oder substitutiv? Analyse mit dem Sozio-oekonomischen Panel 1985 bis 1996*, Diskussionspapier Nr. 97-10. Bochum: Fak. für Sozialwiss., Ruhr-Univ.

Federal Ministry for Families, the Elderly, Women and Youth. 2001. "Unternehmen und Gesellschaft, Praxisbeispiele vom unternehmerischen Bürgerengagement mittels Personaleinsatz bis zu Projekteinsätzen in sozialen Aufgabenfeldern als Teil der Personalentwicklung." Dokumentation im Auftrag des BMFSFJ. Bonn: Federal Ministry for Families, the Elderly, Women and Youth.

Freedom House. 2014. "Freedom in the World." Washington, DC: Freedom House.

Koch, S. 2001. "Öffentlicher Konflikt als Kern der Strategie – die Greenpeace-Methode als Tor zur Welt." in Langner, C. and W. Albrecht(eds.). *Zielgruppe: Gesellschaft, Kommunikationsstrategien für Nonprofit-Organisationen*. Gütersloh: Bertelsmann Stiftung.

Köcher, R. and E. Noelle-Neumann. 2002. *Allensbacher Jahrbuch der Demoskopie 1998-2002*, Bd. 11. Allensbach/Munich: Walter de Gruyter GmbH & Company KG.

NGO Online, Internetzeitung für Deutschland. 2004.2.11. "Groß-Demonstrationen in Berlin, Köln und Stuttgart gegen Sozialabbau."

_____. 2004.1.21. "Unternehmensverantwortung, gerechte Globalisierung braucht verbindliche Regeln für Konzerne."

Petra Kelly Stiftung, Bayerisches Bildungswerk für Demokratie und Ökologie in der Heinrich-Böll-Stiftung e.V. 2004.3.27. ""Bürgerhaushalt" in Deutschland." Agenda-Forum Mitwitz: Komma 21 Bayern Infonetzwerk für nachhaltige Kommunalentwicklung,

Reimer, Sabine. 2005. "Civil Society Index Project., Zivilgesellschaft in Deutschland, Der deutsche Bericht an CIVICUS." Der Bericht ist im Informationszentrum des Maecenata Instituts für Philanthropie und Zivilgesellschaft an der Humboldt Universität zu Berlin einsehbar.

Rifkin, Jeremy. 2004. *Der europäische Traum*. Frankfurt am Main: Fischer Taschenbuch Verlag.

Roth, Roland. 2003a. "Die dunklen Seiten der Zivilgesellschaft. Grenzen einer zivilgesellschaftlichen Fundierung von Demokratie." in *Forschungsjournal* NSB, Jg. 16, Heft 2, pp.59~63.

_____. 2003b. *Bürgernetzwerke gegen Rechts: Evaluierung von Aktionsprogrammen und*

      Maßnahmen gegen Rechtsextremismus und Fremdenfeindlichkeit. Bonn: Friedrich
      Ebert Stiftung.

Salamon, L. M. and H. K. Anheier. 1994. *The Emerging Sector: The Nonprofit Sector in*
      Comparative Perspective - An Overview. Baltimore: The Johns Hopkins Comparative
      Nonprofit Sector Project.

_____. 1997. "The Third Wolrd's Third Sector In Comparative Perspective." Working Paper
      of The Johns Hopkins Comparative Non Profit Sector Project.

Salamon, Lester M. et al. 1999. *Global Civil Society. Dimensions of the Nonprofit Sector.*
      Baltimore: The Johns Hopkins Comparative Nonprofit Sector Project.

Skocpol, T. and M. P. Fiorina. 1999. *Civic Engagement in American Democracy.* Washington
      DC: Brookings Institution Press.

UNDP. 2013. *Human Development Report 2013.* New York: UNDP.

Verein & more. 2001. Vereinsstatistik 2001. Konstanz.

Zentrum Für Umfragen. 1999. Methoden und Ananlysen.

Zimmer, Annette. 1996. *Vereine - Basiselement der Demokratie.* Opladen: Leske + Budrich
      Verlag.

_____. 1997. "Public Private Partnerships: Staat und Dritter Sektor in Deutschland." in
      Anheier, Helmut K. et al.(eds.). *Der Dritte Sektor in Deutschland: Organisationen*
      zwischen Staat und Markt im gesellschaftlichen Wandel. Berlin: edition sigma.

Zimmer, A and E. Priller. 2004. "The Third Sector and Labour Market Policy in Germany." in
      Zimmer, A and C. Stecker(eds.). *Strategy Mix for Nonprofit Organisations: Vehicles for*
      Social and Labour Market Integration. New York: Springer.

http://berlin-stadtderfrauen.de

http://de.wikipedia.org/wiki/Human_Development_Index

http://de.wikipedia.org/wiki/Liste_der_politischen_Parteien_in_Deutschland

http://home.t-online.de/home/A.V.Parnassia/homepage

http://lexikon.idgr.de/

www.bpb.de/publikationen/TFYILK,0,0Think_Tanks_in_De.

www.CIVICUS.org/new/default.asp

www.freedomhouse.org/pfs2003/pfs2003.pdf

www.freedomhouse.org/research/freeworld/FHSCORES.xls

www.freedomhouse.org/research/freeworld/2000/methodolog..

www.freedomhouse.org/research/freeworld/2003/countryratings/germany.htm

www.freedomhouse.org/research/freeworld/2004/countryratings

www.freedomhouse.org/research/freeworld/2004/table2004.pdf

www.freedomhouse.org/research/freeworld/2005/table2005.pdf

www.freedomhouse.org/research/pressurvey/allscore2004.pdf

www.germanwatch.org/presse/2004-06-15.htm

www.greenpeace.org

www.greenpeace.org/deutschland/

www.greenpeace-stuttgart.de/themen/landwirtschaft/metro.html

www.guidestar-deutschland.de

www.nabu.de

www.transparency.org/cpi/2002/bpi2002.en.html

www.transparency.de/2005-07-08_IFG.751.0.html

www.transparency.de/Gesundheitswesen.61.0.html

www.transparency.de/Tabellarisches_Ranking.542.0.html

www.transparency.org/cpi/2002/bpi2002.en.html

www.transparency.org/pressreleases_archive/2003/2003.10.07.cpi.en.html

www.undp.org

www.weltsozialforum.org

사회통합의 두 얼굴[*]
한국과 독일의 사회통합

전태국 | 강원대학교 사회학과 명예교수

1. 사회통합은 시대적 요구이다

한국인의 눈으로는 이해하기 힘든 현상이 독일에서 일어나고 있다. 몰락한 동독 공산 체제에서 성장한 사람이 통일 후 독일의 대통령, 수상, 연방의회 의장이 되어 국민의 신뢰와 존경을 받고 있는 것이다. 2005년부터 독일 수상을 맡고 있는 앙겔라 메르켈, 2012년부터 2017년까지 독일 대통령을 맡은 요하임 가우크Joachim Gauck, 1998년부터 2005년까지 11대 연방의회 의장을 지낸 볼프강 티르제Wolfgang Thierse는 모두 동독 출신이다. 이들은 과거 동독에서 공산 독재 타도에 앞장섰던 인사들이다. 이처럼 동독 출신이 국가 지도자로 부상하고 있는 것은 동독 엘리트들의 완벽한 배제가 이루어졌던 통일 직후와 비교해볼 때 커다란 변화이다. 이는 독일의 성공적 사회통합을 말해준다. 동독 공산 체제하에서 성장했다고 해서 이념적·지역적으로 백안시하는 태도는 이제 완

---

*   이 장은 전태국(2013, 2014)을 최근 조사 자료의 반영과 함께 부분 수정했다.

전히 사라졌다.

한국은 어떤가. 북한 주민들은 이른바 '최고 존엄'에 대한 봉건적 충성을 경쟁하고 있다. 인권과 민주주의를 중시하는 남한 주민들의 시각에서 보면 이러한 북한 주민들은 전근대적 '신민'의 삶을 살고 있는 것처럼 보인다. 북한에서 민주주의와 인권의 이념에 기초하여 김일성 일가의 독재를 무너뜨릴 시민운동이 일어날 가능성은 현재로서는 없어 보인다. 따라서 남북한 주민 간의 사회통합은 결코 쉽지 않을 것이라 전망된다. 더욱이 오랫동안 대립 관계로 치닫고 있는 남북 관계는 북한에 대해 부정적 이미지를 강화시킨다. 거듭되는 핵실험, 금강산 관광객 피살, 천안함 폭침, 연평도 포격, 70주년 광복절을 목전에 두고 벌인 비무장지대 DMZ '목함 지뢰' 도발 등 계속된 북한의 도발로 언제 군사적 충돌이 일어날지 모른다는 긴장감이 팽배해 있다. 북한 당국은 연례적으로 치러지는 한미 군사훈련을 빌미로 남한의 고심에 찬 제안들을 흡수통일 정책이라고 거부하며 온갖 비난을 퍼붓는다. 이러한 갈등의 지속은 남한 주민에게 북한에 대해 매우 부정적인 이미지를 갖게 한다. '북한은 우리에게 어떤 대상이라고 생각합니까?'라는 질문에 〈그림 2-1〉에서 보는 바와 같이 『한국종합사회조사』에 따르면, '경계 대상'으로 보는 사람이 2014년 조사에서 42.8%를 차지해 전년에 비해 1.9% 감소 추세를 보였지만, 11년 전에 29.5%였던 것에 비해 무려 13%p 이상 증가했다. '적대 대상'으로 보는 비율도 20.1%를 차지해 전년보다 1.2%p 증가했고, 11년 전 9.1%였던 것에 비해 무려 두 배 이상 증가했다. 이에 반해 '협력 대상'으로 보는 비율은 급감했다. 2003년에 36.6%였는데 11년 만에 20.5%로 감소한 것이다. '지원 대상'으로 보는 비율도 20.8%에서 16.4%로 줄었다. 오늘날 국민의 60% 이상이 북한을 '경계' 내지 '적대'의 대상으로 보고 있는 것이다(한국종합사회조사, 2003~2014).

그림 2-1 | 남한의 북한 인식(2003~2014년)   (단위: %)

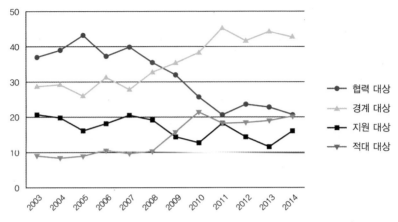

협력 대상
경계 대상
지원 대상
적대 대상

주: '북한은 우리에게 어떤 대상이라고 생각합니까?'라는 질문에 대한 응답.
자료: 한국종합사회조사(2003~2014).

 북한에 대한 부정적 인식의 증가 경향은 최근의 다른 조사에서도 확인된다. 2015년에 ≪조선일보≫가 실시한 '광복 70주년 국민 의식 조사'에서 북한을 '적대 대상'이라고 보는 사람은 25.6%로 10년 전의 조사에서 15.5%였던 것에 비해 약 10%p 증가했고, '경계 대상'이란 응답도 19.7%로 10년 전의 9.0%에 비해 약 10%p 증가했다(≪조선일보≫, 2015. 8.10). 이처럼 북한 주민과 북한 체제에 대해 부정적 시각이 만연해 있는 것은 남북한 사회통합의 전망을 어둡게 한다.

 또한 남한 내에서 오랫동안 자리 잡고 있는 지역주의도 사회통합을 저해하고 있다. 지역주의란 특정 지역에 자원 배분이 집중되거나 특정 지역의 사람들이 소외되고 차별받고 있다고 느끼는 지역적인 감정 대립을 말한다. 한국의 선거는 이 지역주의에 영향을 강력하게 받아왔다. 지역주의는 지역 내의 사회통합에는 기능적이지만 국가적 차원의 사회통합은 저해한다.

현재 한국 사회는 지역주의 외에도 사회통합에 역행하는 여러 문제들로 몸살을 앓고 있다. 무엇보다도 통합의 구심점 역할을 할 존경받는 국가 지도자가 전무한 실정이다. 얼마 되지 않는 역대 대통령들 중에서 무사한 사람이 드물다. 어떤 이는 자살하고, 어떤 이는 유배 가고, 어떤 이는 옥살이하고, 어떤 이는 암살되고, 어떤 이는 망명했다. 어느 명망 높은 교수는 연구 성과 날조와 연구비 횡령으로 유죄판결을 받아 온 국민을 허탈케 했다. 교육계도 부패와 비리의 한 축으로 전락했다. 이를테면, 서울시 교육청은 교육감 직선제가 도입된 2007년 이후 네 명의 교육감을 선출했는데, 이 가운데 두 명이 비리에 연루돼 임기를 채우지 못하고 중도 하차했다. 종교계도 별반 다르지 않다. 초대형 교회의 한 원로 목사는 아들 회사의 주식을 사느라 교회에 130억 원의 손해를 끼친 혐의로 유죄 선고를 받았다. 그리하여 한국 사회의 지도층 인사들은 눈앞의 이익에만 급급한 '속물' 이미지로 비쳐지게 되었다.

지도층에 대한 불신은 대통령이 지명한 고위 공직자의 면면에 의해 더욱 증폭되기도 했다. 대통령이 지명한 총리·장관 후보자 중에 부패나 표절 혹은 기타 비리로 얼룩지지 않은 사람을 보기 힘들다. 정부에 대해서도 국민은 불신이 강하다. 유엔개발계획이 최근에 발표한 『2016 인간개발보고서』에 의하면 〈표 2-1〉에서 보는 바와 같이, 한국은 인간개발지수 순위가 세계 18위로 프랑스(21위), 핀란드(23위)보다 매우 높지만, 중앙정부에 대한 신뢰는 매우 낮다. 일반적으로 인간개발지수 순위가 높은 서구 국가들은 중앙정부에 대한 신뢰가 높다. 스위스는 중앙정부 신뢰도가 79%로 OECD 국가 중에서 가장 높고, 인간개발지수 순위도 세계 2위이다. 인간개발지수 순위 4위인 독일은 중앙정부 신뢰도에서도 63%로 3위를 차지하면서 높은 순위를 보였다. 인간개발지수 1위인 노르웨이의 중앙정부 신뢰도는 59%로 5위이다. 인간개발지수 순위가 5위

표 2-1 | 주요국의 인간개발지수 순위와 중앙정부 신뢰도　　　　　　　　　　(단위: 순위, %)

구분	스위스	독일	노르웨이	덴마크	영국	미국	일본	프랑스	한국
인간개발지수 순위(2016)	2	4	1	5	16	10	17	21	18
중앙정부 신뢰도(2014~2015)	79	63	59	58	46	35	38	33	28

자료: UNDP(2016).

인 덴마크는 중앙정부 신뢰도가 58%로 6위이다. 영국은 인간개발지수 순위가 16위이고, 중앙정부 신뢰도는 46%로 15위다. 인간개발지수 순위가 21위인 프랑스는 중앙정부 신뢰도가 33%로 25위이다. 그러나 인간개발지수 순위만큼 중앙정부 신뢰도 순위가 따라가지 못하는 나라도 있다. 이를테면 미국은 인간개발지수가 10위이지만, 중앙정부 신뢰도는 35%로 23위이다. 한국도 인간개발지수는 18위로 높지만, 중앙정부 신뢰도는 28%로 매우 낮았다. 역으로 인간개발지수 순위는 높지 않지만, 중앙정부신뢰 순위는 매우 높은 나라도 있다. 룩셈부르크는 인간개발지수 순위가 20위이지만, 중앙정부 신뢰도는 69%로 2위이다. 핀란드도 인간개발지수 순위는 23위이지만, 중앙정부 신뢰도는 56%로 9위이다. OECD 국가 중에서 중앙정부 신뢰도가 가장 낮은 나라는 슬로베니아(20%), 폴란드(21%), 포르투갈(22%)이다.

한국 국민들에게 2014년 4월의 '세월호 참사'는 국가기구와 국가 엘리트에 대한 불신을 더욱 강화시키는 계기가 되었다. 정부 지도자와 해양경찰청을 포함한 국가기구가 이 재난에 제대로 대처하지 못하고 무능과 무책임을 백일하에 드러냈다. 사회지도층의 부패와 비리, 무능, 중앙정부에 대한 불신은 한국의 사회통합 능력을 시험대에 올려놓았다.

한국의 사회통합 능력을 시험하는 또 하나의 도전은 이민이다. 오랫동안 동질적 사회를 유지해왔던 한국 사회에 10여 년 전부터 외국인 노동자와 결혼 이민자들이 대거 유입되면서 새로운 갈등이 발생하고 있다. 언어도 다르고, 종교도 다르고, 관습도 다른 사람들이 한 지역에 같이 산다는 것은 비상한 관용과 이해를 요구한다. 인종적으로는 다문화 사회로 진입했지만, 이에 걸맞은 의식과 태도는 아직 충분히 형성되지 않았음을 종종 제기되고 있는 외국인 노동자 차별과 학대가 말해주고 있다.

한국 사회의 성공적 발전과 함께 강력하게 나타나고 있는 새로운 사회적 추세, 즉 '투명화'와 '개인화'도 사회통합 능력을 시험한다. 정보사회의 실현과 함께 높아진 사회 투명성은 이전에는 알 수 없었던 사회 지도층의 부정과 부패를 계속해서 드러내고 있다. 이를테면 국정원과 군 사이버 부대가 지난 대통령 선거에서 여론 조작을 위해 특정 후보를 비방하는 온라인 댓글을 퍼뜨렸다는 것이 드러나, '투명화'의 위력을 실감할 수 있었다. '개인화' 추세도 사회통합 능력을 시험한다. 산업화와 민주화의 성취와 함께 '개인화' 경향이 생기면서 가족과 공동체의 기본 제도들이 제대로 기능하지 못하고 있다. 전통과 관습은 의무적 성격을 상실하고, 모든 사회적 강제는 개인의 이해관계나 욕구를 바탕으로 할 때에만 정당화된다. 삶은 이기심의 '파도타기'가 되었다(Rosa et al., 2013: 29). 이러한 사회적 추세를 도외시하고 전통적 권위주의로의 퇴행을 의도하여 공동체적 관습에 호소하는 전근대적 시각은 사회통합 능력의 부재를 말한다.

이념의 지평에서도 사회통합에 역행하는 강력한 움직임이 일어나고 있다. 18대 대통령 선거에서는 이념적 지형이 좌파와 우파로 나뉘어 격렬한 비방과 낙인찍기가 난무했다. '꼴통'과 '종북'이란 말이 상대방을 헐뜯기 위해 즐겨 사용되었다. 우파는 사회의 '실증성'을 강조한다. 사회에서 일어나고 있는 과정들은 어떤 비판에 의해서도 공격될 수 없는 사회의 진실한 현실이며, 따라서 기존의 지배 질서는 공격될 수 없다는 것이다. 정신은 자신의 잣대를 오로지 이 사회의 실증성에서 찾아야 하며, 현실 정치에 봉사하는 기능적 정신만이 현실성을 갖는다는 것이다. 그리하여 조국과 민족에 봉사하는 것은 좋은 것이고, 지배자의 권력의지에 순응하지 않는 사고는 배척된다. 분단 상황에 적응하지 않고 이를 타파하려는 시도는 '세상 물정 모르는 철부지'이거나 북한을 추종하는 '종북'이라고 매도된다. 이에 반해 좌파는 권력 집단의 사상이나 주장에서 숨겨진 동기를 모든 위장과 가면의 뒤에서 찾아내고자 하는 '폭로 심리학'에 의거한다. 지배 세력들은 자신의 권력을 유지하기 위해 한편으로는 세계화 시대에 걸맞은 '지구적 신자유주의'를 주장하면서 다른 한편으로는 시대착오적인 '반공주의' 내지 '반북주의'를 대중에게 유포한다는 것이다. 이러한 '비동시성'이 지배 권력의 기초요, 부의 원천이며, 단순한 폭력으로는 성취할 수 없는 자발적 복종을 대중들로부터 확보하는 기만적 수단이라는 것이다.

이러한 좌우 이념 갈등은 방법론적으로 '위상론'에 의거하고 있다. 적대자의 이념을 그들의 이해관계에 의해 제약된 것으로 보고, 그들이 믿고 있는 신이 가짜라는 점을 폭로하고자 하는 이념 논쟁에서 어떤 생각이나 사상은 좌파적인가 우파적인가의 위상에 의해 그 가치가 규정된다. 보수의 위상에 있는가 아니면 진보의 위상에 있는가, 좌파의 위상에 있는가 아니면 우파의 위상에 있는가 하는 점만이 주목된다. 대립하고 있는 세력들은 자신의 진영을 옹호하는 주장이면 옳고, 적대자의 주장과 친화성이 있으면 틀린 것으로 간주한다. '내적'으로 음미할 사유 능력이 마비된 이러한 '짐승 의식' 수준으로는 사회통합을 기대하기 어렵다.

그리하여 강력한 지역주의, 더욱 심화되고 있는 사회적 불평등, 좌우 갈등의 짐승 의식 수준, 그리고 사회 지도층에 대한 높은 불신 등으로 극심하게 갈라진 한국 사회는 시대적 과제로서 '사회통합'을 요청하고 있다. 세계적으로도 사회통합이 요청되고 있다. 1995년 코펜하겐에서 개최된 유엔 사회개발 정상회의WSSD: The World Summit for Social Development 는 사회개발의 목표를 '만인을 위한 사회a society for all' 창출로 정의하고, 그러한 사회를 성취하는 데 필요한 가치, 관계, 제도의 건설 과정으로서 '사회통합'의 과제를 제시했다(Ferguson, 2008).

이 장에서는 시대적 과제로서 제기되는 '사회통합'이 현 한국 사회에서 어떤 상태에 있으며, 어떤 독특성을 보이고 있는가를 서구 사회, 특히 독일과 비교하여 분석하고자 한다. 독일은 민족주의가 대중을 사로잡아 이웃을 파괴하는 물질적 힘으로 작용했던 어두운 과거를 털고 제2차 세계대전 후 활발히 '다문화 사회'를 형성했다. 이와 대조적으로, 한국에서는 20세기 초 이웃 나라의 지배를 받은 치욕적 경험이 민족주의를 시대적 정신으로 요청했고, 제2차 세계대전 후 이 민족주의 정서가 비약적 발전의 원동력으로 작용해왔다. 한 곳에서는 뼈아픈 역사적 경험 때문에 버리려고 애쓰는 민족주의가 다른 한 곳에서는 여전히 진리의 기준으로 지지를 받고 있다는 점에서 양쪽은 시간적 차이를 보여주고 있다.

한국과 독일은 민족주의에 대해 상반된 태도를 갖고 있지만, 사회통합 면에서 독일은 한국이 걸어갈 길을 먼저 가고 있는 나라라고 볼 수 있다. 독일이 지난 세기 말에 달성한 통일도 그렇고, '사회국가'의 사회 체계를 확립한 것도 그렇고, 일찍부터 이주민을 받아들여 '다문화 사회'를 형성한 것도 그러하다. 독일에서 나타나는 현상들은 우리가 내일 겪어야 할 현상일지 모른다. 일찍이 맑스Karl Marx가 『자본론』 서문에서 "이것은 너를 두고 한 말이다!De te fabula narrator!"라고 한 말이 현실로 증명될 수 있다.

2. 사회통합이란?

사회통합의 개념적 정의를 위해 몇 가지 전제 조건이 필요하다. 사회통합은 "사회가 성취할 수 있는 어떤 최종적 상태"를 말하는 것이 아니라 "사회가 인간 발전을 촉진하기 위해 수행하는 동적 과정"으로 이해되어야 한다(UN DESA, 2009: 11). 사회통합은 소수자에게 주류 사회에 동화할 것을 요구하는 '일방로'이기보다는 상이한 배경을 가진 사회 구성원 모두가 참여권과 발언권을 갖는 '양방로'라고 볼 수 있다. 그것은 '획일성'보다는 '다양성'을 지향한다.

이 장에서는 이러한 전제 조건 위에서 사회통합을 바라본다. 2009년 11월 가나에서 개최된 유엔 경제사회국UN DESA 전문가 집단 회의에서 제출된 보고서 「포용 사회 만들기: 사회통합을 증진하기 위한 실천 전략Creating an inclusive society: Practical strategies to promote social integration」에 의거하여 사회통합을 "모든 사람들이 권리와 존엄의 평등에 기초하여 사회적·경제적·문화적·정치적 생활에 참여할 수 있게 하는 가치, 제도, 관계를 증진하는 동적 과정"으로 정의한다. 그것은 각 개인의 존엄성을 존중하고 다원주의, 관용, 비차별, 기회균등, 연대, 안전, 참여의 가치를 증진하고 보호하는 안전하고 정의로운 사회를 건설해가는 과정을 가리킨다(UN DESA, 2009: 3). 환언하면, 사회통합은 사회정의의 원칙 위에서 "만인을 위한 사회"를 건설할 수 있는 제도를 만드는 것을 말한다. 사회적·정치적·경제적·문화적 삶에서 모든 사람이 기회와 권리를 누리는데 평등하게 참여한다면 그만큼 사회통합은 잘 이루어지고 있다고 말할 수 있다. 따라서 사회통합은 무엇보다도 차별과 배제를 반대한다.

상이한 집단을 통합하는 것은 개인의 행복과 사회 안정을 위해 경제 발전 못지않게 중요한 요소이다. 통합된 사회는 사람들 간의 신뢰와 연대에 의지하며, 불평등과 배제를 근본적으로 사회통합을 저해하는 '사회적 부정'이라고 파악한다(UNDP, 2013: 35). 만연한 빈곤과 극심한 사회적 불평등은 개인의 사회참여 가능성과 인정 기회를 제한한다. 현실에서 모든 인간이 민주적 자유를 누리고 있는 것은 아니다. 일반적으로 사회 체계와 가치는 엘리트와 부유층이 배타적 지위를 유지하게 하는 기능을 갖는다. 취약 계층이나 대중은 주류 사회로부터 배제되어 있을 뿐만 아니라, 흔히 차별과 학대의 불평등 관계를 통해서 공동체와 시장에 통합되어 있다. 더욱이 세계화에 따른 경제구조의 변혁과 이와 함께 나타나고 있는 사회적 불평등의 첨예화는 많은 사람들에게 다양한 경제적·정치적 위기를 안겨주고 있다. 노동시장 접근 문제, 지위적·정서적 인정 결여, 정치적 일상에서 무의미 경험, 성취와 분배구조에서 배제 증대 등은 사회통합에 대한 심각한 도전을 의미한다(Heitmeyer and Imbusch, 2012: 9). 사회통합은 이들 취약 계층 내지 대중이 주류 사회에 접근하는 것을 도울 뿐만 아니라 나아가서 불평등한 관계를 영구화하는 사회적 가치와 제도를 변혁할 것을 요구한다(Ferguson, 2008: 3).

사회통합을 위해서는 또 하나의 요소, 즉 사람들이 지향할 '중심'이 필요하다. 이 중심은 어떤 장소나 제도와 같이 구체적인 것일 수도 있고, 특정한 사상 혹은 역사와 같이 추상적인 것일 수도 있다. 과거 전통적인 사회에서는 공통의 종교적 토대와 제례 및 제례 장소가 중심으로서 기능했다. 중심은 "공동생활의 의미 해석과 명료화"(Karl Mannheim, 1950)를 제공한다. 이러한 이유에서 지배자들은 종교와 제례를 통합 수단으로서 즐겨 사용했다(Bernsdorf, 1969: 470). 이를테면 중세 서구에서는 기독교와 교회가, 전근대적 조선에서는 유교와 서원 내지 향교가 그러한 중심의 기능을 수행했다. 지난 세기에 세찬 돌풍을 일으켰다가 소멸된 나치 독일과 동구 사회주의 국가들에서는 정치적 대체 종교인 맑스·레닌주의가 이 기능을 떠맡았다. 오늘의 북한에서도 이른바 '김일성 사상'과 '항일 혁명 투쟁 성지'가 그러한 중심으로 기능한다. 그러나 국가 지도자가 "순수한 주술적 권력으로서"(Weber, 1916/1917: 369) 대중의 실천적 태도를 규정하고, 대중에게 "주술적 인간숭배"(Weber, 1915: 262)의 대상이 되고 있는 "주술 정원"(Weber, 1904~1905: 484)은 일찍이 루카치가 말한 "나치의 지도자 신비주의"(Lukács, 1974, 81)를 특징짓는다. 이러한 주술 정원은 현대의 합리화되고 세계화된 사회에서는 존립하기 어렵다. "모든 사물은 계산을 통해 지배될 수 있다"(Weber, 1919: 594)고 믿는 '세계의 탈주술화'는 오랫동안 존경되었던 사상과 견해를 용해하고, 모든 신성한 것을 모독하기 때문이다. 따라서 정치적 대체 종교도, 종교도 힘을 잃는다.

오늘날 미국과 유럽에서 종교 인구는 급속하게 감소하고 있다. 미국에서 비종교 인구는 1990년에는 전체 인구의 8.2%에 불과했는데, 2007년에는 16.1%로 급증했고, 2014년에는 22.8%로 최고에 달했다(Pew Research Center, 2015). 독일에서 비종교 인구의 증가는 더 급진적이다. 독일세계관연구회fowid: Forschungsgruppe Weltanschauung in Deutschland에 의하면, 비종교 인구는 1970년에 3.9%에 불과했는데, 통일 후인 1990년에 22.4%로 급증했고, 2011년 센서스에서는 32%를 차지했으며, 2015년에는 36%를 기록했다(fowid, 2016). 한국에서도 비종교 인구가 급증하는 추세를 보인다. 통계청은 10년마다 실시하는 종교 인구 조사의 최근 조사(2015년)에 따르면 비종교 인구가 1985년에는 57.4%를 차지했는데, 1995년에는 49.3%로 줄어들었고, 2005년에는 46.5%로 더욱 줄었다. 그러나 2015년에는 다시 30년 전과 비슷하게 56.1%로 증가했다. 그동안 종교 인구가 급증하는 추세를 보였던 한국 사회가 최근에 와서 독일과 미국과 비슷하게 '탈주술화' 경향을 강력하게 보이고 있다.

오늘의 민주화된 시민들에게 전통적 민족주의나 소수자를 억압하는 동화주의는 받아들여지기 어렵다. 오히려 차별과 배제를 배척하고 다원성을 강조하는 '다문화적 시민사회(Habermas, 2001: 74)'가 보편적 규범으로 자리를 잡고 있다. 따라서 현대사회에서 사회통합은 다문화주의에 기초한다. 강력한 권위주의 사회에서는 모든 주민이 '관리된 참여'의 사회구조 안에 강제적으로 포함된다. 강압에 기초한 사회통합은 다원성에 기초한 사회통합과는 거리 멀다. 또한 소수집단에게 통일된 정체성을 강제적으로 부과하는 것도 다원성에 기초한 사회통합과 거리가 멀다. 사회통합은 문화적 다양성을 존중하면서 어떻게 평등한 권리와 기회를 만인에게 보장하는가 하는 점을 중심적인 문제로 설정한다. 본래 민주주의는 "민족적 독특성을 실현하는 배제주의 프로젝트"를 의미하는 것이 아니라 모든 시민을 동등하게 포함시키는 "포용적 의미"를 갖고 있다. 여기서 '포용'이란 민족주의적 혹은 획일주의적 경향에 반대하여 한 국가 안에 여러 상이한 문화들의 이질성을 인정하는 '다문화주의'를 의미한다. 그것은 하버마스의 말대로 "타자를 동질적 공동체의 획일성 안으로 에워싸지 않고, 모든 배경의 시민들을 포함시키는 것에 개방적"(Habermas, 2001: 73)이다. 이방인과 소수자를 억압하는 '동화주의'는 사회적 포용과 양립할 수 없다. 사회의 모든 구성원들에게 그들의 배경에 관계없이 동등한 기회를 보장하는 다문화적 과정으로서 사회적 포용은 사회적 배제와 불평등과 싸우는 과정이다. 그것은 "불평등을 줄이고 만인을 포용하는 유연하고 관용적인 사회를 창출하고자 하는 사회정책에 의해 증진된다(UN DESA, 2009: 8)." 포용적 사회는 인종, 성, 계급, 세대, 지역의 차이를 무효화하며, "포함된 자와 배제된 자 간의 경제적·사회적·문화적 장벽을 낮추는 것"(Therborn, 2007: 2; UN DESA 2009: 12)을 목표로 한다.

이 장에서는 사회통합을 불평등과 다문화주의의 두 가지 측면에서 파악하고자 한다. 유엔개발계획의『2015 인간개발보고서』는 세계 각국의 '사회통합'의 상태를 알려주는 지표를 제시했다. 이에 따르면, 사회통합은 네 가지 측면, 즉 '고용', '개인적 복지의 인식', '사회의 인식', '안전'의 면에서 파악된다. 첫 번째 '고용' 측면은 25세 이상 성인 인구의 고용률과 15~24세 청년의 실업률 등을 포함하며, 두 번째 '개인적 복지의 인식'은 생활 만족, 선택 자유의 만족, 직업 만족을 포함한다. 세 번째 '사회의 인식'은 인간 신뢰와 중앙정부 신뢰, 그리고 지역사회 만족을 포함하며, 네 번째 '안전' 측면은 안전 인식, 살인 건수, 자살 건수를 포함한다. 그러나 이 지표들은 전통적인 국내적 시각에 머물고 있어, 세계화의 중심에서 국제적 교류가 활발히 일어나고 있는 서구와 한국과 같은 고소득 국가의 사회통합을 측정하기에는 미흡하다. 여기서는 지구적 자본주의의 진전과 함께 나타나는 불평등 구조와 이주민 흐름에 초점을 맞추어 한국과 독일의 사회통합의 특징을 살펴본다.

3. 불평등 측면

사회적·경제적 불평등이 심하면, 가난한 자는 정치적 목소리를 내기 어렵고, 사회적으로 배제되거나 차별받기 때문에 공동체적 결속감과 국민적 정체감이 형성되기 어렵다. "배제된 자와 저소득자가 자신의 처지의 교정을 요구하는 정치적 목소리를 결여할 때 불평등과 배제는 지속된다"(UNDP, 2013). 따라서 불평등의 완화가 사회통합을 위해 우선적으로 요구된다. 여기서 불평등은 고용과 소득에서 양극화가 얼마나 심화되고 있는가 하는 점에서 파악된다.

1) 한국의 불평등

(1) 고용 불평등

한국은 사회통합의 중요한 측면 중 하나인 '고용'에서 매우 양호한 상황을 보이고 있다. 『2016 인간개발보고서』에 따르면, 한국 15세 이상 인구의 고용률은 2013년 59.1%에서 2015년 58.6%로 약간 감소했지만, OECD 국가 중에서 상위권에 속한다. 한국보다 높은 나라는 아이슬란드(70.8%), 스위스(65.7%), 노르웨이(62.2%), 뉴질랜드(63.6%), 호주(60.7%), 캐나다(61.0%), 네덜란드(59.9%), 이스라엘(60.8%), 스웨덴(59.8%), 멕시코(59.5), 영국(59.3), 미국(58.8%) 등 12개국뿐이다. 일본(57.3%)을 비롯해 독일(57.6%), 덴마크(58.1%), 룩셈부르크(55.7%), 핀란드(52.9%), 프랑스(49.4%) 등 대부분의 선진국들이 한국보다 낮다. 한국의 청년 실업률(15~24세)도 2015년 10.4%로서 아일랜드(20.9%), 프랑스(24.7%), 스웨덴(20.8%), 미국(11.8%), 덴마크(10.8%), 영국(15.1%), 호주(13.5%) 등 대부분의 서구국가들보다 훨씬 낮다. 청년 실업률이 한국보다 낮은 나라는 오스트리아(10.2%), 노르웨이(10.1%), 네덜란드(8.8%), 멕시코(8.8%), 아이슬란드(8.7%), 이스라엘(8.1%), 스위스(7.0%), 독일(7.1%), 일본(6.9%) 등 9개국뿐이다. 즉 한국은 성인 고용과 청년 실업의 양면에서 다른 선진국들에 비해 상황이 매우 양호하다.

또한 한국의 의존 인구 비율도 다른 선진국에 비해 매우 낮다. 15~64세 노동 연령 인구 100명당 65세 이상 고령 인구의 비율은 2015년에 일본 43.3%, 독일 32.2%, 스웨덴 31.8%인데 비해 한국은 18.0%로 상대적으로 매우 낮다. 비록 한국 사회가 급속한 고령화 현상을 보이고 있지만, 선진국에 비해 고령 인구 의존율은 아직 걱정할 정도가 아니다. 0~14세 유소년 인구의 의존 비율도 미국 28.5%, 호주 28.2%, 노르웨이

표 2-2 | 주요국의 고용 상황과 의존 인구 비율 　　　　　　　　　　　(단위: %)

구분	인간개발지수 순위	고용률	실업률	청년 실업률	교육도 고용도 없는 청년	의존 인구 비율(노동연령 인구 100명 당)	
						유소년 인구 비율	고령 인구 비율
	2016	2015	2015	2015	2010~2014	2015	2015
노르웨이	1위	62.2	4.1	10.1	5.5	27.3	24.9
독일	4위	57.6	4.6	7.1	6.4	19.6	32.2
덴마크	5위	58.1	6.3	10.8	5.8	26.3	29.6
미국	10위	58.8	5.3	11.8	16.5	28.5	22.3
스웨덴	14위	59.8	7.4	20.8	7.2	27.5	31.8
영국	16위	59.3	5.5	15.1	11.9	27.6	27.6
일본	17위	57.3	3.3	5.3	3.9	21.1	43.3
한국	18위	58.6	3.7	10.4	18.8	19.2	18.0
프랑스	21위	49.4	10.6	24.7	10.7	29.6	30.6

자료: UNDP(2016).

27.3%, 프랑스 29.6%, 영국 27.6%, 일본 21.1%인데 비해 한국은 19.2%
로 상대적으로 낮다. 독일이 한국과 비슷하게 19.6%이다. 유소년과 고
령의 의존 인구 비율이 다른 선진국에 비해 상대적으로 낮다는 것은 경
제 활력의 원천이 다른 선진국과 비교해 상대적으로 풍부하다고 말할
수 있다.

　그러나 한국 노동자의 고용 형태는 극심한 양극화를 보여주고 있다.
지난 1990년대의 이른바 'IMF 금융 위기'와 함께 한국 사회에 새로운 고
용 형태가 등장했다. 신자유주의 물결에 고취된 시장의 무방해적 작동
은 한시적 근로자, 시간제 근로자, 비전형적 근로자 등 비정규직 노동자
를 대량으로 출현시켰다. 〈표 2-3〉의 통계청 통계에 따르면, 2015년 3
월 기준 한국의 전체 임금근로자 1879만 9000명 중에서 정규직은 1278
만 7000명(68%)이고, 비정규직은 601만 2000명(32%)이다. 비정규직 비

표 2-3 ㅣ 한국의 경제활동인구 구성 및 비정규직 비율(2004~2015)　　　　　　(단위: 천 명, %)

구분	2004	2005	2006	2007	2008	2009	2010	2011	2012	2013	2014	2015
임금근로자	14,584	14,968	15,351	15,882	16,104	16,479	17,048	17,510	17,734	18,240	18,776	18,799
정규직	9,190	9,486	9,894	10,180	10,658	10,725	11,362	11,515	11,823	12,295	12,699	12,787
비정규직	5,394	5,483	5,457	5,703	5,445	5,754	5,685	5,995	5,911	5,946	6,077	6,102
비정규직 비율	37.0	36.6	35.5	35.9	33.8	34.9	33.3	34.2	33.3	32.6	32.4	32.5

주: 당해 연도 8월 기준, 2015년은 3월 기준.
자료: 통계청(각 연도).

율은 2004년에 37%를 차지하여 정점에 달했다가 이후 감소하기 시작하여 2010년에는 33.3%로 줄었고, 2015년에는 32.5%를 차지했다. 지난 10여 년 동안에 비정규직의 비율이 많이 감소했지만 그러나 여전히 임금근로자 세 명 중 한 명은 비정규직이다.

　비정규직은 정규직에 비해 매우 열악한 환경에 처해 있다. 첫째로, 비정규직의 월평균임금은 최근에 올수록 정규직과 더욱 큰 격차를 보이고 있다. 통계청에 의하면, 2004년에 비정규직 임금이 115만 원 정도로 정규직 임금의 65% 정도였는데, 10년이 지난 2014년에는 150만 원도 못 되어 정규직 임금의 56.1%로 줄어들었다. 근로자의 임금에서 정규직과 비정규직의 간극이 더욱 벌어지고 있는 것이다. 둘째로, 비정규직은 사회보험의 혜택도 별로 받지 못하고 있는 실정이다. 비정규직의 사회보험 가입률(직장 가입자 기준)은 정규직의 절반 수준에 그치고 있다. 2014년 기준 정규직은 국민연금, 건강보험, 고용보험에 80% 이상이 가입하고 있지만, 비정규직은 40% 정도가 가입하고 있다. 셋째로, 비정규직 근로자의 과반수가 1년 미만의 단기 근로자다. 이들의 비율은 2004년 58% 이상이었는데, 5년 후인 2009년에는 62.6%로 최고조에 달했다가 최근에 와서 다시 감소 추세를 보여 2014년에는 52.3%로 줄어들었다.

그렇지만 여전히 과반수가 단기 근로자에 머물고 있어 이들의 직업 안정성이 기본적으로 위협받고 있다.

(2) 소득 불평등

한국의 국민소득은 크게 증가했다. 최근에 나온 『OECD Factbook 2015~2016』에 의하면, 한국의 1인당 국민소득per capita GNI이 2010년 처음으로 3만 달러가 넘었고(3만 496달러), 2015년에 3만 4729달러였다. 순위는 OECD국가 34개국 가운데 22위였다. 일본(4만 2279달러)은 16위였다. 1인당 국민소득이 가장 높은 나라는 전년의 1위와 2위가 바뀌어 1위는 룩셈부르크(6만 6392달러), 2위는 노르웨이(6만 5151달러)가 차지했다. 3위는 스위스(5만 7964달러), 4위는 미국(5만 7493달러)였다. 아일랜드(5만 4590달러)와 덴마크(5만 635달러)도 5만 달러 이상의 국민소득을 기록했다. 4만 달러에서 5만 달러 사이의 국가는 네덜란드, 벨기에, 독일, 오스트리아, 스웨덴, 호주, 캐나다, 아이슬란드, 핀란드, 일본, 프랑스, 영국 등 12개국이었고, 3만 달러에서 4만 달러 사이의 나라는 이스라엘, 뉴질랜드, 이탈리아, 스페인, 한국, 체코, 슬로베니아 등 7개국이었다. 3만 달러 이하는 칠레, 에스토니아, 그리스, 헝가리, 멕시코, 폴란드, 포르투갈, 슬로바키아, 라트비아, 터키 등 10개국이었다.

한국 국민소득 증대의 특징은 사회 각층에서 골고루 증대가 나타나고 있는 것이 아니라, 오히려 중간층을 위축시켜 이른바 '소득 양극화'를 심화시켰다는 데 있다. 2014년의 한 보도(KBS 9시 뉴스, 2014.4.14)에 의하면, 연봉 3000만 원 이하 근로자는 2012년 기준으로 모두 1016만여 명으로, 지난 4년 동안 40만 명 정도 늘었고, 연봉 1억 원이 넘는 직장인은 2008년 19만 4000여 명에서 2012년 40만 명을 돌파했다. 이 가운데 총 급여 5억 원이 넘는 고액 연봉자도 처음으로 6000명을 넘었다. 고액 연봉자와 저임금 근로자의 소득 격차가 점점 더 벌어지고 있는 것이다.

소득 불평등은 국세청이 최근 국회에 제출한 2012년 「배당소득·이자소득 100분위 자료」에서도 극명하게 드러난다. 이 자료에 의하면, 배당소득 상위 1%가 전체 배당소득의 72.1%를 차지했다. 배당소득을 받은 사람은 882만 5442명인데, 상위 1%(8만 8254명)가 전체 배당소득 11조 3287억 6100만 원 중 8조 1720억 3900만 원(72.1%)을 가져갔고, 상위 10%는 배당소득의 93.5%를 가져갔다. 이자소득도 마찬가지다. 이자소득 상위 1%(47만 8584명)가 전체 이자소득 24조 8970억 8500만 원의 44.8%인 11조 1418억 5900만 원을 가져갔고, 상위 10%가 90.6%를 차지했다. 배당소득과 이자소득이 극심한 집중화를 보이는 것과는 대조적으로 근로소득이나 사업소득 중심의 종합소득은 집중화 정도가 훨씬 미약하다. 2012년 기준 종합소득은 상위 1%(8만 8254명)가 전체 소득의 22.9%(28조 8548억 2200만 원), 상위 10%가 55.5%를 차지했다. 근로소득은 상위 1%가 전체 소득의 6.41%(27조 786억 5200만 원), 상위 10%가 27.8%를 가져갔다(≪한겨레≫, 2014.10.8).

참여연대 조세재정개혁센터가 발표한 보고서도 소득과 자산의 양극화가 더욱 커지고 있음을 지적했다. 소득 하위 20%의 자산은 2011년 1493만 원에서 2012년 1498만 원으로 5만 원 증가한 데 비해, 같은 기간 소득 상위 1%의 자산은 39억 6009만 원에서 43억 4932만 원으로 3억 8923만 원이 늘었다. 상위 1%의 자산이 전체 가구의 자산에서 차지하는 비중은 2011년 9.9%에서 2012년 11%로 증가했지만, 하위 20%의 경우 1.1%에서 0.9% 하락했다. 소득 하위 20%의 가계 부채 증가율은 24.6%를 기록하여, 전체 가구 평균(8%)의 세 배를 넘었다(≪연합뉴스≫, 2014.10.23).

통계청이 2016년 11월 18일에 발표한 '3분기 가계 동향'에 따르면, 지난 3분기에 소득 1분위(하위 20%) 가구의 월 평균소득은 141만 7000원으로 전년 동기 대비 5.9% 감소했다. 2분위 가구의 경우 290만 4000원으로 0.9% 줄었다. 같은 기간 소득 5분위(상위 20%)는 854만 5000원으로 2.4% 뛰었다. 4분위는 533만 원으로 0.8% 늘었다. 즉 저소득층 가구는 소득이 더 줄고 고소득층 가구는 늘면서 격차가 더 커진 것이다(≪뉴시스≫, 2016.11.18).

소득 불평등을 보여주는 지니계수(가처분소득, 세후)는 2014년 한국이 0.302로 18위를 기록했는데, 이는 OECD 국가 평균치인 0.32보다 낮은 수치였다. 독일(0.289)은 한국보다 낮았고, 일본(0.330, 2012년)은 한국보다 높았다. 지니계수가 가장 낮은 나라는 아이슬란드(0.246)였고, 다음으로는 슬로바키아(0.247), 슬로베니아(0.251), 덴마크(0.256), 노르웨이(0.257), 핀란드(0.257) 순이었다. 이에 반해 지니계수가 가장 높은 나라는 칠레(0.465), 멕시코(0.459), 터키(0.398), 미국(0.394)이었다. 따라서 지니계수 면에서 한국의 불평등은 세계적으로 비교하여 높은 편은 아니다(OECD, 2017 Income inequality).

그렇지만 소득 배율에서는 한국의 소득 불평등이 심각한 것으로 나타났다.[1] OECD에 의하면 한국의 소득 배율은 2011년 5.7로 OECD 국가 중에서 21위였다.[2] 2014년 현재 소득 배율이 가장 낮은 나라는 아이슬란드와 덴마크로 각각 3.6이었고, 핀란드, 체코, 슬로베니아가 등이 소득 배율 3.7로 그다음으로 낮았다. 독일은 4.4로 12위를 차지해 소득 불

---

[1] 여기서 소득 배율이란 최상위 소득자 20%의 평균 소득과 최하위 소득자 20%의 평균 소득의 배율(S80/S20)을 말한다.

[2] OECD는 회원국의 소득 배율을 대체로 2014년 혹은 2015년까지 파악하고 있지만, 한국에 대해서는 2011년까지만 파악하고 있다.

표 2-4 | 소득 불평등과 상대적 빈곤율(2014)

구분	지니계수 (가처분소득, 세후)	소득 배율 (S80/S20)	빈곤율 (빈곤선 50% 중위소득)	노인 빈곤율 (66세 이상)
아이슬란드	0.246	3.6	0.065	0.054
덴마크	0.256	3.6	0.055	0.032
독일	0.289	4.4	0.095	0.095
프랑스	0.297	4.5	0.082	0.036
한국*	0.302	5.7	0.144	0.488
네덜란드	0.305	4.6	0.077	0.031
일본*	0.330	6.1	0.161	0.190
호주	0.337	5.7	0.128	0.257
그리스	0.339	6.4	0.148	0.082
스페인	0.344	6.6	0.153	0.054
영국	0.356	6	0.105	0.131
미국	0.394	8.7	0.175	0.210

주: 한국의 소득 배율은 2011년 조사이고, 일본은 모든 통계치는 2012년 조사임.
자료: https://stats.oecd.org/Index.aspx?DataSetCode=IDD

평등이 매우 낮은 국가에 속한다. 반면 소득 배율이 가장 높은 나라는 칠레(10.6, 2013년)였고, 다음으로 멕시코(10.4), 미국(8.7), 터키(7.7), 이스라엘(7.4) 순이었다(OECD, 2017 Income Inequality).

한국은 빈곤율도 다른 OECD 국가들과 비교해 높은 편이었다.[3] 〈표 2-4〉와 같이 한국의 2014년 빈곤율은 0.144으로 그리스(0.148)와 스페인(0.153)보다 낮지만, OECD 국가 중에서 25위를 차지했다. 2014년 기준 빈곤율이 가장 낮은 나라는 덴마크(0.055)였고, 체코(0.059), 아이슬

---

3 여기서 빈곤율이란 총인구 중위 가구 소득의 50%(빈곤선) 이하의 소득을 버는 인구의 비율을 가리킨다.

란드(0.065), 핀란드(0.068)가 그다음으로 낮았다. 노르웨이, 프랑스, 룩셈부르크, 슬로바키아도 0.08대의 낮은 빈곤율을 보였다. 독일은 0.091의 빈곤율을 보여 15위를 차지했다. OECD 국가들 중에서 빈곤율이 가장 높은 나라는 이스라엘(0.186), 미국(0.175), 터키(0.173), 멕시코(0.167)였다(https://stats.oecd.org/Index.aspx?DataSetCode=IDD). 특히 66세 이상의 은퇴 노령 인구의 빈곤율은 한국이 0.488로 OECD 회원국 중에서 가장 높다. 호주(0.257), 멕시코(0.256), 이스라엘(0.226), 미국(0.210), 스위스(0.194), 일본(0.190, 2012년)도 노인 빈곤율이 매·우· 높았다. 이에 반해 서구 선진국의 노인 빈곤율은 매우 낮다. 가장 낮은 나라는 네덜란드(0.031)였고, 다음으로는 덴마크(0.032), 프랑스(0.036), 체코(0.037), 슬로바키아(0.038)였다. 독일은 0.095로 19위를 차지했으며, 영국(0.131), 스웨덴(0.100), 포르투갈(0.097)보다 낮지만, 스페인(0.054), 핀란드(0.066), 그리스(0.082)보다 높았다(https://data.oecd.org/inequality/poverty-rate.htm# indicator-chart). 노인 빈곤율이 가장 낮은 나라인 네덜란드와 가장 높은 나라인 한국을 비교해 보면 무려 15배 이상 차이가 난다.

(3) 계층 의식

이렇게 심화되고 있는 양극화에 대해 한국인들은 매우 민감하게 인식하고 있다. 한국사회과학자료원의 『한국종합사회조사』에 의하면, '한국의 소득 차이는 너무 크다'는 의견에 대해 절대적 다수가 찬성했다. 2014년 88.4%(매우 찬성 36.7%, 다소 찬성 51.7%), 2011년 84%(매우 찬성 44.7%, 다소 찬성 39.2%), 2009년 90%(매우 찬성 46.2%, 다소 찬성 43.5%), 그리고 2003년에는 93%(매우 찬성 54.1%, 다소 찬성 38.7%)였다(한국사회과학자료원, A-2003-0006; A1-2009-0037; A1-2011-0098; 김상욱 외, 2016).

소득 양극화에 대한 의식이 10년 전과 비교해 계속 감소 추세를 보였지만 최근에 와서 다시 증가를 보여 여전히 열 명 중 아홉 명가량이 높은 민감성을 보이고 있는 것이다. 또한 문화체육관광부가 최근에 실시한 2013년 「한국인의 의식·가치관 조사」도 양극화에 대해 국민들의 인식이 매우 날카로움을 보여주고 있다. 열 명 중 아홉 명 가까이 (86.9%)가 양극화가 심각하다고 인식했다(YTN 뉴스, 2013.12.18). 과거 통계청의 조사에서도 양극화에 대한 인식이 매우 높게 나타났다. 한국 사회에 '빈부격차가 줄어들고 있다'는 의견에 '그렇지 않다'고 응답한 사람이 1999년에 65.8%였는데 4년 후인 2003년에 79.8%로 증가했다.

이러한 양극화 추세에 상응하게 한국인의 주관적 계층 의식도 하향이동을 보이고 있다. 통계청이 발표한 『2015 사회조사보고서』에 의하면, 자신의 사회경제적 지위가 '중간층'에 속한다고 응답한 가구주가 53%를 차지했고, '하층'에 속한다고 응답한 가구주가 44.6%를 차지했다. '상층'이라고 응답한 가구주는 2.4%에 불과했다. 2013년과 비교해 보면, '중간층'이라고 생각하는 비율이 1.6%p 증가한 반면, '하층'이라고 생각하는 비율은 2.1%p 감소했다. 〈그림 2-2〉에서 보는 바와 같이, 계층 의식은 조사가 처음 실시된 1999년 이래 2013년까지 계속적으로 하향 이동을 보이다가 2015년부터 다시 상승을 보이고 있다. 최근 중간층의 비율이 증가한 데 반해, 하층의 비율은 감소하고 있는 것이다. 이러한 계층 의식의 변화에는 사회적 양극화에서 오는 상대적 박탈감이 최근에 와서 약간 완화되고 있음을 말한다.

한국인들은 계층 이동 가능성에 대해 매우 비관적인 전망을 갖고 있는 것으로 보인다. 『2015 사회조사보고서』에 의하면, 우리 사회에서 일생 동안 노력을 한다면 개인의 사회경제적 지위가 높아질 가능성이 '높다'고 생각하는 가구주의 비율은 21.8%로 2013년보다 6.4%p 낮아졌다. 반

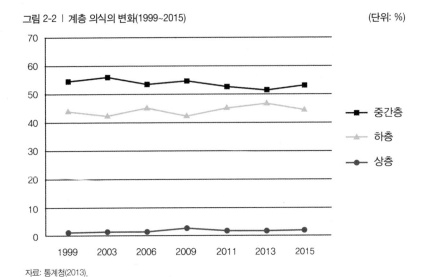

그림 2-2 ㅣ 계층 의식의 변화(1999~2015)   (단위: %)

자료: 통계청(2013).

면, 사회경제적 지위가 높아질 가능성이 '낮다'고 생각하는 비율은 62.2%로 압도적으로 높았다. 이는 2013년(57.9%)에 비해 4.3%p 증가한 수치로, 2006년(46.7%)과 비교해 보았을 때 9년 동안 15%p 이상 증가한 셈이다. 소득 증가 가능성에 대해서도 매우 부정적이다. 한국인들은 전년에 비해 소득은 줄고 부채는 더 늘었다고 보고 있다. 2015년 가구 소득이 1년 전보다 증가했다고 응답한 사람은 16.8%인데 비해 감소했다고 응답한 사람이 23.9%로 훨씬 더 많았다. 가구 부채도 1년 전에 비해 감소했다는 비율은 10.9%였는데, 증가했다는 비율은 22.9%로 훨씬 더 높았다. 2013년과 비교하면 소득은 증가 비율이 늘고 감소 비율은 줄고, 부채는 증가 비율이 줄어드는 긍정적 변화가 조금 나타난다. 2013년 가구 소득이 1년 전에 비해 증가했다고 응답한 사람은 16.6%인데 비해 감소했다고 응답한 사람은 26.1%로 훨씬 더 많았고, 가구 부채도 1년 전에 비해 감소했다는 비율은 11.2%였는데 비해, 증가했다는 비율은 24.1%

로 훨씬 더 높았다. 2011년 조사에서도 비슷한 경향이 나타났다. 가구소득이 증가했다는 응답은 18.2%인데 비해 감소했다는 응답은 25.1%였고, 가구 부채가 감소했다는 응답은 10.8%인데 비해 증가했다는 응답은 27.3%로 월등히 많았다. 또한 자신의 소득에 대해서 '불만족'을 나타낸 한국인은 2015년 46.3%, 2013년 48.9%로 절반 가까운 수치를 기록했다. 소득이 있는 사람 중, 본인의 소득에 '만족'하는 사람은 2015년 11.4%, 2013년 12.0%로 1999년 조사 이래 줄곧 열 명 중 한 명 정도였다.

(4) 사회의 공정성

사회적 갈등이 발생하느냐 아니면 사회가 안정적으로 통합되고 유지되느냐는 사회적 불평등 구조를 얼마나 공정한 것으로 인식하는가에 달려 있다. 현대사회가 전통사회와 구별되는 것은 사회적 불평등의 존재에 의해서가 아니라 사회적 불평등이 정당한 구조를 가져야 한다는 요구에 의해서이다(Hradil, 2012). 조사에 의하면 한국인들은 한국 사회의 공정성에 대해 매우 부정적으로 인식하고 있다. 통계청의 「사회통합 실태 조사」는 우리 사회의 교육 기회, 취업 기회, 조세(과세 및 납세), 복지, 지역 균형 발전, 법 집행, 정치 활동, 성별에 따른 대우, 언론 보도, 대기업과 중소기업 간의 관계, 사회경제적 분배 구조의 11개 영역에서 국민들이 얼마나 공정성을 인식하는가를 조사하고 있다. 2014년 조사 결과에 따르면, 〈그림 2-3〉에서 보는 바와 같이, 교육 기회에 대해 공정하다고 인식하는 비율(63.7%)만이 불공정하다고 인식하는 비율(36.7%)보다 높았고, 나머지 모든 영역들은 공정하지 않다고 인식하는 비율이 압도적으로 높았다. 특히 분배 구조와 기업 관계, 정치 활동의 세 영역에 대해서는 70% 이상이 공정하지 않다고 인식했다. 국민들은 우리 사회를 매우 불공정한 사회로 인식하고 있었다.

그림 2-3 | 한국인의 사회 전반적 공정성에 대한 인식(2014)　　　　　　　　(단위: %)

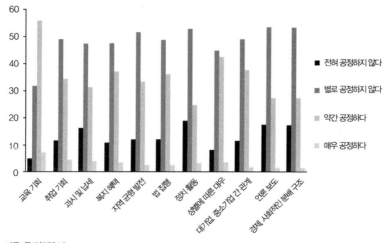

범례:
- 전혀 공정하지 않다
- 별로 공정하지 않다
- 약간 공정하다
- 매우 공정하다

자료: 통계청(2014).

　불공정 인식은 분배 문제에 원인이 있다. 「사회통합 실태 조사」에 의하면 사회 갈등 원인으로 빈부 격차를 꼽는 비율이 25.9%로 다른 원인들보다 월등히 높았다. 2013년『한국종합사회조사』도 불공정이 분배 공정성과 연관되었음을 시사한다. '이 나라에는 재화의 분배를 더 평등하게 만드는 공정성 혁명이 필요하다'는 의견에 54.5%가 동의했고, 반대한 사람은 17.9%에 불과했다(한국사회과학자료원, A1-2013-0100). 또한 문화체육관광부의 2013년 「한국인의 의식·가치관 조사」에서도 분배 불공정 인식이 매우 강력하게 나타났다. 우리 사회에서 경제적 부의 분배가 얼마나 공정하게 이뤄지고 있는가라는 질문에 응답자의 83.6%가 '공정하지 않다'고 답했으며, '공정하다'는 응답은 16.4%에 불과했다. 국민 대다수가 경제적 부의 분배가 공정하지 않다고 보고 있는 것이다. 특히 주관적계층 의식이 낮을수록 경제적 부의 재분배에 대해서 불공정하다고 인식하는 경향이 나타났다. 자신의 계층이 '중산층보다 낮다'고 말한 응답자

표 2-5 ㅣ 한국 사회의 절차 불공정성(2014)　　　　　　　　　　　　　　　(단위: %)

구분	매우 그렇다	다소 그렇다	보통이다	별로 그렇지 않다	전혀 그렇지 않다
1. 혈연, 지연, 학연 등 연고가 작용한다.	43.3	43.7	10.2	2.3	0.5
2. 결정권자의 편견과 감정이 작용한다.	28.8	53.0	15.2	2.5	0.5
3. 적용되는 기준(방침)이 수시로 바뀐다.	21.4	46.4	24.4	6.7	1.0
4. 외부 압력이나 '빽'에 의해 영향을 받는다.	36.4	47.4	11.3	3.7	0.9
5. 결정에 의해 영향을 받는 대부분 사람들의 의견을 반영하지 않는다.	14.0	41.3	32.0	11.2	1.5
6. 필요한 정보를 충분히 수집하지 않는다.	13.1	37.0	35.1	12.9	1.9

자료: 김상욱 외(2016).

의 21.6%가 경제적 부의 재분배가 '매우 불공정하다'고 느끼고 있으며, 이는 다른 계층보다 약 두 배 정도 높은 수준이었다.

불공정성은 분배에만 국한되는 것이 아니라 절차에서도 강력하게 인식되고 있다. 한국 사회의 절차 공정성에 대해서는 대부분의 응답자는 공정하지 않다고 느끼고 있다. 〈표 2-5〉에서 보는 바와 같이, 한국 사회에서 중요한 결정을 내릴 때 '혈연, 지연, 학연 등 연고'가 작용한다는 응답이 87%를 차지했고, '외부 압력이나 빽'에 의해 영향을 받는다는 응답도 83.8%를 차지했다. '결정권자의 편견과 감정'이 작용한다는 응답도 81% 이상을 차지했다. 한국 사회에서 절차 공정성이 지켜지지 않는 가장 큰 3대 요인은 '연고'와 '빽' 그리고 '결정권자의 편견'인 것으로 나타났다. 특히 '연고'에 대해서는 '매우 그렇다'고 응답한 사람이 40%를 넘었다. 나머지 요인들도 모두 과반수의 응답을 얻고 있다. 즉 한국 사회는 절차 면에서 매우 불공정한 사회로 인식되고 있다.

이상의 논의를 종합하면, 한국 사회는 사회통합이 사회구조적으로 저해되고 있다고 볼 수 있다. 첫째로 한국 사회에서 노동자 계급은 동질성을 상실하고 정규직과 비정규직으로 양분되어 임금근로자 세 명 중 한 명은 비정규직이다. 임금과 근속 기간, 사회보험 가입 등 근로조건에서 불평등이 노동자계급 내에 구조화되어 있다. 둘째로 한국의 소득 격차가 OECD 국가들 중에서 가장 심하고, 빈곤율도 매우 높으며, 특히 노인 빈곤율은 다른 나라와 비교가 안 될 정도로 가장 높다. 셋째로 이러한 심화되는 불평등 구조에 대해 한국인은 매우 민감한 의식을 갖고 있다. 양극화와 불평등을 민감하게 의식하고 있고, 계층 의식은 전반적으로 하향 이동을 보이고, 계층 이동과 소득 향상의 전망에 대해 매우 회의적이다. 넷째로 한국 사회는 분배와 절차의 면에서 매우 불공정하다고 인식되고 있다.

2) 독일의 불평등

양극화 현상은 한국 사회에서만 관찰되는 것은 아니다. 서구의 대표적인 '사회국가'인 독일에서도 불평등이 두드러지게 심화되고 있다. 독일은 '기본법' 제20조에서 자신의 국가 체제를 "민주적이고 사회적인 연방국가"라고 규정하고, 28조에서는 "사회적 법국가"로 규정하고 있다. '사회국가'는 공적 과업의 이행 원칙으로서 시장경제의 질서 안에서 '사회정의'를 진흥시킬 의무를 진다. 독일연방헌법재판소도 "사회적 대립의 조정과 공정한 사회질서를 위해 애쓰는 것"을 국가의 의무로 규정하고 있다. 사회적 약자와 강자 간의 격차를 가능한 감소시키는 '사회적 균등'과 국민의 생존 기초를 보장하고 진흥하는 '사회적 안전'을 국가의 의무로 충실히 이행하고 있지만(전태국, 2013: 133), 독일 언론들은 독일에서 '사회 분열'이 지금처럼 컸던 적은 없다고 경쟁적으로 보도하고 있다. "나라의 부는 증대했지만, 이에 참여하는 사람은 더 적어져 독일 사회의 사회적 응집은 매우 위태로운 상태에 있다"(Woratschka, 2014). "유

표 2-6 | 독일의 지니계수와 소득 배율(1985~2013)

구분	1985	1990	1995	2000	2004	2008	2010	2011	2012	2013
지니계수(가처분소득, 세후)	0.251	0.256	0.266	0.264	0.285	0.287	0.286	0.291	0.289	0.292
소득 배율(상위10%/하위10%)	5.1	5.3	6.0	5.9	6.6	6.7	6.7	6.8	6.6	6.8

주: 2011년부터는 새로운 소득 개념에 의거하여 조사함.
자료: OECD.

로권Eurozone에서 독일만큼 자산이 불평등하게 분배되어 있는 나라는 없다"(DIW, 2014.2.26.). "독일은 '분단된 나라'이다. 경계는 지도가 아니라 은행 통장에 그어진다. 그것은 부자와 나머지 사람 간의 경계이다"(Oxfam, 2014). "독일은 더욱 '미국식'으로 되고 있다. 다른 산업국가와 달리 소득 격차가 격렬하게 심화되어, 사회적 간극이 미국의 상황에 접근하고 있다"(Böcking, 2011).

(1) 불평등의 심화

지니계수는 불평등의 지표로서 흔히 사용된다. 독일의 지니계수는 최근에 올수록 높아지고 있다. OECD에 의하면 독일의 지니계수는 1985년에는 0.251이었는데, 10년 후인 1995년에는 0.266으로 증가했고, 2005년에는 0.297로 크게 증가했으며, 2011년에는 약간 감소하여 0.291을 기록했다. 2013년에는 0.292, 2014년에는 0.289였다. 이제 지니계수가 0.3에 근접할 정도로 증가한 독일을 두고 불평등이 극심한 미국의 상황에 접근하고 있다고 염려하는 목소리가 높아지고 있다(Woratschka, 2014). 실제로 이 기간에는 그만큼 불평등이 심화된 것으로 보인다. 상위 10%의 평균 소득과 하위 10%의 평균 소득의 배율을 보면, 1985년에는 5.1배였는데, 10년 후에는 6.0배로 증가했고, 2011년과 2013년에는 6.8배에 달했다. 5분위 소득 배율에서도 2008년에는 4.3이었는데 2014

년에는 4.4로 소폭이지만 상승했다. 빈곤율도 계속 증가 추세를 보였다. 2001년에 0.078 이었는데, 2008년에 빈곤율이 0.09로 증가했고, 2013년에는 0.091, 2014년에는 0.095로 약간 더 증가했다.

독일은 1950년대 초 '경제 기적'의 시작 이후 놀라울 정도로 '안정적인 사회적 불평등'이 유지되었다. 벨러Hans-Ulrich Wehler가 분석했듯이, 인구의 상위 1/5이 전체 소득과 자산의 43.5%를 차지했고, 이에 반해 최하위는 7%를 차지하는 것에 머물렀고, 중간계급이 언제나 49.4%를 차지하는 불평등 구조가 50년간이나 유지되었다. 서독의 국민총생산은 1950~1973년 기간에 10배 증가했고, 연평균 성장률은 6.5%였다. 1975년 제1차 석유파동에 의해 줄어들 때까지 평균 순 가구 소득은 357마르크에서 3705마르크로 10배 증가했다. 1인당 국민소득은 1990년까지 8배 증가하여 증가 속도가 서구의 다른 어떤 나라보다 빨랐다. 소득과 자산의 규모가 '복지 폭발' 덕분에 극적으로 증가했지만 불평등 분배 양식은 전체적으로 안정적으로 유지되었다.

독일의 불평등은 2000년대에 들어오면서 심화되었다. 2001년에 상위 5%가 거둔 소득은 전체 소득자 95%의 소득을 다 모아도 도달하지 못하는 규모였다. 1970년에 최상위 1/10이 전체 순 화폐 자산의 44%를 소유했는데, 2011년에는 사적 화폐 자산의 66%를 소유하게 되었다. 극심한 집중화 과정에서 상위 10%가 사적 화폐 자산의 2/3를 자신에게 끌어넣은 것으로 분석되었다(Wehler, 2013). 또 다른 분석에 의하면, 1991년부터 2010년까지 20년 동안 최상위층의 소득은 12.4% 상승한 반면, 하위층의 소득은 1990년대 초보다 오히려 11.2% 더 낮아졌다(Deutsche Welle, 2013. 9. 6).

통계자료는 이미 2008년에 불평등이 심화되었음을 분명하게 보여주었다. 2008년 상위 10%가 평균 5만 7300유로의 순소득을 벌었는데, 이는 하위 10%가 평균 7400유로를 번 것에 비해 8배 많은 소득이다. 1990년대에는 이 소득 배율이 6배 정도였다. 하위 10%의 실질 가구 소득은 1980년대 중반부터 지난 2010년 말 사이에 연간 0.1% 증가한 데 비해, 상위 10%는 평균 1.6% 증가해 16배 이상의 차이를 보였다. 이러한 소득 증대의 양극화는 이웃 나라 프랑스와는 비교조차 되지 않는다. 프랑스에서는 하위 10%에서는 1.6%, 최상위층에서는 1.3%의 소득 증대율을 보였다. 주목할 것은 지난 2010년에 전통적으로 불평등한 나라들, 이스라엘과 미국에서 소득 격차가 더 벌어진 것만이 아니고, 지금까지 미미한 차이만을 보였던 나라들, 독일을 비롯하여 덴마크, 스웨덴, 기타 북유럽 국가들에서도 간극이 처음으로 크게 벌어졌다는 점이다. OECD에 의하면, 이 나라들에서 불평등이 "2000년대에 다른 어느 곳보다 더 강력하게 증대했다"(Böcking, 2011).

최근에 와서 불평등은 더욱 심각하게 나타났다. '독일경제연구소DIW: Deutsches Institut für Wirtschaftsforschung'는 2014년 2월에 유로권에서 자산이 독일만큼 극심하게 불평등하게 분배된 나라는 없다고 진단했다. 독일에서 성인 1인이 평균적으로 8만 3000유로의 순 자산을 갖고 있으며, 독일의 전체 순 자산은 6조 3000억 유로에 달하지만, 이것이 극히 불평등하게 분배되어 있다는 것이다. 최상위 1%가 적어도 80만 유로의 개인적 자산을 소유하고 있는 데 비해, 전체 성인의 1/5은 전혀 자산이 없다. 성인 인구의 7%는 빚이 재산보다 많다. 한 가지 두드러진 현상은 자산보다 빚이 많은 사람이 늘어났다는 점이다. 2002년에는 전체 성인의 27.5%가 빚을 지고 있었는데, 2012년에는 32%로 증가했다(DIW, 2014.2.26).

한스-뵈클러재단Hans-Böckler-Stiftung의 '거시경제연구소Institut für Makroökonomie und Konjunkturforschung'도 2014년에 발표한 연구에서 소득과 자산의 불평등 실태를 단적으로 제시했다. 1991년부터 2010년까지 20년 동안에 최상위 소득은 12.4% 상승한 반면, 하위 소득은 1990년대 초보다 11.2% 더 낮아졌다. 또한 최고 부유층 가구의 순 자산이 독일의 평균 소득보다 훨씬 더 빨리 증대하여, 2012년 최상위 1%(10%가 아니다!) 가구가 1인당 140만 유로의 순 자산을 갖고 있는데, 이것은 1인당 연간 중위 소득의 80배에 해당한다. 2002년 이 비율은 50배였다(Hans-Böckler-Stiftung, 2014). 그리하여 독일의 '사회 분열'이 지금처럼 컸던 적은 없다고 진단했다(Woratschka, 2014).

국제 구호단체 옥스팜Oxfam은 한걸음 더 나아가 독일이 '분단된 나라'라고 규정했다. 독일 최고 부자 다섯 명을 꼽는다면, 2014년 10월 기준 1위는 310억 유로를 가진 어머니 요한나 크반트Johanna Quandt(2015년 8월 사망)와 아들 슈테판 크반트Stefan Quandt, 딸 주자네 클라텐Susanne Klatten[자동차 회사 BMW와 화학 회사 알타나(Altana)와 SGL 카르본(SGL Carbon), 풍력발전용 터빈 제조 회사 노르덱스(Nordex)의 46.7%의 지분 소유], 2위는 183억 유로를 가진 카를 알브레히트Karl Albrecht[알디쥐트(Aldi-Süd) 창립자, 2014년 7월 사망]의 가족, 3위는 176억 유로를 가진 마리아-엘리자베트 셰플러Maria-Elisabeth Schaeffler와 아들 게오르크 셰플러Georg Schaeffler[자동차 공급 업체 셰플러(Schaeffler)의 소유주이며, 세계적 자동차 부품 생산 회사 콘티넨탈(Continental)의 대주주], 4위는 165억 유로를 가진 테오 알브레히트 주니어Theo Albrecht jr[알디 노르트(Aldi Nord)의 소유주]의 가족, 그리고 5위는 145억 유로를 가진 디터 슈바르츠Dieter Schwarz[리들(Lidl) 소유주]이다(Spiegel, 2014). 이들 다섯 명의 자산이 미국 환율 기준으로 1010억 달러에 달하며, 이 금액은 전체 인구의 하위 40%의 자산과 같다는 것이다. 5대 부자 한 사람의 자산에 이르기 위해서는 생명보험이나 저축 계획으로는 어림없다. 거의 60년 동안 매달 로또에서 대박을 맞아야 할 정도이다. 최상위 1%의 자산은 전체 독일인의 80%의 자산과 같고, 이는 독일의 국가 채무를 전부 갚기에 충분한 액수이며, 2014년 독일연방예산을 책임지기에 충분하고, 법적 의료보험을 1년 동안 완벽하게 자금 조달하고도 남는 돈이라고 그 규모를 실감나게 비교했다(Oxfam, 2014).

독일의 불평등에서 또 하나 주목할 현상은 베를린장벽이 붕괴된 지 25년이 지났지만 동독과 서독 간의 자산 차이가 여전히 뚜렷하게 나타나고 있다는 점이다. 독일경제연구소에 의하면, 동독인의 자산은 서독인의 절반에도 못 미친다. 서독에서 성인이 평균 9만 4000유로의 자산을 소유한 데 비해, 동독에서는 4만 1000유로의 자산을 소유했다. 독일 전체 인구 가운데 소득 상위 10%의 순 자산은 21만 7000유로였다. 동독 지역 소득 상위 10%의 순 자산은 11만 유로, 서독 지역 소득 상위 10%의 순 자산은 24만 유로로 동독 지역 소득 상위 10%의 순 자산보다 두 배 이상 많았다(DIW, 2014.2.26).

최근 들어 독일에서 불평등이 이렇게 심화된 데에는 여러 원인이 있다. 최고 세율이 낮아진 최근의 조세정책도 하나의 원인으로 작용했다. 최고 세율이 낮아졌기 때문에 높은 소득을 가진 사람들은 많은 자본을 축적할 수 있게 되었고, 이 자본이 다시 그들에게 새로운 소득을 선물했다는 것이다(Deutsche Welle, 2013. 9. 6). 또 노동시간이 바뀐 것도 하나의 원인으로 작용했다. 상위 소득층에서는 20년 전과 마찬가지로 연간 평균 2250시간 노동하는 데 비해, 저소득층의 평균 노동시간은 1000시간에서 900시간으로 감소했다는 것이다(Böcking, 2011). 상속도 양극화를 첨예화시킨 하나의 요인으로 지적된다. 독일의 공영방송 도이체 벨레Deutsche Welle에 의하면, 최근의 상속 세대가 역사상 두 번째로 엄청난 상속재산을 향유하게 됨으로써 자산 불평등이 더욱 극적으로 첨예화되었다는 것이다.[4] 1990년대 후반 "경제 기적의 건설 세대가 가졌던 수십억 유로가 처음으로 상속된 후, 2000년과 2010년 사이에 독일에서 본격적으로 2조 유로가 상속되었다. 3700만 가구가 그때까지 7조 7000억 유로의 재산을 축적했는데, 그중 2조 유로가 이 10년 동안에 사망하여 사라진 가구의 수중에 있었다는 것이다"(Wehler, 2013).

그러나 독일의 불평등이 심화된 가장 큰 원인은 비전형적 고용 관계 atypische Beschäftigungsverhältnisse의 증가이다. 저임금 직업과 파트타임 일자리가 급증하고, 좋은 일자리gute Arbeit는 더욱 줄어든 탓에 독일에서는 미니잡Mini-Jobs[5], 시간제 고용, 한시적 계약직이 급증했다. 1984년 300만 명이었던 이 분야 취업자는 2011년 800만 명으로 증가했다.

(2) 비정규직의 급증

독일에서 비정규직의 급증은 통일 이후 노동 세계의 구조 변동과 맞물려 진행되었다. 독일연방통계청에 의하면, 이른바 '비전형적 고용 관계'[6]가 이미 1991년에 425만 명이었고, 20년 후인 2011년에는 792만 명으로 367만 명 증가하여 비율로는 86.3% 증가했다. 같은 기간에 정규직 노동 관계Normalarbeitsverhältnisse는 316만 명 감소하여 비율로는 11.8% 줄었다. 전체 임금근로자 중에서 비정규직의 비율은 1991년 13.7%에서 2011년에는 25.1%로 증가했다. 2011년 기준 독일의 비전형적 고용을 통한 근로자는 연방통계청에 의하면, 주 노동시간 20시간 이하의 '시간제 고용'이 500만 명, '한시적 고용'이 280만 명, '미니잡'이 270만 명, 그리고 '파견 노동'이 77만 5000명이었다. 이 네 개의 취업 형

---

4 처음으로는 엄청난 재산을 상속받은 세대는 1914년 이전의 '황금 연간 세대'이다.

5 월 소득 450유로 이하의 '경미한 고용'을 의미한다.

6 비전형적 고용 관계로는 시간제 고용(주 노동시간 20시간 이하), 한시적 고용, 파견 노동(Leiharbeit, Zeitarbeit), 미니잡(Mini-Jobs) 등이 있다.

표 2-7 | 독일의 비정규직(1991~2015)   (단위: 천 명, %)

구분	임금근로자	정규직(%)	비정규직(%)	한시적 근로자	시간제 근로자	미니잡	파견 근로자
				(중복 가능)			
1991	31,083	26,832(86.3)	4,251(13.7)	1,782	2,555	652	-
1996	29,523	24,663(83.5)	4,861(16.5)	1,770	3,190	1,099	-
2001	29,726	23,740(79.9)	5,986(20.1)	2,085	4,127	1,815	-
2006	29,582	22,119(74.8)	7,463(25.2)	2,619	4,865	2,667	562
2011	31,592	23,674(74.9)	7,918(25.1)	2,805	5,025	2,673	775
2014	35,879	24,515(68.3)	7,506(20.9)	2,464	4,868	2,335	666
2015	35,155	24,832(68.7)	7,534(20.8)	2,531	4,844	2,339	666

주: 15~64세 인구(학생과 군인 제외).
자료: Statistisches Bundesamt.

태가 비전형적 고용 관계의 확대에 기여했다. 1991년부터 2011년까지 20년 동안 '미니잡'은 네 배 증가했고, '시간제 고용'은 두 배 증가했다. '한시적 고용'은 같은 기간에 57.4% 증가했고, 연방통계청이 2006년부터 처음으로 파악하기 시작한 '파견 노동'은 2011년까지 짧은 기간에 56만 2000명에서 77만 5000명으로 증가했다.

최근의 동향을 보면, 2015년 비전형적 고용을 통한 근로자는 753만 4000명으로서, 전년에 비해 2만 4000명이 늘었다. 전체 취업자 3615만 5000명 중 20.8%가 비전형적 고용에 해당한다. 전년에 20.9%를 차지한 것에 비해 0.1%p 감소했으나 여전히 높은 수치였다. 비전형적 고용 중에서 가장 큰 비중을 차지하고 있는 것은 주간 노동 20시간 이하의 '시간제 노동'이다. 시간제 노동을 하고 있는 근로자는 484만 4000명으로서 전체 임금근로자의 13.4%를 차지하고 있다. 그 뒤로 '한시적 노동'과 '미니 고용'이 각각 전체 임금근로자의 7.0%와 6.5%를, '파견 노동'이 66만 6000명으로서 전체 임금근로자의 1.8%를 차지하고 있다.

비전형적 고용 관계는 두 가지 특징을 갖고 있다. 하나의 특징은 남성의 비율이 여성의 비율보다 훨씬 낮다는 점이다. 2011년에 남성의 비율은 29.5%였다. 특히 미니잡과 시간제 고용에서 남성의 비율이 각각 22.3%와 14%였다. 이에 비해 파견 노동의 경우에는 2/3가 남성이고 (66.7%), 한시적 고용에서는 절반이 남성이었다(48.2%). 2015년에도 이 경향은 그대로 유지되었다. 전체 비전형적 고용의 70% 이상이 여성이다. 특히 '시간제 고용'에서는 86% 가까이가 여성이다. 다른 하나의 특징은 저임금 노동이다. 독일에서 저임금 경계는 2010년에 시간당 총 임금 10.36유로였다. 전체 노동자에서 저임금 비율은 2010년에 20.6%였다. 정규직 노동관계에서는 열 명 중 한 명이 최저임금 이하의 임금을 받은 데 비해(10.8%), 비전형적 고용에서는 거의 두 명 중 한 명이 최저임금 이하의 임금을 받았다(49.8%) 특히 파견 노동과 미니잡에서는 저임금 비율이 각각 67.7%와 84.3%를 차지했다. 비전형적 고용자는 정규직보다 임금이 현저하게 낮다. 비전형적 고용자의 2010년 시간당 총 임금은 10.36유로로, 17.09유로를 받은 정규직에 비해 39.4%나 적었다 (Bundeszentrale für Politische Bildung, 2013).

이상에서처럼 사회적 평등과 사회적 안전장치가 상대적으로 잘 실현되고 있는 독일에서조차 최근 불평등이 심화되고 있으며, 이 불평등은 다음과 같은 특징으로 요약될 수 있다. 첫째, 최상위 1%의 소득은 중위소득의 80배에 달하고, 이들의 자산은 전체 독일인 자산의 80%를 차지하며, 상위 10%와 하위 10%의 소득 배율은 8배에 이른다. 둘째, 동독과 서독 간에 자산 격차가 커져, 동독인의 자산은 서독인의 절반에도 미치지 못한다. 셋째, 비전형적 고용 관계가 최근에 와서 약간의 감소 경향을 보이고 있다. 2011년 전체 임금근로자 네 명 중 한 명이 비정규직이었는데, 2015년에는 다섯 명 중 한 명이다. 넷째, 이들 비정규직은 정규직보다 40%나 적은 임금을 받고 있다. 따라서 독일의 사회통합은 기반이 매우 취약하다고 말할 수 있다. 소득 양극화가 심화되고 비정규직 노동자가 증가하고 있다는 점에서 한국과 독일은 매우 비슷한 모습을 보이고 있다.

'사회적 불평등'의 심화에 대해 독일인들은 매우 민감하게 인식하고 있는 것으로 보인다. 독일의 대표적인 사회단체인 'AWO(Die Arbeiterwohlfahrt)'가 2014년 7월에 실시한 조사에 의하면, 응답자의 88%가 독일에서 최근 10년 동안 빈부 격차가 "더욱 커졌다"고 응답했다(AWO, 2014). 그리하여 독일인들은 최근에 분배 공정성이 많이 훼손되었다고 느끼고 있다. 압도적 다수가 독일에서 부가 공정하게 분배되지 않았으며, 사회정의가 최근 3~4년 동안에 감소했다고 느끼고 있다(Hradil, 2012). 최근에 실시된 2014년 알부스[7]에 의하면, '경제적 이득이 오늘날 독일에서 전적으로 공정하게 분배되고 있다'는 의견에 응답자의 78%가 동의하지 않았다. 그중에서도 '전혀 동의하지 않는다'는 응답이 24.5%를 차지했다. 그리고 '우리 사회의 사회적 격차는 전적으로 정당하다'는 의견에 65.7%가 동의하지 않았다. 또한 '독일에는 여전히 사회계층 간에 커다란 격차가 존재한다. 인생에서 달성할 수 있는 것은 본질적으로 어떤 부모를 가졌는가에 달려 있다'는 의견에 70.5%가 동의했다(GESIS-Leibniz-Institut für Sozialwissenschaften, 2014). 심화되고 있는 양극화에 대해 높은 민감성을 보이며 사회적 정의 내지 공정성이 심히 훼손되고 있다고 느낀다는 점에서 독일인은 한국인과 유사하다고 말할 수 있다.

---

[7] 독일의 종합사회조사. 라이프니츠 사회과학연구소 게시스(GESIS)가 1980년부터 2년마다 조사한다. 자료 접근 주소는 http://www.gesis.org/allbus이다.

4. 다문화주의 측면

사회통합의 두 번째 측면으로서 다문화주의는 외국인 노동자, 결혼 이주민, 탈북자 내지 소수자에 대한 차별이 어떠한가 하는 점에서 파악된다. 사회통합은 다양한 배경의 사람들에게 '주류 문화Leitkultur'에 참여할 것을 요구하는 '동화주의'를 원리로 하는가, 아니면 자기 자신의 문화와 생활 방식의 유지를 허용하는 '다문화주의'를 원리로 하는가에 따라 상이한 모습을 취한다. 전자의 '동화주의적' 사회통합은 과거 제국주의적 식민화 과정에서 전형적으로 보여진 바와 같이 소수자의 이질적 요소를 배제하여 획일화하려는 사회통합이라면, 후자의 '다문화주의적' 사회통합은 현대의 지구적 민주주의에 특징적으로 나타나는 바와 같이 소수자의 이질적 요소를 인정하고 포용하려는 사회통합이다. '다문화주의' 개념은 캐나다의 사회학자 호바트Charles Hobart가 1964년에 처음으로 주조했다 (Baba-Sommer, 2011: 3).[8] 다문화주의의 핵심은 정체성의 다양한 표현을 존중하고 사회 구성원들 간의 '다름'을 인정하는 것이다. '다름'의 인정은 공간적·사회적·문화적으로 다수 사회Mehrheitgesellschaft로부터 차단되어 살고 있는 터키 출신 무슬림 이주민 집단처럼, 상이한 문화가 서로 관계없이 고립적으로 존재하는 '평행사회Parallelgesellschaft'(Bundeszentrale für politische Bildung, 2006)를 의미하는 것이 아니다. 서로 이해하고 함께 공존하는 것을 말한다. 동화주의가 '용광로melting pot'라면, 다문화주의는 '샐러드 접시'이다. 샐러드 접시 안에서 다양한 문화적 정체성들이 융합

---

8   '다문화주의'는 1971년 캐나다에서 국가의 공식적인 정책으로 추진되었다. 당시 캐나다 정부에게 긴요한 과제는 '유럽중심적'으로 편향된 내용을 갖고 있다고 비난받는 교육을 개혁하는 일이었다.

되지도 않고 또 서로 분리되지도 않고, 다채롭게 뒤섞여 있다. 따라서 다문화주의는 문화 전통의 서열화를 허락하지 않는다(Herzinger, 2010).

1) 한국의 다문화주의

최근 한국 사회는 외국인 노동자와 다문화 가정이 급증하여 본격적으로 다문화 사회에 진입하고 있다. 통계청에 따르면 2016년 기준, 체류 외국인 수는 전년보다 16만 명 증가하여 205만 명에 달했다. 국적별로는 한국계 중국인이 62만 명으로 가장 많았고, 다음으로는 중국인이 39만 명, 베트남인이 15만 명 순이었다. 3개월 이상 장기 체류하는 등록 외국인 수는 2014년에 처음으로 100만 명을 넘어 109만 명에 달했고, 2016년에는 116만 명에 이르렀다. 국적별로는 한국계 중국인이 34만 명으로 전년 38만 명에 비해 약간 감소했지만 여전히 가장 많았고, 다음으로는 중국인 21만 명, 베트남인 14만 명 순이었다. 필리핀인, 캄보디아인, 우즈베키스탄인도 각각 4만 명이 넘는다. 결혼 이민자 수도 2013년에 처음으로 15만 명에 달했고, 2016년에는 15만 2000명을 기록했다. 결혼 이민자 비율을 보면 여성이 12만 8000명으로 84%에 달한다. 이들 여성을 출신국별로 보면, 베트남 여성이 4만여 명으로 가장 많고, 다음으로는 중국 여성 3만여 명, 한국계 중국인 여성이 1만 4000여 명, 일본 여성이 1만 1000여 명, 필리핀 여성이 1만 1000여 명이다. 특기할 점은 다른 외국 여성은 매년 증가하는데 유독 한국계 중국인 여성만은 매년 감소하고 있다는 점이다. 이들은 2012년에 2만여 명에 달했는데, 2013년에는 1만 8000여 명, 2015년에는 1만 5000여명으로 줄어들었다. 한편, 국내에 와 있는 유학생 수는 2016년에 처음으로 10만 명이 넘어 11만 6000명에 달했다. 그중 중국 학생이 6만 6000여 명으로 가장 많고,

다음으로는 베트남 학생으로 1만 5000명이다. 몽골 학생도 6000명에 달한다.

2015년 ≪조선일보≫에 의하면, 전국에 외국인 거주 비율 5% 이상인 이른바 '다문화 도시'가 12개에 달한다. 가장 많은 도시는 안산시와 시흥시가 외국인 비율이 각각 11.8%, 11.5%로 가장 많고, 다음으로는 포천(9.9%), 화성(7.65), 안성(7.0%), 거제(6.6%), 아산(6.5%), 김포(6.2%), 오산(6.0%), 평택(5.6%), 양주(5.2%), 광주(5.1%) 순이다. 거제와 아산을 제외하면 모두가 경기도의 도시들이다. 외국인 마을도 전국 곳곳에 형성되고 있다. 45만 명 이상의 외국인이 사는 서울에는 곳곳에 특색 있는 타운이 만들어졌다. 한국에 거주하는 외국인의 과반을 차지하는 중국인들은 서울 연남동, 대림동, 자양동에 '차이나 타운'을 형성해 살고 있다. 연남동엔 화교, 대림동엔 조선족과 한족, 자양동엔 중국인 유학생들이 모여든다. 또한 서울 서초구 '서래마을'은 서울에 사는 프랑스인 네 명 중 한 명이 살고 있다. 전통적 외국인 거리로 꼽혀온 이태원도 도로를 두고 남쪽과 북쪽으로 나뉘어 백인은 북쪽에, 동남아인과 흑인은 남쪽에 모여살고 있다. 용산구 동부이촌동 일대에는 일본인 1천 500여 명이 산다. 인천 송도는 이태원 못지않은 이슬람 문화 중심지로 떠오르고 있다. 송도 유원지 주변에는 이슬람 예배소가 두 곳이나 자리 잡고 있고, 예배소를 중심으로 파키스탄, 터키 등 무슬림 음식점도 들어섰다. 경기도 안산, 수원, 화성, 시흥, 부천, 평택, 성남 등 경공업 지역에는 동남아 출신 근로자들이 모여 사는 마을이 생겼다. 경남 거제시에는 외국인이 1만 6000여 명 사는데, 그중 약 25%가 군함, 유조선, LNG선, 컨테이너선 등이 건조되는 옥포동에 살고 있다. 유럽과 호주 출신 조선 전문가들이 파견 근무자로 일하며 가족들과 함께 이곳에 살고 있는 것이다. 주말이면 수십 군데의 맥줏집에서 백인 수백 명이 잔을 부딪치며 맥주를 들이키는 광경이 옥포동의 인상을 이루고 있다(≪조선일보≫, 2015.8.28).

(1) 외국인 차별

민족적·문화적 동질성에 대한 강한 신념을 유지하고 있는 한국 사회에서 다문화 사회의 전개는 이주민들에게 차별 경험을 동반하게 한다. 급기야 한국은 2007년 7월에 유엔 인종차별철폐위원회CERD로부터 "한국이 단일민족을 강조하는 것은 한국 땅에 사는 다양한 인종 간의 이해와 관용, 우호 증진에 장애가 될 수 있으므로 한국 현대사회의 다인종적 성격을 인정하고 적절한 조치를 하라"는 권고를 받기도 했다(2007년 8월 17일 개최된 인종차별철폐위원회 제1844차 회의에서 채택된 최종 견해).

여성가족부가 2013년 발표한 「2012 전국 다문화 가족 실태 조사」에 따르면, 결혼 이민자·귀화자 수는 28만 3224명이며, 이들의 배우자와 자녀를 포함한 다문화 가족은 26만 6547가구에 달한다. 결혼 이민자와 귀화자들의 41.3%가 한국에서 생활하면서 외국인이라는 이유로 차별이나 무시를 당한 적이 있으며, 이는 2009년에 36.4%에 비해 4.9%p 오른 수치다. 출신 국적별로는 남아시아(55.1%), 동남아시아 기타(55.0%), 파키스탄(53.2%) 출신이 50% 이상으로 높게 나타났으며, 특히 전체 결혼 이민자, 귀화자의 절반 이상을 차지하고 있는 중국 출신은 42.9%가 차별을 경험했다고 말했고, 조선족으로 불리는 한국계 중국인도 45.5%가 차별을 당했다고 응답했다. 중국 다음으로 수가 많은 베트남 출신자도 35.3%가 차별당한 경험이 있다고 했다. 반면 미국(28.5%), 일본(29.8%) 출신은 차별을 경험했다는 응답이 낮게 나타났다. 즉 저개발국 출신들은 차별 경험이 많고, 선진국 출신의 경우에는 차별 경험이 적다. 여기서 외국인에 대한 한국인의 '이중적 태도'를 확인할 수 있다. 출신 국가의 경제 발전 수준 혹은 문화 자본으로서의 가치가 외국인을 등급화하고 차별화하는 요인으로 작용하고 있는 것이다. 한국인의 다문화주의는 미국과 서유럽 사람들에 대해서는 개방성으로 나타나고 중국, 베트남, 몽골, 방글라데시 등 아시아 국가 사람들에 대해서는 배척을 보이고 있는 것이다. ≪중앙일보≫의 2005년의 「국가 정체성 여론조사」(A-2005-0012)에서도 이러한 '이중성'이 표출되었다. "나는 같은 외국인이라도 출신 나라에 따라 느낌이 다르다"는 의견에 55.9%가 '그렇다'고 인정했고, '그렇지 않다'는 응답은 16.1%에 불과했다. 한국여성정책연구원이 2008년에 실시한 조사 「한국인의 다민족·다문화 지향성 조사 연구」에서도 이러한 '이중성' 경향이 뚜렷이 나타났다. 선진국 출신 외국인에 대해서는 가깝게 느끼는 반면, 외국인 노동자나 국제결혼 이주 여성들 중 다수를 차지하는 동남아시아인이나 몽골인, 남아시아인에 대해서는 상대적으로 거리감을 많이 보여주었다(한국여성정책연구원, 2008).

(2) 사회적거리

이러한 '차별'은 '사회적거리'에서도 분명하게 나타났다. '사회적거리'란 한 집단의 성원들이 다른 집단에 대해서 느끼는 친밀감 정도를 말하며, 해당 집단과 어느 선까지 접촉을 허용할 것인가, 즉 '수용 가능한 사회적 접촉의 범위'를 의미한다(Borgardus, 1928). 조사에 의하면 한국인은 외국인에 대해 특별히 커다란 사회적거리감을 갖고 있지는 않은 것으로 보인다. 2008년 조사(한국사회과학자료원, A1-2008-0009)에서 응답자의 대부분이 외국인을 '직장에서 함께 일하는 동료'로, '같은 마을에 사는 이웃'으로 받아들이는 것에 찬성했다. 이러한 영역의 외국인 수용 정도는 그 외국인의 출신국이 선진국인가 아닌가에 따라 달라진다. 선진국(북미, 유럽, 일본) 출신에 대한 수용도는 동남아와 중국과 같은 저개발 국가 출신에 대한 수용도보다 훨씬 더 높았다. '결혼을 통해

표 2-8 | 외국인에 대한 사회적거리(2008)   (단위: %)

구분	직장에서 함께 일하는 동료로	같은 동네에 사는 이웃으로	결혼으로 맺어진 가까운 친척으로
일본인	80.3	84.9	66.0
대만인	78.9	82.3	61.4
중국인	77.0	80.9	60.3
동남아시아인	76.7	79.9	59.0
미국·캐나다인	82.4	85.4	66.2
유럽인	81.2	84.0	65.2

자료: 한국사회과학자료원(A1-2008-0009).

외국인과 가까운 친척'으로 받아들이는 것에 대해서도 선진국 출신에
대한 수용도가 높았다. 그러나 선진국 출신에 대한 결혼 수용도도 66%
로 직장 동료와 동네 이웃으로 받아들인다는 응답 80%보다 상당히 낮은
수치를 기록했다. 2005년 「국가 정체성 여론조사」(A-2005-0012)에서도
외국인과의 결혼에 대해서는 유보적 태도가 강하게 표출되었다. '나는
자녀가 외국인과 결혼하는 것에 대해 반대하지 않을 것이다'는 의견에
'그렇다'는 응답은 30.2%에 그쳐 '그렇지 않다'는 응답(23.8%)과의 차이
가 별로 크지 않았다. 세계화가 진행되면서 직장이나 이웃으로 외국인
을 접하는 것이 일상적으로 되었지만, 전통에 기반을 둔 혈연적 친척 관
계가 적지 않게 고수되고 있음을 알 수 있다.

외국인 이민자에 대한 사회적거리감은 특정 일탈 집단에 비해 매우
미약한 것으로 보인다. 2006년 조사(한국사회과학자료원, A1-2006-0066)
에서 "이웃으로 두고 싶지 않은 사람"은 무엇보다 사회적 일탈 집단이었
다. '마약 상습 복용자'에 대해서는 거의 모든 응답자(90.3%)가 이웃으로
두고 싶지 않다고 말했고, 다음으로는 '에이즈 환자(76.7%)', '범죄 경력
이 있는 사람(75.0%)', '동성연애자(62.2%)', '술을 많이 마시는 사람

(58.6%)' 순이었다. 이에 비해 '외국인 노동자·이민자(17.7%)', '다른 인종의 사람(14.9%)', '종교가 다른 사람(7.7%)' 등에 대해서는 기피적 태도가 상대적으로 미미했다.

(3) 외국인 배척과 수용

외국인 이민자들에 대해 한국인은 이중적 태도를 갖고 있다. 『한국종합사회조사』에 의하면, 〈표 2-9〉에서 보는 바와 같이, 2013년 조사에서 외국인 이민자들이 범죄율을 높인다는 견해에 과반수(52.3%)가 동의했다. 10년 전인 2003년 조사에서 이 견해에 동의하는 사람은 32.4%였는데, 10년 사이 무려 20%p가 증가한 것이다. 이민자들이 새로운 아이디어와 문화를 가져옴으로써 한국 사회를 좋게 만든다고 보는 사람은 10년 전이나 현재나 소수(30% 미만)였다. 이러한 부정적 시각은 여성가족부의 2012년 조사(여성가족부, 2012a)에서도 나타났다. "외국인 노동자가 늘어나면 범죄율이 올라간다"는 의견에 '그렇다'고 응답한 사람이 35.4%를 차지하여 '그렇지 않다(29.2%)'고 생각하는 사람보다 6% 더 많았다. "외국 이주민이 늘어나면 다문화 가족 자녀가 증가하여 사회 문제가 더 많이 발생할 것이다"는 의견에 대해서도 '그렇다'고 응답한 사람이 34.7%를 차지하여, '그렇지 않다'고 보는 사람(28.1%)보다 6%p 더 많았다. 이처럼 사회문화적으로는 부정적 시각이 우세하지만, 경제적으로는 긍정적 시각이 우세하다. 이민자들이 한국 경제에 도움을 준다는 의견이 2013년 조사에서 과반수(50.2%)의 지지를 받았고, 10년 전에도 과반수(52.9%)의 지지를 받았다. 그리고 이민자들이 한국인의 직업을 빼앗아간다고 부정적으로 생각하는 사람은 10년 전이나 현재에나 여전히 소수에 불과했다. 즉 국민들은 이민자들에 대해 사회적으로는 부정적 시각으로 보고 경제적으로는 긍정적 시각으로 보고 있다고 말할 수 있다.

표 2-9 | 외국인 이민자들에 대한 의견(2003~2013)　　　　　　　　　　　(단위: %)

의견	2003	2013
(1) 외국인 이민자들이 범죄율을 높인다.	32.4	52.3
(2) 이민자들은 일반적으로 한국 경제에 도움을 준다.	52.9	50.2
(3) 이민자들은 한국인의 직업을 빼앗아간다.	23.1	26.7
(4) 이민자들은 새로운 아이디어와 문화를 가져옴으로써 한국 사회를 좋게 만든다.	27.8	29.1

자료: 한국사회과학자료원(A-2003-0006, A1-2013-0100).

(4) 다문화주의와 동화주의

일반적으로 외국 이주민에 대한 입장으로 두 가지 유형이 가능하다. 첫째, '동화주의'이다. 이것은 이주민들이 자신의 전통과 생활 관습을 버리고 다수 사회에 적응하는 것을 말한다. 여기에는 강한 민족적 유대감을 지니고 이주민들에 대해 불관용적인 태도를 보이는 민족주의가 강하게 작용한다. 둘째, '다문화주의'이다. 이것은 전통문화의 정체성을 유지하면서 소수집단의 문화적 다양성을 유지하도록 하는 입장이다. 외국 이주민을 대하는 한국의 특징 중 하나는 민족주의를 강력하게 견지하면서도 동화주의에 반대하고 다문화주의를 지지한다는 점이다. 여성가족부가 2012년에 실시한 「국민 다문화 수용성 조사 연구」에 의하면, 대다수 한국인들은 동화주의에 반대하는 것으로 나타났다. '외국 이주민들은 한국에 체류하는 동안 한국과는 다른 자신들의 전통이나 생활 습관을 버려야 한다'는 동화주의 의견에 '그렇지 않다'는 응답이 39.9%였고, '그렇다'는 응답은 24.4%였다. 그렇지만 한국인은 혈통과 문화적 동질성을 강조하는 '민족주의'를 강력하게 갖고 있다. '한국이 오랫동안 단일민족 혈통을 유지해온 것은 매우 자랑스러운 일이다'는 의견에 찬성이 48.5%, 반대는 20.7%였다. 찬성이 반대보다 두 배 이상 많았다. 그리고 '한국이 단일민족국가라는 사실은 국가 경쟁력을 높이는 데 도움이 된

표 2-10 ㅣ 외국 이주민에 대한 두 가지 입장: 다문화주의와 동화주의(2012)　　　　　(단위: %)

의견		전혀 그렇지 않다	별로 그렇지 않다	보통이다	대체로 그렇다	매우 그렇다
다 문 화 주 의	1. 인종, 종교, 문화적 다양성이 확대되면 국가 경쟁력에 도움이 된다.	4.4	15.2	37.8	39.7	3.0
	2. 어느 국가든 다양한 인종, 종교, 문화가 공존하는 것이 좋다.	2.8	22.2	38.8	30.3	5.9
민 족 주 의	3. 한국이 오랫동안 단일민족 혈통을 유지해 온 것은 매우 자랑스러운 일이다.	2.9	17.8	30.9	36.8	11.7
	4. 한국이 단일민족국가라는 사실은 국가 경쟁력을 높이는 데 도움이 된다.	3.0	23.7	36.2	29.5	7.6
	5. 한국과 다른 인종, 종교, 문화를 가진 사람들을 받아들이는 데에는 한계가 있다.	2.9	23.3	34.4	34.3	5.1
동 화 주 의	6. 외국 이주민들은 한국에 체류하는 동안 한국과는 다른 자신들의 전통이나 생활습관을 버려야 한다.	6.0	33.9	35.8	21.5	2.9

자료: 여성가족부(2012a).

다'는 의견에 찬성이 37.1%, 반대가 26.7%였다. '우리와 다른 인종, 종교, 문화를 가진 사람들을 받아들이는 데에는 한계가 있다'는 의견에 찬성이 39.4%, 반대가 26.2%였다. 그렇지만 동시에 한국인은 '다문화주의'도 강력하게 지지하고 있다. '인종, 종교, 문화적 다양성이 확대되면 국가 경쟁력에 도움이 된다'는 의견에 찬성이 42.7% 반대가 19.6%로 찬성이 압도적으로 많았다. 그리고 '어느 국가든 다양한 인종, 종교, 문화가 공존하는 것이 좋다'는 의견에 찬성이 36.2%로 반대(25.0%)보다 11% 이상 더 많았다(여성가족부, 2012b).

　　그러나 한국인들이 동화주의에 반대하고 있다고 보기는 어렵다. 구체적으로 소수집단에 대해 보면, 한국인은 동화주의와 다문화주의를 팽팽하게 지지하고 있지만 동화주의가 상대적으로 약간 더 많이 지지받고 있다. 2013년 조사에서 "소수집단이 전체사회에 적응하고 섞이는 것이

사회에 더 좋다"는 동화주의 의견이 48.5%, "소수집단의 고유한 전통과 풍습을 유지하는 것이 사회에 더 좋다"는 다문화주의 의견이 47.4%로, 동화주의가 다문화주의보다 약간 더 우세했다. 이러한 경향은 10년 전에도 동일하게 나타났다. 2003년에 동화주의는 47.6%, 다문화주의는 43.1%로, 동화주의가 다문화주의보다 약간 더 우세했다. 그렇지만 지난 10년 동안 다문화 사회가 본격적으로 진전됨에 따라 다문화주의 입장이 상대적으로 더 많이 증대했다(한국사회과학자료원, A-2003-0006; A1-2013-0100).

한국인의 다문화주의는 '보편주의'에 입각하고 있다. 대다수가 이주민들에게 한국인과 동등한 권리가 주어져야 한다는 견해를 갖고 있다. 2003년 조사에서 '한국 국적이 없어도 합법적으로 한국에 이주한 사람은 한국 사람과 동등한 권리를 가져야 한다'는 의견에 과반수(68.3%)가 찬성했고, 2013년 조사에서는 동의가 42.6%, 반대는 33.2%였다(한국사회과학자료원, A-2003-0006; A1-2013-0100). 여성가족부가 실시한 2012년 조사에서도 이러한 보편주의가 다소 약화되긴 했지만 여전히 압도적이다. 찬성이 41.8%로 반대보다 두 배 이상 더 많았다. 심지어 '불법으로 체류하는 외국 이주민이라도 의료보험을 제공해주어야 한다'는 의견에 찬성이 36.8%로 반대보다 더 많았다. 그러나 '보편주의'에 반대하는 '보호주의' 의견도 무시 못 할 정도로 지지받고 있다. 특히 불법 체류자에게 의료보험 제공하는 것에 대해 반대가 27%가량되었고, 외국인에게 동등한 권리를 부여하는 것에 17%가량이 반대했다(여성가족부, 2012b).

한국인은 이러한 '보편주의' 입장을 정부에 대해서도 요구한다. 정부가 '보호주의'를 버리고 앞장서서 다문화주의 정책을 실시할 것을 주장한다. 2003년 조사에서 '소수 인종 집단의 전통과 풍습을 보존해주기 위해 정부가 이들을 지원해주어야 한다'는 의견에 61.6%가 지지했고, 반대는 12.5%에 불과했다. '한국 정부는 이민자들을 돕기 위해 너무 많은 돈을 쓴다'는 '보호주의' 의견에도 동의는 13.1%에 불과했고, 47.9%가 반대했다(한국사회과학자료원, A-2003-0006). 2004년 조사에서도 '정부가 소수자 집단의 권리를 존중하고 보호하는 것'을 중요시한 사람이 54.9%를 차지했고, 중요치 않다고 응답한 사람은 4.1%에 불과했다(한국사회과학자료원, A-2004-0001).

그러나 재산과 관련된 구체적인 사안에 대해서는 보호주의가 우세하게 나타난다. 2013년의 『한국종합사회조사』에서 '외국인이 한국의 토지를 매입하는 것을 허가해서는 안 된다'는 의견에 과반수(52.8%)가 동의했고, 반대는 22.4%에 불과했다(한국사회과학자료원, A1-2013-0100). 정부가 구체적으로 세금이나 예산 증액을 통해 지원금을 더 늘리는 것에 대해서도 반대하는 경향이 뚜렷하게 나타났다. 2012년 조사에서 이주민 지원을 확대하기 위해 자신이 세금을 더 내는 것에 대해 반대 의견이 우세했다. '내가 세금을 더 내더라도 외국 이주민에 대한 지원을 더 늘려야 한다'는 의견에 찬성한 사람은 23.7%에 불과하고, 반대하는 사람은 38.7%였다(여성가족부, 2012b). 외국인 이주민에 대한 개방적 정책을 지지하는 보편주의적 시각도 정작 자신의 부담이 늘어나는 경우에는 유보적 입장으로 바뀌는 이중적 태도가 지배적이라 할 수 있다.

(5) 탈북자에 대한 친근감과 사회적거리

한국인의 다문화주의 심성은 탈북자에 대해서는 별로 미치지 않는 것으로 보인다. 현재 약 3만 명의 탈북자들이 남한에서 살고 있지만, 그들에 대한 거리감은 좀처럼 줄어들지 않고 있다. 최근의 조사에 의하면, 한국인의 과반수가 탈북자에 대해 친근감을 갖고 있지 않다. 서울대학교 평화통일연구원의 통일의식조사에 의하면, 응답자의 과반수가 탈북자에 대해 '친근하게 느껴지지 않는다'고 말하고 있다. 〈그림 2-4〉에서 보는 바와 같이, 2007~2009년에는 응답자의 63% 이상이 탈북자에 대해 친근감을 느끼지 않았고, 친근감을 느끼는 사람은 40% 미만이었다. 2010년 이후에는 친근감이 증대하기 시작해 2013년에는 친근감을 느끼는 사람이 42%를 차지했고, 반면에 친근감을 느끼지 못하는 사람은 58%로 감소했다. 즉 최근에 올수록 친근감의 비율이 상대적으로 증가하고 있지만, 여전히 비친근감이 우세하다.

탈북자들에 대해 남한 주민들은 사회적거리를 얼마나 두고 있는가? 〈그림 2-5〉는 탈북자를 '동네 이웃', '직장 동료', '사업 동업자', '결혼 상대자'의 관계를 맺는 것에 대해서 남한 주민들이 얼마나 꺼리는가를 나타낸다. 남한 주민들은 탈북자와 '동네 이웃'이나 '직장 동료'의 관계를 맺는 것에 대해 별로 꺼리지 않는 것으로 보인다. 꺼리는 비율이 2007년부터 2013년까지 전 기간에 16% 이하였고, 꺼리지 않는 비율은 절반에 가까웠다. 이에 반해 '결혼 상대자'의 관계를 맺는 것에 대해서는 전 기간에 별다른 차이 없이 응답자의 절반가량이 꺼리고 있고, 꺼리지 않는 사람은 네 명 중 한 명에 불과했다. '사업 동업자'의 관계를 맺는 것에 대해서는 세 명 중 한 명은 꺼리고 있고, 꺼리지 않는 사람의 비율은 30% 미만이었다. 즉 직접적인 가족관계나 이해관계를 맺는 것에 대해서는 많은 사람들이 탈북자를 꺼리고 있다. 한국 사회는 아직 탈북자를 포용할 만큼 사회통합의 역량이 크지 못하다는 것을 알 수 있다.

다문화 사회는 무엇보다도 소수자를 포용하는 데 특징이 있다. 우리 사회에서 소수자 집단은 권리가 존중되기보다는 제한되고 있다고 인식하지만, 그중에서도 가장 많이 제한받고 있는 집단은 〈그림 2-6〉에서 보는 바와 같이 '성적 소수자(76%)'와 '외국인 노동자(75.1%)'였고, 다음으로는 '결혼 이주 여성(66.5%)', '탈북자(65.7%)', '장애인(64.1%)' 순이

그림 2-4 Ⅰ 탈북자에 대한 친근감(2007~2013)　　　　　　　　　　　(단위: %)

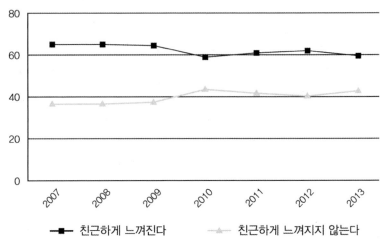

── 친근하게 느껴진다　　　　　　　　　　친근하게 느껴지지 않는다

주: '한국에 거주하는 탈북자(새터민)가 얼마나 친근하게 혹은 멀게 느껴지십니까?'라는 질문에 대한 응답.
자료: 한국사회과학자료원(A1-2007-0002; A1-2008-0011; A1-2009-0022; A1-2010-0073; A1-2011-0097; A1-2012-0153; A1-2013-0094).

그림 2-5 Ⅰ 탈북자에 대한 사회적거리(2007~2013)　　　　　　　　　(단위: %)

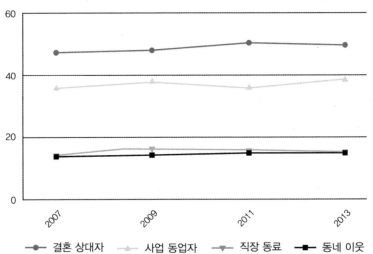

──● 결혼 상대자　　　　　사업 동업자　　　─▼ 직장 동료　　──■ 동네 이웃

주: '탈북자들과 다음과 같은 관계를 맺는 데 대해 어떤 느낌이 드십니까?'라는 질문에 대해 꺼려진다는 응답한 비율.
자료: 한국사회과학자료원(A1-2007-0002; A1-2009-0022; A1-2011-0097; A1-2013-0094).

그림 2-6 | 소수자의 권리의 존중(2011)　　　　　　　　　　　　　　　　(단위: %)

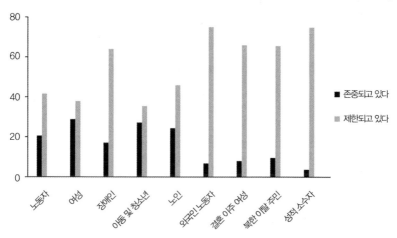

자료: 한국사회과학자료원, A1-2011-0098.

었다. 유교 전통의 사회윤리에 어긋나는 특수한 경우인 성적 소수자를 제외하면, 외국인 이민자가 권리 제한을 가장 많이 받고, 탈북자도 이에 못지않게 권리 제한을 많이 받고 있다고 인식되고 있다. 따라서 한국 사회에서 다문화주의가 아직 뿌리내리지 못하고 있다고 말할 수 있다.

　이상의 논의에서 한국 다문화주의의 특징은 다음과 같이 말할 수 있다. 첫째, 한국인은 외국인에 대해 선진국 출신이면 개방적이고 친근감을 갖지만 개발도상국 출신이면 차별하는 이중성을 보이고 있다. 둘째, 외국 이민자에 대한 사회적거리감은 크지 않다. 외국인 노동자나 이민자에 대한 거부는 마약중독자, 에이즈 환자, 동성애자, 전과자와 같은 일탈 집단에 비해 훨씬 미미하다. 셋째, 한국인들은 외국인 이민자들에 대해 양면적인 시각을 갖고 있다. 사회적으로는 범죄율이나 사회 문제를 증가시킨다고 부정적으로 보지만, 경제적으로는 한국 경제에 도움이 된다고 긍정적으로 본다. 넷째, 한국인은 이주민에 대해 강력한 민족주의를 바탕으로 동화주의를 지배적 경향으로 보여주고 있지만, 동시에 이주민들에게 고유한 전통과 풍습을 유지하게 하고, 내국인과 동등한 권리가 주어져야 한다는 '다문화주의' 지향을 강력하게 갖고 있다. 다섯째, 한국인의 다문화주의 심성은 탈북자에 대해서는 잘 미치지 않는다. 남한 주민들은 탈북자들에게 친근한 느낌을 갖지 못하며, 이들이 외국인 이민자와 결혼 이주 여성과 마찬가지로 많은 권리 제한을 받고 있다고 인식되고 있다. 따라서 한국 사회에서 다문화주의는 아직 제대로 뿌리내리지 못하다고 말할 수 있다.

2) 독일의 다문화주의

(1) 난민 쇄도

난민과 영구 이민자의 쇄도는 독일에게 사회통합의 난제를 안겨주고 있다. 2015년 메르켈 수상이 천명한 난민 환영 정책에 호응하여 세계의 난민들이 모두 독일로 향했다. 이전까지 그렇게 많은 사람들이 독일로 와서 전쟁, 박해, 빈곤으로부터 보호를 구한 적이 없었다. 연방이민·난민청Bamf: Bundesamt für Migration und Flüchtlinge에 따르면, 2015년에만 110만 명의 난민이 독일에 들어왔다. 대부분이 발칸 국가, 시리아, 이라크, 아프가니스탄 난민들이다(*Zeit Online*, 2016.3.9).

난민 쇄도는 독일 정부에게 커다란 재정 부담을 안기고 있다. 2015년 말 기준 독일에 거주하는 난민은 모두 132만 6000명이다. 이들의 연령 구조를 보면, 내국인보다 훨씬 어리다. 난민의 절반 이상이 18~35세의 젊은이들이다. 이에 반해 내국인의 경우 대다수가 35세 이상(64%)이다. 난민에는 유아가 많다. 4세 미만이 11만 7000명으로서 난민의 9%를 차지하고 있다. 내국인의 경우 4세 미만은 3%에 불과하다. 6~11세의 아동

난민이 11만 8000명에 달한다. 이 유아와 아동을 위해 새로이 수많은 유치원과 학교를 지어야 하고, 수만 명의 교사가 충원되어야 한다. 또 12만 명의 청소년 난민(11~18세)을 위해 직업교육을 마련해야 한다. 이 모든 것에 연간 35억 유로의 비용이 필요하다(*Die Welt*, 2016.8.17).

난민 대부분은 이슬람교도로서 생활방식과 관습이 전혀 다르고, 말도 통하지 않는다. 이에 일부 시민들은 불편을 참지 못해 난민에 대한 폭력적 공격도 서슴없이 저질렀다. 연방범죄청Bundeskriminalamt에 따르면 슐레스비히홀스타인Schleswig-Holstein주에서는 세무서 공무원이자 한 가정의 가장이 난민 숙소에 불을 지르는 일이 발생했다. 그는 법정에서 외국인이 자신의 "목가적 전원die Idylle의 삶을 침해했기 때문에 범행을 저질렀다"고 말했다. 극우주의 공격은 정치가에게도 가해지고 있다. 쾰른 시장 후보자 헨리에테 레커Henriette Reker가 선거 하루 전인 2015년 10월 17일에 한 극우주의자의 칼에 찔렸다. 범인이 진술한 범행 동기는 그녀의 난민 정책에 동의할 수 없었다는 것이다. 난민에 개방적인 정책을 주장하거나 난민을 환영하는 정치가는 외국인 적대로 동기화된 범행의 표적이 되고 있다(*Spiegel Online*, 2016.1.28).

또한 이슬람에 적대적이고, 외국인 적대적인 극우파 포퓰리즘적인 조직도 출현했다. 페기다Pegida: Patriotische Europäer gegen die Islamisierung des Abendlandes가 대표적이다. 2014년 10월 20일 드레스덴에서 독일과 유럽의 이슬람화에 반대하고 이주와 난민 정책에 반대하는 대규모 페기다 시위가 일어난 이래 극우파 인물과 집단들에 의해 유사한 시위들이 많은 도시들에서 조직되었다. 이에 대한 대항 시위가 라이프치히, 뮌헨, 하노버 등지에서 대규모로 일어났지만, 적지 않은 시민들이 외국인 적대적 시각을 보인다.

난민 쇄도는 또한 극우정당의 부상을 촉발했다. 2013년 창당된 '독일

그림 2-7 ㅣ OECD 국가의 유입 영구 이주민 수(2007~2013)　　　　　　(단위: 명)

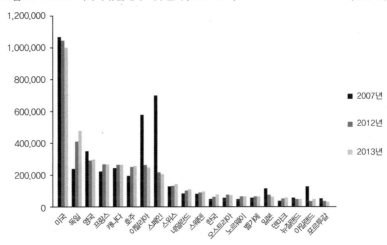

자료: OECD(2016).

을 위한 대안'은 일부 대중의 강력한 지지를 받아 의회에 진출했다.
2014년 유럽의회 선거에서 7.1%를 얻어 유럽의회의 독일 의석 96개 중
7개의 의석을 획득했고, 2016년에는 16개 주의회 중 10개 주의회에 진
출했다. 이 정당의 지도자인 알렉산더 가울란트Alexander Gauland는 최고
인기를 누리는 독일 대표 축구 선수 제롬 보아텡Jérôme Boateng을 검은 피
부색 때문에 "이웃으로 같이 살고 싶지 않다"고 모욕해 논란을 일으키기
도 했다. 그리하여 난민 쇄도는 사회통합을 더욱 절실하게 요청하고 있
다.

(2) 이민국가

독일은 유럽인들이 일자리를 찾아 가장 많이 몰려드는 나라로 부상하
고 있다. OECD 국가들 중 이주하고 싶은 나라의 순위에서 독일은 미국
에 이어 세계 2위를 차지했다(Wisdorff, 2014). 〈그림 2-7〉에서 보는 바

와 같이, 5년 전에는 '영구적 이주민'이 23만 2900명으로 세계 6위였던 독일이 2012년에는 약 40만 명이 몰려들어 고전적 이민국가인 캐나다 (25만 7900명)와 호주(24만 5100명)를 제쳤다.[9] 일본은 이주민 수가 2007 년에는 10만 8500명이었는데 2012년에는 6만 6800명으로 감소하여 세계 13위였고, 한국은 2007년에는 4만 4200명이었는데 2012년에는 5만 5500명으로 증가하여 세계 16위를 차지했다.

독일로의 이주 열풍은 독일의 좋은 노동시장과 동유럽 및 남유럽 국가들의 어려운 경제 상황 때문으로 보인다. 독일의 일간지 ≪디 벨트Die Welt≫의 2014년 5월 20일 기사에 의하면, 영구적 이주민의 75%는 유럽연합 국가들로부터 왔으며, 동유럽과 서유럽 국가에서 가장 많이 왔다. 1년 이상 장기 체류하는 독일 이주민들을 출신국별로 보면, 폴란드가 8만 5000명으로 가장 많고, 다음으로는 루마니아 5만 6000명, 헝가리 3만 1000명이었다. 이어서 서유럽의 그리스 2만 1000명, 이탈리아 1만 9000명, 스페인 1만 3000명이었다.[10] 이들 유럽 이주민들은 이전보다 더 오래 독일에 머물고 있는 것으로 보인다. 2011년에는 유럽 이주민의 39%만이 1년 이상 독일에 머물렀는데, 2012년에는 50% 정도로 늘었다. 유럽연합에서 온 이주민들 대부분은 독일의 노동시장에 잘 통합되고 있다. 그들 중 취업자가 2007년에 66%였는데, 2012년에는 69%로 증가했다. 독일은 유럽인들이 가장 갈망하는 목표 국가가 되었다. 이에 비해 이민 1위 국가인 미국은 무엇보다도 가족 재결합이 이주민의 숫자를 증가시켰다. 100만 명 이상의 이주자들이 2012년에 지속적으로 미국에 들

---

9 여기서 '영구적 이주민'이란 영구적인 체재 허가를 가진 이주민, 혹은 1년 이상 머무는 유럽연합 이주민(학생 제외)을 가리킨다.

10 이 숫자에 학생은 포함되지 않는다.

표 2-11 | 주요국의 외국 출생자 비율 (단위: %)

구분	1995	2000	2005	2011	2013
한국	-	0.3	-	-	-
일본	-	1.0	-	-	-
프랑스	-	10.1	11.3	11.6	-
독일	11.5	12.5	12.6	13.1	12.8
룩셈부르크	30.9	33.2	36.5	42.1	43.7
스위스	21.4	21.9	23.8	27.3	28.3
영국	6.9	7.9	9.4	12.0	12.3
미국	9.9	11.0	12.1	13.0	13.1

자료: OECD(2016).

어왔는데, 그중 74%는 이미 미국에 살고 있는 가족 구성원과 재결합하기 위해 온 사람들이었다(Wisdorff, 2014).

2014년의 현황을 보면, OECD 국가에 온 영구 이민자는 전년에 비해 4% 증가하여 430만 명에 달했다. 미국은 여전히 이민자들에게 제1의 목표국으로서 100만 명의 새로운 이민자가 들어왔고, 전년에 비해 3% 증가했다. 독일은 50만 명의 새로운 이민자가 들어와 세계 2위의 자리를 굳혔고, 전년에 비해 무려 23% 증가했다. 3위는 영국이었다. 영국에 온 영구 이민은 전년에 비해 7% 증가하여 31만 명에 달했다. 한국도 7만 5700명이 들어와 전년에 비해 13% 증가를 보였다. 일본에는 6만 3500명이 들어와 전년(6만 3600명)과 별 차이가 없었다.

독일의 이민국가적 성격을 말해주는 또 하나의 지표는 '외국 출생자' 비율이다. OECD에 의하면, 독일의 '외국 출생자' 비율은 〈표 2-11〉에서 보는 바와 같이, 2011년까지는 미국(13%)보다 더 높다. 2011년 기준 독일의 총 인구 8000만 명 중에서 '외국 출생자'가 13.1%를 차지했다. 2013년에는 미국(13.1%)이 독일(12.8%)을 앞섰다. 여기서 '외국 출생자

foreign-born population'란 본래의 출생국으로부터 현 거주국 독일로 이민온 사람을 가리킨다. 독일 주민 여덟 명 중 한 명은 이민 온 사람인 셈이다. 2013년 기준 '외국 출생자'의 비율이 가장 높은 나라는 룩셈부르크로, 43.7%를 차지하고 있으며, 다음으로는 스위스(28.3%), 뉴질랜드(28.2%), 호주(27.6%), 이스라엘(22.6%), 캐나다(20.2%) 순이었다. 그리고 오스트리아(16.7%), 아일랜드(16.4%), 슬로베니아(16.1%), 스웨덴(16.0%), 벨기에(15.5%), 노르웨이(13.9%), 스페인(13.3%)도 독일보다 더 높았다. 각국에서 외국 출생자 비율이 시간이 지나면서 계속 증대하고 있는 점이 뚜렷한 추세로 나타나고 있다. 이에 비해 한국과 일본은 최근 자료가 없지만, 각각 2000년 자료에 의하면 각각 0.3%, 1%로 극히 미미했다(OECD, 2016).

독일 사회의 다인종성은 유럽의 금융 수도 프랑크푸르트를 보면 단적으로 나타난다. 지구상에서 총 194개국 중 178개국 출신의 사람들이 프랑크푸르트에 살고 있다. 2014년 12월 31일 기준 주거 등록한 총 주민 수 70만 8543명 중에서 19만 6577명이 외국 국적자이다. 외국인 비율이 27.7%에 달한다. 이 외국인들 중에서 유럽연합 국가의 국적자는 9만 5718명으로 48.7%를 차지했다. 이는 전년에 비해 7758명(8.8%)이 증가한 수치다. 프랑크푸르트에 주 주거지Hauptwohnung를 가진 외국인을 대륙별로 보면 유럽연합 국가 48.7%, 기타 유럽 25.6%, 아시아 14.2%, 아프리카 7.3%, 아메리카 3.5%, 호주 0.2%, 기타 0.5%였다. 국가별로 보면 터키 국적자가 2만 7100명으로 가장 많고, 다음으로 이탈리아(1만 4608명), 크로아티아(1만 3873명), 폴란드(1만 3769명), 루마니아(9054명), 세르비아(8924명), 불가리아(6903명), 스페인(6798명), 그리스(6524명) 순이었다. 한국 국적자는 1676명으로 중국(3209명)과 일본(3009명)의 절반 정도였다(FSA, 2015).

독일의 수도 베를린도 다인종성을 잘 나타내고 있다. 베를린 브란덴부르크 통계청에 의하면, 2012년 기준 186개국 출신의 외국인이 50만 명 이상(50만 3945명, 14.5%)이 베를린에 거주하고 있으며, 그들 중 유럽 출신이 73.7%, 아시아 국가 출신이 14.2%, 아메리카 출신이 5.6%를 차지하고 있다. 이민배경을 가진 주민의 수는 94만 9183명으로 베를린 전체 주민의 27.4%를 차지하고 있다. 이들 중 터키인이 17만 6743명으로 가장 큰 비중을 차지하고 있다. 베를린 브란덴부르크 통계청 보도 자료에 의하면, 2014년 6월 30일 기준 베를린시의 등록 주민 수는 353만 999명으로 전년에 비해 4만 1600명이 증가했다. 이러한 주민 증가의 절대적 부분은 외국인이었다. 베를린시 등록 외국인이 전년에 비해 3만 1000명이 증가했다. 폴란드(3178명), 이탈리아(2787명), 불가리아(2603명), 루마니아(2225명)에서 온 사람들이 가장 많았다. 외국인 비율은 2013년 6월 30일 기준 14.9%에서 2014년 6월 30일 기준 15.6%로 높아졌다. 베를린을 동부와 서부로 나누어 보면, 서부는 외국인 비율이 19.6%인데 비해 동부는 9.2%에 불과했다. 구Bezirk별로는 베딩Wedding이 33.4%로 가장 높았고, 쾨페니크Köpenick가 3.7%로 가장 낮았다(Amt für Statistik Berlin-Brandenburg, 2014.9.9).

(3) 다문화주의 실패

유럽뿐만 아니라 지구상의 거의 모든 나라에서 온 다양한 이주민들이 거주하는 독일에서 다문화주의는 뿌리내리기 쉽지 않은 것으로 보인다. 2010년 10월 15일에 독일의 메르켈 수상은 독일의 다문화주의를 두고 "이 접근법은 실패했다. 절대적으로 실패했다"고 말하며 독일에서 다문화 사회를 건설하려는 노력은 실패했다고 선언했다. '강제 혼인'은 용인할 수 없으며, 이민자들은 노동시장에서 기회를 갖기 위해 독일어를 습득해야 하며, 무슬림 여학생은 학교 수학여행과 수영 교습에 응당 참석해야 한다고 말했다(DiePresse.com, 2010.10.16). 영국의 데이비드 캐머런 전 수상도 2011년 2월 5일에 "서로 다른 문화가 독립해서 공존하는 영국식 다문화주의는 영국의 가치 안에서 발전하지 못했다"라고 선언했다(BBC, 2011.2.5). 이어서 2월 10일에는 프랑스의 사르코지 전 대통령도 "다문화주의 정책이 실패했다(*The Telegraph*, 2011.2.11)"고 선언했다. 유럽의 중심 국가 수장들이 모두 한 목소리로 다문화주의 정책의 실패를 선언한 것이다. 독일의 저널리스트 막사이너Dirk Maxeiner와 미에르슈Michael Miersch는 독일에서 다문화주의는 '환상'이라고 단언했다. "각자가 자신의 문화적 정체성을 유지하면서도 자신을 사회의 일부분으로 파악하는 평화적 공존의 동감적 사고는 실천에서는 수많은 생채기가 났다. 독일에서 '다채공화국eine bunte Republik'의 희망을 꺾은 것은 생물적 독일인Bio-Deutshen의 외국인 적대적 원한만이 아니다. 또한 상호 관용에 대해서는 아무 것도 알고자 하지 않는 무슬림 하위문화도 이 희망을 꺾었다. 공통의 경험 세계와 준거틀이 결여될 때 조화로운 공동생활은 실로 어렵다"(Maxeiner and Miersch, 2014). 이는 소수자와 다문화의 통합은 공통의 가치에 의거할 때에만 가능하며, 단순히 병렬하여 사는 것으로는 통합이 이루어지지 않음을 확인하고 있다.

독일에서 다문화주의가 실패했다는 진단은 한편으로는 독일인들의 '외국인 적대'에서 비롯되었고, 다른 한편으로는 독일 이주민들이 독일 문화에 적응하는 것을 거부하고 '평행사회'를 형성하려는 움직임에서 기인했다. 외국인 적대는 통일 직후, 특히 동독 지역에서 기승을 부렸다. 대표적인 사건은 1993년 5월 29일에 졸링겐Sollingen에서 한 터키인 가족이 방화 습격을 받아 다섯 명이 사망하고 여덟 명이 부상당한 사건이다. 2000년대에 들어와서도 외국인 적대는 식을 줄 몰랐으며, 독일만의 현상이 아니었다. 유럽 전역에서 다문화주의가 붕괴하고 있었다. 이를테면 네덜란드에서 2004년 11월 2일에 이슬람에 비판적인 영화 제작자 테오 반 고흐Theo van Gogh가 살해된 후, 이슬람 성당, 이슬람 학교 등에 대한 공격이 네덜란드 전역에서 11월 한 달 내내 일어났다. '평행사회'라는 말이 매스미디어의 공적 토론에서 널리 유행하게 되었고, '다문화 사회'의 이념은 배척되었다. 독일어협회GfdS: Gesellschaft für deutsche Sprache는 2004년에 '평행사회'란 말을 '올해의 말Wörtern des Jahres' 사용 빈도 2위로 선정하기도 했다. 여기서 '평행사회'란 공간적·사회적·문화적으로 다수 사회로부터 자신을 차단한 인종적으로 동질적인 인구 집단을 가리킨다. 물론 다수 사회로부터 자발적 혹은 비자발적 퇴각의 원인은 잘못된 혹은 불충분한 통합 정책에 있다고 할 것이다(Belwe, 2006: 2). 2005년 이민자들의 방화로 불탄 프랑스 교외 도시들은 다문화적 시민사회가 요원한 이상임을 웅변으로 말했다.

독일의 다문화주의는 산업 각 분야의 노동력 요구에서 시작되었다. 1955년 독일 정부는 '잠정적 조치'로서 이탈리아인을 모집할 것을 결정했고, 1961년에는 터키와 독일 사이에 노동력 모집 협정이 맺어졌다. 이에 근거하여 많은 터키 노동자들이 독일로 이주했고, 오늘날 터키 출신 이주민의 4세대가 독일에 살고 있다. 1963년 12월에는 한국과 독일 정부가 한국의 젊은이들을 서독 광산으로 파견하는 협정을 체결했다. 이 협정은 독일이 유럽권 밖의 국가와 체결한 최초의 협정이었다. 이 협정에 의거하여 1977년까지 8000여 명의 한국인이 광부가 되어 독일 지하에서 노동을 했고, 이들의 뒤를 이어 1만여 명의 한국인 간호사가 독일 병원으로 파견되었다.

독일 다문화주의의 특징은 외국인 노동자, 특히 이슬람교도인 터키 노동자를 얼마나 잘 포용하고 있는가에서 단적으로 표현되었다. 급증하는 터키 노동자에 대해 1983년에 독일 정부는 그들의 귀향을 촉진하는 조치를 취했다. 터키 출신 실업자에게 귀향 장려금으로 1만 마르크 지급을 약속했다. 그러나 오직 소수만이 이 제안을 받아들였다. 터키 노동자들은 자신의 처지를 '즙은 짜내고 껍질은 버리는 레몬'과 비교하기도 했다. 당시 독일에는 비독일인의 지속적 체류라는 개념이 아직 없었고, 격리가 일반적이었다. 다른 문화와의 교류는 원하지 않았다. 정부는 오로지 노동력만을 원했다(Baba-Sommer, 2011). 이른바 객원 노동자Gastarbeiter의 자녀와 손자들은 정치적 참여에서 배제되었다. 그들에게는 선거권 혹은 공직 진출 자격이 주어지지 않았다. 독일에서 태어난, 혹은 수년 전부터 살고 있는 사람들이 독일 사회의 일부로 받아들여지지 않은 것이다. 독일 정부는 언제나 동화 정책을 내세웠고, 독일 출신이 아닌 사람은 독일의 주류 문화에 적응하기를 원했다.

독일에서 '다문화주의'라는 말은 독일 복음주의 교회Evangelische Kirche Deutschland의 목사 위르겐 미크슈Jürgen Micksch가 1980년 9월에 교회 심포지엄에서 '다문화 사회'라는 개념을 처음으로 사용한 데서 비롯되었다고 한다. 이 말은 상이한 집단들이 자신의 고유한 문화적 정체성의 기초 위에서 함께 사는 것을 의미했다. 이 모델은 당시 보수권에 유포되었던 소수자의 동화 모델과는 반대되는 것이었다. 그렇지만 최근 몇 년 동안에 다문화주의 개념은 점점 더 '민속적'인 것으로 전락하는 경향을 보였다. 이민자들이 자신의 고국 음식을 만드는 모습이나 춤을 추는 광경이 '다문화 세계'로 이해되었다. 그리하여 다문화주의는 문화의 측면을 지나치게 강조하고, 사회집단들 간에 구조적 불평등의 문제를 보는 사회경제적 시각은 미약했다. 사회경제적 문제 때문에 이민자들은 특정한 구역에 모여 살아 '평행사회'를 이루고 있다는 점이 등한시되었다. 더 큰 문제는 터키 혹은 이슬람권에서 온 이민자들이 자신의 문화적 혹은 종교적 규칙을 '문화적 인권'(Herzinger, 2010)으로 주장하며, 민주주의의 보편적 주류 문화보다 우위에 놓으려는 데 있었다. 급기야는 기독사회당의 호르스트 제호퍼Horst Seehofer는 이렇게 선언했다. "여기서 살고 있는 사람들은 독일의 선도 문화Leitkultur에 대해 고백해야 한다. 독일어의 습득 없이는 통합은 가능하지 않다. 다문화주의는 죽었다. 우리는 전 세계를 위한 사회국Sozialamt이 되기를 원하지 않는다(*Die Welt*, 2010. 10. 15)." 많은 정치가들이 진단한 '통합의 실패', 혹은 '다문화주의의 종언'은 지난 50년간의 사회통합 정책이 경제적·사회적·권리적 동등의 기초를 확립하지 못한 데 원인이 있다고 볼 수 있다.

(4) 동화주의

독일에서 다문화주의의 정착을 어렵게 하는 요인으로 무엇보다 동화주의적 국민 정서를 들 수 있다. 동화주의가 독일인의 지배적 정서로 자리 잡고 있음을 여러 조사들이 증명하고 있다. 2014년 실시한 독일의 종합사회조사 알부스에서 '국적이 다르거나 피부색이 다른 집단이 자신의 관습과 윤리를 유지하는 것이 사회에 더 좋다'는 문화 자율kulturelle Autonimie에 찬성한 사람은 40.6%였고, '그러한 집단이 적응하여 전체 사회에 완전히 흡수되는 것이 더 좋다'는 동화주의Assimilation에 찬성한 사람은 59.4%였다. 즉, 다수가 동화주의를 지지했다. 동화주의 경향은 1994년 조사 이래 줄곧 과반이 넘었다. 〈그림 2-8〉은 '독일에 살고 있는 외국인은 자신의 생활양식을 독일적인 것에 더 잘 적응해야 한다'는 의견에 '전혀 동의하지 않는다'를 1점, '전적으로 동의한다'를 7점으로 나누어 7단계 척도로 조사한 자료이다. 중간치보다 높은 5~7점의 동의 응답을 동화주의 경향으로 본다면 동화주의 경향은 1994년에 50%였는데, 1996년에는 60%로 증가했고, 2002년에는 83%로 증가하여 절정에 이르

그림 2-8 | 동화주의에 동의하는 독일인의 비율(1994~2016)　　　　　　　　　　(단위: %)

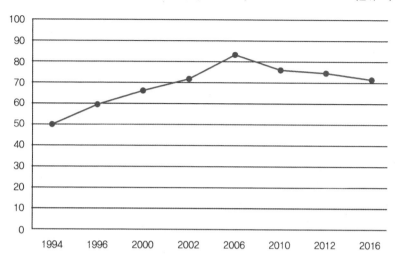

주1: '독일에 살고 있는 외국인은 자신의 생활양식을 독일적인 것에 더 잘 적응해야 하는가?'라는 질문에 대한 응답.
주2: 7단계 척도에서 5~7점까지의 응답률(1점: 전혀 동의하지 않음, 7점: 전적으로 동의).
자료: GESIS-Leibniz-Institut für Sozialwissenschaften(1994~2016).

렀다. 이후 동화주의 경향은 약간 감소하기 시작해 2010년에는 76%, 2012년에는 74%를 기록했다. 2016년에는 72%로 조금 더 낮아졌다.

빌레펠트 연구진의 2007년 조사에서도 동화주의 의견이 지배적이었다. '우리는 독일에 살고 있는 외국인들에게 완벽하게 우리들의 삶에 참여하게 해야 한다'는 의견에 90% 이상이 동의했다(Gostomski, Küpper and Heitmeyer, 2007). 이에 비해 문화 자율을 지지하는 사람은 명백하게 더 적었다. '우리는 독일에 살고 있는 외국인들에게 그들의 관습대로 살게 해야 한다'는 의견에 대한 찬성 비율이 2006년에는 44%였고, 2003년에는 69%였다. 이것은 최근에 올수록 독일 국민들이 코스모폴리탄적 다문화주의보다는 동화주의적 기대를 강력하게 갖고 있다는 것을 의미한다.

(5) 외국인 차별 반대

독일인들은 동화주의 경향이 강하지만, 외국인에 대한 차별적 대우는 배척하는 성숙한 시민의식을 보여주고 있다. 〈표 2-12〉는 일자리, 정치 활동, 결혼이라는 세 영역에서 외국인 차별에 대해 독일인들이 어떠한 태도를 보이는가를 조사한 알부스의 자료이다. 먼저 일자리와 관련해서, '만약 일자리가 모자라면 독일에 살고 있는 외국인을 다시 그들의 고향으로 돌려보내야 한다'는 의견에 대해 '전혀 동의하지 않는다'를 1점으로 하고 '전적으로 동의한다'를 7점으로 한 7단계 척도를 살펴보자. 중간치보다 낮은 1~3점의 동의하지 않음으로 본다면, 이 차별 반대의 경향은 1996년에는 40% 미만이었는데, 이후 점차 증가해 2000년에는 48%, 2002년에는 59%, 2010년에는 69%로 증가했다. 2012년 71%에 달해 정점을 직은 후 2016년 69%로 조금 줄어들었다. 두 번째 정치적 활동과 관련하여, '독일에 살고 있는 외국인은 독일에서 일체의 정치적 활동을 삼가야 한다'는 의견에 동의하지 않는 비율은 1996년에는 35%에 그쳤는데 2000년에는 48%, 2002년에는 61%로 증가했다. 이 비율은 2006년에 56%로 잠깐 줄어들었다가 2012년에는 71%에 달해 정점에 이르렀다. 2016년에는 약간 하강하여 67%를 보이고 있다. 마지막으로 결혼과 관련한 차별로서, '독일에 살고 있는 외국인은 결혼 상대자를 자신의 나라 사람들 중에서 선택해야 한다'는 의견에 상기 7단계 척도에서 중간치보다 낮은 1~3점에 해당하는 동의하지 않음의 응답은 1996년에는 58%였는데, 이후 점차 증가해 2000년에는 61%, 2006년에는 73%, 2010년에는 82%로 급상승했고, 2012년에는 무려 84%에 달했다. 2016년에는 더욱 증가해 85%를 차지했다. 따라서 이 세 영역에서 독일인들은 외국인 차별에 반대하는 보편주의 태도가 압도적으로 우세하다고 말할 수 있다.

표 2-12 ㅣ 외국인 차별에 동의하지 않는 비율(1996~2016)　　　　　　　　(단위: %)

구분	1996	2000	2002	2006	2010	2012	2016
1. 만약 일자리가 모자라면 독일에 살고 있는 외국인을 다시 그들의 고향으로 돌려보내야 한다.	38.8	48.1	59.2	57.6	69.0	70.8	69.0
2. 독일에 살고 있는 외국인은 독일에서 일체의 정치적 활동을 삼가야 한다.	35.1	48.3	61.1	55.8	67.6	71.4	67.2
3. 독일에 살고 있는 외국인은 결혼 상대자를 자신의 나라 사람들 중에서 선택해야 한다.	57.6	60.8	73.6	73.1	81.9	84.0	85.1

주: 7단계 척도에서 1~3점까지의 응답률(1점: 전혀 동의하지 않음, 7점: 전적으로 동의).
자료: GESIS-Leibniz-Institut für Sozialwissenschaften(1996~2016).

2014년 9월에 발표된 빌레펠트 대학교 '갈등폭력연구소IKG: Institut für interdisziplinäre Konflikt- und Gewalforschung'의 2014년 조사에서도 차별 반대가 뚜렷하게 나타났다. 독일인들은 '갓 독일로 온 이민자도 다른 모든 사람들과 동등한 권리를 마땅히 갖는다'는 의견에 86%가 찬성했으며, 80% 이상은 자신이 '관용적이고 세계개방적weltoffen'이라고 말했고, 3/4 가량이 '이방인에 대해 개방적'이고, 모든 사람에게 선입견 없이 접근한다고 진술했다. 이는 토박이와 이주민의 동등권과 동등 가치라는 일반적인 사회적 합의를 대변한다고 볼 수 있다. 보편주의 시각은 2014년 알부스에서도 여실히 나타났다. '합법적으로 독일에 온 외국인은 독일 국적자와 동등한 권리를 가져야 한다'는 의견에 과반수인 52%가 찬성했다. '합법적 이주민은 독일인과 동등한 학교 교육의 가능성을 가져야 한다'는 의견 역시 91%가 찬성했다.

그렇지만 독일인의 '이중 도덕'(Felix Sternagel, 2014)이 명백하게 드러난다. 전래의 문화를 잃을까 혹은 물질적 손실을 입을까 두려워하자마자 통합에 대한 원칙적 동의는 유보로 바뀐다. 갈등폭력연구소의 2014년 조사에 의하면, '모든 사람은 평등한 권리를 가져야 한다'는 데 응답자의 약 86%가 동의했다. 그렇지만 만인에게 동등한 권리를 주기 위해서 독일 다수 사회의 특권을 폐지해야 한다는 의견에 동의하는 비율은 낮았다. 응답자의 30.9%가 '새로 온 자들에게 동등한 권리'를 주어야 한다는 의견을 지지하지만, 32.4%가 '갓 독일로 온 이민자들은 적은 것에 만족해야 한다'고 주장한다. 나아가서 응답자의 약 18%는 새로 온 자들에게도 '모든 여타의 사람들과 똑같이 많은 것이 귀속'되어야 한다고 생각하지만, 동시에 19.8%는 '요구를 제기할 권리'를 박탈해야 한다고 주장한다. 17%는 '외국인 이주민들은 만약 모든 사람에게 충분하지 않을 때에는 뒤에서 차례를 기다려야 한다'는 의견에 동의했다.

(6) 외국인 적대

다문화주의를 정면으로 반대하는 극우주의가 여전히 독일 사회에 완강하게 유지되고 있음을 여러 조사들이 증언한다. 라이프치히 대학교 '극우주의 및 민주주의 연구센터Kompetenzzentrum für Rechtsextremismus- und Demokratieforschung'가 최근에 발표한 「안정화된 중간층: 2014년 독일의 극우 태도Die stabilisierte Mitte: Rechtsextreme Einstellung in Deutschland」는 독일에서 최근에 외국인 적대가 많이 감소했음을 증언한다. '외국인들은 오직 우리들의 사회국가를 이용하기 위해서만 이곳에 온다'는 의견에 동의한 사람이 2010년에 34.3%였는데, 4년 후인 2014년에는 27.2%로 줄었다. 동독 지역의 동의 비율은 33.8%로, 서독의 25.5%보다 8%p 더 많았다. '위험할 정도로 너무 많은 외국인이 살고 있다'는 의견에 대해서도 2010년 35.6%였던 동의 비율이 2014년 27.5%로 줄었다. 동독의 동의 비율은 31.5%로 서독의 찬성 비율 26.5%보다 5%p 더 높았다. 동독 지역에서 외국인에 대한 부정적 태도가 더 강력하게 유포되어 있음을 알 수 있다(Oliver Decker, Johannes Kiess und Elmar Brähler, 2014).

외국인 적대의 추이를 2002년부터 2014년까지 보면, 〈그림 2-9〉와 같

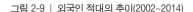

그림 2-9 ㅣ 외국인 적대의 추이(2002~2014)　　　　　　　　　　　　　(단위: %)

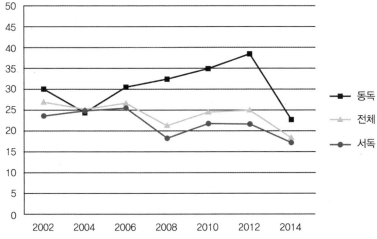

자료: Decker, Kiess and Brähler(2014: 44).

이, 외국인 적대적 태도를 가진 사람은 2012년까지는 대체로 네 명 중 한 명이었지만, 2014년에는 다섯 명 중 한 명 미만으로 그 비율이 줄어들었다. 동독과 서독을 구분해서 보면, 외국인 적대적 태도는 이미 1990년대부터 서독보다 동독에서 더 강력하게 나타났고(Blank and Schmidt, 2003; Terwey, 2000) 오늘날까지 유지되고 있다. 동독의 외국인 적대 비율은 2002년 30.2%로 서독(23.7%)보다 훨씬 높았고, 2012년에는 외국인 적대가 38.7%에 달해 연구가 시작된 이래 최고 수준에 이르렀다(Decker, Kiess and Brähler, 2014: 44). 서독에서도 외국인 적대가 상당한 세력을 이루고 있는데, 2004년에는 네 명 중 한 명이 외국인 적대적 태도를 가졌다. 2006년부터 10%p 넘는 차이를 보이던 동독과 서독 간의 외국인 적대 비율 차이는 2014년에는 5% 정도로 줄었다. 뚜렷한 상승 추세를 보였던 동독의 외국인 적대 비율은 2014년 22.4%로 가장 낮은 비율을 보였고, 서독에서도 2014년에 17%로 가장 낮은 비율을 보인 것이다.

독일의 극우주의를 오랫동안 연구해온 엘마르 브렐러Elmar Brähler와 올
리버 데커Oliver Decker가 2013년 펴낸『중간층의 극우주의: 사회심리학적
현대 진단Rechtsextremismus der Mitte: Eine sozialpsychologische Gegenwartsdiagnose』
은 두 가지 중요한 통찰을 제공한다. 하나는 가장 강력하게 외국인 적대
적인 사람은 외국인과 함께 사는 사람이 아니라 외국인과 접촉이 거의
없거나 전혀 없는 사람들이라는 점이다. 외국인 적대가 동독 지역에서
더 강한 이유는 동독인들이 이민자들과 접촉할 기회가 상대적으로 드물
다는 데 있다. 이웃이나 직장에서 이민자들과 접촉하는 비율이 서독인
의 경우 75%인데 비해 동독인은 불과 36%이다. 가족과 친구에서도 차
이가 비슷하게 커서, 서독에서는 58%가 이민자들과 접촉을 갖는 데 비
해 동독에서는 오직 34%만이 접촉 기회를 갖는다. 개인의 사적 인간관
계 범위에서 외국인과 접촉 기회를 갖는 자는 외국인 적대를 가장 적게
갖게 된다. 또 하나의 중요한 통찰은 세대별로 외국인 적대가 젊은층에
서는 동독과 서독 간에 커다란 차이가 나타나지만, 노령층에서는 거의
차이가 없다는 점이다. 1981년 이후 출생한 젊은층의 경우 동독에서는
31%가 외국인 적대 경향을 보이는 데 비해 서독에서는 18%에 불과했
다. 그렇지만 연령이 높아질수록 동독인과 서독인의 외국인 적대 경향
은 비슷해졌다. 1931~1940년 출생자의 경우 서독인은 29.8%, 동독인은
33.8%의 외국인 적대 경향을 보여 차이가 많이 줄었고, 그리고 1930년
이전 출생자의 경우에는 서독인은 32.8%, 동독인은 31.5%로 거의 일치
했다(Rötzer, 2013). 이에 더하여 또 하나의 동독과 서독 간의 차이가 있
었다. 서독에서는 연령이 낮을수록 외국인 적대 경향이 약하고 연령이
높을수록 강하게 나타나는 데 비해, 동독에서는 연령별 차이가 뚜렷하
게 나타나지 않았다. 동독에서는 30대(1981년 이후 출생)와 60대 이상

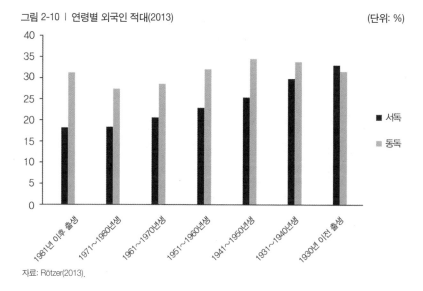

그림 2-10 │ 연령별 외국인 적대(2013)　　　　　　　　　　(단위: %)

자료: Rötzer(2013).

(1950년 이전 출생)은 30% 이상, 40대와 50대에서는 30% 이하의 외국인 적대 경향을 보였으나 그 차이가 크지 않았다.

독일에서 외국인 적대는 연령 요인 외에도 교육이 중요한 결정 요인으로 작용하고 있다. 외국인에 대한 부정적인 태도는 교육수준이 낮은 층에게서 더 크게 나타났다. 아비투어Abitur[11]를 가진 사람은 극우적 진술에 아비투어가 없는 사람보다 훨씬 덜 동의한다. 교육이 극우주의에 빠지는 것을 막아주는 것이다. 아비투어를 가진 사람의 불과 6.8%가 외국인 적대적 태도를 가진 데 비해 아비투어가 없는 사람의 경우는 20.8%가 그러한 태도를 갖고 있었다(Ambrosi, 2014). 그밖에 지역별로

---

11 아비투어는 김나지움 졸업시험인 동시에 대학 입학 자격시험을 말한다. 대학 입학 자격은 아비투어의 합격에 의하여 부여된다. 학생들은 초등교육을 마치고 대부분 직업학교로 진학하고 소수(25~30%)만이 김나지움에 진학한다.

는 농촌 지역의 사람들, 소득 계급별로는 낮은 소득 계급에게서 외국인 적대적 경향이 상대적으로 강력하게 나타나고 있음이 밝혀졌다(Decker and Brähler 2006; Heitmeyer 2010; Terway 2000).

독일의 외국인 적대는 국제적으로 비교해보면 특별히 높은 것이 아니라는 점이 여러 연구들에서 밝혀졌다. 18개국의 외국인 적대 경향을 비교한 연구에 따르면 미국, 네덜란드, 스웨덴, 일본, 스페인과 비교하여 서독에서는 외국인 적대가 오히려 적었다. 독일보다 덜 외국인 적대적인 나라는 호주, 아일랜드, 뉴질랜드, 캐나다였고, 독일보다 더 외국인 적대적인 나라는 영국, 오스트리아, 헝가리, 이탈리아, 노르웨이, 체코, 폴란드였다(Green et al, 2009). 그리고 집단 관련 인간 적대 경향에서 독일은 '외국인 적대', '이슬람 공포증Islamophobie', '반유태주의', '동성애자 공포증Homophobie', '노숙자 거부'의 면에서 여덟 개 유럽 국가들(독일, 프랑스, 영국, 이탈리아, 네덜란드, 폴란드, 포르투갈, 헝가리) 중에서 중간 위치였다(Zick et al, 2010).

외국인 적대에서 특히 주목되는 것은 무슬림 적대적인 태도가 최근에 명백하게 증가하고 있다는 점이다. 빌레펠트 대학교 갈등폭력연구소에 의하면 2003년에 네 명 중 한 명(26.5%)이 '무슬림의 독일 이민은 금지되어야 한다'는 데 동의했는데, 2014년에는 10%p 증가하여 세 명 중 한 명(36.6%)이 동의했다. '이 나라에 무슬림이 너무 많아 자신을 이방인처럼 느꼈다'고 말한 사람의 비율도 2003년에는 31%였는데, 2014년에는 12%p 늘어 43%를 차지했다. 최근에 올수록 반무슬림 정서가 급속하게 퍼져 절반에 가까운 사람들이 무슬림 적대 경향을 갖고 있는 것이다.

무슬림 적대적 태도의 증가는 무엇보다 무슬림 종교 행사에 원인이 있는 것으로 보인다. 무슬림 종교 행사를 제한해야 한다는 요구가 크게 증가하는 것을 보면 알 수 있다. 2010년 독일인들은 '독일에 사는 무슬

표 2-13 | 무슬림 적대(2003~2014) (단위: %)

구분	2003	2009	2010	2011	2014
1. 무슬림은 독일로 이민이 금지되어야 한다.	26.5	21.4	26.1	22.6	36.6
2. 이곳의 많은 무슬림으로 인해 나는 나 자신의 나라에서 자신을 자주 외국인처럼 느낀다.	31.0	32.2	38.9	30.2	42.7

자료: IKG(2014).

림들의 종교 행사를 상당 부분 제한해야 한다'는 의견에 58.4%가 찬성했다. 동독과 서독을 각각 살펴보면 서독에서는 53.9%, 동독에서는 무려 75.7%가 동의했다. '많은 사람들이 아랍인을 싫어하는 것을 나는 잘 이해할 수 있다'는 진술에 찬성한 사람은 서독 55.5%, 동독 55.2%로 동독과 서독 간에 차이가 없다. 이 비율은 2003년에 비해 크게 증가한 수치이다. 서독에서는 10%p 증가했고, 동독에서는 17%p 증가했다. 반이슬람 정서가 최근에는 동독과 서독의 차이 없이 전체 독일인에게 각인되어 있다고 볼 수 있다.

마지막으로 소수집단에 대한 '사회적거리'를 보면,[12] 사회적 일탈 집단에 대해서 가장 강력하게 나타나고, 이민배경을 가진 사람들에 대해서는 미약하게 나타났다. 이머팔Stefan Immerfall에 의하면 독일인의 사회적 거리는 1980년과 1990년 사이에 전체적으로 증가했다(Immerfall, 1997). 수용이 가장 적은 집단은 약물중독자, 범죄인과 같은 일탈 집단이었고, 다음으로는 좌우 극단주의자, 그리고 이민배경을 가진 자였다. 베르텔스만 재단이 2012년에 펴낸 『응집 레이다: 결속을 측정하다Kohasionsradar: Zusammenhalt messen. Gesellschaftlicher Zusammenhalt in Deutschland - ein erster

---

12 여기서 사회적거리는 특정 집단의 구성원을 이웃으로 삼을 용의가 있는가를 조사한 자료에 의거한다.

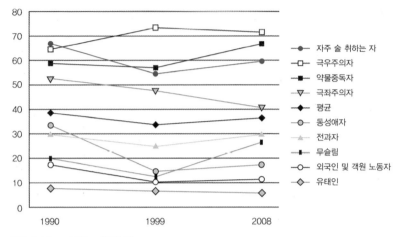

그림 2-11 | 다양한 사회집단에 대한 사회적거리(1990~2008)　　　　　　　(단위: %)

범례:
- 자주 술 취하는 자
- 극우주의자
- 약물중독자
- 극좌주의자
- 평균
- 동성애자
- 전과자
- 무슬림
- 외국인 및 객원 노동자
- 유태인

자료: Bertelsmann Stiftung(2012: 42).

Uberblick』는 1990년, 1999년 그리고 2008년의 유럽 가치관 연구EVS 자료에 의거해 1990년 이후의 추세를 분석했다. 〈그림 2-11〉에서 보는 바와 같이, 독일인들이 이웃으로 삼고 싶지 않은 대표적인 세 집단은 극우파, 약물중독자, 알코올중독자이다. 특징적인 것은 집단들의 거리 서열이 상대적으로 고정적이라는 점이다. 1990년과 1999년 사이에 거의 모든 집단에 대해, 특히 동성애 지향을 가진 사람에 대해 사회적거리가 가까워졌고, 유일하게 극우주의자가 반대로 더 강력하게 거부되었다. 1999년과 2008년 사이에는 극우파, 동성애자, 이민자 그리고 유태인에 대한 사회적거리는 거의 일정했고, 무슬림에 대한 사회적거리는 급격하게 증가했다. 유일하게 극좌주의자에 대해서는 이 시기에 수용이 강화되었다. 이 연구는 국제 비교를 제시하고 있는데, 이에 따르면 독일인들은 이민자, 외국인 노동자와 무슬림에 대해서는 유럽 평균과 비슷한 수준의 사회적거리를 느끼고, 동성애자에 대한 사회적거리는 유럽 평균보다

표 2-14 | 소수자에 대한 독일인의 유보(2014)　　　　　　　　　　　　　　　　(단위: %)

질문	동의 비율
1. 대부분의 망명 신청자는 그들의 고향에서 전혀 박해받지 않았다.	22.1
2. 유태인들은 제3제국의 과거로부터 이익을 얻고자 한다.	19.2
3. 수많은 무슬림으로 인해 나는 나 자신의 나라에서 자주 자신을 이방인처럼 느낀다.	17.5
4. 백인 민족과 흑인 민족 간에 자연적 위계 서열이 존재한다.	8.7

주: 진술에 대한 동의 비율.
자료: Die Welt(2014.10. 09); IKG(2014).

가깝다. 그렇지만 극우파에 대해서는 사회적거리가 유럽 평균보다 훨씬 더 멀다(Bertelsmann Stiftung, 2012: 45).

빌레펠트 대학교와 메르카토르 재단의 2014년 조사 연구 「소속과 동등 가치ZuGleich – Zugehorigkeit und Gleichwertigkeit」에 의하면 인종적·문화적 소수자에 대한 평가절하와 적대감이 나타나고 있으며, 망명 신청자와 무슬림에 대해 원한이 지속되고 있다. 〈표 2-14〉에서 보는 바와 같이, '대부분의 망명 신청자는 그들의 고향에서 전혀 박해받지 않았다'고 생각하는 사람이 22%에 달하고, '수많은 무슬림으로 인해 나는 나 자신의 나라에서 자주 자신을 이방인처럼 느낀다'는 사람도 17.5%에 달한다. 말하자면, 독일인 다섯 명 중 한 명이 이들 인간 집단에 대해 강력한 편견과 거부를 표시하고 있는 것이다. 반유태주의 및 인종주의적 선동도 독일에서 여전히 남아 있는 것으로 나타났다. 다섯 명 중 한 명은 '유태인들은 제3제국의 과거로부터 이익을 얻고자 한다'고 생각하고 있으며, 열 명 중 한 명은 '백인 민족과 흑인 민족 간에 자연적 위계 서열이 존재한다'고 믿고 있다.

라이프치히 대학교 '극우주의 및 민주주의 연구센터'의 2014년 연구(Decker, Kiess and Brähler, 2014)는 반유태주의가 최근에 오면서 많이

그림 2-12 | 반유태주의(2010~2014)　　　　　　　　　　　　　　　(단위: %)

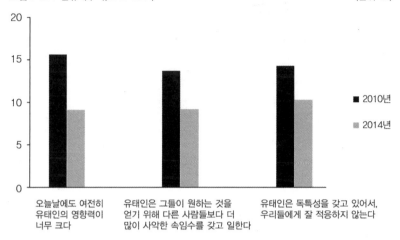

오늘날에도 여전히 유태인의 영향력이 너무 크다 / 유태인은 그들이 원하는 것을 얻기 위해 다른 사람들보다 더 많이 사악한 속임수를 갖고 일한다 / 유태인은 독특성을 갖고 있어서, 우리들에게 잘 적응하지 않는다 / ■ 2010년 / ■ 2014년

자료: Decker, Kiess and Brähler(2014).

약화되고 있음을 보여준다. 〈그림 2-12〉에서 보는 바와 같이 '유태인들은 다른 사람들보다 사악한 속임수를 더 많이 갖고 일한다'는 부정적 편견을 피력한 사람이 2010년에 15%였는데 2014년에는 10%로 줄었다. '유태인은 그들만의 독특성을 갖고 있어서 우리 사회에 잘 적응하지 않는다'고 생각하는 사람도 2010년에 15%에서 2014년에 10%로 줄었다.

또한 독일에서 과거 권위주의적 독재에 대한 향수가 완전히 없어진 것은 아니다. 적어도 열 명 중 한 명은 강력한 통치자와 유일 정당을 열망하고 있다. 〈표 2-15〉에서 보는 바와 같이 "우리는 모두의 행복을 위해 독일을 강력한 손으로 통치할 지도자를 가져야 한다"는 의견에 9%가 동의했고, '독일이 지금 필요로 하는 것은 민족공동체 전체를 육화할 강력한 유일 정당이다'는 의견에 15.6%가 지지했다. 이러한 권위주의적 독재의 지지는 동독에서 더 강력하게 표출되었다.

독일인들 사이에 쇼비니즘 경향이 강력하게 온존하고 있는 것으로 보

146　　I. 사회통합

표 2-15 | 권위주의적 독재의 지지와 쇼비니즘 경향(2014)　　　　　　　　　　　　　(단위: %)

구분	전체	동독	서독
1.우리는 모두의 행복을 위해 독일을 강력한 손으로 통치할 지도자를 가져야 한다.	9.2	12.4	8.4
2. 독일이 지금 필요로 하는 것은 민족공동체 전체를 육화할 강력한 유일 정당이다.	15.6	17.2	15.2
3. 우리는 강력한 민족 감정을 위한 용기를 다시 가져야 한다.	29.8	29.8	29.8
4. 독일인은 다른 민족보다 천성적으로 우월하다.	13.2	14.6	12.8
5. 나치즘은 좋은 측면도 있다.	9.3	8.6	9.4
6. 유태인 박멸이 없었다면 히틀러는 위대한 정치가로 존경받았을 것이다.	7.8	7.3	7.9

자료: Decker, Kiess and Brähler(2014).

인다. 세 명 중 한 명(30%)은 '강력한 민족 감정을 가져야 한다'고 주장하고, 13%는 독일 민족의 천성적 우월성을 믿고 있다. 이러한 강력한 민족주의 경향은 과거사에 대한 이해에서도 드러나고 있다. 열 명 중 한 명이 나치즘이 좋은 측면도 있다고 생각하고 있다.

5. 사회통합의 두 얼굴

유엔개발계획의 『2016 인간개발보고서』에 의하면, 한국은 1990년대에는 인간개발지수 30위권에 속해 있었는데, 2000년대에 들어오면서 20위권에 진입했다. 2007년 26위에서 2010년 12위로 급상승해 일본(11위)을 바짝 추격했고, 마침내 2013년에는 15위로 일본(17위)을 제쳤다. 일본은 1990년대 초반에는 세계 2, 3위의 최상위권에 속했으나 이후 계속 하락해 2013년에는 한국보다 뒤처진 것이다. 2015년에는 다시 한국이 18위로 일본(17위)보다 한 단계 뒤처졌다. 국가별 순위 추세에서 세계 1위는 노르웨이이다. 노르웨이는 2000년대에 들어와서는 줄곧 1위를 차지하고 있다(예외적으로 2005년에 2위). 1990년대에 5위권에 속했지만, 2000년대에 10위권으로 밀려났던 미국은 2010년대에 들어오면서 급상승했다. 2010년에 4위, 2013년에 5위를 차지했다. 그러나 2015년에는 다시 10위로 내려갔다. 독일은 1990년대에 10위권이었다가 2003년에 20위권으로 떨어졌다. 2007년 22위였던 독일은 2010년에는 10위로 급상승했고, 2013년에는 6위를 차지했으며, 2015년에는 4위까지 올라갔다. 독일보다 앞선 나라는 노르웨이, 호주, 스위스뿐이다.

인간개발지수가 높은 나라들은 만족도도 매우 높게 나타났다. 대체로 생활수준, 선택 자유, 지역사회에 대해 높은 만족도를 나타내고 있다. 특히 독일은 노르웨이, 덴마크와 함께 90% 이상의 만족도를 보이고 있고, 영국도 80% 이상의 높은 만족도를 나타냈다. 프랑스와 미국도 생활수준에 대해서는 74%로 만족도가 다소 낮았지만, 선택 자유, 지역사회에 대해 만족도는 80%이상을 보였다. 한국은 이 나라들보다 약간 낮은 만족도를 보이고 있다. 생활수준에 대한 만족은 63%, 지역사회에 대한 만족은 73%를 보였다. 그러나 '이 나라에서 살면서 당신이 무엇을 할까를 선택할 자유에 대해 만족하십니까 아니면 불만족하십니까?'라는 질문에서 한국은 다른 선진국들과 구별되는 독특성을 보이고 있다. 대부분의 선진국들은 '선택 자유'에 대해 80% 이상의 높은 만족도를 나타내고 있지만 한국은 여성 55%, 남성 61%의 매우 저조한 만족도를 보이고 있는 것이다.

한국이 보이는 또 하나의 특징은 사회 전반에 대한 신뢰가 매우 낮다는 점이다. 사법기관에 대한 신뢰는 19%로 OECD 국가 중에서 최하위이다. 칠레(23%)와 슬로베니아(24%)보다 낮다. 독일은 71%로 6위의 매우 높은 나라에 속한다. 가장 높은 나라는 덴마크로 84%이고, 다음은 노르웨이와 스위스로 각각 82%이다. 다음으로는 룩셈부르크(76%), 핀란드(72%)이다. 한국은 중앙정부에 대해서도 28%의 낮은 신뢰도를 보인다. 한국보다 낮은 나라는 슬로베니아(20%), 폴란드(21%), 포르투갈(22%), 터키(25%), 이탈리아(26%), 멕시코(26%) 등 6개국이다. 이에 반해 독일은 63%로, 스위스(79%)와 룩셈부르크(69%)에 이어 3위이다. 미국(35%), 일본(38%), 프랑스(33%)의 낮은 중앙정부 신뢰도와 비교해 월등히 높다.

사회통합위원회가 2010년에 실시한 「한국의 사회통합의식에 대한 연구」 조사에 의하면, 한국인의 국회에 대한 신뢰의 비율은 3.1%, 정부에 대한 신뢰 비율은 19.6%, 법원에 대해서는 16.8%였다. '의회를 믿지 않는다'가 80.4%, '정부를 신뢰하지 않는다'와 '법원을 신뢰하지 않는다'가 각각 41.8%와 40.7%에 달했다(사회통합위원회, 2012). 그리하여 한 언론은 "입법, 사법, 행정부의 신뢰 폭락은 헌정위기의 씨앗"이라고까지 우려했다(≪조선일보≫, 2010.3.22). '신뢰의 부식'은 국가기관에서만 나타나는 것이 아니다. 일반적으로 사람들 사이에도 신뢰가 뿌리내리지 못하고 있는 것으로 보인다.

게오르그 짐멜이 지적했듯이 신뢰는 "사회 내에서 가장 중요한 합성력synthetic forces의 하나이다"(Simmel, 1950: 318). "사람들이 서로에 대해 갖는 일반적 신뢰가 없다면, 사회 자체는 해체될 것이다"(Simmel, 1978: 178). 사람들 간의 신뢰는 두 가지 유형이 구분될 수 있다. 하나는 '특수화된 신뢰particularized trust'이고 다른 하나는 '일반화된 신뢰generalized trust'이다. '특수화된 신뢰'는 내집단의 구성원들에게만 주는 신뢰로서, 개인적으로 알고 있는 사람만, 자신이 갖고 있는 특정한 사회적 정체성 범주에 적합한 개인만을 포함한다. 사람들은 가깝게 느끼는 사람, 자신과 비슷하다고 믿는 사람, 익숙한 사람을 신뢰한다. 집단정체성을 공유하고 있는 사람을 그렇지 않은 사람보다 더 많이 신뢰한다.(Stolle, 2002: 401).

이에 비해 '일반화된 신뢰'는 면접적 상호작용의 경계를 넘어 개인적으로 알지 못하는 사람을 포함한다. 친척과 친구의 경계를 넘어서고, 지인의 경계를 넘어선다. 한국인들의 신뢰는 '특수화된 신뢰'에만 머물고, '일반화된 신뢰'는 매우 낮다는 점이 조사에서 드러나고 있다.

『2014 인간개발보고서』는 '타인 신뢰도'를 국제적으로 비교하고 있다. '일반적으로 말해서 대부분의 사람들을 믿을 수 있다고 생각하십니까, 아니면 사람을 대할 때 주의해야 한다고 생각하십니까?'라는 질문에서 파악되는 '타인에 대한 신뢰'가 가장 높은 나라는 덴마크(60%), 스웨덴(55%), 핀란드(58%)의 북유럽 국가이었다. 그리고 네덜란드(46%), 스위스(44%), 캐나다(42%)도 40% 이상의 높은 수준의 신뢰도를 보였다. 독일(31%)은 아일랜드(30%), 벨기에(30%), 오스트리아(29%), 일본(33%)과 함께 비교적 낮은 신뢰도를 보였고, 한국은 26%로 매우 낮은 신뢰도를 보였다. 프랑스(20%), 이탈리아(20%), 스페인(22%), 포르투갈(23%)은 한국보다 더 낮은 신뢰도를 보였다. OECD 국가 중에서 '타인 신뢰도'가 가장 낮은 나라는 터키(8%), 헝가리(13%), 칠레(15%), 슬로베니아(15%), 그리스(16%)였다. 오늘날 한국에서는 '낯선 사람을 믿지 마라'라는 경고가 일상적 어휘에 속한다.

한국인은 낯선 사람에 대해서는 신뢰하지 않지만 친척, 친구, 직장동료, 이웃과 같은 특수 관계에 있는 사람에 대해서는 크게 신뢰한다는 점이 특징이다. 통계청의 2014년 「사회통합 실태 조사」에 의하면, 가족에 대한 신뢰도는 95.3%, 지인 신뢰도는 80.4%로 매우 높았고, 이웃에 대해서도 신뢰도가 62.2%로 비교적 높았다. 이에 반해 낯선 사람에 대한 신뢰도는 15.5%로 매우 낮았고, 국내 거주 외국인에 대해서도 신뢰도는 15.8%에 불과했다. 이러한 경향은 2012년 『한국종합사회조사』에서도 나타났다. 친척에 대한 신뢰도는 87.6%, 친구 신뢰도는 93.8%, 직장 동료 신뢰도는 71.2%, 이웃 신뢰도는 67%였지만, 낯선 사람에 대해서는 신뢰도는 9.3%에 불과했다(A1-2012-0156).[13]

이처럼 한국인의 신뢰가 '특수화된 신뢰'에 경도되고 있는 것은 일찍이 막스 베버가 분석한 유교 윤리의 영향으로 볼 수 있다. 베버에 의하면 "유교 윤리는 인간을 극히 의도적으로 자연발생적인 혹은 사회적 상하 관계에 의해 맺어진 인간관계 안에 두었다. 유교 윤리는 이 인간관계만을 윤리적으로 신성화했고, 인간과 인간, 군주와 신하, 상관과 하급 관리, 아버지와 아들, 형제와 형제, 교사와 학생, 친구와 친구 간의 인간관계에 의해 창출된 인간적 효성 의무 이외에는 어떤 다른 사회적 의무도 알지 못하게 했다"(Weber, 1915: 527). 따라서 "모든 거래 관계의 기초인 신뢰는 언제나 친척 관계 또는 근친적인 인간관계에 근거한다"(Weber, 1915: 523).

흥미로운 점은 독일에서도 비슷한 경향이 나타나고 있다는 사실이다. 2008년 알부스에 의하면, 친척을 신뢰하는 비율이 88.0%, 친구에 대해서는 88.8%, 지인에 대해서는 64.9%이었고, 낯선 사람에 대해서는 10.9%의 신뢰도를 보였다.[14] 한국과 독일은 '특수화된 신뢰'를 지배적인 신뢰 형태로 갖고 있다는 공통점이 있다.

한편, 한국인의 '야간 안전감'는 비교적 낮은 편이다. 『2016 인간개발 보고서』에 의하면 '귀하가 살고 있는 도시나 지역에서 밤에 혼자 걸을 때 안전을 느낍니까?'라는 질문에 대부분의 나라들은 70%대의 비교적

---

13 여기서 제시한 신뢰도는 매우 신뢰한다는 응답과 다소 신뢰한다는 응답을 합산한 수치이다.

14 조사에서는 신뢰도를 '전혀 신뢰하지 않는다'에서 '매우 신뢰한다'까지 7등급으로 나누었다. 여기서 '신뢰 한다'의 비율은 등급 5~7의 응답율을 합한 수치이다

높은 비율을 보이고 있다. 노르웨이가 90%로 가장 높았고, 스위스(87%), 핀란드(86%), 덴마크(85%)가 그 뒤를 이었다. 독일은 최근에 테러 공포가 엄습함에도 불구하고 75%의 높은 안전감을 보이고 있다. 이에 비해 한국의 야간 안전감은 61%에 그치고 있다. 안전감이 한국보다 낮은 나라는 멕시코(40%), 헝가리(53%), 칠레(55%), 이탈리아(59%), 터키(60%) 등 5개국이었다. 따라서 한국은 국제적으로 비교해보았을 때 인간개발지수는 매우 높지만, 선진국에 비해 선택 자유에 대한 만족도가 낮고, 중앙정부와 사법기관에 대한 신뢰가 낮고, 야간 안전감도 매우 낮다는 '저신뢰·저안전'의 사회적 특징을 보이고 있다.

사회통합의 면에서 한국은 어떤 특징을 보이는가? 한국 헌법은 국가 이념으로 사회통합을 무엇보다도 중요하게 다루고 있다. 헌법 전문에는 "정의, 인도와 동포애로써 민족의 단결을 공고히 하고 …… 정치, 경제, 사회, 문화의 모든 영역에 있어서 각인의 기회를 균등히 하고 …… 국민생활의 균등한 향상을 기하라"는 내용이 담겨 있다. 또한 국가는 '단결'과 '균등'의 실현을 지향한다는 점을 분명히 하고 있다. 제34조에서는 "국가는 사회보장, 사회복지의 증진에 노력할 의무를 진다"고 규정하고 있고, 제119조 2항에서는 "균형 있는 국민경제의 성장 및 안정과 적정한 소득의 분배를 유지"하는 것을 국가 행위의 핵심으로 규정하고 있다. 그러나 현실은 이러한 헌법적 규범과 동떨어져 있다.

불평등과 다문화주의라는 두 가지 측면에서 살펴본 한국의 사회통합 상태는 심각하다. 먼저 불평등의 측면을 보면, 고용과 소득 양면에서 양극화가 매우 심하다. 최상위 10%의 평균 소득과 최하위 10%의 평균 소득의 배율이 1000%가 넘어, OECD 국가들 중에서 소득 격차가 가장 심한 나라에 속한다. 소득 배율이 한국보다 큰 나라는 멕시코, 칠레, 미국, 터키, 스페인, 그리스, 이스라엘 등 7개국뿐이다. 또한 한국은 소득 불평등이 매우 심각하다. 이는 국세청 자료, 참여연대 조세재정개혁센터 보고서, 통계청의 「가계동향조사」 등의 국내 자료뿐만 아니라 OECD 자료가 증언하는 바이다.

여기서 한 가지 확인되는 사실은 이러한 심각한 불평등을 해소하는 데에 한국의 조세체계가 아무런 기여도 하지 못했다는 점이다. 이를 테면 OECD의 '소득 불평등과 빈곤Income Distribution and Poverty'의 2014년 통계를 보면, 한국의 세전 빈곤율은 17.1%, 세후 빈곤율은 14.4%로 빈곤율 차이가 2.7%p에 불과하여 OECD 회원국 중 최하위 수준이다. 세전과 세후 빈곤율의 차이가 적다는 것은 곧 조세체계가 빈곤 해소에 별로 도움이 되지 못했다는 것을 말한다. 프랑스는 세전 빈곤율이 35.8%, 세후 빈곤율이 8.2%로, 세전과 세후의 빈곤율 차이가 27.6%p에 달해 OECD 회원국 중에서 아일랜드(29.4%p) 다음으로 높았다. 이는 한국보다 열 배 높은 수치이다. 독일은 세전 빈곤율 33.3%, 세후 빈곤율 9.5%로 세전과 세후의 빈곤율 차이가 23.8%p로서 OECD 회원국 중에서 6위를 차지했고, 한국보다 아홉 배 컸다. 덴마크도 세전과 세후의 빈곤율 차이가 19.5%p로 한국보다 일곱 배 컸다. 경제적 어려움을 겪고 있는 그리스도 세전과 세후의 빈곤율 차이가 21.8%에 달해 한국보다 여덟 배나 컸다. 세계에서 가장 불평등한 나라 중 하나로 간주되는 미국도 세전과 세후의 빈곤율 차이가 9.7%p로 한국보다 네 배나 컸다(https://stats.oecd.org/Index.aspx?DataSetCode=IDD).

한국의 빈곤율은 2014년 기준 14.4%로 2013년 14.6%에 비해 0.2%p 내려갔지만 여전히 OECD 국가 중에서 매우 높은 나라에 속한다. 빈곤율이 가장 낮은 나라인 덴마크(5.5%), 체코(5.9%), 아이슬란드(6.5%)와 비교해보면 두 배 이상 높다. 특히 한국의 노인 빈곤율이 OECD 국가들 중에서 가장 높다. 66세 이상의 은퇴 노인 빈곤율이 한국은 2014년 기준 0.488로서 전년의 0.496에 비해 0.8%p 하락했지만 여전히 OECD 회원국 중에서 꼴찌이다. 서구 선진국에서는 노인 빈곤율이 일반적으로 매우 낮다. 스페인 0.054, 벨기에 0.077, 이탈리아 0.093, 포르투갈 0.097이다. 경제적 곤란에 봉착해 있는 그리스도 0.082로 매우 낮다. 독일도 0.095로 노인 빈곤율이 낮은 나라에 속한다. 이에 비해 일본(0.190, 2012년), 미국(0.210), 호주(0.257)는 노인 빈곤율이 높다. OECD 국가 중에서 노인 빈곤율이 가장 낮은 나라는 네덜란드(0.031), 덴마크(0.032), 프랑스(0.036), 체코(0.037), 슬로바키아(0.038)이다. 이 나라들의 노인 빈곤율은 한국과 무려 13배 가까이 차이가 난다.

불평등은 소득과 자산에서만 나타나는 것이 아니라, 고용 형태에서도 극심하게 나타나고 있다. 비정규직이 급증해 전체 임금근로자 중 32%를 차지하고 있다. 이들은 매우 열악한 조건 속에 있다. 임금은 정규직의 56%에 그치고 있고, 사회보험의 혜택도 별로 받지 못하고 있다. 이들 대다수가 1년 미만의 단기 근로자이다. 따라서 한국 사회는 사회통합의 사회적 기초가 매우 취약한 상태에 있다고 진단된다.

그러나 사회통합의 다문화주의 측면은 어느 정도 긍정적인 현상들을 보이고 있다. 한국인은 이주민에 대해 민족주의를 강력하게 견지하면서도 종전의 동화주의에서 벗어나 보편주의를 지향하고 있다는 점에서 한국 다문화주의가 상당히 성공적으로 정착하고 있다고 말할 수 있다. 그러나 좀 더 깊이 들여다보면 여기서도 사회통합과 역행하는 경향들이 발견된다. 먼저 이주민에 대해 차별적 태도가 지배적이다. 한국인은 결혼 이민자와 이주민을 출신국의 경제 발전 수준 혹은 문화 자본으로서의 가치에 따라 차등화한다. 개발도상국 출신이라는 이유로 차별하거나 무시하는 경우가 많고, 반대로 선진국 출신에 대한 차별은 덜하다. 또한 한국인은 보편주의를 표방하고, 정부에 대해서도 다문화주의 정책을 추진할 것을 요구하지만, 이주민 지원을 위해 자신이 세금을 더 내야 할 때에는 반대하는 '이중성'을 보인다. 사회통합에 역행하는 또 하나의 경향은 탈북자에 대한 사회적거리에서 나타났다. 최근에 친근감이 약간 증가했지만, 여전히 사회적거리와 편견이 강하게 남아 있다. 특히 '가족'이나 '사업동업자'와 같은 직접적인 이해관계를 맺는 것을 매우 꺼린다. 따라서 보편주의에 입각한 다문화주의적 태도가 아직 충분히 형성되고 있지 못하다 할 것이다.

전혀 다른 사회 발전의 과정을 걸어온 독일도 최근에 한국과 매우 비슷한 양상을 보이고 있다. 독일은 기본법에 "민주적이고 사회적인 연방 국가"(20조 1항)이고, "공화적·민주적·사회적 법국가"(28조 1항)라고 명시해 사회적 약자와 강자 간의 격차를 감소시키는 '사회적 균등'과 교육, 의료 등 국민의 생존 기초를 보장하는 '사회적 안전'을 국가 행위의 핵심으로 제시하고 있다(전태국, 2013: 133). 그리하여 '사회국가'로서 독일은 1950년대의 '경제 기적' 이래 오랫동안 '안정적인 불평등 구조'를 유지해 왔다. 통일 후의 격변 속에서도 큰 변화 없이 유지되던 안정적인 구조는 최근에 와서 흔들리고 있다. 소득과 자산의 불평등이 심화됨으로써, 일부에서는 사회통합이 근본적으로 위협받고 있다고 진단하고 있다. 이를테면 최상위 1%의 소득은 중위 소득의 80배에 달하고, 이들의 자산은 전체 독일인 자산의 80%를 차지하며, 최상위 10%가 사적 화폐 자산의 2/3를 자신에게 끌어넣고 있다. 상위 10%와 하위 10%의 소득 배율은 690%에 이른다. 불평등은 동독과 서독 격차에서도 분명하게 나타난다. 베를린장벽 붕괴 후 25년에 동독과 서독 간에 자산 격차가 커져, 동독인의 자산은 서독인의 절반에도 못 미친다.

이러한 불평등의 심화는 여러 원인에 비롯되고 있지만, 무엇보다도 시간제 노동과 미니잡 등 비전형적 고용 관계의 증가가 주요 원인으로 작용했다고 분석된다. 전체 임금근로자 네 명 중 한 명은 비정규직이고, 이들은 정규직보다 40%나 적은 임금을 받고 있다. 또 하나의 중요한 원인은 조세정책이다. 최고 세율이 낮아졌기 때문에 높은 소득을 가진 사람들은 많은 자본을 축적할 수 있게 되었고, 이 자본이 다시 그들에게 새로운 소득을 선물했다. 또한 상속 세대가 엄청난 상속재산을 향유하게 된 것도 양극화를 악화시킨 요인이라 볼 수 있다. 2000~2010년에 2조 유로가 상속되었다. 그렇지만 독일은 다른 나라들과 비교하면 매우 양호한 상황이다. 소득 배율과 빈곤율, 은퇴 노인 빈곤율이 OECD 평균보다 훨씬 낮다. 독일은 사회통합의 기초가 최근에 많이 약화되긴 했지만 여전히 탄탄하다고 말할 수 있다.

이에 비해 다문화주의 측면은 많은 과제를 안고 있다. 독일은 일찍부터 외국 노동자들을 모집해 다문화 사회를 형성했고, 최근에는 유럽인들이 취업을 위해 몰려들어 미국 다음으로 세계 2위의 이민국가가 되었다. 또한 세계의 난민들이 독일로 쇄도하고 있다. 지구상의 거의 모든 나라에서 온 다양한 이주민과 난민들이 함께 살고 있는 나라이지만 다문화주의는 실패했다고 선언될 정도로 뿌리내리기가 쉽지 않은 것으로 보인다. 독일에서 다문화주의를 어렵게 만드는 것은 무엇보다도 독일인에게 강인하게 견지되고 있는 세 가지 전통적 태도 때문으로 보인다. 이 태도는 유럽연합의 형성과 세계 자본주의 흐름 속에서도 여전히 강고하게 유지되고 있다. 하나는 이주민들에게 독일의 생활양식에 적응할 것을 요구하는 '동화주의'이고, 다른 하나는 겉으로는 다문화적 보편주의 원칙을 지지하지만 막상 물질적 손실을 입을 가능성이 있을 시에는 즉각 민족주의적 유보로 바뀌는 '이중적 태도'이다. 마지막으로 독일 국민들 사이에 여전히 완강하게 나타나고 있는 '외국인 적대'이다.

분석에 의하면, 외국인 적대는 이민자들과 접촉이 거의 없거나 전혀 없는 사람들에게서 강력하게 나타나고, 농촌 지역 사람들, 나이든 사람들, 교육수준이 낮은 사람들, 그리고 낮은 소득 계급에게서 강하게 나타나고 있다. 여러 연구에 의하면, 외국인 적대는 독일만의 현상이 아니다. 영국, 이탈리아, 노르웨이, 오스트리아, 체코, 폴란드가 독일보다 오히려 더 외국인 적대적인 것으로 나타나고 있다. 한 가지 특징적인 것은 극우주의자가 약물중독자와 알코올중독자와 함께 최고의 기피 집단으로 간주된다는 점이다. 이민자, 외국인 노동자와 무슬림에 대해서는 사회적거리가 유럽 평균과 비슷하지만, 극우주의자에 대한 사회적거리는 유럽 평균보다 훨씬 더 멀다.

한국과 독일은 역사적 배경도 다르고 성취한 사회 발전의 수준도 다르지만, 몇 가지 중요한 공통점을 갖고 있다. 먼저 비정규직 노동자가 증가해 전체 임금근로자의 상당 부분을 차지하고 있다는 점을 들 수 있다. 한국은 세 명 중 한 명, 독일은 네 명 중 한 명이다. 또한 외국인 적대적 태도를 가진 사람이 적지 않다는 점도 공통적이다. 한국은 30% 가까운 사람들이 외국인 적대 태도를 보이고, 독일은 20% 정도가 그러한 태도를 보인다. 보편적 원칙을 일관성 있게 유지하지 못하고 '이중성'을 보인다는 점도 공통적이다. 외국인 노동자나 이민자에 대한 사회적거리는 마약중독자 같은 일탈 집단에 대한 거리와 비교하면 매우 미약하다는 점도 공통적이다.

이러한 공통점에도 불구하고 한국과 독일의 사회통합은 상이한 얼굴을 갖고 있다. 한국 다문화주의는 극심한 불평등 구조 위에서 동화주의에 반대하는데, 독일 다문화주의는 튼튼한 균등적 구조 위에서 동화주의를 지향하고 있다. 불공정한 사회로 인식되는 한국 사회에서는 외국인 이주민에게 동화를 요구할만한 내적 동력이 허약한 데 비해, 내적 동력이 충만한 사회국가 독일에서는 오히려 동화주의를 요구하고 있는 것이다. 여기서 내적 동력이란 민주주의와 사회적 균등의 충실을 의미한다. 한국의 사회통합은 무엇보다도 불평등 구조의 해소를 으뜸 과제로 갖고 있다.

참고문헌

한국사회과학자료원 조사 자료 CODE BOOK.

자료번호	조사 기관	조사명
A-2003-0006	성균관대학교 서베이리서치센터	한국종합사회조사, 2003,
A-2004-0001	성균관대학교 서베이리서치센터	한국종합사회조사, 2004
A-2005-0012	EAI·중앙일보	국가 정체성 여론조사, 2005
A1-2006-0066,	서울대학교 국제학연구소,	한국인의 가치관조사, 2006
A1-2007-0002	서울대학교 통일평화연구원	통일의식조사, 2007
A1-2008-0011	서울대학교 통일평화연구원	통일의식조사, 2008
A1-2009-0022	서울대학교 통일평화연구원	통일의식조사, 2009
A1-2009-0037	성균관대학교 서베이리서치센터	한국종합사회조사, 2009
A1-2010-0073	서울대학교 통일평화연구원	통일의식조사, 2010
A1-2011-0097	서울대학교 통일평화연구원	통일의식조사, 2011
A1-2011-0098	성균관대학교 서베이리서치센터	한국종합사회조사, 2011
A1-2012-0153	서울대학교 통일평화연구원	통일의식조사, 2012
A1-2012-0156	성균관대학교 서베이리서치센터	한국종합사회조사, 2012
A1-2013-0100	성균관대학교 서베이리서치센터	한국종합사회조사, 2013

김상욱·이명진·신승배. 2016. 『한국종합사회조사 2014』. 성균관대학교 출판부.
≪뉴시스≫. 2016.11.18. "별이도 씁쓸이도 '뒷걸음질'…가계 실질소득·지출 나란히↓".
문화체육관광부. 2013. 「2013 한국인의 의식·가치관 조사」. 문화체육관광부.
사회통합위원회. 2012. 「한국의 사회통합의식에 대한 연구」. 한국보건사회연구원.
여성가족부. 2012a. 「2012 전국 다문화가족 실태 조사」. 여성가족부.
_____. 2012b. 「국민 다문화 수용성 조사 연구」. 여성가족부.
≪연합뉴스≫. 2014.10.23. "저소득층 자산 5만원 늘때 상위 1% 자산은 4억원↑".
전태국. 2013. 『사회통합과 한국통일의 길: 내적 장벽을 넘어서』. 한울.
_____. 2014. 「한국과 독일의 사회통합 비교: 불평등과 다문화주의를 중심으로」. ≪사회과학
    연구≫, 제53집 2호, 307~368쪽.
≪조선일보≫. 2015.8.10. "광복 70주년 국민 의식 조사".
≪조선일보≫. 2015.8.28. "대한민국, 이젠 인구의 3,4%가 외국인".
통계청. 각 연도. 「경제활동인구조사」. 통계청.

_____. 2014. 「사회통합 실태 조사」. 통계청.

_____. 2015. 『2015 사회조사보고서』. 통계청.

한국여성정책연구원. 2008. 「한국인의 다민족·다문화 지향성 조사 연구」.

≪한겨레≫. 2014.10.8. "상위 1%가 배당소득의 72% 가져갔다".

Ambrosi, Carolina. 2014.6.4. "Rechtsextremismus in Deutschland nimmt ab." *Zeit Online*.

Amt für Statistik Berlin-Brandenburg. 2014.9.9. "Zahl der Einwohnerinnen und einwohner in Berlin nimmt weiter zu." Pressemitteilung, Nr. 251.

AWO Bundesverband e. V. 2014. Sozialbarometer Juli/August.

Baba-Sommer, Fvrim. 2011.9.9. "Multikulturalismus im 21. Jahrhundert: Realitäten in Deutschland. Keynote Speaker Vortrag im Rahmen der Konferenz, Kulturbruücken in Deutschland: Multikulturalismus im 21. Jahrhundert: Realitäten in Deutschland (Berlin, 05~09. September 2011)." Institute for Cultural Diplomacy.

Bernsdorf, Wilhelm. 1969. "Integration, soziale." in W. Bernsdorf(ed.) *Wörterbuch der Soziologie*. Stuttgart: Ferdinand Enke Verlag.

Bertelsmann Stiftung, 2012. *Kohäsionsradar: Zusammenhalt messen*. Gesellschaftlicher Zusammenhalt in Deutschland – ein erster Uberblick, Gütersloh.

Blank, T. and P. Schmidt. 2003. "National identity in a United Germany: Nationalism or patriotism? An empirical test with representative data." *Political Psychology* 24(2), pp.289~312.

Böcking, David. 2011.12.5. "Soziale Ungleichheit: Deutschland wird amerikanischer." *Spiegel*.

Borgardus, Emory S. 1928. *Immigration and Race Attitudes*. England, Heath: Oxford.

Bundeszentrale für politische Bildung. 2006. "Parallelgesellschaften?" *Aus Politik und Zeitgeschichte*, 1-2/2006, 2. Januar.

_____. 2013.7.1. "Atypische Beschäftigung."

Decker, O. and E. Brähler. 2006. *Vom Rand zur Mitte: Rechtsextreme Einstellungen und ihre Einflussfaktoren in Deutschland*. Berlin: Friedrich-Ebert-Stiftung, Forum Berlin.

_____. 2013. *Rechtsextremismus der Mitte: Eine sozialpsychologische Gegenwartsdiagnose*. Gießen: Psychosozial-Verlag März.

Decker, O. et al. 2010. *Rechtsextreme Einstellungen in Deutschland 2010*. Berlin: Friedrich-Ebert-Stiftung

Decker, Oliver, J. Kiess and E. Brähler. 2014. *Die stabilisierte Mitte: Rechtsextreme Einstellung in Deutschland 2014*. Leipzig: Universität Leipzig.

Deutsches Institut für Wirtschaftsforschung(DIW). 2014.2.26. "Vermögen in Deutschland: Durchschnittlich 83.000 Euro für jeden."

Ferguson, Clare. 2008. "Promoting Social Integration." *UN DESA*.

Forschungsgruppe Weltnschauungen in Deutschland(Fowid). 2016.12.20. "Religionszugehörig-keiten in Deutschland 2015."

Frankfurt Statistik Aktuell(FSA). 2015. "Auslädische Einwohnerinnen und Einwohner in Frankfurt am Main am 31.12.2014."

GESIS-Leibniz-Institut für Sozialwissenschaften. 2011. ALLBUS(Allgemeine Bevölkerungsumfrage der Sozialwissenschaften) 2008. Köln: GESIS-Leibniz-Institut für Sozialwissenschaften.

_____. 2017. ALLBUS(Allgemeine Bevölkerungsumfrage der Sozialwissenschaften) 2016. Köln: GESIS-Leibniz-Institut für Sozialwissenschaften.

Gostomski, Christian Babka von, B. Küpper and W. Heitmeyer. 2007. "Fremdenfeindlichkeit in den Bundesländern. Die schwierige Lage in Ostdeutschland." in W. Heitmeyer(ed.). *Deutsche Zustände*. Folge 5, pp.150~128. Frankfurt am Main/Berlin: Suhrkamp.

Green, A. and J. G. Janmaat. 2009. *Regimes of Social Cohesion: Societies and the Crisis of Globalization*. Basingstoke: Palgrave Macmillan.

Habermas, Jürgen. 2001. *The Postnational Constellation: Political Essay*. Cambridge: The MIT Press.

Hans-Böckler-Stiftung. 2014.10.23 "Ungleichheit von Einkommen und Vermögen in Deutschland unterschätzt. Neue Studie des IMK." Pressemitteilung vom.

Heitmeyer, Wilhelm. 2010. "Disparate Entwicklungen in Krisenzeiten, Entsolidarisierung und Gruppenbezogene Menschenfeindlichkeit." in W. Heitmeyer(ed.). *Deutsche Zu-stände*. Folge 9. Frankfurt am Main: Suhrkamp Verlag KG.

_____. 2012. *Deutsche Zustände*. Folge 10. Frankfurt am Main: Suhrkamp Verlag KG.

Herzinger, Richard. 2010.10.22. "Multikulturalismus" und "Leitkultur" sind Irrwege." *Die Welt*.

Hradil, Stefan, 2012. "Soziale Gerechtigkeit, Bundeszentrale für politische Bildung."

Immerfall, Stefan. 1997. "Soziale Integration in den westeuropäischen Gesellschaften - Werte, Mitgliedschaften, Netzwerke." Hradil, S. and S. Immerfall(eds.). *Die westeuropäischen Gesellschaften im Vergleich*. Opladen: Leske + Budrich.

Institut für interdisziplinäre Konflikt- und Gewaltforschung(IKG). 2014. *ZuGleich: Zugehörigkeit und (Un)Gleichwertigkeit*. Stiftung Merkur: Universität Bielefeld.

Lukács, Georg. 1974(1962). *Die Zerstörung der Vernunft, Band 3: Irrationalismus und Soziologie*. Darmstadt und Neuwied: Luchterhand.

Mannheim, Karl. 1950. *Freedom, Power and Democratic Planning*. London: Routledge & Kegan Paul PLC.

Mathias Bölinger. 2013.9.6. "Ungleichheit in Deutschland nimmt zu." Deutsche Welle.

Maxeiner, D. and M. Miersch. 2014.10.9. "Multikulti war schon immer eine Illusion." *Die Welt*.

OECD. 2016. *OECD Factbook 2015-2016: Economic, Environmental And Social Statistics*. Paris: OECD.

_____. 2017. Income inequality (indicator). doi: 10.1787/459aa7f1-en

_____. Poverty rate (indicator). doi: 10.1787/0fe1315d-en

OXFAM. 2014. "Die Reichen und der Rest." Oxford: OXFAM.

Pew Research Center. 2015. "America's Changing Religious Landscape: Christians Decline Sharply as Share of Population; Unaffiliated and Other Faiths Continue to Grow." Washington, DC: Pew Research Center.

Rosa, Hartmut, D. Strecker and A. Kottmann. 2013. *Soziologische Theorien*, 2. Auflage. Konstanz/Münche: UVK Verlagsgesellscfat mbH.

Simmel, Georg, 1950: *The Sociology of Georg Simmel*. Kurt Wolff(ed.), Illinois: Free Press.

_____. 1978. *The Philosophy of Money*. London: Routledge & Kegan Paul.

Sternagel, Felix. 2014.9.10. "Viele Deutsche f ühlen sich wie Fremde." *Die Welt*.

Stolle, Dietland. 2002. "Trusting Strangers – The Concept of Generalized Trust in Perspective." *ÖZP*, 31 (2002). pp.397~412.

Süddeutsche Zeitung. 2010.10.16. "Merkel: Multikulti ist absolut gescheitert."

Terwey, Michael. 2000. "Ethnozentrismus in Deutschland: Seine weltanschulichen Konnotationen im sozialen Kontext." in Alba, Richard and P. Schmidt, M. Wasmer(eds.). *Blickpunkt Gesellschaft 5. Deutsche und Ausländer: Freunde, Fremde oder Feinde?: Empirische Befunde und Theoretische Erklärungen*. Wiesbaden: Westdeutscher Verlag.

Therborn, Göran. 2007. "Presentation. Export Group Meeting on Creating an Inclusive Society: Practical Strategies to promote Social Integration." Presentation. Paris, France, 10~13 September 2007.

UN DESA. 2009. "Creating an Inclusive Society: Practical Strategies to Promote Social Integration." New York: UN DESA.

UNDP. 2014. *Human Development Report 2014*. New york: UNDP.

_____. 2015. *Human Development Report 2015*. New york: UNDP.

_____. 2016. *Human Development Report 2016*. New york: UNDP.

Weber, Max. 1904~1905. "Die Protestantische Ethik und des 'Geist' des Kapitalismus." in M. Weber(ed.). *Gesammelte Aufsätze zur Religionssoziologie* 1, 9. Auflage. Tübingen: J.C.B.Mohr (Paul Siebeck) Verlag.

_____. 1915. "Die Wirtschaftsethik der Weltreligionen: Vergleichende religionssoziologische Versuche. Einleitung." in M. Weber(ed.). *Gesammelte Aufsätze zur Religionssoziologie* 1, 9. Auflage. Tübingen: J.C.B.Mohr (Paul Siebeck) Verlag.

_____. 1915. "Konfuzianismus und Taoismus." in M. Weber(ed.). *Gesammelte Aufsätze zur Religionssoziologie* 1, 9. Auflage. Tübingen: J. C. B. Mohr(Paul Siebeck) Verlag, 1921, 1988, pp.276~536.

_____. 1916~1917. "Hinduismus und Buddhismus." in M. Weber(ed.). *Gesammelte Aufsätze*

zur Religionssoziologie 2, 9. Auflage. Tübingen: J.C.B.Mohr (Paul Siebeck) Verlag.

_____. 1919. "Wissenschaft als Beruf," in M. Weber(ed.), *Gesammelte Aufsätze zur Wissenschaftslehre.* Tübingen: J.C.B.Mohr (Paul Siebeck) Verlag.

Wehler, Hans-Ulrich. 2013.2.7. "Wachsende Ungleichheit: Wo bleibt der Protest? Anmerkungen zum Entwurf des Armuts- und Reichtumsberichts der Bundesregierung." *DIE ZEIT.*

Wisdorff, Flora. 2014.5.14 "Deutschland ist zweitbeliebtestes Einwanderungsland." *Die Welt.*

Wolff, Kurt. 1950. *The Sociology of Georg Simmel.* ilinois: Free Press.

Woratschka, Rainer. 2014.4.24. "Soziale Ungleichheit in Deutschland: Viel Reichtum, wenig Zusammenhalt." *Tagesspiegel.*

http://www.bbc.co.uk/news/uk-politics-12371994

http://www.bpb.de/nachschlagen/zahlen-und-fakten/soziale-situation-in-deutschland/61708/atypische-beschaeftigung

http://www.datev.de/portal/ShowPage.do?pid=dpi&nid=167584

http://diepresse.com/home/ausland/aussenpolitik/602605/Merkel_Multikulti-in-Deutschland-absolut-gescheitert

http://www.dw.de/ungleichheit-in-deutschland-nimmt- zu/a-17071499.

http://www.diw.de/de/diw_01.c.438772.de/vermoegen_in_deutschland_durchschnittlich_8 3_000_euro_fuer_jeden_aber_hoechst_ungleich_verteilt_nbsp.html.

http://www.kent.ac.uk/scarr/publications/Barbalet%20Wk%20Paper(2)%2013.pdf

http://www.pewforum.org/2012/10/09/nones-on-the-rise-new-report-finds-one-in-five-adult s-have-no-religious-affiliation/

http://www.spiegel.de/wirtschaft/unternehmen/reichste-deutsche-quandt-oetker-und-co-a-9 95869.html

http://www.tagesspiegel.de/politik/soziale-ungleichheit-in-deutschland-viel-reichtum-wenig-zusammen halt/9802028.html

http://www.telegraph.co.uk/news/worldnews/europe/france/8317497/Nicolas-Sarkozy-decl ares-multiculturalism-had-failed.html

http://www.uni-siegen.de/phil/sozialwissenschaften/soziologie/mitarbeiter/geissler/bastian _pohl.pdf

http://www.welt.de/debatte/kolumnen/Maxeiner-und-Miersch/article133092794/Multikulti-war-schon-immer-eine-Illusion.html.

http://www.welt.de/politik/deutschland/article132120410/Viele-Deutsche-fuehlen-sich-wie-Fremde.html

http://www.welt.de/wirtschaft/article128223358/Deutschland-ist-zweitbeliebtestes-Einwand erungsland.html

독일 사회의 다문화 경험과 시사점*
외국인 근로자를 중심으로

이종희 | 중앙선거관리위원회 선거연수원 교수

1. 다문화 사회로의 변화

우리나라에 체류하는 외국인 수가 점점 증가하고 있다. 외국 인력 수급 제도 도입 초기인 1990년대 중반 27만 명이던 국내 체류 외국인 수는 매년 급속히 증가해 2017년 약 200만 명을 넘어섰다. 이러한 양적변화와 함께 외국인의 출신국이 다양해지고 체류 형태 역시 취업, 결혼, 학업 등으로 분화되는 질적변화의 경향도 두드진다. 약 20년 전까지만해도 '다문화多文化' 현상에 대한 논의는 한국 사회와는 별개인 것처럼 여겨졌다. 그러나 1990년대 이래 진행된 세계화 과정은 우리 사회의 자본과 노동력을 초국가적으로 이동시켰으며, 다문화 현상을 가속화시켰다.

---

* 이 글은 이종희, 「다문화 사회와 사회통합: 독일 사례를 중심으로」, ≪한국사회과학논총≫, 제22권(2012), 53~84쪽의 내용을 수정·보완한 것이다. 이 글의 일부는 중앙선거관리위원회 선거연수원, 「2016 전임교수 연구보고서」(2016), 155~165쪽에 수록되었다.

이는 단순한 노동시장의 변화를 넘어 사회구조의 복합적인 변화를 수반하고 있다. 다양한 문화가 공존하는 다문화 사회로의 변화에 따라 우리 사회는 새로운 차원의 '사회통합'이라는 커다란 도전 앞에 서게 되었다.

오늘날 다문화 현상은 세계 여러 나라에서 관찰되고 있는 현상이다. 그중에서 특히 독일은 다문화 사회의 유형에 있어서 한국과 유사한 특징을 지닌다. 독일연방공화국의 외국인 이주 역사는 제2차 세계대전 이후 '라인강의 기적'으로 불리는 경제성장에 의한 노동력 부족을 해소하기 위해 당시 서독 정부가 본격화한 외국인 근로자 유입 정책으로 거슬러 올라간다. 독일은 외국인 고용허가제를 통해 외국인 근로자를 유입했고, 체류 기간을 고용 기간으로 한정해 외국인 근로자의 장기 체류를 방지하고 있다. 이는 한국의 외국인 근로자 정책과 유사한 특징이다. 독일은 유럽연합 국가 중에서도 외국인들이 가장 많이 체류하고 있는 나라다. 오늘날 독일에 거주하는 인구의 약 20.3%가 이민배경[1]을 가지고 있고, '독일 컬러공화국Buntesrepublik Deutschland'이란 신조어가 등장할 정도로 독일은 다문화 사회로 빠르게 변화하고 있다.

한국 사회에 외국인 노동자 유입이 본격화된 것은 외국 인력 수급 제도를 통해서다. 1990년 이후 한국의 외국 인력 수급 제도는 '해외투자기업 산업기술연수생 제도', '산업연수생 제도', '연수 취업 제도', '고용허가제' 등 여러 단계에 거쳐 변천해왔다. 국내 산업의 노동력 부족 현상을 해소하기 위해 정부 차원에서 외국인 노동자를 유입하려 하자 노동계의 거센 반발이 있었고, 이를 무마시키기 위해 시작된 것이 1991년 '해외투자기업 산업기술연수생 제도'라는 명칭의 외국인 노동자 유입 정

---

1 '이민배경'을 갖고 있다는 개념은 자기 자신이나 부모 모두 또는 부모 중 한 명이 다른 나라에서 독일로 이민을 온 사람들로 구성된 사회집단을 지칭한다.

책이었다. 이 제도는 기술이전 등 연수의 목적 외에도 외국인 노동력을 편법적으로 활용하여 부족한 노동력을 보충하는 수단으로 이용되기도 했다. 이러한 점들을 보완하기 위해 1993년에는 산업연수생 제도가 도입되었으나 외국 인력은 정규 근로자 자격이 아닌 연수생으로 분류되었기 때문에 외국인 노동자들에 대한 권리침해가 발생해도 적절한 구제 절차가 취약했다. 이러한 문제점을 보완하기 위해 1998년에 외국인 노동자가 2년간의 산업 연수 과정을 끝낸 후 취업 자격을 얻으면 정식 근로자로 인정하는 취업연수생 제도를 도입했다. 그 후 2004년에 고용허가제가 도입되어 고용주가 외국인을 채용 할 수 있도록 하는 법적 권한을 부여했다. 고용허가제를 통해 외국 인력도 근로자로서 신분을 보장받게 된 것이다(유길상 외 2004; 이종희: 2012). 또한 2017년 8월 1일부터 법무부는 주조, 금형, 용접 등 뿌리산업과 농림축산어업 등 업종의 숙련 기능 인력 확보를 위해 '외국인 숙련 기능 점수제 비자'를 신설했다. 즉, 숙련 기능 인력 점수제를 도입해 우수 외국 인력이 본국으로 귀국하지 않고 계속 해당 분야에서 근무할 수 있도록 하는 제도이다.

한국과 독일의 외국 인력 수급 제도는 서로 비슷한 특징을 가지고 있다. 한국과 독일 모두 '교체 순환 원칙'에 바탕을 두고 외국인 근로자들의 체류를 한시적으로 허용한 측면과 속인주의적 전통에 바탕을 두고 있다는 측면에서 유사점이 발견된다. 또한 독일은 다문화 사회로의 변화 과정에 있어서도 한국과 많은 유사점이 있다. 현재 독일 인구 중 다섯 명에 한 명은 '이민배경을 가진 사람'이며, 독일 인구의 10%가 외국인으로 구성되어 있다. 한국 사회보다 먼저 다문화 사회로의 변화를 경험한 독일의 사례는 한국 사회에 시사하는 바가 크다. 이 장에서는 독일 사회의 다문화 경험을 통해 한국 사회에 주는 함의에 대해 살펴보고자 한다.

2. 독일의 외국인 유입 역사

　1950~1960년대 완전고용을 이룬 성공적인 전후 경제 복구에 따라 당시 독일 정부는 외국인 근로자 유입 정책을 펼쳤다. 1955년 이탈리아와 독일의 국가 협약에 의해 외국인 근로자들이 독일로 들어오기 시작했고, 1960년대에는 스페인, 터키, 모로코, 튀니지, 유고슬라비아 등에서 외국인 근로자들이 독일로 유입되었다. 1962년 독일의 외국인 근로자는 약 63만 명이었다. 이는 전체 피고용 인구의 약 3.1% 정도에 해당하는 비율이었다. 10년 후인 1972년, 독일 내 외국인 근로자는 260만 명으로 증가해 전체 피고용 인구의 약 10.5%를 차지하게 되었다.

　독일 외국인 근로자 1세대는 대부분 20대에서 40대의 미혼 남성들이었으나, 미혼 여성 외국인 근로자도 점점 증가했다. 1960년대 후반까지 독일의 외국인 근로자들은 대부분 이탈리아, 스페인, 그리스 출신이었다가 그 이후부터는 옛 유고슬라비아 출신과 터키 출신 근로자가 두드러지게 증가했다. 1968년 독일 외국인 근로자 중 터키 출신은 10.7%, 옛 유고슬라비아 출신은 8.8%였던 반면, 1973년에는 터키 출신 근로자가 23%로, 옛 유고슬라비아 출신 근로자는 17.7%로 증가했다.

　처음부터 독일연방공화국의 외국인 근로자 정책은 교체 순환 원칙에 따라 이루어졌다. 이는 외국인 근로자들이 한시적으로 독일로 이주해 취업한 후 일정 계약 기간이 끝나면 본국으로 돌아가고 그 자리를 다른 근로자가 대체하는 형식이었다. 그러나 1960년대 후반부터 외국인 근로자들이 독일에 장기 체류하는 현상이 나타나기 시작한다.

　1970년대에는 독일의 외국인 근로자 유입 정책에 변화가 생긴다. 불경기와 제1차 석유파동으로 물가 폭등, 실업자 증가 등의 사회 문제가 대두하게 됨에 따라 서독연방정부는 1973년에 외국인 근로자 유입을 중단하기로 결정한다. 이때부터 시작된 독일의 외국인 노동력 유입 억제 정책은 현재까지 지속되고 있지만, 정보기술 분야 등 특정 직종에서의 인력 부족 현상을 해소하기 위해 외국인 근로자 유입 금지에 대한 예외 조치를 두기도 한다. 외국인 근로자 유입 억제 정책을 실시한 이후에도 정책 실시 이전에 입국한 외국인 근로자들의 장기 체류 현상이 본격화 되고 독일 내 체류 중인 외국인 근로자들이 고국의 가족들을 독일로 초 청하는 경향이 나타나기 시작했다. 이에 따라 2세대, 3세대 등으로 출생 외국인 수는 증가 추세에 있다. 1978년에는 외국인 관련 특별 기관인 '연방이민·난민청'이 설치되었으며, 외국인 귀환 정책이 병행해서 이루 어져 1983년에는 외국인들을 귀환시키기 위한 유화책인 '외국인 귀국촉 진법Gesetzes zur Förderung der Ruckkehrbereitschaft von Ausländern'이 제정되었다.

독일의 외국인 이주 역사는 단계적으로 크게 두 시기로 구분할 수 있 다. 첫 번째 시기는 노동 이주 협약에 의한 외국인 근로자 초청 시기인 1955년부터 1973년까지이며, 두 번째 시기는 외국인 근로자 유입 금지 조치 이후 개별적 노동 이주가 가족 단위 이주로 전환된 1973년 이후부 터 현재까지이다. 즉, 1970년대 중반을 기점으로 '외국인 근로자 문제' 가 '외국인 이주민 문제'로 성격이 바뀌게 된다. 또한 '사회통합'이라는 과제도 이와 함께 대두된다.

1990년대에는 정보기술 분야 등 특정 직종에서 전문 인력 부족 현상이 나타나기 시작했다. 독일 정부는 특정 전문 직종에 한정하여 제한적으로 외국 인력을 위한 노동시장의 문을 열었다. 동구권 붕괴 이후 동유럽 국 가 인력들이 지속적으로 독일로 유입되는 문제가 발생하자 1997년에는 '고용촉진법Arbeitsföderrungsgesetz'을 개정해 기존의 일반 노동 허가와 특별 노동 허가를 노동 승인Arbeitsgenehmigung 및 노동 자격Arbeitsberechtigung으 로 바꿨다. 노동 승인은 노동시장 상황에 따라 취업 기간, 지역 및 직종을 제한하는 것이며 노동 자격은 외국인 근로자들이 내국인 근로자와 동등한 자격을 가지고 근로할 수 있는 권한을 갖는 것이다. 2005년 이민법에서는 이주민들의 문화적 정체성을 인정하고 이주민을 정치적·경제적·사회적으로 안정시키고 통합시키기 위해 자국민과 동등한 기회를 제공하는 방향으로 정책 방향이 바뀌었다.

한편 동구권 붕괴를 전후로 구소련 지역과 동유럽 지역으로 이주했던 독일계 재외 동포와 그 가족들이 독일로 귀환하면서 이주민의 비율은 증가하게 되었다. 1989년에는 약 38만 명의 독일 재외 동포들이 독일로 귀환했고, 1990년에는 약 40만 명, 1993년부터 1995년 사이에는 약 20만 명 이상이 고국으로 돌아왔다. 이러한 경향은 그 이후 점점 하락세를 보였다.

독일은 유럽 최대의 난민 및 망명자 수용국이다. 2015년 유럽에서 망명 신청을 한 사람은 약 132만 1600명이었다. 그중 47만 6510명이 독일로 망명을 신청했다. 독일 다음으로 망명 신청을 많이 받은 국가는 헝가리로서 17만 7135명이 망명 신청을 했고, 스웨덴(약 16만 2450명), 오스트리아(약 8만 8160명), 이탈리아(약 8만 4085명), 프랑스(약 7만 5750명)로의 망명 신청이 그다음으로 많았다. 2014년과 비교할 때 2015년에는 독일(약 27만 3865명 증가, +135.1%), 헝가리(약 13만 4360 증가, +314.1%), 스웨덴(약 8만 1270명 증가, +100.1%), 오스트리아(약 6만 125명 증가, +214.5%)로 망명을 신청한 사람이 크게 증가했다. 2014년과 비교할 때 독일, 헝가리, 스웨덴, 오스트리아에서 망명을 신청한 사람 중에는 시리아 출신이 늘어났으며, 이탈리아로 망명 신청을 한 사람 중에는 서아프리카 출신이 늘어났다. 유럽 내 망명 신청자들 중 시리아 출신이 36만 8400명으로 나타났으며, 아프카니스탄 출신이 18만 1360명, 이라크, 코소보, 알바니아 출신은 각각 12만 4905, 7만 2465명, 6만 7740명으로 나

그림 3-1 | 2014년과 2015년 유럽 내 망명 신청자 수　　　　　　　　　(단위: 명)

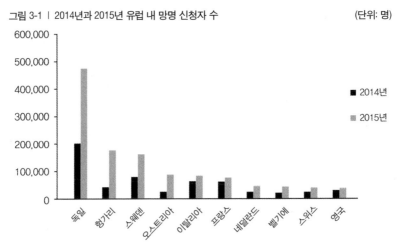

자료: Bundesamt für Migration und Flüchtlinge(2016a); Migrationsbericht(2015).

타났다.

　1950년대를 시작으로 2015년까지 독일로 망명한 외국인은 약 460만 명에 달한다. 시기별로는 1953년에서 1989년까지 약 90만 명, 1990년에서 2015년까지 약 370만 명의 외국인이 독일로 망명했다. 1970년대 중반까지 독일로 망명을 신청한 외국인은 매년 약 1만 명 정도로 비교적 적은 편이었으나 1980년에는 망명 신청자가 10만 7000명에 달했다. 그 중 절반 이상이 터키인들이었다. 이 시기의 망명 신청은 대부분의 경우 외국인 근로자 유입 금지와 관련이 있는 것으로 나타났다. 1983년에는 망명 신청자 수가 다시 2만 명 아래로 감소했으나 1984년부터 망명 신청자는 점점 증가하여, 유고슬로비아 전쟁(1991~1999) 등으로 1992년에는 약 44만 명이 독일로 망명을 신청했다. 그러나 1993년에 망명법 개정 이후 망명 신청자의 수는 감소하기 시작하여 2007년에는 약 3만 명의 외국인이 망명을 신청한 것으로 나타났다. 2007년 이후 망명 신청자가 다시 증가하는 추세를 나타내어 2013년에 12만 7023명, 2014년 20만

2834명, 2015년 47만 6620명이 독일로 망명을 신청했다. 그중 시리아 출신 망명자가 가장 많았다. 2015년 독일로 처음 망명을 신청한 사람 중 약 35.9%가 시리아 출신이었고, 27.4%는 세르비아, 마케도니아, 보스니아 헤르체고비나 등 발칸 지역 출신이었다.

3. 독일 사회에서의 이주민

독일에서 '이민배경을 가진 사람Menschen mit Migrationshintergrund'의 수는 2005년 1510만 명으로 전체 독일 인구의 약 18.3%에 해당하며, 그 수는 점점 증가해 2010년에는 1570만 명으로 독일 인구의 약 19.3%를 차지했다. 2015년 전체 독일 인구 약 8140만 명 중 약 20.0%에 해당하는 1711만 8000명이 '이민배경을 가진 사람'인 것으로 나타났다. 그중 약 54.6%에 해당하는 약 930만 명이 독일 국적을 가지고 있으며 45.4%에 해당하는 약 780만 명은 외국 국적을 가지고 있었다. 독일에서는 10세 미만 어린이의 약 1/3이 '이민배경을 가진 가정' 출신인 것으로 나타났다.

〈그림 3-2〉에서 알 수 있듯 독일 국적을 가진 920만 명의 '이민배경을 가진 사람' 중, '이민을 온 후 독일 국적을 취득한 사람'이 약 190만 명(11.9%), '직접 이민 경험을 하지 않고 독일 국적을 취득한 사람'이 약 50만 명(2.8%), '독일계 재외동포 귀환자로 독일 국적 미취득자'가 약 310만 명(17.9%)으로 나타났다. 그 외에도 '직접 이민을 경험하지 않은 독일인'이 약 370만 명(22.5%)으로 나타났다. 이들은 이주민의 자녀나 외국인의 자녀 또는 부모 중 최소 한 명이 이주민에 해당하는 사람들이다.

〈그림 3-3〉에서 보듯 2015년 전체 '이민배경을 가진 사람'은 터키 출신이 16.7%, 폴란드 출신이 9.9%, 러시아 출신 7.1%, 카자흐스탄 출신

그림 3-2 ┃ 유형별 '이민배경을 가진 사람'(2015)

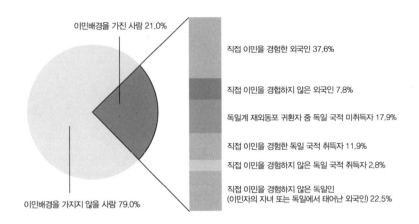

자료: Bundesamt für Migration und Flüchtlinge(2016a); Migrationsbericht(2015).

그림 3-3 ┃ '이민배경을 가진 사람'(2015)

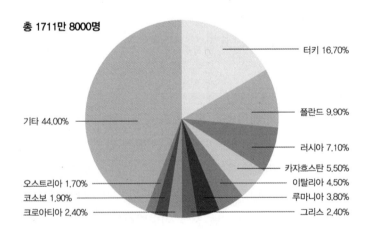

자료: Bundesamt für Migration und Flüchtlinge(2016a); Migrationsbericht(2015).

그림 3-4 | 출신 국가별 '직접 이민을 경험한 사람'(2015)   (단위: %)

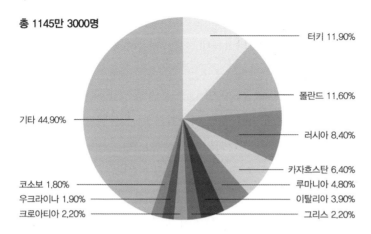

총 1145만 3000명

터키 11.90%
폴란드 11.60%
러시아 8.40%
카자흐스탄 6.40%
루마니아 4.80%
이탈리아 3.90%
그리스 2.20%
크로아티아 2.20%
우크라이나 1.90%
코소보 1.80%
기타 44.90%

자료: Bundesamt für Migration und Flüchtlinge(2016a); Migrationsbericht(2015).

5.5%, 이탈리아 출신 4.5%, 루마니아 출신 3.8% 순으로 나타났다. 직접 이민을 경험한 사람은 〈그림 3-4〉와 같이 1145만 명으로 나타났으며 그 중에는 터키 출신이 11.9%, 폴란드 출신이 11.6%, 러시아 출신이 8.4%, 카자흐스탄 출신이 6.4%, 루마니아 출신이 4.8%, 이탈리아 출신이 3.9%였다.

2015년 기준, 독일에서 '이민배경을 가진 사람'의 성별 분포를 보면 남성이 50.6%, 여성이 49.4%였다. 출신 국가별로 성별 분포가 달리 분석되어 우크라이나와 러시아 출신 이주민의 경우 여성 비율이 높게 나타났으며, 이탈리아, 아프리카, 시리아 출신 이주민의 경우에는 남성 비율이 높았다.

직접 이민을 경험한 사람들의 약 75.6%가 최소 10년 이상 독일에 체류하고 있는 것으로 나타났으며, 53.2%가 최소 20년 이상, 15.0%는 최소 40년 이상 독일에 체류하고 있는 것으로 나타났다. 또한 터키 출신

이주민의 76.9%, 크로아티아 출신 이주민의 72.3%, 이탈리아 출신 이주민의 71.2%, 그리스 출신 이주민의 63.2%가 독일에 20년 이상 장기 체류하고 있는 것으로 나타났는데, 이는 독일의 외국인 이주 역사를 그대로 반영하고 있는 수치이다.

2015년을 기준으로 볼 때, 독일 내 이주민의 평균 체류 기간은 22.2년으로 나타났다. 오스트리아 출신 이주민의 평균 독일 체류 기간은 31.1년, 이탈리아 출신은 30.9년, 터키 출신은 30.2년, 그리스 출신은 27.2년으로 나타났다. 러시아 출신 이주민은 평균 17.9년, 우크라이나 출신 이주민은 15.4년으로 비교적 짧게 독일에 체류한 것으로 분석되었다.

〈표 3-1〉은 1951년부터 2015년까지 독일 전체 인구 대 외국인의 비율을 나타낸 것이다. 전체 독일 인구 중 외국인이 차지하는 비율은 1951년 1%에서 1970년에는 4.9%로 증가했으며, 2015년에는 약 10.5%를 차지했다.

2016년 기준 독일 거주 외국인 수는 〈그림 3-5〉에서 보듯 약 944만 7400명이다. 그중 약 408만 명(43.2%)이 유럽연합 출신이다. 독일 거주 외국인을 〈그림 3-6〉과 같이 출신 국가별로 살펴보면 터키 출신이 약 150만 명(15.9%), 폴란드 출신 약 75만 명(8.0%), 이탈리아 출신 약 60만 명(6.4%) 순이다. 전체 외국인의 13.3%에 해당하는 약 125만 명은 독일에서 태어난 제2세대와 제3세대이다. 18세 미만 외국인의 35.8%에 해당하는 44만 8000명이 독일에서 태어난 것으로 나타났다. 전체 외국인의 56.8%가 유럽연합 외 국가 출신 외국인인 점은 문화적인 사회통합이 독일 사회가 풀어나가야 할 큰 과제로 떠오르고 있다는 점을 함의한다.

2016년 3월 말 기준 독일에 체류 중인 전체 외국인의 약 28.2%(266만 명)가 20년 이상 독일에 체류하고 있으며, 15년 이상 체류자는 35.7%(337만 명), 10년 이상 체류자는 47.1%(445만 명)로 나타났다. 조금 더

표 3-1 | 전체 독일 인구 및 외국인 수 (단위: 명, %)

연도	독일 인구	외국인 수	독일 전체 인구 대 외국인 비율
1951	50,808,900	506,000	1.0
1961	56,174,800	686,200	1.2
1970	60,650,600	2976,497	4.9
1980	61,657,900	4,453,308	7.2
1990	79,753,227	5,342,532	6.7
2000	82,259,540	7,296,817	8.9
2005	82,437,995	6,755,811	8.8
2010	81,758,330	6,753,621	8.8
2015	82,175,684	8,651,958	10.5

자료: Bundesverwaltungsamt(각 연도).

그림 3-5 | 출신 지역별 외국인 수(2016년 3월 31일 기준) (단위: %)

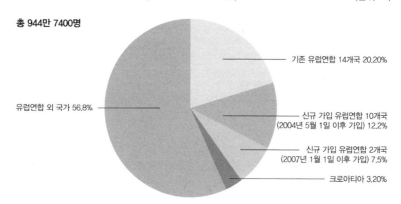

총 944만 7400명

기존 유럽연합 14개국 20.20%

유럽연합 외 국가 56.8%

신규 가입 유럽연합 10개국
(2004년 5월 1일 이후 가입) 12.2%

신규 가입 유럽연합 2개국
(2007년 1월 1일 이후 가입) 7.5%

크로아티아 3.20%

자료: Bundesamt für Migration und Flüchtlinge(2016).

자세히 살펴보면, 터키 출신 외국인의 80.1%가 10년 이상 독일에 체류
하고 있었고, 이탈리아 출신 외국인의 63.8%, 그리스 출신 외국인의
59.0%, 크로아티아 출신 외국인의 56.3%가 10년 이상 독일에 체류하고

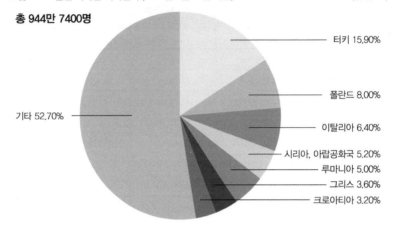

그림 3-6 ㅣ 출신 국가별 외국인 수(2016년 3월 31일 기준)　　　　　　(단위: %)

총 944만 7400명

터키 15.90%

폴란드 8.00%

이탈리아 6.40%

시리아, 아랍공화국 5.20%

루마니아 5.00%

그리스 3.60%

크로아티아 3.20%

기타 52.70%

자료: Bundesamt für Migration und Flüchtlinge(2014).

있었다. 이들은 1950~1970년대에 독일로 온 외국인 근로자와 그 가족
들이 대부분인 것으로 나타났다.

4. 독일의 사회통합 정책

독일의 이주민 정책은 통합 정책이다. 1970년대 초 외국인 근로자 유
입 중단이 결정된 이후 독일에서는 기존에 독일에 와 있던 외국인들이
장기 체류하는 형태로 체류 형태가 변화했다. 그럼에도 독일 정부의 정
책은 속인주의 또는 혈통주의 전통을 유지하며 단기 인력 수급 중심의
정책 기조로 이어졌으며 외국인의 귀환 프로그램에 집중한 소극적인 사
회통합 정책의 특성을 보였다. 그러나 외국인의 정주화 현상과 가족 이
민이 증가하는 변화가 일어나자 1970년대 말에는 외국인 관련 특별 기
관인 '연방이민·난민청'을 설치하는 등 정부 차원에서 보다 적극적인 사

회통합 정책을 실시했다.[2] 1983년에는 외국인이 출신국으로 귀환을 희망할 경우에 외국인 귀국촉진법을 통해 귀환 지원금을 지급하고, 연금도 미리 지급하는 정책 등을 실시했으나 효과는 크지 않았다.

독일 노동시장에서 사회통합 정책은 비교적 성공적으로 진행되었다. 독일에서는 1955년부터 독일 거주 외국인들에게 독일인과 동등한 노동 조건과 사회보장 혜택이 주어졌다. 1972년부터는 외국인 근로자들에게 노동자 대표 평의회의 선거권과 피선거권이 부여되었다. 그러나 노동시장에서의 사회통합과 달리, 독일 사회 전반에 걸쳐서는 속인주의 경향이 강하게 나타났으며, 문화적 단일성을 유지하려는 정책 기조가 지속되었다. 1980년대 말부터 구동구권에 거주하던 재외 동포들이 독일로 다시 귀환하는 등 변화가 나타나게 되고 외국인에 대한 정책은 동화 Assimilation 정책에서 통합Integration 정책으로 전환되었다.

독일은 2005년 유럽연합 회원국 국민들을 위한 근로 이민 규정을 제정하는 등 시대적 요구와 환경 변화에 부응하는 다문화 정책 수립과 사회통합을 위해 꾸준히 노력하고 있다. 예를 들어, 외국인 자영업자나 사업자가 사업체 건립에 있어서 특별한 경제적 관심사를 충족시키거나 해당 지역의 수요 등의 조건을 만족시킬 경우에 체류 허가를 받을 수 있게 되었다. 또한, 전문가나 학자 혹은 고위 관리 등에도 체류 자격이 주어지는데, 이 경우에는 구체적인 일자리에 대한 증명 또는 근로 제안 등의 요건을 충족시켜야 체류 자격이 주어진다.

---

2   이 관청의 초대 외국인 정책 특보(Ausläderbeauftragte) 하인츠 퀸(Heinz Kühn)은 1979년 정책 보고서를 통해 이주민 2세, 3세의 교육 환경 개선, 이주민 사회통합 정책, 지방자치에서의 외국인 선거권, 장기 체류 외국인의 국적 부여 등을 제안했다. 이 보고서는 독일에서 사회통합에 대한 논쟁을 촉진시키는 하나의 계기가 되었다.

독일연방정부는 이주민과 그 자녀들의 독일어 습득을 위해 많은 예산을 투자하고 있으며, 이민을 위한 전제 조건으로 삼고 있다. 2005년 제정된 이민법은 독일 내의 이주민들에게 독일어 강좌 600시간, 시민교육 강화 30시간으로 이루어진 사회통합 교육을 받도록 규정하고 있다. 이 이민법은 외국인에게 이러한 강좌에 참여하고 시험에 통과할 것을 의무화하고 있고, 이러한 의무를 이행하지 않았을 경우 체류 연장을 거부하거나 영주권 취득을 제한하는 등 법적·재정적 제재가 이루어질 수 있음을 명시하고 있다. 영주권 취득을 위해서는 유럽 공동 언어 준거틀의 B1 등급에 도달했음을 입증해야 한다.

2015년 11만 4091명의 사회통합 교육 과정 이수자들이 '이주민을 위한 독일어 시험Deutsch-Test für Zuwanderer'에 응시하여 60.5%인 6만 9002명이 유럽 공동 언어 준거틀 B1 등급에 도달했고, 31.9%에 해당하는 3만 6402명은 A2, 즉 '초급 언어 능력elementare Sprachverwendung'을 인정받았다. 이는 '이주민을 위한 독일어 시험'에 응시자의 약 90%가 합격한 것을 의미한다. 사회통합 교육 과정을 이수하고도 B1의 수준에 미달된 참가자들에게는 300시간의 교육을 더 받을 수 있는 기회와 시험에 한 번 더 응시할 수 있는 기회를 부여하고 있다. 또한 이주민들의 성공적인 사회통합을 위해서는 이주민을 위한 직업교육도 중요한 요소이다. 독일 정부는 다양한 교육 프로그램을 실시함으로써 외국인들의 직업교육을 개선하기 위해 노력하고 있으며, 외국인을 위한 일자리 창출도 적극적으로 고려하고 있다.

〈그림 3-7〉은 연도별 독일 국적 취득자 수를 나타낸 것이다. 2000년에는 1997년과 비교해서 약 2.2배에 가까운 사람들이 독일 국적을 취득했다. 2000년에 이민법이 개정되면서 약 18만 6600명이 독일 국적을 새로 취득한 것으로 분석된다. 2015년에는 약 10만 7300명이 독일 국적을

그림 3-7 ㅣ 연도별 독일 국적 취득자 수 (단위: 명)

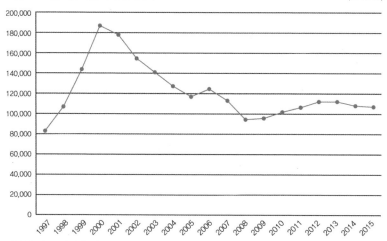

자료: Bundesamt für Migration und Flüchtlinge(2016a); Migrationsbericht(2015).

취득했다.

〈그림 3-8〉은 독일 국적 취득자의 출신 국가를 나타낸 그림이다. 2015년 독일 국적 취득자 중 터키 출신이 18.4%, 폴란드 출신이 5.6%, 우크라이나 출신이 3.9%, 코소보 출신이 3.6%, 이탈리아 출신이 3.2%, 이라크 출신이 3.2%를 차지했다.

독일 국적 취득자의 출신 국가에 따라서 성비에 큰 차이를 보인다. 새로 유럽연합에 가입한 중유럽, 동유럽 국가 출신의 경우 여성들의 독일 국적 취득 비율이 높은 것으로 나타나고 있다. 2014년 독일 국적 취득자 중 여성 비율이 52.3%로 나타났다. 이에 비해 라트비아 출신 독일 국적 취득자 중 74.1%가 여성이었으며 리투아니아 출신 중에는 73.4%, 폴란드 출신 중 71.9%, 루마니아 출신 중 71.3%, 슬로바키아 출신 중 71.1%가 여성이었다. 또한 필리핀 출신 독일 국적 취득자의 84.0%, 태국 출신 독일 국적 취득자의 74.9%가 여성인 것으로 나타났다. 반면 튀

그림 3-8 | 독일 국적 취득자의 출신 국가(2015)　　　　　　　　　(단위: %)

총 10만 7317명

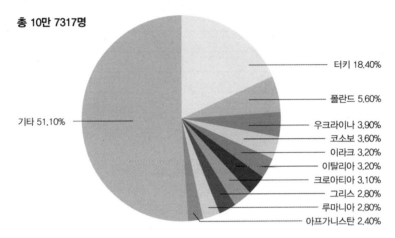

터키 18.40%

폴란드 5.60%

우크라이나 3.90%

코소보 3.60%

이라크 3.20%

이탈리아 3.20%

크로아티아 3.10%

그리스 2.80%

루마니아 2.80%

아프가니스탄 2.40%

기타 51.10%

자료: Bundesamt für Migration und Flüchtlinge(2016);

니지 출신 독일 국적 취득자 중 여성의 비율은 31.7%, 이집트 출신 독일 국적 취득자 중 여성의 비율은 31.1%로 나타났다. 출신 국가별로 독일 국적 취득자의 성비가 각각 다르게 나타나고 있는 것은 결혼 이민, 취업 이민, 난민 등 출신 국가별 이주의 사유가 각각 다른 것에서 기인한 것으로 분석되었다.

〈그림 3-9〉는 유럽 주요 국가들의 외국인 국적 취득자 수를 나타낸 것이다. 2012년 독일 국적을 취득자는 11만 4637명으로 나타났다. 영국 국적 취득자는 19만 3884명, 프랑스 국적 취득자는 9만 6088명, 스페인 국적 취득자는 6만 5384명으로 집계되어, 독일은 영국에 이어 유럽에서 두 번째로 외국인 국적 취득자 수가 많은 국가이다.

독일은 사회보험과 사회부조 등을 통해 사회 구성원들에게 기본적인 사회보장을 실시하고 있다. 독일의 사회보험제도는 연금보험, 의료보험, 산재보험, 고용보험 그리고 장기요양보험으로 나뉜다. 이 중 산재보

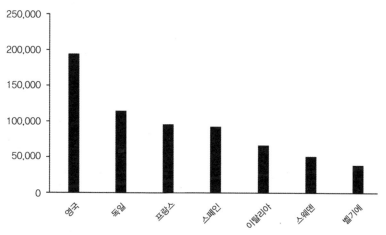

그림 3-9 ┃ 유럽 주요 국가의 외국인 국적 취득자 수(2012)　　　　　　　(단위: 명)

자료: Bundesministerium des Innern(2014:48).

험은 사용자가 전액 부담하며, 연금보험, 의료보험, 고용보험, 장기요양 보험은 노사가 절반씩 부담한다. 사회보험제도는 원칙적으로 근로자가 그 적용 대상이며, 자영업자의 경우 조산원 근무자, 가내수공업자, 예술가 등 특별히 보호가 필요한 것으로 인정되는 경우에 한하여 예외적으로 적용되고 있다. 차별 금지 원칙에 따라 외국인 근로자에게도 사회보장제도가 당연 적용되므로 이는 불법 체류나 불법 취업자를 단속, 통제할 수 있는 법적 근거로도 작용하고 있다.

　독일의 공공부조 제도에는 실업자 기초 소득 보장 제도와 사회부조 제도가 있으며, 자격 요건에 따라 외국인에게도 수급 자격을 부여한다. 그뿐만 아니라 적합한 요건을 충족하지 못한 외국인의 경우에도 긴급 급여는 재량에 따라 판단해 인도적으로 적용하도록 하고 있다.

　실업자 기초 소득 보장 제도의 수급 대상은 15세 이상 65세 미만으로서 근로 능력과 근로 의사를 가지고 있음에도 실업으로 인해 최저생계비 미만의 생활을 하고 있는 사람이다. 이때 이민법의 규정에 근거해 노동 허가를 소지한 독일 거주 외국인도 수급 자격을 갖는다. 하지만 구직 활동을 목적으로 독일에 입국한 유럽연합 국민은 수급 대상에서 제외된다. 외국인은 독일에 입국한 지 최소 3개월이 경과해야 실업자 기초 소득 보장 제도를 신청할 수 있지만, 인도적 차원의 체류 허가를 받았거나 과거 독일에서 취업을 한 경력이 있는 외국인은 입국과 동시에 신청 자격이 주어진다.

사회부조 제도는 근로 능력, 연령, 국적, 성별 등과 무관하게 빈곤 구제를 목적으로 하며, 복지 사각지대의 문제를 보완해주는 2차적 안전망으로 기능한다. 또한 실업자 기초 소득 보장 제도의 적용에서 제외되고 있는 노인, 아동 및 청소년, 장애인 등을 위한 최저 생활 보장 제도로서의 역할 역시 수행하고 있다. 독일 사회부조 제도의 급여 종류는 생계 급여, 노인·장애인 기초 소득 보장, 의료 급여, 장애인 재활 지원, 장애인 요양 부조, 긴급 급여 그리고 시설 급여 등으로 다양하다. 사회부조 제도는 원칙적으로 내국인과 외국인에게 동등하게 적용한다. 다만 외국인이 사회부조 제도의 혜택을 받기 위해서는 공식적인 체류 자격을 획득하고 있어야 하며, 장기간 독일에 거주하게 될 것으로 인정을 받아야만 한다. 한편, 난민 보호를 국가의 의무로 명시하고 있는 독일 기본법에 따라 난민 급여 제도는 유일하게 외국인만을 대상으로 운영되는 사회복지 제도로 운영되고 있다.

또한, 독일은 사회통합을 위해 많은 예산을 편성하고 있다. 아동에서 성인까지 다양한 연령대를 대상으로 하는 시민교육 프로그램을 운영하고 있을 뿐만 아니라, 이주민의 사회통합을 위해 상호문화주의를 바탕으로 한 다양한 민주 시민 교육 프로그램을 운영함으로써 사회 구성원들 간의 소통과 이해를 증진시키는 역할을 수행한다. 그러나 이러한 다

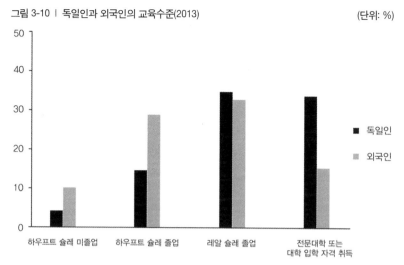

그림 3-10 | 독일인과 외국인의 교육수준(2013)　　　　　　　　　　　(단위: %)

자료: Bundesministerium des Innern(2014:48).

양한 사회통합 노력에도 불구하고 외국인의 교육수준, 임금수준 등은 독일인보다 훨씬 낮은 것으로 나타났다.

〈그림 3-10〉의 통계에 따르면 2013년 기준 외국인의 약 11.4%가 일반 학교에 해당하는 하우프트슐레Hauptschule를 졸업하지 않은 것으로 집계되었는데, 독일인 중 하우프트슐레를 졸업하지 않은 비율은 그보다 훨씬 낮은 4.9%로 나타났다.[3] 직업학교에 해당하는 레알슐레Realschule 졸

3　독일에서는 초등학교(Grundschule) 4년을 마친 후, 개인의 능력과 의사에 따라 일반 학교인 하우프트슐레(Hauptschule), 실업학교 레알슐레(Realschule), 인문계 고등학교인 김나지움(Gymnasium)을 선택할 수 있다. 김나지움을 수료하고 졸업 시험에 합격하면 아비투어(Abitur)라는 학력 증서를 받게 되는데 아비투어는 대학 입학 자격증에 해당한다. 그러나 아비투어를 받고도 대학에 진학하지 않는 사람이 많다. 레알슐레를 수료하고 졸업시험에 합격하면 미틀러레 라이페(Mittlere Reife)라는 학력 증서를 받게 된다. 미틀러레 라이페 증서는 은행원, 사무직, 경찰, 기능직 등의 직업 교육을

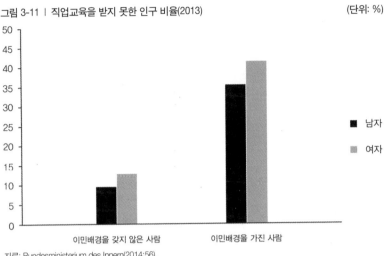

그림 3-11 | 직업교육을 받지 못한 인구 비율(2013) (단위: %)

자료: Bundesministerium des Innern(2014:56).

업생은 독일인의 경우 39.8%, 외국인은 37.7%로 비슷했으나, 전문대학이나 대학 입학 자격 취득 비율은 독일인 38.6%, 외국인 17.8%로 큰 차이를 보였다.

독일의 노동환경에서 직업교육은 취업을 위한 필수 불가결한 조건이다. 〈그림 3-11〉에서 살펴볼 수 있듯이 직업교육을 받지 못한 이주민은 남성의 경우 35.5%로 나타나 비이주민 남성의 9.5%가 직업교육을 받지 못한 것에 비해 세 배 이상 높게 나타났으며, 여성의 경우도 직업교육을 받지 못한 이주민은 비이주민 여성보다 훨씬 높게 나타난 것으로 분석되었다.

받았으며 업무에 종사할 수 있는 능력이 있다는 증서이다. 미틀러레 라이페로는 대학 진학이 자격이 주어지지 않는다. 레알슐레 졸업 후 대학 진학을 원하면 김나지움에 편입하여 공부할 수 있다. 하우프트슐레를 졸업하고 졸업 시험에 합격하면 하우프트슐레 졸업 증서를 받게 된다. 이 증서는 직업에 대해 배울 수 있는 최소한의 학력을 갖추었다는 증서이다. 하우프트슐레 졸업 후 레알슐레로 편입할 수 있다.

그림 3-12 | 15세 이상 독일인의 직업 분포(2013)　　　　　　　　　　　　　　　(단위: %)

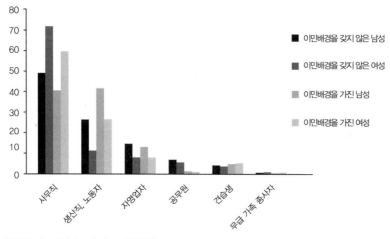

자료: Bundesministerium des Innern(2014:60).

　또한 외국인의 사회통합과 관련된 중요한 지표로서 종사하고 있는 직업의 종류와 직위, 실업률 등을 꼽을 수 있다. 2013년 '이민배경을 갖지 않은 독일인'의 실업률은 남성이 4.8%, 여성은 4.5%로 나타난 데 비해, '이민배경을 가진 독일인'의 실업률은 남성이 9.3%, 여성은 8.4%로 나타났다. 〈그림 3-12〉에서 확인할 수 있듯 이민배경을 가진 남성의 41.5%, 여성의 26.5%가 생산직 또는 노동자인 반면에 이민배경을 가지지 않은 남성의 26.1%, 여성의 10.9%가 생산직 또는 노동자로 나타났다. 공무원, 회사원으로 일하는 비율은 이민배경을 가진 사람이 이민배경을 갖지 않은 사람에 비해 낮았다.

　〈그림 3-13〉은 독일인의 생계비 마련 방법을 나타낸 자료이다. 이민배경을 가진 사람 중 실업수당이나 기초생활보조금을 통해 생계비를 마련하는 사람들은 남성 9%, 여성 8.2%로 나타났다. 반면, 이민배경을 가지지 않은 사람 중 실업수당이나 기초생활보조금을 통해 생계비를 마련

그림 3-13 ㅣ 독일인의 생계비 마련 방법(2012)　　　　　　　　　　　(단위: %)

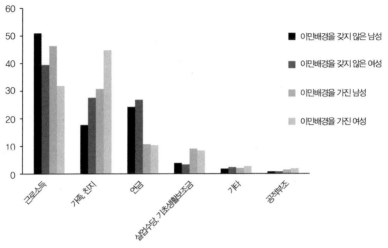

자료: Bundesministerium des Innern(2014: 62).

하는 남성은 4.2%, 여성은 3.5%로 나타나 이민배경을 가진 사람들의 실
업수당이나 기초생활보조금 의존도가 큰 것으로 나타났다. 또한, 가족
및 친지를 통해 생계비를 마련하는 비율은 이민배경을 가진 사람이 높
게 나타났다. 특히 이민배경을 가진 여성 중 44.8%가 가족과 친지에게
생활비를 의존하고 있는 것으로 분석되었다.

5. 더 나은 미래를 위한 제언

　다문화 현상이 뚜렷해지는 과정에서 한국 사회는 '문화 다양성의 인
정'과 '사회통합의 문제'라는 동전의 양면과 같은 문제와 마주하게 되었
다. 한국 사회가 처한 문제를 몇 가지 살펴보면 다음과 같다. 첫째, 한국
에 체류하는 외국인이 증가함에 따라 사회통합 등 새로운 과제들이 대

두되고 있으나, 체계적인 정책 수립이 미흡한 상황이다. 또한 이주민의 생존권과 인권 보호에 대한 대책도 제대로 마련되어 있지 않다. 둘째, 한국의 다문화 정책은 부처별·분야별 개별 정책으로 산발적으로 시행되어 일관성이 결여되어 많은 시행착오를 거듭하고 있고, 특히 장기적인 정책 수립의 한계를 보이고 있다. 셋째, 한국의 다문화 정책은 근본적인 문제 해결보다 지원 사업 등 개별 사업 위주로 실시되는 경향을 보인다. 넷째, 한국의 다문화 정책은 외국인들에게 한국 문화를 일방적으로 전달하려는 경향이 있으며, 사회 전체와의 연관성을 고려한 해결책보다는 이주민 문제로 관점을 고정시켜 인식하는 경향이 있다. 다섯째, 한국에 체류하는 외국인 근로자 비율이 결혼 이주 여성의 비율보다 훨씬 높음에도 결혼 이주 여성과 다문화 가족에 정책이 집중되어 있다.

독일의 경우에는 이민정책과 다문화 정책이 유기적으로 연관되어 실시되고 있으며, 다민족 국가가 당면한 문제점을 장기적 측면에서 관리하여 사회통합에 기여하고자 지속적으로 노력하고 있다. 특히 1978년 설립된 '연방이민·난민청'이 다문화와 관련된 현상들을 체계적으로 관리하고 다양한 정책을 수행하고 있으며, 독일 정부는 외국인과 이주민에게 여러 가지 사회복지 혜택을 제공하고 있다.

그럼에도 이주민과 이주민의 2, 3세대는 교육수준, 소득수준 등에서 비이주민과 차이를 보이고 있어 독일은 여전히 풀어야 할 많은 과제들을 안고 있는 점은 우리에게 시사하는 바가 크다. 급속히 증가하고 있는 난민과 관련된 문제도 독일이 해결해야 하는 숙제 중의 하나이다.

독일과 마찬가지로 한국 사회도 인종적·문화적 다양성이 증가하고 있다. 필자의 관점에서 한국 정부의 다문화 정책이 지향해야 할 점들은 다음과 같다. 첫째, 국내 체류 외국인의 사회통합과 관련한 체계적인 정책 수립이 필요하며 이주민의 생존권과 인권 보호를 위한 정책이 마련되어야 한다. 둘째, 외국 인력의 유입은 이주민 본인에게도 큰 변화를 가져오지만, 이주민을 수용하는 사회 구성원들의 여러 가지 이해관계와도 얽혀있기 때문에 정부 차원의 장기적이고 체계적인 관리가 필요하다. 독일처럼 정부 차원의 기관을 설치하여 체계적인 정책 수립과 정책 이행이 가능하도록 해야 할 것이다. 이러한 기관의 설립을 통해 현재 각 부처마다 별도로 시행하고 있는 다문화 정책들을 체계적으로 관리하여 정책의 효율성을 높여야 할 것이다. 셋째, 우리의 다문화 정책은 한국어 또는 한국 문화를 일방적으로 전달하려는 경향을 띠고 있다. 이러한 경향에서 벗어나 소수자의 언어와 문화를 이해하고 존중하는 방향으로 전환되어야 할 것이다. 이를 위해서는 외국출신 이주민을 대상으로 하던 다문화 교육을 자국민에게도 확대할 필요성이 있다. 또한 이주민을 위한 직업교육도 필요하다. 넷째, 소수자의 언어와 문화를 편견 없이 이해하고 수용할 수 있는 성숙한 사회문화 정착을 위해 장기적인 안목의 시민교육이 병행되어야 할 것이다. 특히 한국의 시민교육은 기반 시설 및 유기적인 협력 체제가 구축되지 않은 상태에서 각 기관 또는 단체별로 이루어지다보니 효과적이지 못한 경향이 있다. 따라서 독일처럼 국가 차원의 관련 기관 설립을 신중하게 고려할 필요가 있다. 다섯째, 평생교육원이나 시민대학 등에서 이주민이 자국의 언어와 문화 등을 독일인들에게 강의하는 독일의 사례는 우리에게 함의하는 바가 크다고 할 수 있다. 이주민이 평생교육원이나 시민교육 프로그램의 강사로 활동할 경우 그들의 정체성을 살려주면서 사회통합에도 기여할 수 있을 것이다. 여섯째, 이민정책에 있어서도 한국어 능력에 대한 강화된 요건만 요구할 것이 아니라, 다양한 언어를 통해 한국 사회를 충분히 이해할 수 있는 길을 열어두어야 할 것이다. 독일에서는 헌법을 다양한 언어로 번역하여 이주민에게 제공하고 있으며 '독일 생활 길잡이' 등의 자료를 다양한 언어로 발간하여 무료로 제공하고 있다. 이러한 독일의 사례는 우리에게 많은 것을 말해주고 있다. 일곱째, 한국에 체류하는 외국인 중에는 외국인 근로자들의 비율이 높다. 이 점을 감안해 외국인 근로자를 다문화 정책의 대상으로 적극 포함시키는 체계적인 정책들이 마련되어야 할 것이다. 여덟째, 단기적인 지원에 집중된 정책 시행보다는 장기적 관점에서 근본적인 문제 예방과 해결을 위한 정책들이 입안되고 시행되어야 할 것이다. 더불어 기존 다문화 정책이 재정적 지원과 다문화 교육에 치중되어 있었다면 앞으로는 다문화 정책에서 다국적 사회 구성원들의 생존권과 인권을 법적으로 보호할 수 있는 보건, 의료, 복지제도가 마련되어야 할 것이다.

한 사회 구성하는 출신 배경의 다양성에 따른 문화의 다양성은 미래의 잠재력이나 성장 동력으로 작용할 수 있다. 사회 구성원들의 다양성에 대한 수용과 타문화에 대한 이해와 포용이 바탕이 되었을 때, 그 다양성은 미래의 자산으로 더 큰 가치를 발휘할 수 있을 것이다. 따라서 긴 안목으로 다양성을 수용할 수 있는 체계적인 정책을 수립해야 할 것이다. 또한, 외국 정책을 무비판적으로 수용할 것이 아니라 우리의 현실에 맞는 다문화 정책의 수립이 필요할 것이다. 이러한 과정을 통해 다국적의 사회구성원들이 서로의 문화와 역사를 이해하고 존중하는 사회 환경이 조성된다면 사회통합의 길이 더 앞당겨질 수 있을 것이다.

참고문헌

유길상 외. 2004.『저숙련 외국인력 노동시장 분석』. 한국노동연구원.

이규영·김경미. 2009.「다문화사회에서 이주민의 정치 참여: 독일의 사례를 중심으로」. 한국유럽학회. ≪유럽연구≫, 제27권 2호 여름, 1~24쪽.

이용일. 2007.「이민과 다문화 사회로의 도전: 독일의 이민자 사회통합과 한국적 함의」. 한국서양사학회. ≪서양사론≫, 92권, 219~254쪽.

이정우. 2013.「독일의 외국인에 대한 사회복지제도 적용체계와 정책적 시사점」. ≪사회보장연구≫, 제 29권 제3호, 299~327쪽.

이종희. 2012.「다문화사회와 사회봉합: 독일사례를 중심으로」. ≪한독사회과학논총≫, 제22권, 53~84쪽.

중앙선거관리위원회 선거연수원. 2016.「전임교수 연구보고서」.

최웅선·이용모·주운현. 2012.「중앙정부의 다문화정책 조정에 관한 연구: 한국과 독일의 다문화정책 비교를 중심으로」. 한독사회과학회. ≪한독사회과학논총≫, 제22권 제1호, 33~68쪽.

허영식·정창화. 2012.「프랑스와 독일의 사회통합정책 비교분석」. 한독사회과학회. ≪한독사회과학논총≫, 제22권 제1호, 71~98쪽.

Bundesamt für Migration und Flüchtlinge. 2014. *Das Bundesamt in Zahlen 2014: Asyl, Migration und Integration*. Nürnberg: Bundesamt fuer Migration und Flüchtlinge.

_____. 2015a. *Aktuelle Zahlen zu Asyl*. Nürnberg: Bundesamt fuer Migration und Flüchtlinge.

_____. 2015b. *Migrationsbericht 2014*. Nürnberg: Bundesamt fuer Migration und Flüchtlinge. Nürnberg: Bundesamt fuer Migration und Flüchtlinge.

_____. 2015c. *Migrationsbericht 2014: Zentrale Ergebniss*. Nürnberg: Bundesamt fuer Migration und Flüchtlinge.

_____. 2015d. *Das Bundesmat in Zahlen 2014: Asyl, Migration und Integration*. Nürnberg: Bundesamt fuer Migration und Flüchtlinge.

Bundesverwaltungsamt. 각 연도. Ausländerzentralregister.

Bundesministerium des Innern. 2014. *Migration und Integration: Aufenthaltsrecht, Migrations- und Integrationspolitik in Deutschland*. Berlin: Bundesministerium des Innern.

Deutschland Statistisches Bundesamt. 각 연도. Datenreport. Wiesbaden: Statistisches Bundesamt.

_____. 각 연도. Strukturdaten zur Migration in Deutschland. Wiesbaden: Statistisches Bundesamt.

Kühn, Heinz. 1979. *Stand und Weiterentwicklung der Integration der ausländischen Arbeit-*

nehmer und ihrer Familien in der Bundesrepublik Deutschland: Memorandum des Beauftragten der Bundesregierung. Berlin: Bundesminister für Arbeit und Sozialordnung.

Oltmer, Jochen. 2005. "Deutsche Migrationsgeschichte seit 1871." in Bundeszentrale für politische Bildung(ed.). *Migration und Integration in Deutschland.* Bonn: Bundeszentrale für politische Bildung.

Pohlmann, Markus, Y. Jonghoe and L. Jong Hee(eds.). 2013. *Citizenship and Migration in the Era of Globalization: The Flow of Migrants and the perception of Citizenship in Asia and Europe.* Springer: Heidelberg, New York, Dordrecht London.

Unabhänges Meinungsforschungsinstitut INFO GmbH und Lilijeberg International Ltd. Sti. 2010.5.11. "Wertewelten von Deutschen und Migrant/innen- Migration zwischen Integration und Ausgrenzung." Pesseinformation.

Ⅱ
—
노 동

시간제 고용과 미니잡*
독일식 일·가족 양립 정책

홍찬숙 | 서울대학교 여성연구소 책임연구원

1. 한국에서의 시간제 고용에 대한 논의

1) 정규직 시간제 일자리 창출 정책과 혼란스러운 용어들

박근혜 정부에 들어서서 '시간선택제'라는 개념으로 한국에서 시간제
(또는 단시간) 근로에 대한 정책적 지원이 강조된 바 있다. 흔히 '시간제'
라는 표현은 '파트타임part-time'이라는 영단어를 번역한 것으로 여겨지지
만, 한국에서 이 말의 쓰임새는 상당히 혼란스럽다.

파트타임에 해당하는 법적 용어는 사실 '시간제'가 아니라 '단시간 근
로'이다. 이와 달리 '시간제'는 한국 노동시장에서 자생적으로 형성된 비
정규직 고용 형태를 의미한다. 예컨대 통계청의 '통계 표준 용어'에서
'시간제'는 아르바이트처럼 시간 단위로 일을 하거나 또는 임금을 시간
단위로 받는 경우를 말한다. 실제로 2014년의 조사에 의하면 시간제이

---

* 이 글 후반부의 일부분은 홍찬숙, 「시간제 고용은 일/가족 양립을 지원하는 적합한 방
법인가?」, ≪경제와 사회≫, 통권 90호(2011)에 기초하고 있다.

면서 평소 단시간 근로를 하는 경우 상용직은 9.2%에 불과하고 대부분이 임시직 또는 일용직이었다. 이런 이유에서 '시간제'라는 표현은 한국에서 비정규직을 의미하는 것으로 받아들여진다.

법적 용어인 '단시간 근로'는 같은 종류의 업무에 종사하는 일반적인 근로자보다 주당 노동시간이 더 짧은 경우를 의미한다. 1997년 근로기준법에서 처음 사용된 이후, 이 용어는 2007년 제정된 '기간제 및 단시간 근로자 보호 등에 관한 법률'이나 국제노동기구의 '단시간 근로 협약(제175호)'에서도 동일한 의미로 사용되고 있다.

한국에서는 법적 용어인 '단시간 근로'보다 '시간제'라는 용어가 더 자주 쓰인다. 자주 사용되는 이 단어가 부정적인 이미지를 갖다보니, 2013년 8월 16일 업무 보고 자리에서 박근혜 전 대통령이 '시간선택제' 개념을 제안했다고 알려져 있다. 박근혜 정부는 핵심 국정 과제로 '고용률 70% 달성'을 제시하고, 그 정책 수단으로 '시간선택제' 일자리의 중요성을 강조했다. 시간선택제 일자리는 '반듯한 시간제' 또는 '상용형 시간제' 일자리라는 표현으로도 사용된다.

사실 '시간제'라는 용어의 부정적 이미지로 인해서, 한국에서는 이명박 정부 때부터 이미 그 말을 대체할 다른 표현을 찾고 있었다. 2009년 여성부에서는 「퍼플잡 창출·확산 기본 계획 수립 및 추진 방향 연구」라는 보고서를 발간했는데, 여기서 '퍼플잡'은 고용 형태나 근무 방식에 관계없이 정규직과 동등한 처우와 권리를 보장하는 단시간 근로 형태를 의미했다. 당시 '퍼플잡' 지원의 목적은 일·가족 양립이 가능한 근무 형태를 확산해 여성의 고용을 증가시키는 것이었다. 그뿐만 아니라 '퍼플잡' 지원은 단시간 근로와 같은 유연 근로 형태를 통해 일자리를 나누고, 적극적으로 고용을 창출하려는 노동시장 전략이기도 했다.

적극적 노동시장 정책의 일환으로 이명박 정부 아래서 2010년 2월 개

그림 4-1 ┃ 퍼플잡의 개념

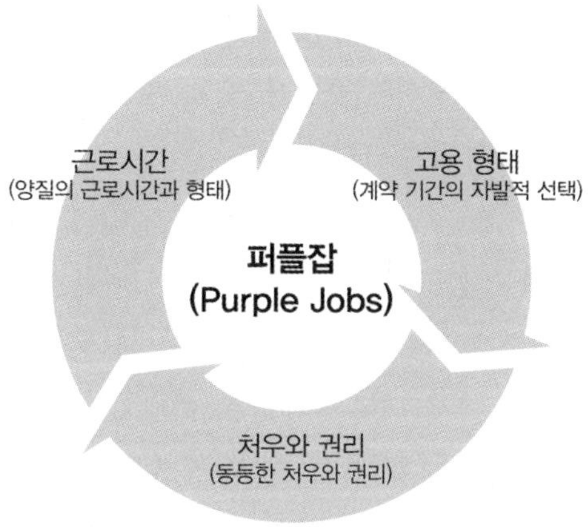

근로시간
(양질의 근로시간과 형태)

고용 형태
(계약 기간의 자발적 선택)

퍼플잡
(Purple Jobs)

처우와 권리
(동등한 처우와 권리)

자료: 여성부(2009).

최된 제2차 국가 고용 전략 회의에서는 일·가정 양립형 단시간 근로를 중심으로 유연근무제를 확산시키기 위해 '유연근무제 확산 방안'을 발표했다. 2020년까지 고용률 70%를 달성하겠다는 '국가 고용 전략'이 수립되었고, 주요 과제 중의 하나로 '일·가정 양립 상용형 시간제 일자리 확대'가 선정되었다. 한국은 선진국들에 비해 여성의 고용률이 매우 낮기 때문에, 여성들을 흡수할 수 있는 단기간 근로 형태가 고용률 확대의 관건이라고 여겨졌다.

박근혜 정부는 2013년 6월 저출산·고령화 위기를 극복하기 위해 '고용률 70% 로드맵'을 발표하고, 그해 11월에는 '시간선택제 일자리 활성화 추진 계획'을 발표했다. 고용률을 끌어올리는 것이 고령화에 대한 최선의 대응책이라고 보았기 때문이다. 한국은 수출 및 제조업 중심의 산업 구조를 갖고 있고, 남성 전일제 중심의 장시간 근로가 많아, 여성과 청년의 고용률이 낮았다. 정부는 여성 고용률을 끌어올리기 위해 일·가족 양립을 보장하는 유연 근로, 특히 단시간 근로 일자리를 창출하고, 동시에 보육 서비스를 확충한다는 구상을 했다. 그뿐만 아니라 고학력화로 청년층의 노동시장 진입이 늦어지는 현상, 퇴직 후에도 여전히 일자리가 필요한 고령자들의 상황 역시 고려했다.

이렇게 여성뿐만 아니라 청년, 고령자 등 시간 사용의 제약으로 인해 전일제로 일하기 어려운 인구 집단의 고용률을 높이기 위한 방안으로 기획된 것이 '시간선택제'이다. '시간선택제'라는 용어는 과거 '퍼플잡'과 마찬가지로 '정규직 성격의 단시간 근로 일자리'로 이해되었다. 시간선택제는 2014년 '경제 혁신 3개년 계획'에서도 정부 중점 과제 중 하나로 채택되었다.

말하자면 정규직 시간제(법적 용어로는 단시간 근로)는 이명박 정부 이후 지속되어온 저출산·고령화에 대한 해법이었다. 여성이 대다수를 차지하는 비경제활동인구를 노동 인력으로 전환하기 위해서 일·가족 또는 일·학습, 일·생활의 양립을 가능하게 하는 단시간 근로 일자리를 창출하려는 것이었다. 그렇게 해서 저출산·고령화로 인해 예상되는 노동력 부족 현상에 대비하고자 했다.

2) 외국의 단시간 근로 활성화 정책 참조

한국에서 고용률, 그중에서도 특히 경력 단절 여성의 고용률을 높이기 위해 퍼플잡 또는 시간선택제 일자리에 주목한 근거는 OECD 등을 통해 확산된 국제 비교의 연구 결과들이다. 이에 따르면 장시간 근로와 고용률은 일반적으로 반비례 관계에 있으며, 단시간 근로 비중이 증가할수록 여성의 고용률이 증가한다. OECD는 이미 1994년에 고용 전략을 수립하면서 중요한 고용 창출 전략의 하나로 단시간 근로의 활성화를 권고한 바 있다. 단시간 근로가 활발할수록 여성의 고용뿐만 아니라 출산율 제고에도 긍정적 효과가 나타난다는 연구 결과를 발표하기도 했다. OECD에서 모범 사례로 네덜란드를 지목했기 때문에, 한국에서는 '퍼플잡' 정책 때부터 네덜란드의 사례에 주목했다. 그러나 네덜란드보다 뒤늦게 정책적으로 단시간 근로를 장려한 독일이 2008년 이후 경제 위기를 안정적으로 극복하면서, 이후에는 독일의 노동시장 개혁 정책에 대한 관심이 고조되었다.

네덜란드나 독일과 달리, 영국에서는 국가가 정책적으로 개입한 결과로서가 아니라, 시장의 자발적 현상으로서 일찍부터 단시간 근로의 비중이 증가했다. 자발적 노사 관계에 기초한 영국에서는 단시간 근로를 규제하는 법 조항이나 단체협약이 존재하지 않았기 때문이다. 1980년 대에 이미 단시간 근로의 비중이 20%대에 육박했으며, 1989년에는 고용률 70%대에 진입했다. 제2차 세계대전 이후 전후 복구 사업과 복지 서비스 확장을 중심으로 노동 수요가 빠르게 증가하면서, 단시간 근로가 자생적으로 확산된 것이다. 그리하여 사무직이나 단순 기술직 등에서 단시간 근로가 활용되었다. 단시간 근로에 대한 법적 규정은 상대적으로 뒤늦게 제정되어, 현재 네덜란드, 독일에서와 마찬가지로 영국에서도 단시간 근로에 대한 부당한 차별을 법적으로 금지하고 있다.

네덜란드는 1982년 노사정 간에 체결된 '바세나르 협약', 그리고 1993년 바세나르 협약의 정신으로 돌아갈 것을 천명한 '신노선 협약'을 통해 단시간 고용을 활성화하는 데 합의했다. 정부는 단시간 근로자가 전일제 근로자처럼 사회보장과 노동법의 적용을 받도록 제도적으로 지원하고, 차별 금지를 법제화했다. 그 결과 주 35시간 이상 일하는 전일제 근로와 주 24~35시간 일하는 단시간 근로 사이에 임금격차가 거의 존재하지 않는다. 단시간 근로 형태는 공공 부문뿐만 아니라 민간 부문에서도

그림 4-2 ┃ 시간선택제 근로자 활용 국제 비교

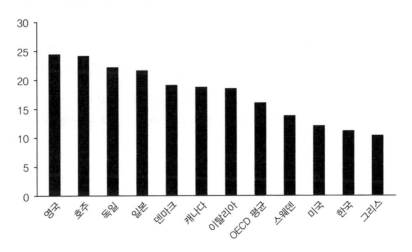

빠르게 확산되어, 2009~2010년 사이 네덜란드의 민간 부문 단시간 근로 일자리가 공공 부문의 약 두 배에 달했다.

독일은 세 나라 중에서 가장 늦게 노동시장 유연화를 통해 실업률 억제에 성공한 경우이다. 특히 최근의 유럽 경제 위기에도 불구하고 위기 이전보다 실업률이 더 감소하는 등 이례적인 성과를 보여, 근래 들어 더욱더 모범적인 사례로 거론되곤 한다. 유로화를 사용하는 17개국의 2011년 평균 실업률이 10.3%를 기록한 반면, 독일의 실업률은 통일 직후 수준인 6%로 오히려 감소했다. 또한 2008~2009년 사이에 실질 GDP가 5.1% 감소했음에도 실업률은 0.2% 증가하는 데 그쳤다.

2. 독일의 노동시장 개혁: 하르츠 II 개혁

1) 하르츠 II

독일은 1990년 구서독이 구동독을 흡수통일하면서, 사회보장 지출이 급격히 증가하고 성장이 둔화하며 실업률이 상승하는 사회경제적 난관에 봉착했다. 그리하여 사회민주당과 녹색당(옛 동독의 '90년의 연대' 포함)의 연정하에 있던 2003~2005년 당시에, 노동계의 강력한 반발에도 노동시장 유연화를 목적으로 하는 획기적인 노동시장 정책이 채택되었다. 그 결과 당시 수상이었던 사회민주당의 슈뢰더Gerhard Schröder는 지지율이 급락해 보수당의 메르켈에게 정권을 넘겨주지만, 메르켈 정권하에서도 중단 없이 노동시장 구조 개혁이 진행되었다. 당시 노동시장 개혁을 흔히 '하르츠 개혁'이라고 부르는데, 그것은 당시 개혁안을 제출했던 위원회의 위원장이 폭스바겐 회사의 이사이자 사회민주당 및 금속노조 회원인 페터 하르츠Peter Hartz였기 때문이다.

하르츠 개혁은 당시 집권 연정 세력에 의해 실시된 복지 및 노동시장 개혁 프로그램 '어젠다 2010'의 일환이었다. '어젠다 2010'은 2010년까지 유럽연합을 가장 혁신적인 경제 세력으로 만든다는 유럽연합의 '리스본 조약'에 대한 독일의 화답이었다. 하르츠 개혁안은 2002년 8월에 보고서 형식으로 완성되었는데, 슈뢰더 정부는 이 보고서에서 제안한 내용을 네 단계로 나누어 실행했다. 2003년에 실시된 하르츠 I과 II(노동시장 규제 완화 및 유연화에 대한 내용)를 필두로, 2004년에는 하르츠 III(연방노동청의 구조 개혁), 2005년에는 하르츠 IV(실업보험 개혁)가 순차적으로 시행되었다.

이 중에서 단시간 근로와 관련된 노동시장 개혁이 '하르츠 II'의 핵심

이다. 하르츠 II는 ① 경미한 고용, ② 단독 창업, ③ 고용사무소 설치의
세 가지 항목으로 이루어져 있다. 이 중 '미니잡'과 '미디잡'으로 불리는
'경미한 고용' 조항으로 인해, 이후 미니잡이라는 비정규직 성격의 단시
간 근로가 걷잡을 수 없이 확대되는 결과를 가져왔다. 우습게도 영어 표
현인 '미니잡'은 독일어 표현인 한국의 '아르바이트'와 매우 유사한 개념
이다.[1] 이후 '미니잡' 개념에 대한 몇 번의 개념 수정을 거친 후, 현재 미
니잡은 월 450유로 이하의 소득을 제공하는 '경미한 고용'으로 정의된
다. 미니잡이 급속하게 확대된 이유는 그것이 근로자와 사용자 모두에
게 매력적이기 때문이다. 즉 근로자에게는 세금 납부와 사회보험료 지
불의 의무를 면제하고, 사용자에게는 세금과 비용을 줄여주는 혜택을
제공하기 때문이다.

　노조의 세력이 강한 독일에서 시간제는 1980년대 중반 '고용촉진법'
에 의해 점차적으로 규제에서 풀렸으나, 2001년 '시간제 및 계약직 노동
계약법'과 육아휴직을 하는 동안 30시간까지 단시간 근무를 허용하는
'부모시간 제도'의 시행 이후에야 본격적으로 확산되었다. 그러나 이 시
기에는 아직 단시간 근로가 노동시장의 필요보다는 근로자의 권리 측면
에서 이해되고 있었다. 특히 여성들이 주로 고용되어 있는 사업장에서
는 노조의 주도하에 시간제의 권리가 주장되기도 했다. 무엇보다도 여
성 근무자들의 필요에 따라 전일제에서 단시간 고용으로 차별 없이 전
환할 수 있도록 보장하는 것이 시간제에 대한 법적 규정의 중심 내용이
었다. 그리하여 주 30시간 정도의 비교적 전일제에 가까운 단시간 근로
가 근로자의 권리로서 권장되었다.

1　독일에서 '아르바이트'는 정규직, 비정규직, 가사 노동, 숙제 등 모든 종류의 '일'을 의
　미한다.

그러나 하르츠 II 개혁을 계기로 이전과는 다른 규모로 단시간 고용이 급속도로 증가했을 뿐만 아니라, 그것의 성격 역시 노동권과 사회보장의 혜택에서 배제되는 비정규직의 방향으로 전환되었다. 독일에서는 이것을 비전형적 고용이라는 개념으로 표현한다. 현재 한국에서 '시간제'가 아르바이트 개념으로 이해되는 것과 마찬가지로 독일에서도 시간제가 점점 더 미니잡의 형태로 변화한 것이다. 2015년부터 독일에서 법정 최저임금제가 도입되면서 미니잡이 지속적으로 감소세를 보이고 있으나 여전히 상당수가 남아 있다. 이들 대다수는 여성들이다.

한국에서는 높은 청년 실업률과 심각한 노인 빈곤 문제로 인해 시간선택제 근로자 중 여성의 비율이 점차 낮아지고 있다. 반면 청년 실업률이 낮고, 연금 정책의 전통이 오래된 독일에서는 미니잡이 여성의 일자리로 고착되었다. 공공 보육 제도화의 느린 진행과 함께 시간제 일자리에서 미니잡이 차지하는 비중이 늘면서 시간제 일자리는 독일 특유의 일·가족 양립 제도로 굳어지고 있다. 돌봄의 탈가족화와 사회보장의 개인화 모델이라고 설명되는 스웨덴 등의 북유럽 복지국가에서는 '2인 소득자 가구' 모델이 전통적 핵가족의 '1인 소득자 가구' 모델을 대체하는 추세인 데 반해서, 네덜란드와 마찬가지로 독일에서는 전일제 남성과 시간제 여성으로 이루어진 '1.5인 소득자 가구' 형태가 점차 일반적인 핵가족 모델로 이해되고 있다.

2) 미니잡에 대한 한국에서의 논의

2010년대로 들어오면서 독일의 하르츠 II 개혁에 대한 한국 언론의 관심이 증가했다. 네덜란드의 시간제에 대한 소개와 관심이 주로 '정규직 시간제'의 법제화 이슈를 중심으로 진행된 것과 달리, 독일의 시간제 고용 확산에 대한 논의는 '미니잡'의 부작용이라는 문제에 집중됐다. 하르츠 개혁을 입안한 하르츠 본인이 자신의 의도와 달리 제도가 진행되고 있다고 비판한 바 있듯이, 독일에서도 '미니잡의 덫'이라는 표현까지 등장할 정도로 하르츠 II 개혁의 결과에 대해 비판의 목소리가 커졌기 때문이다. 한국에서 독일의 미니잡에 대한 비판은 노동자의 권익을 옹호하려는 입장뿐만 아니라 사용자 측에서도 나왔다. 시간제에 대한 차별 금지법에도 불구하고 실제 관행에서 미니잡이 차별적으로 운용되고 있을 뿐만 아니라, 사용자에게도 더 이상 노동비용을 절감하는 매력이 지속되지 못한다는 독일 내의 연구가 인용되기도 했다. 역사적으로 국가로부터 노사 협상의 자율성이 강조되어온 독일에서 미니잡의 부작용은 그동안 사회적으로 기피되었던 법정 최저임금제를 제도화하는 방향으로 귀결될 만큼 골치 아픈 문제로 인식되었다.

한국 언론에서는 '시간선택제'라는 개념이 등장한 2013년부터 미니잡에 대한 관심이 증가했다. 한편에서는 독일이 실업률을 획기적으로 줄이는 데 미니잡이 경이로울 정도의 역할을 수행했다거나, 인건비가 줄면서 수출에 의존하는 독일의 경제력이 강화되어 유럽의 재정위기마저 비켜갔다거나, 여성의 고용률을 성공적으로 끌어올렸다는 식의 분홍빛 평가가 쏟아졌다.

그러면서도 다른 한편에서는 기업들이 정규직 일자리를 시간제 일자리로 쪼개는 방식으로, 결국 비용 절감을 목적으로 미니잡을 활용했기 때문에 부작용을 피할 수 없다고 비판하기도 했다. 독일의 1인당 국민소득은 증가했으나 실질임금이 지속적으로 감소해, 국가 경제는 성장해도 국민은 오히려 궁핍해졌다는 지적이었다. 또 유럽의 주변국으로부터 독일이 '일자리 덤핑'으로 투자를 독점한다는 비난을 산다거나, 애초 미니잡의 정책 의도와 달리 정규직 일자리로 연결되는 통로 구실을 못한다는 사실이 지적되기도 했다. 한국의 비정규직 시간제와 마찬가지로 미니잡 또한 숙련을 필요로 하지 않는 단순 업무가 대부분이라 경력 개발에는 도움이 되지 않는다는 것이다. 비숙련 노동을 양산하고, 노후 빈곤을 심화하여 오히려 사회적 비용을 증가시킨다는 독일 내의 비판이 소개되기도 했다. 여성 고용률 증가에도 미니잡이 여성의 근무 형태로 굳어지면서 성차별을 낳는다는 지적도 있었다.

결국 독일의 미니잡은 '모범'이 아니라 '반면교사'으로 삼아야 한다거나, '장밋빛 개미지옥'에 불과하다는 표현까지 등장했다. 때때로 네덜란드는 독일과 달리 '모범'으로 수용될 수 있다고 주장되기도 했으나, 네덜란드에서도 '제로 아워Zero Hour'[2]라는 초단시간 일자리가 퍼지면서 새롭게 노사 갈등이 야기된다는 보도도 있었다.

또한 독일의 유력 인사들이 방한하여 하르츠 II 개혁과 미니잡에 대해 설명하는 일도 있었다. 한국에서 미니잡에 대한 관심이 얼마나 컸는지를 보여주는 현상이다. 2015년 3월 25일 독일 한스-뵈클러재단[3] 산하의 경제사회연구소 전 소장인 하르트무트 자이페르트Hartmut Seifert가 민주노총, 한국노총, 주한 프리드리히 에버트 재단Friedrich-Ebert-Stiftung이 공동 개최한 '노동 포럼'에 참석하여 하르츠 개혁에 대해 설명했다. 자이페르트 박사는 하르츠 개혁의 부작용으로 비전형적 고용의 확대, 불안정 고용 위험의 증가, 저임금 부문 확대, 노후 빈곤 위험 증가 등의 문제를 지적했다. 그리하여 결과적으로 독일연방정부가 최저임금제와 파견 노동 규제 강화 등 새로운 조정안을 내놓게 되었다고 설명했다.

---

2 근무시간을 정하지 않고 사용자 호출에 따라 근무하는 주당 15시간 미만의 근로 형태.
3 독일 노총의 초대 의장 한스 뵈클리의 이름을 딴 '한스-뵈클러재단'은 독일 노총의 재단이다.

그로부터 대략 두 달 후인 2015년 5월 21일에는 한국경제연구원에서 게르하르트 슈뢰더 독일 전 수상을 초청하여 전경련 회관에서 '어젠다 2010'에 대한 경험을 직접 들었다. 여기서 슈뢰더는 자신이 결국 인기를 잃을 줄 알면서도 개혁을 밀어붙였다고 말했다. 슈뢰더는 독일 역사상 최장수 수상이었던 헬무트 콜의 보수당 정권을 무너뜨리면서 최초로 중앙 정치 무대에 올라선 전후 세대 정치가였으며, 최초로 적록연정(사회민주당과 녹색당의 연합 정부)을 성사시키고, 사회민주당을 중도좌파 노선으로 변화시킨, 독일 제도 정치 변화의 상징적 인물이다. 2015년 5월 22일 경기도 의회의 초청 연설에서 슈뢰더는 독일 통일과 함께 엄청난 사회보장금이 구서독 지역에서 구동독 지역으로 이전되어 독일 경제가 흔들리고 있었기 때문에 '어젠다 2010' 개혁이 필요했다고 말했다. 즉 구동독 지역의 사회보장이 구서독 수준으로 향상되면서 독일 경제가 파탄에 직면했기 때문에 규제 완화를 위한 개혁을 실행했다는 것이다. 결국 그것의 목적은 사회보장의 해체가 아니라, 오히려 사회보장을 지속하기 위함이었다.

　　슈뢰더의 전경련 회관 특별 대담 바로 전날, 하르츠 개혁의 주인공 페터 하르츠는 《조선일보》가 주최하는 아시안 리더십 회의에서 한국의 노동부 장관과 대담을 가졌다. 다음 날에는 노사정위원회에서 하르츠 개혁에 대해 강연했다. 하르츠는 독일 사례를 단순히 벤치마킹하기보다는 한국 실정에 맞는 개혁을 추진할 것을 권유했다. 독일의 노동시장 개혁은 긍정적인 면도 있지만, 장기 실업자 문제처럼 보완할 부분 역시 많고 언론의 비판도 많이 받았기 때문이다. 2016년 4월에 결렬된 한국 노사정위원회 노동시장구조개선 특별위원회 협상에 대해 당시 정부는 그것이 '한국판 하르츠 개혁'이라고 홍보했지만, 하르츠 본인은 오히려 한국에 맞는 방식을 창조적으로 찾으라고 권고한 것이다.

3. 여성 고용률 확대와 관련된 난제: 독일의 보육 인프라

1) 보육 지원인가, 노동시장 지원인가

여성의 고용률을 높이기 위해 보육 지원이 먼저냐, 노동시장 개혁이 먼저냐는 닭과 달걀의 순서와 같다. 여성의 고용률 제고를 위해 시간제 취업을 지원하는 노동시장 유연화가 중요한 이유는 여성이 자녀와 다른 가족 구성원의 돌봄을 담당하기 때문이다. 남성과 달리 여성은 하루 시간을 대체로 돌봄과 경제활동 사이에 배분해야 한다. 따라서 돌봄과 고용은 여성의 삶에서 상호 제약하는 관계를 갖는다. 돌봄 시간이 상수이면 고용 시간이 변수가 되어야 하고, 고용 시간이 상수이면 돌봄 시간이 변수가 되어야 한다. 즉 시간제 고용이란 돌봄 시간이 상수라는 전제 아래서 고용 시간을 조절하는 방법이다. 그러나 이와 같은 방법이 간단치 않은 이유는, 돌봄이 본업이라면 고용의 질이 부차적인 이슈가 될 수밖에 없기 때문이다. 이런 이유에서 현대에 올수록 돌봄을 본업으로 여기는 여성의 비율이 낮아지고 있다. 고용 시간뿐만 아니라 돌봄 시간 역시 변수가 되는 것이다.

반면 한국처럼 남성보다 여성의 20대 취업률이 높은 곳에서 여성에게 고용 시간은 돌봄 시간보다 한발 일찍 정해진다. 이 경우에는 애초부터 돌봄 시간이 변수가 된다. 따라서 여성 고용에서 시간제 근로와 같은 유연성이 필요하듯이, 돌봄의 경우에도 유연성이 필요해진다. 돌봄 시간을 줄이고 고용 시간을 기준으로 그것을 배치하려는 경향이 커질 수밖에 없다. 이럴 경우 보육 문제가 중요하게 등장하는데, 단순한 보육 기회가 아니라 신뢰할 수 있는 '공보육'의 기회가 중요하다.

복지 이론가 에스핑-안데르센Esping-Andersen이 '보수적 복지 레짐'이라고 표현하듯이, 독일은 전통적으로 매우 보수적인 가족관에 기초해서 자녀 양육 문제를 다루었다. 대표적인 개신교 국가임에도 독일에서 가족관은 가톨릭의 영향을 많이 받았다. 독일 헌법인 기본법에는 가족이 보호받아야 한다는 조항이 들어 있다. 따라서 독일 가족 복지는 1차적으로 가족 내에서 해결되어야 하고, 그것이 여의치 않을 경우에 국가에서 보조한다. 이것을 '보충성 원칙'[4]이라고 한다. 복지국가는 보충하는 역할만을 한다는 것이다. '평등'을 강조하는 사회민주당의 경우에도 가족 복지는 가족관계로 구성된 생활 단위들 간의 평등을 의미했고, 가족 내의 평등을 의미하지는 않았다. 따라서 계급 간의 형평성을 보장하는 방향으로 가족 복지가 이루어졌다.

슈뢰더 전 수상이 속한 전후 세대 또는 이른바 68세대는 이러한 전통적 가족 이념에 반기를 든 세대였다. 이 세대는 가족관계로 구성된 생활 단위들 간의 평등뿐만 아니라 가족 내의 평등 역시 중요하다고 주장했다. 그러나 가족 문화나 가족 복지 제도를 변화시키기에는 정치적으로 역부족이었다. 그리하여 이들은 '개인화'라는 전략을 취했다. 정상적 가족관계 형성을 최대한 미루거나 아예 포기하는 것이다. 특히 고용을 상수로 여기는 여성들의 경우 이런 방식을 통해 돌봄 시간을 조절할 수 있었다. 전후 세대의 정당인 녹색당의 경우에도 가족 내의 평등한 관계를 제도화하기보다는 가족 외부의 동반자 관계 또는 대안적인 가족 형태를 지원하고 인정하는 것을 목표로 삼았다.

---

4 1장 '독일의 시민사회'에서 등장하는 상호 보완 원칙을 복지 제도 연구에서는 주로 보충성 원칙으로 번역한다. 이것은 민간이 우선적으로 책임을 지고 정부는 보충적 지원을 한다는 원칙으로서 여성 관련 정책의 측면에서는 비판의 대상이 되고 있다. 가족복지의 일차적 책임을 가족 구성원에게 맡기기 때문이다.

그 결과 남유럽을 제외한 서유럽권에서 독일은 대표적인 저출산 국가가 되었다. 에스핑-안데르센이 독일과 함께 '보수적 복지 레짐'으로 분류한 프랑스의 경우에는 일찍부터 저출산에 대비하여 공보육 지원을 제도화했다. 그러나 독일에서 저출산에 대한 대응으로 보육 문제가 제도적으로 논의된 것은 1990년대에 이르러서였다. 독일은 한국에 비해 몇십 년 일찍 저출산 현상이 사회 문제로 조명되었지만, 한국과 거의 같은 시기에 보육 문제가 정치적 의제로 논의될 수 있었다. 독일에서는 1996년부터 만 3세 이상의 아동들이 유치원에서 보육받을 권리를 보장받았다. 만 3세 미만의 아동들이 보육 시설을 이용할 권리를 보장한 것은 2013년 이후였다.

2) 독일의 보수적 양육 지원 정책: 금전적·시간적 지원

독일의 가족 지원 정책이 보수적이라는 것은 가족 지원의 내용을 보기에 앞서 형태만 보더라도 짐작할 수 있다. 일반적으로 복지 지원은 금전적 지원, 시간적 지원, 서비스 지원으로 나눌 수 있는데 독일의 가족 지원에서 서비스 지원은 매우 취약하다. 가족 지원의 목적이 애초에 가족을 부양하는 가장의 부담을 덜어주는 것이었기 때문이다. 육아에 대한 지원은 금전적 지원이 큰 비중을 차지했고, 취업 여성보다는 전업주부에게 상대적으로 혜택이 크도록 설계되었다. 시간 지원 역시 매우 후해서 시간이 흐르면서 육아휴직이 3년까지 증가했다. 결과적으로 여성의 역할은 1차적으로 자녀를 돌보는 것임을 복지 제도를 통해 명시한 것이다.

가족에 대한 금전적 지원은 가구별 소득세 과세에서 전업주부 가족의 과세율을 낮추는 방식, 아동별로 제공되는 아동 수당, 취업주부에게 모성 수당이나 양육 수당을 제공하는 형태가 있다. 취업주부와 전업주부를 차별하는 소득세 과세 방식은 유럽연합으로부터 시정 권고를 받은 바 있으나 역사가 워낙 오래되어 아직도 개정하지 못하고 있다. 재미있는 것은 통일 이후 구동독 지역에도 동일한 방식으로 소득세가 과세되고 있는데, 구동독 지역의 경우에는 이 제도가 여성의 고용률을 떨어뜨리는 방향으로 작용하지 않는다는 사실이다. 구서독 지역에서는 여전히 이 과세 방식이 여성의 고용률을 떨어뜨리는 원인으로 꼽히는 반면, 구동독 지역에서는 영향을 미치지 않는 것이다. 이것은 구동독의 여성 문화가 여전히 작용하기 때문인 것으로 해석된다.

매우 보편적인 양육 지원 형태인 아동 수당은 애초에는 가장인 아버지에게 지급되었으나, 시간이 흐르면서 어머니인 여성에게 지급되고 있다. 또한 액수와 지급 기간이 계속 변해 현재는 만 18세 미만의 자녀나 구직 중인 만 21세 미만 자녀까지 제공된다. 자녀가 직업훈련 중이거나 직업훈련의 기회를 구하는 경우에는 지급 기간이 더 연장되어 만 25세 미만까지 제공되고, 자녀가 군복무 중인 경우에도 지급 기간이 연장된다. 자녀가 장애아일 경우에는 연령 제한이 없다. 아동 수당은 일종의 연령 제한이 있는 기본 소득이라고 생각할 수 있다. 2010년 기준 첫째와 둘째 자녀에게는 매달 184유로, 셋째 자녀는 190유로로, 넷째 이상은 215유로가 지급되었다. 현재 아동 수당은 독일에서 청년 실업이나 청년층의 취업 불안정을 상쇄하는 중요한 지원책으로 활용되고 있다.

취업 여성은 모성 수당과 양육 수당 둘 중 하나를 선택하게 되어 있었다. 또 육아휴직을 하는 동안 시간제로 근무하여 일정한 소득이 있을 경우에는 양육 수당 액수가 그에 맞게 차감되었다. 2007년에는 양육 수당을 대체하는 '부모 수당'이 도입되었다. 출산 후 육아휴직을 한 부모 중한 사람에게 부모 수당으로 출산 전 순소득의 약 67%가 지불되는데 최대한 12개월까지 받을 수 있다. 부모 수당은 금액에 상하한선이 있어서 300~1800유로까지 지급된다. 그러나 육아 담당자가 시간제로 일할 경우에는 그 소득이 반영되어서 출산 전 소득과 출산 후 소득 차이분의 약 67%만이 지급된다.

또 산모가 출산 후 2개월 동안 수령하는 모성 수당 역시 반영되어서 모성 수당을 받지 않을 경우에만 첫 달부터 부모 수당 수령이 가능하다. 보통의 경우에는 모성 수당 액수가 좀 더 높기 때문에 두 달 동안 모성 수당을 수령하고 이후 10개월 동안 부모 수당을 받는다고 한다. 이 경우에는 10개월 이상 받을 수 없는 반면 배우자가 소득이 없을 경우에는 12개월 동안 수령할 수 있다. 부모 수당을 수령하는 동안 배우자 월차도 쓸 수 있다. 배우자 월차는 부모에게 똑같이 적용되는데, 최대한 14개월간 유급으로 사용할 수 있다. 두 사람이 2개월씩 번갈아가며 배우자 월차를 사용할 수도 있고, 두 사람이 동시에 7개월 간 사용할 수도 있다. 이때도 모성 수당을 받을 경우에는 어머니가 배우자 월차를 받은 것으로 간주된다.

독일에서 자녀 양육에 대한 지원은 북유럽이나 프랑스의 경우처럼 보육 서비스를 제공하는 방향보다는 금전적 지원을 제공하거나 육아휴직 기간을 연장하는 방향으로 전개되었다. 육아휴직은 3년까지 가능하며, '부모시간 제도'라는 육아휴직 제도의 이름을 통해 알 수 있듯 어머니뿐만 아니라 아버지도 육아휴직을 신청할 수 있다. 그러나 스웨덴 등과 달리 아버지에 대한 강제 규정은 없다. 대부분의 경우 여성들이 육아휴직을 사용하기 때문에 기업이 여성 직원에 대한 교육 투자를 오히려 꺼리는 결과를 초래한다는 비판을 받기도 했다.

'부모시간 제도'가 도입된 2001년부터는 육아휴직 기간 중 부모가 각각 30시간까지 시간제 근로를 할 수 있게 상향 조정되었다. 부모시간이 끝난 후에는 부모시간 이전의 근무 형태로 돌아갈 수 있고 부모시간 제도가 시행되는 동안에는 해고가 금지되어 있다. 즉 부모가 되면 시간제에 대한 권리를 갖게 된 것인데, 이러한 '시간제의 권리'는 같은 해에 시행된 '시간제 및 계약직 노동계약법'에 의해 보장되었다.

3) 독일의 보육 인프라

독일은 계급 간 또는 가족 간의 격차 완화를 목적으로 하는 복지 수준이 매우 높은 데 비해서, 보육에 대한 지원은 매우 취약하다. 이 점에서 독일은 프랑스와 곧잘 비교되는데, 프랑스는 일찍부터 저출산 정책의 일환으로 보육 지원을 강화하고 여성의 전일제 취업을 지지해왔다. 반면 독일, 특히 구서독에서는 1980년대에 초저출산 현상을 보이며 '독일인이 멸종하고 있다'는 자극적인 문장으로 언론 매체가 도배되었음에도 보육에 대한 투자가 전혀 이루어지지 않았다. 이미 1970년대에 구동독과 구서독 모두 합계 출산율이 2.0 이하로 떨어지면서 저출산 단계에 들어섰는데, 이에 대한 구동독과 구서독의 대응은 매우 대조적이었다.

구동독에서는 출산율을 높이기 위해 여성의 평생 노동권을 보장하고, 신혼부부 및 자녀를 가진 여성의 주거권을 보장함으로써 출산율 제고에 성공했다. 반면에 구서독에서는 가족에 대한 금전적·시간적 지원을 통해 육아의 부담을 측면에서 지원했다. 여성의 교육수준과 사회경제적 활동의 경험이 증가하는 추세 속에서 이와 같은 '측면 지원'은 출산율 제고에 아무런 도움을 주지 못했다. 여성들은 출산을 늘려서 국가정책에 부응하기보다는, 오히려 사생활 영역에서의 결단을 통해 남성과 마찬가지로 취업 경력을 획득하는 방향을 취했다. 제도가 기대한 바와 정반대로, 여성들은 노동시장에서 결혼과 육아가 장애로 작용하기 때문에 그

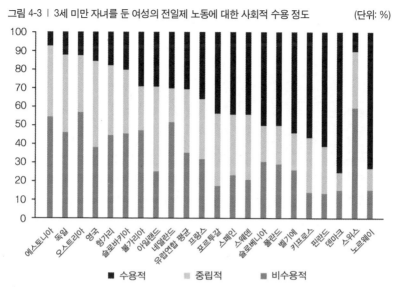

그림 4-3 | 3세 미만 자녀를 둔 여성의 전일제 노동에 대한 사회적 수용 정도 (단위: %)

■ 수용적 ■ 중립적 ■ 비수용적

자료: Europäische Union(2013).

와 같은 '정상적 삶'을 회피하는 선택을 했다. 그리하여 1970년대 중반
이후 구서독 및 통일 독일은 출산율에 큰 변화를 보이지 않았다.

구서독에서는 제2차 세계대전 이후 경제 기적으로 인한 인력 부족 문
제를 해결하기 위해 외국인 인력의 유입에 의존했는데, 저출산과 경기
변동에 따른 인력 수요의 변화에도 외국인 인구로 대처했다. 특히 터키
출신의 이주자들이 많았는데, 이들은 독일 저임금 노동력의 대부분을
차지할 뿐만 아니라, 현재 독일에서 확산되는 반이슬람 정서와도 맞물
려 있다.

독일에서 저출산 및 노동력 부족에 대응하는 방식으로 보육 인프라
확충이 강조되기 시작한 것은 통일 이후의 일이다. 통일과 함께 무엇보
다도 구동독과 구서독 간에 존재하는 여성 지위의 격차가 매우 선명하
게 드러났다. 통일 과정에서 단행된 구동독 보육 시설의 폐쇄는 매우 민

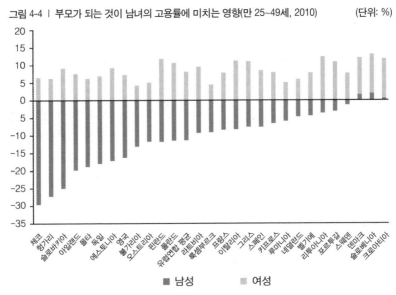

그림 4-4 | 부모가 되는 것이 남녀의 고용률에 미치는 영향(만 25~49세, 2010)　　(단위: %)

주: 유자녀 남·녀의 고용률에서 무자녀 남·녀의 고용률을 뺀 값임.
자료: Europäische Union(2013: 22).

감한 문제가 되었다. 구동독 지역의 실업률 증가를 이끌었을 뿐만 아니라, 여성과 자녀의 빈곤 증가 및 여성 지위의 명백한 하락을 의미했기 때문이다. 통일 독일은 여성의 지위 변화를 관찰할 수 있는 '현실 속의 실험실'로 인식되기도 했다. 결국 1990년의 통일 협약에서 구동독 지역의 보육 인프라를 유지한다는 조항이 삽입되었다. 그뿐만 아니라 1994년에는 독일 헌법인 기본법 제3조 2항의 남녀평등권 규정 바로 다음에 남녀평등의 실현을 위해 국가가 책임을 다한다는 구절이 추가되었다.

이처럼 통일로 인해 후진적인 구서독 여성의 지위 문제가 가시화되었을 뿐만 아니라, 다른 한편으로는 유럽연합의 일·가족 양립 지원에 힘입어서 독일에서 보육 인프라에 대한 투자가 강조되기 시작했다. 이에 따라 1995년에 만 3세 이상 아동의 유치원 보육을 의무화하는 방향으로 유치원법이 개정되었고, 공보육에 대한 투자가 강조되었다. 2003년에 공표된 '어젠다 2010'을 통해 독일 정부는 만 3세 미만 아동에게도 보육 서비스가 확충되어야 한다고 선언했다. 그리고 그를 위해 2005년부터 매년 15억 유로씩 투자할 것이라고 밝혔다. 2004년에는 맞벌이 등 불가피한 경우에 만 3세 미만 아동의 보육을 국가가 지원한다는 '보육 기회 확대법'이 제정되었다.

2007년에는 연방정부, 주정부, 기초단체 간에 합의가 이루어져서, 2013년까지 만 3세 미만 아동의 35%를 수용할 수 있도록 보육 서비스를 확충하도록 했다. 신설되는 서비스의 1/3은 아이돌보미 형태로 차별화되도록 했다. 또한 2013년부터 만 3세 미만의 모든 아동이 공보육에 대한 권리를 갖도록 시설 및 서비스를 확충하도록 합의했고, 이에 대한 법적 근거로 2008년 '아동지원법'이 발효됐다. 또한 보육의 질을 높이기 위해 보육 교사와 아이돌보미에 대한 지원 필요성도 논의되었다

이러한 노력의 결과, 실제로 2005년 이후 만 3세 미만 아동의 공보육이 급속히 확대되었다. 2006년 40%였던 구동독 지역의 만 3세 미만 공보육 비율이 2013년 50%로 확대되었고, 구서독 지역의 경우에는 8%에서 24%로 획기적으로 개선되었다. 2010년까지만 해도 공보육에 대한 투자가 주로 구동독 지역 중심으로 이루어지고 있어서 구서독 지역의 보육 인프라 확충에 대해서는 상당히 비관적인 견해가 많았다. 반면 최근에는 구서독 지역에서도 상당한 진전이 있었다고 평가되고 있다. 그럼에도 구서독 지역에서 확산되고 있는 공보육 서비스가 여전히 만족할 만한 수준이 아니라는 지적이 많다. 특히 보육 서비스를 제공하는 시간이 구동독 지역에 못 미친다는 지적이다.

이것은 독일에서 공보육을 주로 이용하는 여성의 범주가 한국과 다를 뿐만 아니라, 구동독과 구서독 간에도 상이하다는 사실을 통해 확인된

다. 2006년 이후 구서독 지역에서는 대졸 또는 직업훈련을 이수한 여성들의 공보육 이용률이 급격히 증가했고, 그다음으로 싱글맘의 이용률이 높았다. 반면에 구동독 지역에서는 고학력 여성과 싱글맘뿐만 아니라, 빈곤 가구의 경우에도 보육 시설 이용률이 증가했다.

이렇게 구동독과 구서독 간에 공보육 시설 이용자에서 차이가 나는 이유는 무엇보다도 공보육 서비스 제공 시간의 차이 때문이다. 2010년 독일 가족노인여성청년부의 정부보고서 「제1차 아동지원법 중간평가 보고서」에 의하면, 2009년 구동독 지역에서는 7시간 이상 보육을 받을 수 있는 종일반 서비스를 이용하는 아동이 보육 시설 이용 아동의 2/3 이상이었던 반면 구서독 지역에서는 1/3에 불과했다. 나머지 아동의 절반 정도는 하루 5~7시간, 그리고 나머지 절반은 반나절(5시간 이하)만 보육 서비스를 이용하는 것으로 나타났다. 이 보고서는 구서독 지역 여성들이 구동독 지역 여성들에 비해 시간제 근로를 더 선호하기 때문에 종일반 이용률이 낮고, 보육 시설보다는 시간제에 특화된 아이돌보미 서비스를 이용하기를 원한다고 설명했다.

그러나 이와 같은 설명은 공보육 밖의 사적 보육 서비스 이용 실태를 보면 달라진다. 구서독 지역의 경우에는 전일제 근로를 추구하는 대졸 이상 여성들이 주로 사적 보육 서비스를 이용하는 반면, 구동독 지역의 경우에는 주로 싱글맘들이 사적 보육 서비스를 조직하여 사용하기 때문이다. 연구자들은 구서독 지역 대졸 이상 학력 여성의 경우 보육 시설 이용 시간이 제한되어 있기 때문에 추가적으로 사적 보육 서비스를 이용한다고 설명한다. 실제로 구서독 지역의 경우 공보육 시설이 지속적으로 증가하는 추세임에도 사적 보육 서비스 이용 역시 지속되고 있다.

이것은 2003년 이후 전일제 노동시간이 증가해온 추세와도 무관하지 않을 것이다. 여성의 경우에도 주 40시간 이상 근무하는 비율이 계속 증가해왔다. 말하자면 구서독 지역에서는 여성들이 시간제 근로를 선호한다는 판단하에 그에 적합한 형태의 공보육 서비스를 주로 지원하지만, 실제로는 고학력 여성이나 싱글맘과 같이 전일제로 일하고자 하거나 일해야 하는 여성들이 공보육 서비스를 이용한다고 볼 수 있다. 이와 달리 빈곤 가구 여성의 경우에는 흔히 지적되듯이 전업주부에게 유리한 소득세 부과 방식 및 연금 혜택, 가내 양육 수당 등으로 인해서, 보육과 직장 생활을 병행하는 것을 무의미하게 느낄 수 있다.

독일에서는 1958년의 세법 개정으로 이전의 부부 합산 과세와 달리 '분할 과세에 근거한 부부 공동 세액' 결정 방식을 도입했다. 여기서는 부부의 합산 소득 자체가 아니라, 합산 소득을 반으로 분할한 액수에 소득세율을 적용해, 그 세액의 두 배 값을 최종 세액으로 결정한다. 이것은 소득세 부담을 부부 양자에게 고루 배분하는 공동체적 과세 방식인데, 이것을 적용할 경우 부부간의 소득 격차가 클수록 세금 부담이 적어진다. 이러한 특성으로 인해서 이 과세 방식은 여성의 경제활동을 제약하고 전업주부의 존재를 장려하는 악법이라고 비판받기도 했다.

연금과 관련해서, 독일에서는 자녀 양육 기간에 대해 연금이 지불된다. 다른 연금 소득이 있을 경우에는, 그 연금액과 자녀 양육 연금액을 합산한 값이 상한선을 초과할 때 자녀 양육 연금액이 삭감된다. 그리하여 이 역시 전업주부를 지원하는 제도로 인식되고 있다. 자녀 양육 연금 지원에 고려되는 자녀 양육의 기간은 1992년 1월 1일 이전에 출생한 자녀의 경우에는 첫 24개월, 1991년 12월 31일 이후에 태어난 자녀의 경우에는 첫 36개월이다. 이외의 시기에 자녀 교육으로 인해 소득이 감소할 경우 추가적으로 연금 지원이 고려되기도 한다.

가내 양육 수당은 2012년 8월 이후에 출생한 아동들을 보육 서비스에 의존하지 않고 집에서 직접 양육할 경우 지불된다. 이 제도는 자녀를 직접 양육하고자 하는 어머니들에게도 지원이 있어야 한다는 취지에서 도입되었다.

이상의 세금, 연금, 수당 등 '전통적 가족'에 대한 금전적 지원은 취업을 해도 고소득이 보장되지 않는 저학력, 저소득 여성의 경우에 매력적일 수밖에 없다. 따라서 이러한 경우에는 소득이 낮아도 세금 납부나 연금 가입 등의 부담이 없고, 자녀 양육 기간을 피해서 일할 수 있는 아르바이트형 일자리가 흡인력을 가질 것이다. 결국 미니잡은 이와 같은 빈곤 가구의 유휴 여성 노동력에 맞춤형 일자리가 될 가능성이 높다.

2013년 이후 만 3세 미만 아동들에게 보육받을 권리를 보장한다는 공약과 2006년 이후 보육률의 증가에도 불구하고, 독일에서 보육 시설은 여전히 매우 부족한 것으로 보인다. 2014년 독일 상공회의소에서 1600명의 기업가를 대상으로 조사한 바에 의하면, 응답자의 62%가 보육 시설 부족으로 어려움을 겪는다고 말했고, 61%가 방과후 돌봄 교실의 부족에 대해 불만을 나타냈다. 특히 보육 시설 이용 시간에 대해 불만이 높았는데, 90%는 이용 시간의 연장을, 79%는 이용 시간의 유연화를 주문했다.

그러나 대체로 기업들은 보육 서비스 확충을 정부의 책임으로 인식해서, 89%는 가족친화적인 노동시간 규정을 통해, 절반 정도는 재택근무를 통해, 1/3 정도는 보육료 지원을 통해 보육 서비스 부족 문제에 대처한다고 답변했다. 실제로 기업 내 보육 시설은 2006년부터 증가하고 있으나, 2014년에 전체 보육 시설의 약 1% 수준에 불과하다. 기업 내 보육 시설을 이용하는 아동은 전체 보육 시설 이용 아동의 0.91%에 불과하다. 2012년에는 기업의 약 3.4%만이 보육 시설을 운영했는데, 여기서는 기업 규모가 매우 중요하게 작용한다. 20명 이하 규모의 기업 중 5%만이 보육 시설을 제공한 데 비해서, 1000명 이상 기업의 경우에는 55%

그림 4-5 | 만 3세 이상 미취학 아동 중 공식적 보육 시설 이용 비율(2010~2011)   (단위: %)

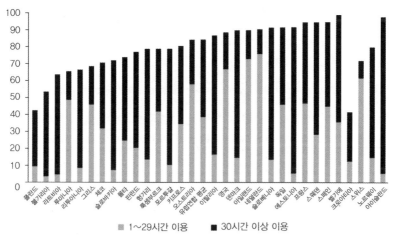

자료: Europäische Union(2013).

정도에서 보육 시설을 제공했기 때문이다. 그런데 독일에서 20명 이하 기업이 전체의 90% 이상을 차지하기 때문에 사실상 기업 내 보육 시설 은 예외적인 경우라고 볼 수밖에 없다.

〈그림 4-5〉에서는 기업 내 보육 시설을 포함하는 공식적 보육 시설 이용률을 유럽 차원에서 비교하고 있다. 특히 보육 시설 이용 시간이 비 교되고 있는데 흔히 보수적 복지 레짐으로 분류되는 독일과 프랑스에서 는 단시간 이용인 1~29시간의 비중과 30시간 이상의 장시간 이용 비중 이 대체로 비슷하다. 이것은 독일과 마찬가지로 여성의 시간제 고용 비 중이 높은 영국, 네덜란드의 경우와 구별되는 양상이다. 그러나 덴마크, 스웨덴 등의 북유럽과 비교할 때 독일에서 보육 시설 이용 시간은 짧은 편이다.

4. 독일의 단시간 근로와 미니잡

1) 독일 노동시장 동향과 미니잡

2014년까지 독일에서는 고용이 전반적으로 증가했다. 사회보험 적용 취업자 역시 지속적으로 증가했으며, 실업률은 감소했다. 1992년 이후 지속적으로 감소하던 독일의 사회보험 의무 근로자 수는 2005년을 저점으로 다시 증가했는데, 사회보험 가입 의무에서 제외된 전업 미니잡 근로자 수는 그보다 더 가파르게 증가했다. 사업보험 가입자와 사회보험 면제 취업자 수가 모두 증가한 결과, 2013년에 15~64세 인구의 고용률이 73.5%를 기록했다. 인구 고령화와 취업 기간 연장으로 고용률 증가가 주로 50세 이상 연령대에서 일어났다. 2003~2004년에 고령자의 고용이 두드러지게 증가했는데, 특히 취업 여성의 연령대가 높아졌다.

2014년 독일 전체 인구의 실업률은 6.7%, 15~24세 청년층의 실업률은 4.9%로 매우 낮았다. 취업자 수가 증가했지만 노동시장에서 이직률이나 진입률 등 노동 이동률은 오히려 감소했고, 2011년 이후 실업에서 취업으로 전환되는 비율 역시 감소했다. 2010년 이후에는 이주민들의 유입이 증가하면서 폴란드 등의 동유럽 지역뿐만 아니라 그리스, 이탈리아, 스페인 등의 남유럽으로부터 노동력이 유입되고 있다. 유입되는 노동력의 다수가 18~39세 연령대로, 독일 노동력의 고령화 현상을 일정 정도 상쇄하고 있다.

실업자 채용이 감소하면서 총 실업자 중 장기 실업자의 비율이 2010년 이후 35% 정도를 유지하고 있다. 그러나 이러한 수치는 장기 요양, 적극적 조치나 단기 일자리 참여 등을 제외하고 있어서, 실제로 1년 이상 구직 활동을 하고 있는 실업자의 비율은 약 45%에 달한다. 장기 실업의 문제는 실업급여의 장기 수급을 의미한다. 그리하여 실업급여 II[5]의 수급자 중에서 4년 이상 수급자의 비율이 2007년 이후 60%를 초과하고 있다.

하르츠 개혁 이후 독일 노동시장은 통일 이후 경제 악화를 겪기 전의 상태까지 회복되었지만, 50만 명 이상의 생산 가능 연령 인구가 노동시장에서 영구 배제되고 있다. 또한 약 250만 명이 저소득 또는 고용 불안정으로 공적 급여에 의존한다. 65세 미만 인구의 약 10%가 최저 소득 급여에 의존하는 형편이다. 저임금 고용은 총 시급이 중위 임금의 60% 미만인 경우로 정의되는데, 2007년까지 25% 정도까지 증가하다가 이후 안정세를 보이고 있다. 즉 취업 인구의 1/4 정도가 저임금으로 고용되어 있음을 알 수 있다.

노조의 단체교섭 적용 범위가 지속적으로 축소되면서, 하르츠 개혁 이후 법정 최저임금제가 도입되었다. 시급 8.5유로의 법정 최저임금을 명시한 독일 법령의 이름은 '자율적 단체교섭 강화를 위한 법'이다. 독립적 전문가 기구가 '저임금 위원회'를 구성해 법정 최저임금 조정을 제안하는 영국과 달리, 독일에서 최저임금법은 업종을 초월하는 단체교섭의 영역으로 제도화되고 있다.

독일에서는 하르츠 개혁 이전부터도 이미 다양한 형태의 비전형적 고용이 증가하고 있었다. 그러나 하르츠 개혁으로 그 증가 속도와 수준에 변화가 나타났다. 다른 유럽연합 국가들과 마찬가지로 독일에서도 취업자의 1/4 이상에 달하는 단시간 근로 유형이 가장 크게 확대되었다. 단시간 근로자의 80% 이상이 여성이고, 자발적인 경우도 있지만 선택의 여지가 없기 때문에 어쩔 수 없이 선택한 경우도 있다. 특히 구동독 지

---

5   자산 조사에 근거한 보편적인 정률 급여.

역의 비자발적 단시간 근로 비율이 매우 높다.

하르츠 개혁 이후 가장 현저하게 증가한 고용 형태는 미니잡이다. 독일 전체 취업자의 약 20%가 미니잡에 종사하는데, 전체 취업자 중 미니잡에만 종사하는 취업자는 14% 정도이고, 나머지 6%는 부업으로 미니잡을 선택한 경우이다. 2005~2008년에 취업자 총수가 증가한 것은 주로 미니잡의 확대에 의한 것이다. 그러나 2009년 이후 경제가 회복되면서 미니잡뿐만 아니라 파견 노동 역시 증가했다. 파견 노동은 주로 경기순환의 영향을 많이 받는 영역에서 활용된다.

미니잡과 파견 노동과 함께 또 하나의 비전형적 고용에 해당되는 기간제는 의료, 복지 서비스, 교육, 행정 등 경기순환의 영향을 받지 않는 분야에서 활용된다. 특히 신규 채용자의 기간제 계약이 증가해서 2001년 32%에서 2009년 47%까지 증가했다. 반면 미니잡은 소매업, 호텔업, 요식업, 빌딩 청소업 같은 서비스업에 집중되어 있다. 미니잡 종사자 중에는 본업이 따로 있으면서 부업으로 미니잡을 활용하는 경우나 학생, 연금 수급자 등 단기 취업자들도 있지만, 1/4 정도는 3년 반 이상 일을 한다. 파견 노동은 주로 금속가공과 같은 제조업이나 전기업에서 나타나는 단기 고용 형태이다. 대부분 남성 노동력으로 채워진다.

미니잡의 급속한 증가로 인해서 독일의 단시간 근로 일자리 비율은 OECD 평균보다 월등히 높고, 연간 노동시간은 OECD 국가 중 가장 낮은 편이었다. 미니잡이 급속히 증가한 배경은 독일에서 서비스업과 소매업이 매우 빠르게 증가했다는 사실이다. 예컨대 1996~2009년 사이에 2차 산업은 2.7%의 증가율을 보인 데 비해, 3차 산업은 6.6%, 음식·숙박·소매업은 10.2%의 증가율을 보였다. 이렇게 증가율이 높은 산업 분야에서는 특히 비전형적 고용 및 저소득층의 비율이 매우 높았다.

소매업에서 정규직에 해당되는 전형적 고용은 전일제(하루에 7~8시간 노동)와 시간제로 이루어져 있다. 반면 비핵심 업무는 기간제와 미니잡의 비전형적 고용으로 충당된다. 미니잡 종사자는 주 10~12시간 정도 일해서 약 450유로의 월급을 받는다. 대학 교육을 받은 여성은 정규직의 핵심 업무를 담당한다. 그러나 그들 역시 직장 생활을 미니잡에서부터 시작한다. 이런 경우 미니잡은 애초의 목적대로 정규직으로 가는 디딤돌 역할을 한다. 그러나 정규 교육을 받지 않은 경우 미니잡 채용은 청소나 정리와 같은 주변적 업무에 제한되고, 정규직 고용과는 단절된다.

독일 소매업에서 정규직은 감소 추세이고, 미니잡은 증가 추세였다. 정규직의 경우에도 전일제는 감소하는 반면, 시간제는 증가했다. 2012년 기준 소매업에서 미니잡이 차지하는 비중은 고용의 1/3에 해당했다. 이 중에는 미니잡 두 개를 동시에 하거나 미니잡을 부업으로 하는 경우가 있는데, 특히 학생이나 연금 생활자, 시간제 종사자들이 이를 선호한다. 미니잡은 기본적으로 중복 고용이 허용된다. 정규직 종사자가 부업으로 미니잡을 할 경우에는 소득이 합산되지 않는다. 그러나 미니잡을 동시에 여러 개 하는 경우에는 각각 다른 사용자 밑에서 해야 하고, 또 소득이 합산된 월 소득이 450유로를 넘을 수 없다. 사용자가 달라야 하는 이유는 사용자가 조세 회피를 위해 일자리 쪼개기 방식으로 미니잡을 활용하지 못하도록 하려는 것이다. 또 미니잡 소득을 합산해 제한하는 이유는 미니잡이 정규직으로 가는 임시적 저임금 형태로 유지되도록 하려는 것이다.

서비스업 중에서 호텔업의 예를 보면, 여기서는 원칙적으로 3년제의 직업교육을 수료한 사람이 취업할 수 있고, 노동조건과 관련해서는 통합서비스노동조합ver.di의 단체협약이 적용된다. 서비스업 전일제 정규직은 주 38시간 노동(주5일)이고, 25~30일의 연차휴가를 사용할 수 있다. 휴가 동안에는 휴가 비용이 지급된다. 그러나 서비스업 종사자들은 독일 내에서 낮은 임금을 받고 있으며, 노조가 취약해 산별 협약을 지키지 않는 사업체들도 많다. 호텔업의 경우, 정규 직업교육을 받은 종사자들은 산별 협약보다 높은 임금을 받는 데 비해, 정규교육을 받지 않은 경우는 산별 협약보다 낮은 임금을 받는다. 또한 서비스업에서 미니잡은 최저임금 언저리의 미등록 노동으로 변질되는 경우도 있다.

미니잡 종사자 수의 증가는 2011년까지 계속됐다. 이는 미니잡 하나를 하는 경우보다 주로 부업으로 미니잡을 하거나 미니잡을 여러 개 하는 경우가 많아지는 데서 기인했다. 2011년 이후 미니잡 종사자 수는 정체되었다. 미니잡은 경력 단절 여성들의 재취업을 끌어내는 효과가 컸는데, 재취업 의사가 있는 경력 단절 여성들의 대부분이 미니잡 종사자로 전환되면서 그 수가 정체된 것으로 보인다. 법정 최저임금제 도입 이후 최근에는 미니잡이 오히려 감소세를 보이고 있다. 미니잡은 더 이상의 매력을 갖기 어려워 보이는데, 그 이유는 그것이 부업으로 주변적인 의미만을 갖거나, 전업 미니잡의 경우 불연속적이고 불안정한 고용 형태로 고착될 가능성이 크기 때문이다.

한국노동연구원에서 발간하는 《노동리뷰》 통권 제110호에서 이승협이 인용한 관련 통계에 의하면, 미니잡 종사자 중 가장 높은 비중을 차지하는 집단은 가정주부이고, 다음으로 학생과 연금 생활자가 비슷한 비중으로 분포한다. 반면 여성과 함께 정책의 핵심 대상 중 하나인 실업자는 가장 낮은 비중을 차지한다. 즉 미니잡이 실업자의 노동시장 통합에는 그다지 성공적으로 작용하지 못한다고 볼 수 있다. 여성은 전업 미니잡과 부업 미니잡 모두에서 매우 높은 비중을 차지했다. 미니잡 종사자 중 학생과 연금 생활자, 실업자의 경우에는 남성의 비중이 높은 반면 가정주부와 직업훈련생의 경우에는 여성의 비중이 높다.

말하자면 미니잡은 남성의 경우에는 생애의 한 시기에 국한되는 일시적 고용 형태이거나 실업 상태로부터의 탈피를 의미할 가능성이 큰 반면, 여성에게는 노동시장 내에서의 불리한 지위에 고착될 가능성이 크다는 것을 의미한다. 정규직과 동일하게 사회보험 가입 대상이지만 주 20시간 미만의 단시간 근로로 인해 독일 통계청에 의해 비전형적 고용으로 분류되는 근로 형태에 여성들이 종사하는 경우가 많은데, 그럴 경우 소득을 조금이라도 높이기 위해 부업으로 미니잡을 활용할 수 있다. 또 상대적으로 저임금인 서비스 부문에서 주로 여성들이 직업교육을 받기 때문에, 이들이 훈련을 받는 동안 궁여지책으로 미니잡에 의존하고 취업 후에도 저임금 일자리에 고착될 가능성이 크다.

실제로 미니잡의 직무 내용을 보면 청소, 도우미나 돌보미 등의 개인 서비스 관련 단순직, 사무 보조 등 여성들이 주로 수행하는 단순 직무들이 많다. 또 업종별로는 여성들이 많이 종사하는 보건 의료 등의 비율이 높다. 말하자면 미니잡은 저임금 여성의 부업이나, 이후 저임금 직종에 취업할 여성들의 취업 전 아르바이트로 활용될 가능성이 높다고 볼 수 있다. 미니잡 종사자의 가장 대표적 집단인 전업주부는 마트 등의 매장 판매직과 청소직에 가장 많이 분포한다. 전업주부 다음으로 미니잡 종사자가 많은 두 집단인 학생과 연금 생활자의 경우, 학생은 매장 및 주유소 보조, 음식 및 숙박업 등의 단순 업무에 많이 분포하고, 연금 생활자는 컨설팅과 같은 자문 업무의 비중이 상대적으로 높게 나타난다.

2) 독일의 노동시간 추이와 성별 노동시간 격차

전후의 경제 부흥기 이후 독일에서는 노동시간이 계속 감소 추세를 보였다. 1956년 노조에 의해 주5일제 근무가 관철된 이래 1970년대 중반까지 전 산업분야에서 주5일제가 시행되었다. 1984년에는 금속노조 주도하에 노동시간이 40시간에서 38.5시간으로 감축된다. 그러나 1990년대 중반부터 전일제 고용의 노동시간이 증가하기 시작해서 2006년 전일제 근무자의 평균 노동시간은 40.3시간을 기록했는데, 이것은 1988년 이래 최고치이다. 특히 관리직 등의 고위직을 중심으로 48시간 이상 장시간 근무하는 경우가 증가해서 2009년 남성의 경우에는 15%, 여성의 경우에는 4%에 이르렀다.

1980년대에 노동시간 감축을 이끌었던 금속 산업이 공공서비스 부문과 함께 노동시간 증가를 선도하는 분야가 되었다. 그리하여 현재 독일의 전일제 노동시간은 유럽의 평균 수준이다. 반면 여성의 단시간 근로시간은 유럽연합 국가들 중 가장 짧았는데, 이것은 하르츠 개혁 이후 늘어난 미니잡에 여성들이 대부분 종사했기 때문이다. 기혼 여성과 유자녀 여성들의 노동시간은 2001년에 비해 이후 감소했고, 유자녀 남성들과의 노동시간 격차는 계속 벌어졌다. 독일에서는 학력과 성차가 노동시장 양극화의 가장 중요한 요인이라고 설명된다.

앞서도 언급했듯, 전일제 일자리의 노동시간이 증가하는 반면 단시간 근로 및 미니잡이 증가하고 전일제의 비중이 감소하면서 1인당 연간 노동시간은 계속 줄었다. 1991년과 비교해 2009년 1인당 연간 노동시간은 8% 정도 감소했다. 노동시간은 특히 2009년 경제 위기로 인해 급감했는데, 이것은 미니잡과 같은 단시간 근로 형태보다는 단축 근무와 탄력근무제 등 초과 근로 감소에 의한 것이다. 따라서 이 경우는 구서독 지역의 남성들이 주로 근무하는 제조업 분야에서 노동시간이 감소했다. 당시의 경제 위기가 대체로 제조업 분야를 강타했기 때문이다.

이처럼 경제 위기에 대한 대응으로 일자리를 지키기 위해 취해진 단축 근무에 남성들이 많이 참여해서, 남성들은 사회보험 가입 의무 취업자의 약 6%가 단축 근무에 참여한 반면 여성의 경우에는 2%만이 단축 근무에 참여했다. 이것은 단축 근무가 그동안 초과 근로가 행해졌던 제조업, 기계, 금속, 자동차 산업 등 주로 남성 산업 분야에서 행해졌기 때문이다. 그러나 호황기 일자리 창출 역시 남성 일자리 위주로 일어났기 때문에 여성 일자리는 대체로 경기 변화와 경제 위기에 둔감한 것으로 나타났다. 경제 위기를 거치면서 여성 취업자 비중은 오히려 증가했다.

남성의 근로 형태가 경기변동에 영향을 많이 받는 것과 달리, 여성 노동은 지속적으로 단시간 근로의 형태를 유지한다. 2009년에 시간제 고용의 83%가 여성이었는데, 그것은 단시간 근로가 주로 건강 및 사회 서비스 분야에서 증가했기 때문이다. 독일노동청의 발표에 의하면 2009년 여성 사회보험 의무 가입자의 35%가 시간제로 고용된 단시간 근로 형태였다. 사회보험 가입 여부와 무관하게 여성의 단시간 근로 비중을 보면 같은 해 45.8%로 증가한다. 이것은 사회보험 가입 대상이 아닌 미니잡에 여성들이 얼마나 많이 분포하는지를 보여준다. 2009년 미니잡 종사자의 64%가 여성이었고, 부업이 아닌 전업으로 미니잡에 종사하는 여성의 비율은 67%에 달했다. 특히 가사 서비스 분야에서 미니잡의 90%가 여성이고, 건강 산업과 사회 서비스, 금융, 보험업의 경우에는 미니잡의 3/4이 여성이었다.

일반적으로 여성 단시간 근로자의 대부분이 자발적인 시간제 종사자로 분류되는데, 그것은 '비자발적 시간제'를 '전일제 일자리를 구하지 못해서 시간제에 종사'하는 경우로만 제한해서 해석하기 때문이다. 1992~2009년 사이에 비자발적 시간제 근무자의 비율은 6%에서 22%로 증가했다. 2009년 단시간 근로자 중 남성의 38.4%, 여성의 18.7%가 비자발적 시간제 근무자로 분류되었다. 여성들이 단시간 근로를 선택한 이유는 주로 '자녀 및 병약자 돌봄'과 '가족에 대한 의무 수행'으로 나타났는데, 이러한 범주는 '자발적'인 것으로 이해되기 때문이다. 즉 여성은 스

그림 4-6 | 가사 서비스 분야의 성별·국적별 미니잡 종사자 수(2015년 6월)　　(단위: 명)

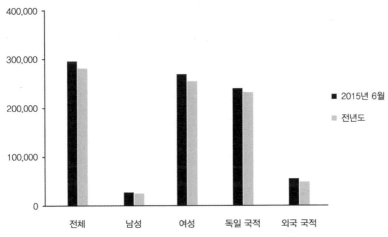

자료: 미니잡센터 홈페이지(https://www.minijob-zentrale.de/DE/0_Home/node.html), Quartalbericht II.

스로 가족에 대한 의무 수행을 1차적인 역할로 생각하고, 경제활동은 부차적으로 여긴다고 해석된다. 여성 중에 이와 같이 가족과 관련된 이유에서 단시간 근로를 선택한 경우가 51.7%로 절반이 넘는 반면, 남성은 8.3%에 불과했다.

　그러나 보육 인프라를 꾸준히 확충함에도 불구하고 그에 대한 수요 및 불만족이 줄지 않는 현실을 보면, 많은 여성들이 자녀 돌봄을 과연 '자발적인' 1차적 임무로 여기는지는 의심스럽다. 여성이 가족 관련 이유로 단시간 근로를 선택한 경우 그것이 자발적으로 시간제의 '권리'를 행사한 것인지 아니면 그 외에 다른 선택의 여지가 없기 때문에 다소 '강요된' 것인지는 구별할 수 없다.

　'부모시간 제도'는 여성뿐 아니라 양성 모두의 일·가족 양립을 위한 정책으로 시행되었지만, 시행된 지 10년이 지나서도 그것은 여전히 주로 여성의 육아휴직으로 사용되고 있다. 독일의 전일제 남성 노동자들은 대체로 초과 근로를 싫어하고 노동시간의 단축을 원하지만, 어떤 형태로든 단시간 근로를 원하지는 않는다. 일반적으로 남성과 여성에게 단시간 근로 형태가 갖는 의미는 매우 다르다. 남성의 경우에는 앞서 말했듯이 노동시장으로 진입하거나 노동시장으로부터 은퇴하는 시기에 과도기적으로 나타나는 '이행기'의 성격을 갖는 반면, 여성의 경우에는 자녀 유무 및 자녀 연령, 자녀수와 긴밀하게 관련되어 있다.

3) 구동독과 구서독 지역 여성의 단시간 근로 형태의 차이

앞서 보았듯이, 구동독과 구서독 지역에서 보육 인프라 제공 정도 또는 보육 인프라가 사회적으로 당연시되는 정도는 매우 다르다. 구동독 지역 빈곤 가구의 경우 보육 인프라를 이용하면서 여성이 경제활동을 하는 것이 매우 자연스럽다. 반면 구서독 지역에서 고학력 여성이나 싱글맘이 아닌 경우 육아와 취업은 양자택일의 문제로 이해되는 경향이 있다. 이러한 차이는 과거 구동독과 구서독의 이질적이었던 여성 문화가 통일 후에도 지속되기 때문인 것으로 해석된다.

가족에 대한 의무 수행과 긴밀한 관련이 있는 여성의 단시간 근로 현황을 볼 때, 사회보험 의무 가입자 중에서 구동독과 구서독 지역 여성의 단시간 근로 비율은 별로 다르지 않다. 2009년에 구동독 지역 여성의 단시간 근로 비율이 31%로 구서독 지역의 35%에 비해 크게 낮지 않다.[6] 그러나 전체 피고용자 중에서 단시간 근로가 차지하는 비율을 보면, 2009년 기준 구동독 지역 여성은 34.5%, 구서독 지역의 여성은 48.6%

---

6 구동독 남성의 시간제 근로 비율은 7%로 구서독 남성의 시간제 근로 비율 5%보다 오히려 조금 높은 편이다.

그림 4-7 | 각 주별 미니잡 종사자 수(2015.6) (단위: 명)

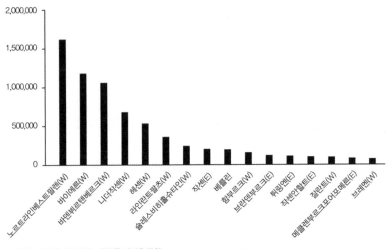

주: (W)는 구서독 지역, (E)는 구동독 지역을 뜻함.
자료: 미니잡센터 홈페이지(https://www.minijob-zentrale.de/DE/0_Home/node.html). Quqrtalbericht II.

로 그 격차가 크게 벌어진다.[7] 이것은 구서독 지역 여성 중 상당수가 사회보험이 적용되지 않는 미니잡에 종사하기 때문이다. 성별과 무관하게 미니잡 종사자의 절대적 수치를 비교해도, 〈그림 4-7〉에서 보듯이 구서독 지역 미니잡 종사자가 압도적으로 많다.

구서독 지역에서 단시간 근로는 노동시장 유연화와 함께 이미 1980년대부터 진행되고 있었기 때문에 통일 직후와 비교할 때 단시간 근로의 비중은 남녀를 불문하고 구동독 지역에서 훨씬 가파르게 증가했다. 또한 구서독 지역과 마찬가지로 구동독 지역에서도 전일제 일자리의 붕괴는 여성 고용을 중심으로 이루어졌다. 그러나 통일 후에 급격한 시장 조정을 거치면서 하르츠 개혁 이전부터 구동독과 구서독 지역 여성 사이

---

7   남성의 경우에는 구동독 지역 11.3%, 구서독 지역 8.8%로 별 변화가 없다.

에는 고용 양상의 차이가 나타났고, 그러한 차이가 현재까지 큰 변화 없이 지속되고 있다. 그리하여 하르츠 개혁이 도입되기 이전인 2002년에도 이미 구서독 지역 미니잡 여성들의 비중이 구동독 지역 여성들에 비해 높았다.

사회보험 의무가 있는 시간제와 미니잡을 구별해 그 비중을 살펴보면 2006년 구서독 지역 여성의 32.1%가 시간제로 근무했고 20.6%가 미니잡에서 일했다. 반면 구동독 지역 여성들은 25.4%가 시간제로, 11.4%가 미니잡에 근무해서 두 경우 모두 구서독 지역보다 비중이 적다. 또한 단시간 근로자의 노동시간에서도 구동독과 구서독 지역 여성 간에 차이가 두드러져서, 2006년 구서독 지역 단시간 근로 종사 여성의 노동시간은 평균 17.5시간인데 비해서, 구동독 지역 단시간 근로 종사 여성의 노동시간은 21.8시간이다. 앞서 언급했듯이 독일 통계청에서는 보통 20시간 미만의 시간제를 비전형적 고용으로 분류하는데, 이 경우 사회보험이 적용됨에도 노후에 연금 소득에만 의존해서 생활하기가 어려워 빈곤층으로 추락할 가능성이 있기 때문이다.

자녀가 있으면 남성들은 보통 노동시간이 늘어나지만 반대로 여성들의 노동시간은 감소한다. 이 경우에도 구동독과 구서독 지역 여성들 간에 차이가 나타나는데, 특히 만 3세 미만의 자녀를 둔 경우에 그 격차가 더욱 크다. 2005년 구서독 지역에서는 만 3세 미만 자녀를 둔 여성의 20.9%가 단시간 근로로 종사하고 9.7%만이 전일제로 일했다. 반면 구동독 지역에서는 18.5%만이 단시간 근로였고, 22.5%가 전일제로 종사해서 전일제의 비중이 여전히 더 높았다.

똑같은 전일제일 경우에도 남성의 주당 노동시간은 40.7시간으로, 여성의 39.5시간보다 평균 1시간가량 높게 나타난다. 이 차이는 시간제나 전일제에 상관없이 연령별로 비교해보면 더욱 명확하게 드러난다. 〈그

그림 4-8 ㅣ 구동독 지역과 구서독 지역 양성 간 연령별 노동시간 격차(2006)　　　　(단위: %)

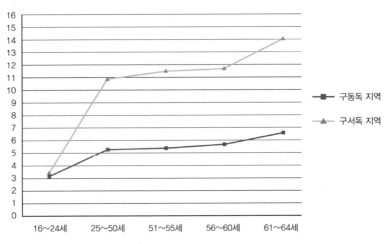

자료: Kümmerling et al.(2009: 57~58)을 그림으로 정리.

림 4-8〉과 같이 구동독 지역과 구서독 지역 양성 간 노동시간 격차는 연령이 높아질수록 더욱 커진다. 그것은 여성의 단시간 근로 비중이 커지기 때문인데, 특히 구서독 지역의 경우에는 25세 이후 양성 간의 격차가 11시간을 넘어서 양성 간의 노동시장 참여 형태가 매우 차별적임을 알수 있다.

여성의 경제활동 참여율이 역U자형으로 나타나는 북유럽이나 서유럽의 복지국가에서도 여성들의 연령별 또는 생애 단계별 노동시간 분포를 보면 몇 개국을 제외하고는 보통 후진국형 여성 경제활동 참여율 분포와 유사한 M자형 분포가 나타난다. 북유럽의 경우 스웨덴이 대표적인 경우이고, 서유럽에서는 프랑스에서 예외적으로 가임기 여성의 경우에도 노동시간이 줄지 않는다. 〈그림 4-8〉에서는 25~50세 구간을 묶어서 보여주고 있기 때문에 그 연령 구간 안에서 일어나는 변화가 드러나지 않는데, 특히 육아휴직 등으로 전일제 여성의 노동시간이 급격히 짧아

그림 4-9 | **구동독 지역과 구서독 지역 여성의 노동시간별 분포(2006)**　　　　　(단위: %)

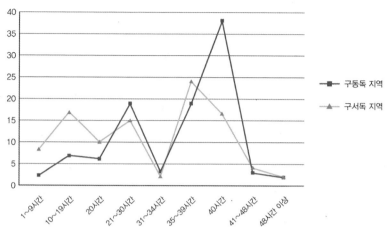

자료: Kümmerling et al.(2009: 80)의 표를 그림으로 정리.

지는 30~34세 구간을 따로 계산할 경우에는 양성 간의 격차가 더욱 급격하게 나타날 것이다.

　구동독과 구서독 지역 여성 간에, 또 남녀 간에 노동시간별 분포를 비교하면 양 지역 여성들의 노동시장 참여 양태 차이가 두드러진다. 〈그림 4-9〉를 보면 흔히 전일제로 분류되는 35시간 이상 근무자의 비율이 구동독 지역 여성의 경우에는 62%인데 반해서 구서독 지역의 경우에는 47%에 불과하다. 흔히 '실질적 시간제'라고 말하는 30시간 이상의 시간제보다는 30시간 이하의 시간제가 구동독과 구서독 지역 모두에서 강세를 보이지만, 특히 구서독 지역 여성들의 경우에는 20시간 이하의 구간에서 높은 분포를 보인다.

　〈그림 4-10〉은 남성들의 노동시간 분포를 보여주는데, 남성의 경우 구동독과 구서독 지역 모두 거의 대부분이 35시간 이상에 분포한다. 여성과 달리 남성의 취업 형태는 여전히 전통적인 형태에서 크게 벗어나

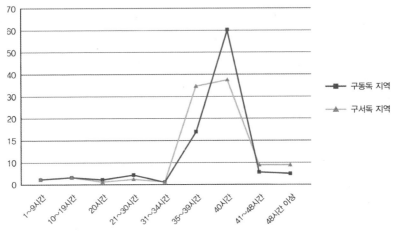

자료: Kümmerling et al.(2009: 78)의 표를 그림으로 정리.

지 않음을 알 수 있다. 2008년에 27~59세 부모 중에서 막내 자녀의 연령이 3세 이하인 아버지의 단시간 근로 비율이 가장 높았는데, 그것은 6%에 불과했다. 반면 어머니의 경우 막내 자녀가 10~14세인 경우 단시간 근로 비율이 가장 낮았는데, 70%에 달했다. 결국 단시간 근로는 남녀 모두의 '부모시간' 또는 '가족시간'을 보장하는 성격을 갖기보다는 여성의 일·가족 부분 병행을 지원해주는 역할을 하고 있음을 알 수 있다.

　단시간 근로를 선택하는 이유에서도 아버지의 경우에는 '가족 돌봄'이 27.6%에 그치는 반면, 어머니의 경우에는 84.6%로 대조를 보였다. 여기에서 구동독과 구서독 지역 간의 차이가 눈에 띄는데, 단시간 근로를 선택한 아버지의 경우 '가족 돌봄'을 이유로 든 아버지가 구서독 지역에서 32.2%로 구동독 지역의 12.1%보다 더 많았다. 그러나 전반적으로 남성의 단시간 근로 비율이 극소함을 고려할 때 이런 차이는 별반 의미가 없을 것으로 보인다. 여성의 경우, 단시간 근로를 선택한 구서독 지역 어머니들의 88.8%가 '가족 돌봄'을 이유로 든 데 비해 구동독 지역에서는 52.4%만이 그렇게 대답했다. 이것은 구동독 지역에 보육 인프라가 더 잘 제공되기 때문이기도 하고, 또 공보육을 당연시하는 문화 때문이기도 하다. 단시간 근로를 선택한 이유에 대해 '전일제 일자리를 구하지 못해서'라고 응답한 사람은 남녀를 불문하고 구서독 지역보다 구동독 지역에서 더 많았다.

5. 단시간 근로와 미니잡: 독일식 일·가족 양립 정책

이상에서 구동독과 구서독 지역 여성의 미니잡 또는 단시간 근로 양상을 비교한 이유는, 여성 고용률 제고라는 미니잡의 효과가 기본적으로 보육 인프라와 같은 제도적 요인 및 공보육이나 여성 노동에 대한 가치관이라는 문화적 요인에 의존하고 있음을 설명하기 위해서이다. 앞서 살펴본 구동독과 구서독 지역의 여성 노동시간 차이 및 공보육 인프라 이용의 차이를 통해서, 여성 고용률을 끌어올리는 미니잡의 효과는 무엇보다도 구서독 지역, 그중에서도 빈곤 가구 여성에게서 나타난다는 사실을 확인할 수 있었다.

구동독과 구서독 지역을 막론하고 고학력 여성과 싱글맘은 공보육 인프라를 적극적으로 이용하고, 필요할 경우 사적 보육 서비스를 부가적으로 활용함으로써 전일제 일자리 또는 전일제에 육박하는 (비교적 장시간의) 단시간 근로를 추구하는 경향을 보였다. 반면 빈곤 가구의 경우에는 구동독과 구서독 지역 여성들 간의 노동 문화에서 격차가 드러났는데, 구동독 지역에서는 빈곤 가구 여성들 역시 전일제 근로를 추구하는 경향이 있는 반면, 구서독 지역에서는 가내 양육 및 가족공동체에 대한 복지 및 조세 지원으로 전업주부의 전업 미니잡이 가구 소득 증가를 위한 대안으로 활용되고 있음을 보았다.

이것은 구동독 지역에서 기혼 또는 유자녀 여성들의 높은 노동 의욕이 구동독 지역에 일반적인 빈곤에서 기인한다는 설명의 효력을 떨어뜨린다. 한국의 경우처럼 구동독 지역 여성들이 빈곤 때문에 맞벌이를 선택하는 경우 역시 존재할 것이다. 그러나 그런 경우에도 구서독 지역 여성에게는 전업주부를 우대하는 각종 제도적 지원으로 인해 전업주부라는 존재 형태가 전일제 근로와 경쟁하는 대안으로 여겨진다. 이것은 한국과 달리 조합주의 복지 제도가 발달한 독일에서 계급 간 평등을 강화하기 위해 가족공동체를 단위로 삼아 약자 계급을 지원하기 때문이다. 그러나 똑같은 제도 속에서도 구동독 지역 여성들은 명확히 전일제 경제활동을 선호한다. 이런 이유에서 구동독과 구서독의 상이한 여성 문화가 통일 이후에도 지속적으로 작용하고 있다고 설명된다.

구동독과 구서독 지역 여성의 이와 같은 문화적 차이는 통일 독일이 '실재하는 역사적 실험실'이라고 불리는 이유이기도 하다. 우리는 통일 독일이라는 역사적 실험실을 통해서, 여성의 경제활동 참여가 단순한 경제적 인센티브의 문제나 계급 격차의 문제가 아니라 문화와 역사, 즉 고유한 근대성의 경로에 의존한다는 사실을 알 수 있다. 이유가 무엇이었든 간에, 구동독에서는 여성이 남성과 마찬가지로 노동하는 개인으로 규정되었고, 그것을 지지하기 위해 공보육 및 모성에 대한 사회적 보상을 당연시했다. 이러한 문화적·역사적 배경으로 인해, 하르츠 개혁 이후에도 구동독 지역에서는 여성이 주로 미니잡에 종사하는 경향이 제한될 수 있었던 것이다.

거꾸로 뒤집으면 이러한 설명은 구서독 지역에서 여성, 특히 전업주부가 주로 미니잡에 종사하게 된 이유를 말해준다. 여전히 보수적이고

조합주의적인 계급 문화에 기초해서, 하르츠 개혁 이후 구서독 지역에서는 미니잡과 주 20시간 미만의 비전형적 고용이 여성들의 주된 고용 형태로 자리 잡은 것이다. 다시 말해서 비전형적 단시간 근로와 미니잡은 일과 가족을 동시에 병행하는 스칸디나비아 방식의 일·가족 양립 정책이 아니라, 일과 가족을 순차적으로 병행시키는 독일식의 일·가족 양립 정책으로 작용한다고 말할 수 있다.

많은 연구자들과 정책 입안자들이 염려하듯이, 이와 같은 제한적 일·가족 양립 정책은 여성의 노후 빈곤을 야기할 수 있다. 보수적이고 조합주의적인 계급 문화의 이면에서 가족관계가 불안정해지는 개인화의 경향이 강화되고 있기 때문이다. 가족공동체의 안정성을 위협하고, 남성의 노동 지위 역시 불안정해지는 개인화의 현실 속에서, 미니잡에 기초한 일·가족 양립 방식은 여성의 빈곤을 방치하는 것과 다를 바 없다. 복지 제도가 발달한 독일에서 빈곤은 단순한 개인의 문제가 아니라 동시에 국가재정의 문제이기 때문에, 독일 내에서도 미니잡 확대를 통한 여성 고용률 제고에 대해 경고하는 목소리가 높다.

참고문헌

≪국민일보≫. 2013.3.31. "[독일을 넘어 미래한국으로 (3부)] 어린이집 부족 땐 市가 부모에 배상".

_____. 2014.7.7. "[고용률 70% 로드맵 1년] 독일 '미니잡' 명암… 女 일자리 늘었지만 고용의 質 악화".

기획재정부. 2013. 「네덜란드·독일·영국의 시간제근로 활성화 사례와 시사점」. 기획재정부 보도자료.

김종진. 2014. 「독일과 네덜란드 시간제 일자리 현황과 문제점 ─ 유통, 호텔, 음식업 서비스 사례를 중심으로」. 한국노동사회연구소.

≪노컷뉴스≫. 2013.9.9. "시간제 일자리 괜찮나‥ 독일 '미니잡'의 교훈".

≪뉴시스≫. 2015.4.23. "1분기 고용 부진…고용률 70% 목표 빨간불".

≪독일 유로저널≫. 2014.9.22. "독일의 세 살 이하 유아동, 보육시설에서 보내는 시간 크게 증가".

≪동아일보≫. 2013.10.22. "'근로시간 줄인다고 일자리 늘지 않아' … 獨 '미니잡'의 교훈".

≪매일노동뉴스≫. 2015.5.22. "[하르츠 전 독일 노동개혁위원장이 밝힌 하르츠 개혁] 노동개혁에 앞서 경영상 해고 없다고 약속하고 지켰다".

≪머니S≫. 2013.12.1. "시간제 일자리, 和는 '득' 獨엔 '독'".

≪서울신문≫. 2014.1.1. "[시간제 일자리─길을 묻고 답을 찾다] 獨 노동자 20%가 '미니잡'…경력 단절 여성의 재취업 확대".

여성부. 2009. 「퍼플잡 창출·확산 기본 계획 수립 및 추진 방향 연구」. 여성부.

여성정책연구원. 2009. 「퍼플잡 창출·확산 기본계획 수립 및 추진방향 연구」. 여성부.

≪이데일리≫. 2015.5.31. "독일연구소 '독일, 저출산 세계1위…일본은 2위'".

이승현. 2015. 「독일 여성의 근로시간과 사업장 내 보육시설 현황」. ≪국제노동브리프≫, 3월호, 69~82쪽.

이승협. 2014. 「독일 미니잡의 고용 현황과 특징」. ≪노동리뷰≫, 5월호, 5~24쪽.

≪프라임경제≫. 2014.3.5. "[기자수첩] 독일 '미니잡'에서 보고 배울 것은…".

≪한겨레21≫. 2014.2.13. "장밋빛 개미지옥, 독일 '미니잡'".

_____. 2015.4.1. "알바 대신 미니잡? '도긴개긴!'".

≪한국경제≫. 2013.6.9. "독일의 낮은 실업률 비밀은…임금 月 450유로 '미니잡'".

한국 ILO 협회. 2011. 「독일의 규제완화와 비전형고용의 확대」. ≪노사저널≫, 853, 56~61쪽.

≪한국일보≫. 2015.3.26. "시간제 일자리 확대보다 차별 규제 대책이 선결 과제. [임금 계급사회의 그늘] (5·끝) 임금 불평등 해소 방안은".

홍찬숙. 2010. 「독일에서의 일과 생활의 조화 실태와 시사점」. 2010년 한국홈볼트회 추계학술대회 발표 자료.

_____. 2011. 「시간제 고용은 일/가족 양립을 지원하는 적합한 방법인가?」. ≪경제와 사회≫, 90호, 363~386쪽.

_____. 2012. 「독일 통일과 여성의 사회적 통합: 노동시장 통합 문제를 중심으로」. 한정숙·홍찬숙·이재원. 『독일 통일과 여성』. 서울: 서울대학교출판문화원.

황수경·박지혜. 2014. 『시간선택제 일자리 지원정책의 성과와 과제』. 한국개발연구원 연구보고서 2014-02.

크누트, 마티아스 (Matthias Knuth). 2015. 「2015년 독일 노동시장 전망: 노동시장 양극화」. ≪국제노동브리프≫, 2월호, 18~31쪽.

Bundesministerium für Familie, Senioren, Frauen und Jugend. 2010. "Erster Zwischenberich zur Evaluation des Kinderbeföderungsgesetzes."

Europäische Union. 2013. *Barcelona-Ziele*. Luxemburg: Amt für amtliche Veröffentlichungen der Europäischen Gemeinschaften.

GESIS. 2012. "Form der Kinderbetreuung stark sozial selektiv. Ein europäischer Vergleich der Betreuung von unter 3-jährigen Kindern." ISI, No. 48, pp.1~15.

Rainer, H. et al.. 2013. "Öffentlich geföderte Kinderbetreuung in Deutschland: Evaluierung der Auswirkungen auf die Arbeitsmarktbeteiligung von Müttern." *ifo Schnelldienst*, Vol. 66, No. 7, pp.31~40.

Schober, P. S. and J. F. Stahl. 2014. "Trends in der Kinderbetreuung — sozioökonomische Unterschiede verstärken sich in Ost und West." *DIW Wochenbericht*, No. 40, pp. 986~994.

Statistische Ämter des Bundes und der Länder. 2015. "Kindertagesbetreuung regional 2014."

Zeit Online. 2014. "Beruf und Familie: Viele Arbeitgeber beklagen fehlende Kinderbetreuung."

https://de.wikipedia.org/wiki/Betreuungsgeld
https://de.wikipedia.org/wiki/ Gesetzliche_Rentenversicherung_(Deutschland)
http://www.kefplaza.com/labor/om/employ_view.jsp?nodeId=141&idx=8866&prod_id=13895
http://www.work.go.kr/empInfo/tsjEmpInfo/ tsjBusiInfo.do
https://www.minijob-zentrale.de/DE/0_Home/node.html
http://oecd.mofat.go.kr/webmodule/ htsboard/template/read/korboardread.jsp?
  typeID=15&boardid=9884&seqno=946585&tableName=TYPE_LEGATION

직업교육 이원 체계
실무형 직업인 양성을 위한 전문가 시스템

이승협 | 대구대학교 사회학과 교수

1. 한국 직업교육훈련의 문제점

지식정보사회로의 변화와 기업 간 경쟁의 심화, 기술 및 생산 설비의 기술적 격차 축소로 인해 인적자원의 질이 기업 및 산업의 경쟁력을 좌우하는 핵심적 요인으로 부상하고 있다. 한국도 2004년 근로자직업능력개발법으로의 전면 개정과 더불어 일학습병행제IPP, 국가직무능력표준NCS, 마이스터고 등 직업교육훈련의 내실화를 도모하고 있다.

그러나 한국의 인적자원 개발 시스템은 산업 현장이 요구하는 양질의 인적자원을 제공하지 못하는 근본적인 문제점을 갖고 있다. 그 이유로는 크게 네 가지 문제점을 지적할 수 있다. 첫째는 물량 중심의 비효과적 직업교육훈련 체계로 인한 비효율성을 들 수 있다. 두 번째로는 신규 입직자를 위한 단기 양성 훈련 중심의 직업훈련 시스템을 지적할 수 있다. 세 번째로, 실업자 및 재직자 직업훈련의 경우, 양적인 증가에도 불구하고, 산업 현장과의 연계성이 현저히 떨어지는 측면이 존재한다. 마지막으로 중소기업 재직 근로자의 향상 훈련이 제대로 이루어지지 못하고 있는 현실을 꼽을 수 있다.

이 장에서는 직업교육훈련을 통해 산업계에서 필요로 하는 양질의 인적자원을 제공하는 대표적인 해외 사례인 독일의 직업교육훈련 시스템을 살펴봄으로써 한국 근로자 직업 능력 개발 사업의 내실화를 위한 중요한 함의를 이끌어내고자 한다.

최근 한국의 직업교육훈련 체계는 상당한 정도로 독일의 직업교육훈련 체계를 적극적으로 도입하여 실시하고 있다. 앞서 언급한 일학습병행제는 이원적 직업교육훈련 체계를, 국가직무능력표준은 직무 자격 제도를, 마이스터고는 직업학교 체계를, 내일배움카드제는 훈련 바우처 제도를 참고하여 설계되었다. 이와 같이 다양한 독일형의 직업교육훈련 제도가 도입되어 실시되고 있지만, 그 효과는 독일과 현격한 차이가 있다. 예를 들어 계좌제라는 형태로 도입된 내일배움카드제는 중산층 여성의 취미 교실 정도로 전락해버렸고, 국가직무능력표준 역시 관련 이해당사자 및 산업계의 적극적 참여 없이 단기간에 정부 주도로 정책이 결정되면서 벌써부터 현장과 유리된 직무능력표준이라는 산업계의 지적이 나오고 있다.

무엇보다 가장 큰 문제는 제도적 외형만을 도입하고 제도 운영과 관련된 세부적인 소프트웨어가 준비되어 있지 않다는 점이다. 일학습병행제의 경우를 보자. 일과 학습의 병행이 강조되고 있는데, 이는 독일과 스위스의 이원적 직업훈련을 도입하는 과정에서 외국 제도에 대한 이해가 충분하지 않은 오해가 정책화된 측면이 있다. 한국이 모델로 삼고 있는 독일과 스위스의 이원적 직업훈련은 현장 실습과 학교 교육의 결합을 의미하는 것이지 일과 학습의 병행을 말하는 것이 아니다. 이원적 직업훈련은 현장에서도 배우고, 학교에서도 배운다는 이중적 직업훈련 제도를 의미한다. 그런데 한국의 일학습병행제는 현장에서 일하고, 학교에서 배우는 방식으로 제도가 설계되어 있다. 이로 인해 일학습병행제는 학교에서 배우고, 현장에서 일하는 방식으로 운영되고 있다. 이때 나타나는 가장 큰 문제는 현장에서 단순히 일을 해서는 제대로 된 직업교육훈련이 이루어질 수 없다는 점이다.

현장에서 활용 가능한 전문적 직업 능력을 확보할 수 있는 현장 실습 과정이 배제되어 있으며, 현장 실습 과정을 운영하더라도 체계적인 현장 실습 교육 내용 및 평가 시스템이 결여된 채 임시방편적이고 중구난방식으로 현장 실습 지도가 이루어지고 있어, 참여자들의 불만도 높게 나타나고 있다.

따라서 이 글에서는 추후 한국의 직업훈련교육에 반영할 수 있도록 독일의 직업훈련교육의 본원적 의미와 특징을 실무형 직업인 양성을 위한 전문가 시스템에 초점을 맞춰 제도적 외형뿐만 아니라 그 운영과 관리를 강조하는 방식으로 제시하도록 하겠다.

독일의 직업훈련 중 연소 입직자 양성 훈련은 공적 직업교육을 통해서, 실업자 직업훈련은 공공 직업훈련을 통해서, 재직자 직업훈련은 민간 직업훈련을 통해서 주로 이루어지고 있다. 현장 훈련과 이론교육이 동시에 이루어지는 체계적인 직업교육훈련을 실시함으로써 유럽 직업교육훈련의 모델로서 기능하고 있다. 특히 독일의 직업교육훈련 시스템에서 우리가 중요하게 천착해야 하는 측면은 ① 직업교육과 직업훈련의 연계성, ② 직업교육훈련의 현장성 및 노사정 파트너십, ③ 공공 직업훈련과 민간 직업훈련의 역할과 비중, ④ 입직자, 실업자 및 재직자 직업훈련의 담당 주체, ⑤ 직업교육훈련의 관리 및 운영 거버넌스 등이다. 이러한 측면에서 유럽 직업교육훈련의 교과서로 알려진 독일의 이원적 직업교육훈련 체계는 현재 한국의 직업교육훈련이 처한 현실에서 중요한 시사점을 제공해줄 수 있을 것이다.

2. 독일 직업교육훈련 제도의 특징

1) 직업교육 및 직업훈련의 연계성

일반적으로 직업교육은 정규교육과정을 통한 직업인 양성을 의미하며, 직업훈련은 정규교육과정 이외의 직업인 양성 및 향상을 목적으로 이루어지는 과정을 말한다. 독일의 직업훈련교육 제도는 직업교육과 직업훈련이 유기적으로 연계되어 있다는 것이 특징이다.

즉, 독일은 직업학교(직업교육)을 통한 양성 교육과정을 통해 청소년이 직업을 갖는 것을 원칙으로 한다. 그러나 동시에 직업교육과정을 거치지 않았거나, 이전의 직업교육과 다른 새로운 직업을 원하는 사람들을 위해 사회진출 이후에도 직업인 양성이 가능하도록 평생교육의 관점에서 직업훈련 제도를 운영하고 있다.

예를 들어, 직업교육을 통해 양성 훈련 과정을 거치지 않은 입직자 또는 새로운 직무 영역에서 일자리를 찾는 실직자의 경우에는 직업학교 및 유사 직업훈련 과정을 통해 기본적인 기술을 익히도록 한다. 양성 교육Berufsbildung과 양성 훈련Berufsausbildung은 모두 이론과 실습이 결합된 이원적 직업훈련 제도에 기초하고 있으며, 독일 직업교육훈련의 근간을 이루고 있다. 양성 훈련에 대해서는 일반 회계 예산이 사용되고, 실직자의 향상 훈련Fortbildung 및 숙련 전환 훈련Umschulung에 대해서는 고용보험의 재원이 사용된다.[1]

독일의 직업교육훈련 정책은 이원 체계Duales System der Berufsausbildung를 특징으로 하고 있다. 직업교육훈련의 이원 체계란 이론교육과 현장

---

1   향상 훈련과 재훈련을 포괄하는 개념이 계속 훈련(Weiterbildung)이다.

그림 5-1 | 독일 직업교육훈련의 구성

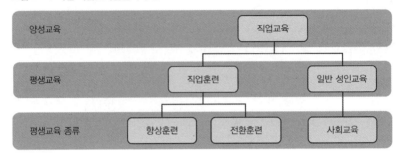

실습이 병행되어 이루어지는 것을 말한다. 독일 직업교육훈련은 신규 노동자를 양성해내는 과정이 제도적인 정규 학교 직업교육을 통해 이루어진다는 특징을 갖고 있으며, 이 과정에서 학교에서의 이론적 직업교육과 기업에서의 현장 실무 훈련이 체계적으로 이루어져 기업에서 바로 활용 가능한 고숙련 노동자를 양성해내고 있다. 이원적 직업교육훈련 체계의 전제 조건은 직무 중심의 수평적 노동시장이다. 독일의 노동시장은 일정한 자격 기술을 구비한 노동자가 동일 직종의 사업체로 수평적 이동을 할 수 있는 직종별 노동시장의 형태를 띠고 있다.

　의무교육 이후 취업을 원하는 청소년은 사업장과 직업학교에서 3년 내외의 현장 교육을 받게 된다. 이와 같이 독일의 직업교육훈련 정책은 직업교육훈련과 산업 현장의 생산 체제를 지속적으로 동기화하며, 변화하는 기술 인력 수요에 맞는 직업 능력을 갖춘 생산 인력을 육성하는 것을 목표로 하고 있기 때문에 현장 중심의 실무 직업 능력 개발을 강조한다. 직업교육훈련 과정에서 이미 산업체의 생산 시설 및 장비를 활용함으로써 현장 적응력이 우수한 기능 인력의 양성·확보하고 있다. 사업체와 직업훈련생 사이의 수급이 여의치 않을 경우에 연방 및 주, 지방자치단체, 사회단체가 훈련 사업체를 제공하여 수급을 안정화하는 등 독일

산업 경제에 핵심적인 인적자원을 공급해주는 역할을 수행한다.

독일의 직업교육훈련은 직업학교Berufsschule와 사내 훈련이 결합된 이원화 교육 체계에 바탕을 두고 있다. 직업교육이 직접적으로 취업과 연계되어 있으며, 개별 기업과 직업교육생 사이에 직업훈련 계약을 체결하도록 되어 있다. 현재 전체 중등교육과정에 있는 학생의 65%가 이원화 교육 체계를 바탕으로 직업교육을 받고 있다.

직업교육을 실시하는 직업학교는 매우 다양한 형태가 존재한다. 대표적으로 직업전문학교, 중등직업학교, 전문고등학교, 전문대학 등이 직업전문교육기관들이다. 이들에 대해 간단히 살펴보면 다음과 같다.

- 직업전문학교Berufsfachschule: 특수 직종(간호사, 의학 기술 조수, 식품 경제 분야 등)의 직업교육훈련을 1~3년 과정으로 실시.
- 중등직업학교Hauptschule: 직업 진로를 선택한 청소년들이 5년 과정으로 직업에 관한 기본 소양을 학습하는 중등 직업학교 과정이다. 이 과정을 마친 청소년이 직업전문학교를 다니기 위해서는 이원화 체계를 마치거나 1년간 전일제의 이론교육을 받아야 함.
- 전문고등학교Fachoberschule: 졸업 후 기술자나 기능장의 자격을 취득하거나 전문대학에 진학하기 위한 직업교육훈련 과정.
- 전문대학Fachhochschule: 김나지움 졸업 후 아비투어를 통과하거나 직업전문학교 또는 1년 과정의 직업기초교육Berufsgrundbildungsjahr을 받은 학생들이 진학하는 직업전문대학으로 독일의 대학생의 1/3 정도가 전문대학에 진학하여 엔지니어로서의 자격과 자질을 갖추게 됨.

직업교육훈련의 이원 체계는 학교와 기업이 공동으로 운영한다. 주당 1~2일은 직업학교에서 이론과 실기 교육을 받으며, 3~4일은 훈련 계약

표 5-1 | 기업체 훈련 계약 및 외부 현장 훈련 계약(2010~2015)

구분	2010년	2011년	2012년	2013년	2014년	2015년
총 계약 건수	579,564	599,070	584,532	563,280	560,301	563,055
기업체 훈련 계약	538,521	568,608	558,627	541,599	539,907	544,188
외부기관 훈련 계약	41,043	30,439	25,905	21,681	20,394	18,864

자료: BiBB(2016).

을 맺은 사업체에서 실습 교육을 받는다. 이원 체계에서 직업교육훈련
은 전공별로 보통 3년~3.5년이 소요된다. 대기업은 직업학교와 사업체
교육훈련 실습장을 같이 운영하는 경우가 많으며, 중소기업은 지역별
직업학교와 실습장을 구분하여 운영한다.

이원화 교육의 대상 영역은 ① 기술계 ② 경제, 행정, 영양 및 가정경
제 ③ 농업으로 구분된다. 근간이 되는 관련 법제로는 연방직업훈련법
과 연방수공업조례, 연방직업교육촉진법, 청소년근로보호법 등 매우 정
교한 제도적 장치에 기초하여 운영된다. 연방정부의 교육부 장관이 주
무 부서이며, 주정부는 직업교육 운영을 위한 직업교육위원회(노사정 기
구)를 운영한다. 직업교육훈련의 운영에는 직능단체들(상공회의소, 의료
협회, 수공업협회 등)이 깊이 관여하고 있으며, 특히 이들은 법률이 정하
는 바에 따라 상설위원회(노사민정 기구)를 구성하여 국가 인정 직업 자
격 시험을 주관하고 있다. 또한 기업체의 HRD 부서에는 직장 평의회
위원이 상주하며, 사내교육을 담당하는 실습 교육 담당자의 임용, 교육
프로그램의 기획과 실행을 감독한다.

직업학교의 교육비는 국가가 부담하며, 사업체는 실습 비용을 지원한
다. 사업체는 교육훈련 동안 교육훈련생에게 매달 일정액의 교육 수당
과 재료비 등을 부담해야 하며, 교육 수당액은 각 산업별 노조와의 단체
협약에 따라 정해지고 있다. 재직자의 향상 훈련은 일부 예외적인 경우

표 5-2 | 독일 직업교육훈련의 정책 구성

구분	관리 주체	체결 근거	내용	감독 기관	재정 부담
사업체	연방정부	훈련 계약서	현장 실기 중심	소속 협회	훈련 사업체
직업학교	주정부	의무교육	이론 중심	장학 기관	주정부

를 제외하면 대부분 기업과 재직자 개인이 정부 보조금 없이 직접 부담하고 있으며, 산별 단체교섭을 통해 산업별로 재직자 향상 훈련의 세부 규정이 마련되고 있다.

학생은 학습 도서, 식사, 작업복, 교통비를 부담하며 일부 기업에서는 보조금Zuschuesse을 지원하기도 한다. 교육 기간 중에는 국가 의무보험(건강, 간호, 연금, 실업, 사고)에 자동적으로 가입되게 된다. 학교 재정은 주정부, 단체, 동맹의 세금으로 조달되며, 교육과정 편성은 주정부, 연방정부, 사용자 및 노동자 대표, 각 16인이 참여하는 위원회에서 결정된다. 사업장에서의 양성 훈련이 끝나면 해당 직종 자격증 시험(직인 자격증: Gesellenbrief, 전문 공인증: Facharbeitbrief)을 실시, 합격하면 전문 직업인으로 인정받는다.

이원적 직업훈련 체계의 효과는 매우 크며, 특히 독일의 산업 경제에 기여하는 정도가 매우 크다. 우선 학교 직업교육훈련과 노동시장의 연계성이 높아 노동시장 내로의 신규 진입을 매우 용이하게 만들어준다. 양성 훈련의 경우, 주로 직업학교를 통해 이루어지며, 학교를 제외한 공공 직업훈련 기관의 비중은 상대적으로 낮게 나타나고 있다. 이는 독일의 직업교육이 주로 제도 교육을 통해 효과적으로 이루어지고 있음을 의미한다.

그 결과, 인문계 고교로의 진학하는 비율이 약 40%에 불과하며, 60%에 해당하는 학생들이 이원화 교육을 통한 양성 훈련 과정을 거쳐 직업

표 5-3 | 독일 금속노조 임금 협약 중 직업훈련수당 관련 조항　(단위: 유로)

3조. 직업훈련에 대한 보수

3.1 직업훈련 보수는 일람표 방식에 따라 산정된 임금 등급 집단 7의 월기본급에 대해 다음의 비례분을 받는다.

직업훈련 1년차 37.7%, 직업훈련 2년차 39.9%, 직업훈련 3년차 43.4%, 직업훈련 4년차 46.6%

3.2 2006년 7월 1일부터 유효한 직업훈련 보수는 직업훈련 보수표에 기초하여 명확하게 규정된다. 직업훈련
보수는 기본 협약의 5조1항에 규정된 직업훈련생의 유효 협약 주당 노동시간을 토대로 산정된다.

남부 바덴 및 남부 바덴뷔르템베르크-호엔촐레른 협약 지구의 직업훈련 보수표 (2006년 7월 1일 효력 발효)	
연차	보수
직업훈련 1년차	720,35
직업훈련 2년차	762,38
직업훈련 3년차	829,26
직업훈련 4년차	890,40

자료: 독일 금속노조의 숙련 형성을 위한 특별 협약.

을 갖게 된다. 이른바 고숙련 실업자 또는 노동시장 내 수요와 공급의 불균형을 줄여주는 기능을 하고 있다.

이 과정에서 연방과 주정부의 역할이 명확하게 구분되어 있다. 연방 정부는 현장 훈련(사업 내 훈련)을, 주정부는 학교 직업교육훈련(직업훈련 및 직업학교)을 담당하고 있다. 기업에서 이루어지는 재직자 훈련은 노사정 3자주의의 사회적 파트너십에 의해 국가, 사용자 단체 및 노동조합이 공동으로 협의에 기초해 운영한다. 양성 훈련, 향상 훈련 및 계속 훈련의 훈련 내용 및 훈련 프로그램의 기획 및 운영에 노사정 사이의 사회적 파트너십이 작동하고 있다. 직업교육훈련에 대한 비용도 각 이해 당사자 사이에서 사회적 분담의 형태로 이루어지고 있으며, 재직 근로자 대상의 계속 훈련에 대해서는 사업체가 전적으로 부담하고 있다.

〈표 5-3〉 2005년 독일 금속산업 노사 산별협약에 나타나 있는 바와 같이 직업훈련생의 임금과 근로조건에 대해 노사합의로 이미 오래 전

부터 상세하게 규정해 놓고 있다. 더욱 중요한 것은 사업체에서 직업 훈련교육을 받는 직업훈련생의 지위를 단순히 배우는 학생이 아니라 예비 노동자로 설정하고, 사실상의 근로자로 인정한다는 사실이다.

2) 직업 양성 교육과 직업 향상 훈련의 관계

직업 능력 개발을 위한 독일의 직업교육훈련 제도는 크게 두 가지 형태로 나눌 수 있다. 직업교육이 제도권 의무교육을 통해 이루어지는 데 반해, 직업훈련은 다양한 직업훈련 기관을 통해 이루어지고 있다. 신규 입직을 위한 양성 교육을 중심으로 이루어지는 직업교육은 대부분 공공 직업교육기관을 통해 이루어지며, 평균 3년 6개월의 직업교육 기간이 소요된다. 직업 양성 교육이라고 불리는 첫 번째 제도는 취업을 희망하는 졸업 예정자들이 직업학교에서의 직업 관련 교육과 동시에, 기업이나 관청 등과 같은 실습 현장에서 직업훈련 및 숙련 능력을 익히는 1차 직업교육을 의미한다. 1차 직업교육의 목표는 예비 노동자들이 자신의 직업 영역에서 필요한 직업보편적인 지식과 직무특수적인 숙련을 상호 보완적으로 익히는 데 있다. 보통 2년 내지 2년 반이 걸리는 이러한 견습 교육 과정은 기업 내 현장 교육의 경우 노사 이해 대변 조직들에 의해서 실제적인 운영과 교육 내용들이 확정되는 경우가 일반적이고, 직업학교의 교육과정의 경우 각 이해당사자들의 협의체에 의해서 결정되는 경우가 많다.

두 번째 직업교육훈련의 형태는 주로 성인 노동자의 직업 능력 향상을 위한 계속 훈련교육이다. 노동과정의 새로운 조건 변화에 따라 숙련 향상이 필요하거나, 아니면 취업을 했지만 직종을 바꾸려는 노동자들, 그리고 새로운 직장을 구하는 실업자들에게 적용되는 직업 계속 훈련

Berufliche Weiterbildung²을 흔히 2차 직업교육이라고 지칭한다.

노동자의 직업 능력 향상을 위한 계속 훈련은 기본적으로 1차 직업 양성 교육과 큰 차별성을 지니고 있다. 직업 계속 훈련을 수행하는 훈련 프로그램의 제공자 및 담당 교육기관이 상당히 다양하게 구성되어 있다. 훈련 주체의 다원화는 직업계속훈련 제도의 역사적 발전 과정과 노사 간 자율적 합의주의와 깊이 관련되어 있다.

계속 훈련의 대표적인 담당 주체들은 기업과 관청 외에, 사회교육기관, 그리고 노조와 기업가 단체, 그리고 직업 조합에서 자체 운영하는 교육기관들이다. 계속 훈련의 수요와 공급이 기본적으로 훈련 시장에 의해서 조정되며, 이는 직업의 기회를 제공하는 교육 주체들 간에 합법적인 경쟁 관계를 전제하는 동시에, 직업교육의 수혜자들이 교육 비용의 일부를 부담해야 한다는 것을 의미한다. 계속 훈련의 기본적인 조직과 운영은 노사 간의 자율적인 협의체에 의해서 결정된다. 국가는 계속 훈련 제도 내에서 재정 보조, 그 외의 소외 계층들, 특히 장기 실업자나 저숙련 노동자들의 직업훈련을 특별히 지원하는 일을 주로 수행한다.

성인교육Erwachsenenbildung과 계속 훈련Weiterbildung의 접합 영역에 속하는 계속 훈련은 크게 직업 능력 향상 교육Fortbildung, 전직 교육Umschulung, 그리고 현장 내 실습 교육Betriebliche Einarbeitung으로 나눌 수 있다. 좁은 의미로 직업 계속 훈련을 정의하면 향상 교육과 전직 교육을 의미하며, 직업 계속 훈련의 이 두 형태는 기본적으로 직업교육법Berufsbildungsgesetz,

---

2 직업교육과 관련된 독일어 개념을 한국어로 재해석하는 데 상당히 어려움 점이 있다. Berufliche Weiterbildung을 직업 향상 교육으로 해석하는 이들도 있지만, 이 글에서는 일반적인 관례에 따라서 직업 계속 훈련으로 번역하겠다. 그리고 이와 관련된 개념인 Berufsausbildung을 직업 양성 교육으로, Betriebliche Weiterbildung을 기업 주도의 직업교육으로 번역했다.

직공조합법HwO, 고용촉진법의 규정을 받는다. 이러한 법 규정들에 따르면, 직업 계속 훈련은 기초적인 직업교육을 받는 직업 양성 교육과는 별개의 차원에서 이루어지는 직업훈련 체계이며, 직업능력의 향상 교육은 크게 노동자가 승진을 위해 숙련향상이 필요한 경우에 받게 되는 승진을 위한 향상 교육Aufstiegsfortbildung과, 변화되는 생산기술적인 조건에 적응하기 위해서 필요한 재교육Anpassungsfortbildung으로 구분된다. 전직 교육은 동일한 직무가 아닌 다른 직무 영역으로 이동을 원하는 취업자나 실직자가 그 훈련 대상이 되며, 직업 현장에 복귀해야 하는 노동자가 받는 복직 훈련과 산재 노동자가 받는 직업 재활 교육 등도 계속 훈련에 해당된다.

광의의 의미로 직업 계속 훈련을 해석하면, 기업 주도로 이루어지는 직업훈련도 직업 계속 훈련의 한 형태에 포함된다. 기업 주도에 의한 이러한 형태의 직업 계속 훈련은 현장 실습 교육 외에, 훈련의 조직 주체가 기업이고, 이에 대한 교육 비용을 전적으로 기업이 직접 부담한다. 따라서 재직자 훈련은 직무특수적인 숙련과 단기적인 실습 위주로 이루어지고, 본질적으로 기업의 이해를 우선시하고 있다.

계속 교육과 향상 교육은 공식적인 자격 조건 취득이 없어도 커리어를 개발하거나, 향상 교육 과정을 통해 자격 요건을 갖춘 후 승진할 수 있도록 해주는 수단이 되어왔다. 숙련된 노동자, 장인들이 보다 나은 직업을 구하고, 높은 급여를 받을 수 있는 기회를 얻기 위해 추가 역량을 개발하는 수단으로 활용되어왔다.

오늘날 향상 교육이란 직업을 확보하고 유지하기 위한 평생 학습의 개념과 다르지 않다. 개발 및 혁신이 빠르게 구현되고 있어 지속적인 적응, 능력과 역량의 향상이 요구되는 현실에서 이 같은 접근법은 매우 유용하다.

3. 독일 직업교육훈련의 주요 구조와 특징

1) 주요 유형

가장 기본적인 직업교육훈련 유형으로는 입직자 직업교육이 있다. 입직자 직업교육은 공공 직업교육 중 현장 직업훈련 운영 시스템에 의해 관리된다. 연방국가인 독일의 경우 입직자 직업교육은 각 주별로 상이하게 관리된다. 지역별 직업교육 정책의 핵심에는 지역상공회의소가 있다. 지역 상공회의소의 직업교육위원회Berufsbildungsausschuss가 입직자 직업교육을 주관하여 관리 및 운영을 하고 있다. 직업교육위원회는 사용자, 노동자 및 직업훈련 교사 대표 각 6인으로 구성되어 있다.

이와 같이 공공 직업교육의 핵심적 주체는 독일의 지역 상공회의소 및 수공업협회이다. 독일 상공회의소는 지역 상공업자가 의무적으로 가입해야 하는 공적 조직으로 직업교육의 시행, 운영, 관리, 평가의 전 과정을 주관하고 있다. 지역 상공회의소가 공공 직업교육의 핵심적 주체로 활동할 수 있는 법적 근거는 직업교육법 및 수공업조례 등이 있다.

두 번째 유형으로는 실업자 직업훈련이 있다. 입직자 직업교육과 달리 실업자 직업훈련의 주된 공급자는 민간 훈련 기관이다. 독일 실업자 직업훈련의 특징은 훈련 바우처 제도에 잘 나타나 있다.[3] 독일의 훈련 바우처 제도는 향상 훈련(직업 자격 유지 훈련)과 전환 훈련(신규 자격 획득 훈련)으로 구분되어 실시된다. 독일 실업자 직업훈련의 실행 주체는 민간 훈련 기관이지만, 관리 주체는 연방노동사회부 산하 연방고용청BA: Bundesagentur

---

3   독일의 훈련 바우처 제도는 한국에서 직업능력개발계좌제 또는 현재 실업자 내일배움 카드제라는 이름으로 도입되어 실시되고 있다.

표 5-4 | 실업자 계속교육훈련 기관 유형별 훈련 과정 비중

구분	1998년	2002년	2005년
총 훈련 과정 수	288,200개	443,671개	422,640개
민간 훈련 기관	56.9%	61.9%	65.3%
국가기관	13.9%	14.8%	11.8%
상공회의소 기관	10.8%	11.3%	9.5%
산업별협회 기관	10.5%	6.8%	6.7%
기타	7.9%	5.2%	6.7%

자료: BA(2004).

für Arbeit이다.

실업자 계속 훈련은 민간 훈련 기관이 중심이 되어 이루어지고 있으며, 실업자 계속 훈련 중에서 민간 훈련 기관의 비중은 65.3%로 전체의 약 2/3를 담당하고 있다. 공공 직업훈련으로 분류될 수 있는 국가기관은 11.8%로 차지하는 비중이 낮다. 민간 훈련 기관이지만 사업체단체로 분류되는 상공회의소 및 산업별 협회도 각각 9.5%와 6.7%로 실업자 계속 교육에서 차지하는 비중은 낮은 편이다.

세 번째로, 재직자 직업훈련 유형이 존재한다. 독일의 경우, 양성 훈련은 대부분 이원화 교육이나 전일제 직업전문학교를 통해 이루어지며, 재직자 훈련(계속 훈련 및 향상 훈련)에 대해서는 실업자 훈련과 마찬가지로 민간 훈련 기관이 담당하고 있다.

전체적으로 직업교육 및 직업훈련 기관은 2010년 기준으로 9만 5400여 개가 존재하며, 공공 훈련 기관은 5만 5400여 개, 민간 훈련 기관은 약 4만여 개이다(Autorengruppe Bildungsberichterstattung, 2012). 1998년 대비 공공 훈련 기관은 18% 감소했으며, 민간 훈련 기관은 25% 증가하는 등 민간 훈련 기관의 비중이 급격히 증가하고 있는 추세이다.

민간 훈련 기관으로는 산업체, 상공회의소, 전문협회(수공업협회, 상공인협회 등), 전문 기관, 사설 훈련학원, 성인교육기관, 노동조합, 고용주협의회 등을 들 수 있다. 사설 훈련학원의 비중이 41.3%로 가장 크고, 최근 들어 성인교육기관의 비중이 급격히 증가해 23.5%를 차지하고 있으며, 전문협회는 5.2%의 비중 순으로 나타나고 있다.

독일 직업교육 제도의 최근 동향을 살펴보면, 모든 측면이 다 긍정적인 것은 아니다. 최근 들어, 산업체의 교육훈련에 대한 재정적 부담 문제, 훈련 기업과 훈련생의 수급 불일치 문제, 산업체와 직업학교의 연계 부족 등 운영상의 문제가 점차 대두되고 있기도 하다. 다른 한편으로 청소년의 대학 진학률이 증가함에 따라 이원화 제도로 대표되는 직업훈련에 대한 수요가 감소하고 있으며, 동시에 이로 인해 직업훈련생들의 자질에 대한 우려가 높아지고 있다. 청소년들이 이원화 제도보다 대학 진학을 선호하는 이유는 취업, 승진과 자기 개발에서 대학 졸업이 유리해지고 있기 때문이다. 특히 90년대 이후 직업학교출신과 대학 출신자 간 임금격차가 점차 커지는 추세이다.

기업들도 실업률의 증가와 경제성장의 둔화로 인해 직업훈련 비용에 대해 부담을 느끼고 있으며 노동시장에서 전문 인력을 쉽게 구할 수 있어 훈련 계약 체결을 기피하는 경향이 증가하고 있다. 이로 인해 사업체가 제공하는 훈련 계약이 감소하면서 연방정부, 주정부 및 연방고용청의 공적 지출이 2000년대 이후 급격히 증가하고 있다.

2) 관리 및 운영

직업교육에 대해서는 직업교육법이 있으며, 직업훈련에 대해서는 사회법전Sozialgesetzbuch 3권에 고용촉진Arbeitsförderung에 관한 법이 있다.[4]

고용 및 직업훈련에 대해서는 연방고용청이 주무 기관이다. 연방노동청은 독립기관으로 정부 정책으로부터 직접적으로 영향을 받지 않고, 독자적으로 고용 및 훈련 관련 정책을 집행한다. 연방국가의 특성상, 각 주에 위치한 연방고용청의 10개 지역 본부Regionaldirektionen와 180개의 지역 고용사무소Agenturen für Arbeit가 해당 지역의 노동시장 정책에 대해 상당한 자율성과 결정권을 갖고 있다. 코퍼러티즘corporatism 혹은 노사정 삼자주의에 기초해 연방고용청은 노사정 대표가 고용청의 독립성과 자율성에 기초한 운영에 실질적으로 참여하고 있으며, 이를 통해 고용 및 직업능력 개발 정책의 실효성을 확보하고 있다.

직업훈련교육은 지역 및 산업 수요를 반영하여 체계적으로 관리된다. 독일의 경우, 직업훈련과 관련된 공식 통계가 존재하지 않는다. 그러나 다양한 관련 통계가 직업훈련 수요 예측에 활용되고 있다. 대표적인 몇 개의 관련 통계를 살펴보면 아래와 같다.

- 통계청의 인구 센서스를 기초로 실시되는 마이크로 센서스
- 연방고용청의 고용 통계: 노동직업연구소IAB의 고용 실태 조사 및 사업장 패널 조사, 직업교육훈련연구소BiBB와 노동직업연구소의 교육훈련 조사, 고용촉진법 및 사회법전에 따라 작성되는 고용 통계
- 노동직업연구소의 인력 수요 조사Gesamtwirtschaftlichen Stellenangebots
- 상공회의소의 훈련 기관 및 검정 통계
- 독일경제연구소의 사회경제 패널 자료SOEP

---

4 독일 사회법전 3권 제6절 77조~87조에 계속 직업훈련(Berufliche Weiterbildung) 촉진 규정이 있다. 고용 촉진의 목적은 실업 발생을 억제하고, 실업 기간을 단축하며, 양성 훈련 시장 및 노동시장에서 수요와 공급의 균형을 지원하는 것으로 규정되어 있다.

- BSW(Berichtsystem Weiterbildung): TNS 인프라테스트TNS-Infratest 사회조사
연구소의 교육훈련 보고서Bildungsbericht(교과부 위탁, 격년 발행)
- 통계청의 직업교육훈련 통계Berufsbildungsstatistik
- 직업교육훈련연구소의 신규 견습생 고용 계약 조사BiBB-Erhebung über neu
abgeschlossene Ausbildungsverträge
- 직업교육훈련연구소의 숙련 패널 조사Qualifizierungspanel

독일 노동사회부는 산하 연구소인 노동직업연구소IAB의 사업체 패널
및 인력 수요 조사를 토대로 인력 수요 보고서Arbeitskräftreport를 작성해
지역 및 산업 수요를 직업훈련교육 방향에 반영하고 있다. 인력 수요 보
고서에서는 노동시장에서의 인력 수요 변동 및 인력의 수요와 공급 불
균형 문제를 주로 다루며, 주로 숙련 인력이 요구되는 분야의 인력 부족
현황을 통해 인력의 수요와 공급 불균형을 파악하는 데 활용하고 있다.

연방고용청은 훈련 목표 계획BZP: Bildungszielplannung 제도를 통해 지역
별 산업 수요를 직업훈련에 반영하고 있다. 연방고용청의 지역 고용사
무소가 매년 지역 노동시장에서의 인력 수요를 파악하여 다음 회계연도
의 지역별 전체 훈련 수요를 추정한 후 발표한다. 지역 고용사무소별로
매년 수립되는 훈련 목표 계획은 해당 지역 고용사무소에 등록된 실업
자 및 구직자를 대상으로 한다.

훈련 목표 계획에는 매년 지역별로 필요한 산업별 인력 수요를 공급
할 수 있도록 훈련 종류 및 훈련 내용, 분기별 훈련 바우처 총량 등이 포
함된다. 훈련 목표 계획과 달리 훈련 수요가 증가할 경우에는 인근 지역
고용사무소와의 협의를 통해 타 지역의 훈련 바우처 수량을 가져올 수
있다. 훈련 목표 계획은 지역별 산업 수요를 직업훈련에 반영하기 위한
중요한 훈련 과정 가이드라인으로 작용하고 있다.

표 5-5 │ 퀼른 지역 고용사무소의 훈련목표 계획 예시 (단위: 개)

훈련 목표	훈련 내용 관련 훈련 규정	직업 규정/ 직업 코드	훈련 바우처 발급 예정 수량				강의 형태 (전일/시간/현장)	훈련 기간
			1/4	2/4	3/4	4/4		
용접	모듈화된 자격 훈련	24222	12	15	13	10	전일제	4개월

자료: Agentur für Arbeit Köln(2014).

    산업 수요를 반영한 지역 맞춤형 훈련 시스템의 구축을 위해서는 지역 고용사무소가 해당 지역의 다양한 기업, 노동조합, 사용자 단체, 교육기관 등과의 정보 교류 및 협의를 통해 실질적인 훈련 수요를 예측할 수 있는 역량을 갖추고 있어야 한다. 즉 연방정부 차원의 훈련예측과 더불어 실제로 훈련 목표 계획의 전달 체계에서 지역 고용사무소의 역량과 자율성은 중요한 의미를 갖는다.

    예를 들어 훈련 목표 계획 사례로 퀼른 지역의 2014년 훈련 목표 계획의 수립 및 운영 과정을 살펴보자. 퀼른 지역의 지역 고용사무소 훈련 목표 계획은 단기 훈련 과정과 장기 훈련 과정 등을 모두 포괄하고 있다. 분기별로 훈련 과정별 훈련 바우처 발급 총량을 관리하는 총량관리제 형태를 띠고 있다. 강의 형태는 전일제, 시간제 및 현장 훈련형으로 구분하고 있다. 훈련 기간은 일주일 이내의 단기 훈련 과정에서부터 3년 내외의 장기 훈련 과정으로 구분되어 있다.[5]

    연방정부와 지역 단위 직업훈련의 실시 과정 역시 정교한 체계를 갖

---

5   한국의 지역 고용사무소는 고용노동부 지침과 할당된 예산을 단순히 집행하는 역할을 하고 있다. 직업훈련 사업 대부분은 지역 및 산업의 인력 수요를 반영하지 못하고 3개월 미만의 단기 훈련 위주로 진행된다. 1년 이상 장기 훈련 과정은 고용노동부가 산업인력공단을 통해 관리하는 폴리텍대학에서만 이루어진다. 이로 인해 지역 인력 수요에 대응하는 훈련 과정의 전달 체계에서 지역 고용사무소가 배제되고 있다.

추고 있다. 직업훈련 정책은 훈련 수요 현황에 따라 국가 기술 자격, 양성 교육훈련, 향상 훈련이라는 세 가지 경로를 통해 시행된다.

모든 교육훈련은 국가 기술 자격과 연계되어 이루어진다. 새로운 직종에 대한 훈련 수요 또는 기존 직종의 숙련 변동에 대해서는 연방 차원에서 직업교육훈련연구소를 통해 국가 기술 자격의 통일적 요건(훈련 기간, 자격 요건)을 제시한다. 새로운 숙련 직종이 필요할 경우, 연방노동사회부는 직업교육훈련연구소와 함께 새로운 숙련 직종에 대한 기술 자격 기준을 설정한다. 기존 직종의 숙련 변동이 요구될 경우, 연방노동사회부는 직업교육훈련연구소와 함께 기술 자격 요건을 개정한다.

양성 교육은 직업학교 과정과 현장 훈련의 이원적 과정으로 이루어지기 때문에 교과부는 직업학교를, 노동사회부는 현장 훈련을 관할한다. 연방에서 기술 자격과 관련된 기준이 정해지면, 연방주 교과부 장관 회의에서 직업학교 양성 교육의 통일성이 논의된다. 최종적으로 개별 연방주마다 직업학교 과정을 자체 운영한다. 이 역시 지역 차원에서의 인력 수요에 대한 지역 거버넌스를 인정함으로써 지역 상황에 맞는 직업교육훈련 정책이 수립될 수 있도록 하기 위한 것이다. 현장 훈련은 개별 연방주마다 노동사회부 관할로 노사정 거버넌스를 통해 현장 훈련 과정을 설정하고, 상공회의소 주관하에 현장 훈련을 실시하게 된다. 양성 교육에서 현장 훈련의 전제 조건은 기업이 견습생 훈련 일자리를 제공해야만 하며, 따라서 지역 고용청이 해당 지역 기업의 견습생 훈련 일자리의 수요 및 공급을 지속적으로 파악하여 관리 및 감독하고 있다.

향상 훈련은 주로 재직자의 직업 능력 향상을 목표로 시행되며, 향상 훈련의 훈련 계획은 기업 중심으로 이루어진다. 연방고용청은 적극적 노동시장 정책을 통해 훈련비 지원, 훈련 과정의 품질관리, 훈련 기관 인증 등에만 관여할 뿐, 향상 훈련의 내용에 대해서는 개입하지 않는다.

3) 직업훈련과 사회적 파트너 시스템

독일의 이원적 직업훈련교육이 효과적으로 운영될 수 있는 중요한 요인 중 하나는 관련된 이해 당사자의 사회적 합의를 중요시하는 운영 시스템을 들 수 있다. 직업훈련교육은 노동력의 사용자인 사용자대표, 노동력을 판매하는 노동자의 대표인 노동조합, 훈련 정책을 총괄하는 국가 등 관련 관계자들이 이원적 직업훈련교육의 운영에 직접적으로 참여해 공동으로 운영하는 형태를 띠고 있다. 즉 독일의 이원적 직업훈련교육은 사용자 및 노동자의 이해관계를 국가가 수렴하고, 동시에 사용자 및 노동조합이 제도 운영에 직접 참여하는 대표적인 사회적 파트너십 모델이라고 할 수 있다.

기본적인 직업교육 및 직업훈련은 중앙정부 및 주정부 등 국가가 담당한다. 그러나 직업교육 및 직업훈련의 내용 및 자격 검정과 관련된 제도에는 사용자 및 노동조합이 직접 참여하고 있다. 사용자단체는 직업교육 및 직업훈련의 훈련 내용, 훈련 기간, 훈련 교재의 개발뿐만 아니라 훈련 기관으로 훈련 사업에 직접 참여한다. 특히 독일상공회의소는 자격 검정과 관련된 업무를 국가로부터 위탁받아 자격시험, 훈련 강사 품질관리, 훈련생 관리 등의 국가 사무를 직접 수행한다. 노동조합 역시 직접 훈련 기관으로 훈련 사업을 운영할 뿐만 아니라 훈련 내용, 훈련 기간, 훈련 프로그램의 개발에 참여하고 있다.

독일의 산업체는 직업교육훈련과 강력하게 연계되어 있는데 이는 독일 노동시장의 특성과도 밀접한 관계가 있다. 일반적으로 독일 노동시장은 동일한 직종으로의 사업체 간 수평 이동이 가능한 직종별 노동시장을 특성으로 한다. 이와 같은 직종별 노동시장에 진입하기 위해서는 구직자가 특정 직종의 직무를 수행할 수 있도록 적합한 훈련을 통해 준비하는 것이 필수적이며, 이런 조건이 독일의 중등교육 단계와 고등교육 단계에서 이원화 직업훈련 체계의 성공을 가능케 한 것이다. 그러나 앞서 서술한 바와 같이 2000년대 이후 현장 실습 일자리가 줄어들면서 이원화 직업훈련 체계의 위기가 논란이 되어왔다.

이에 대응하여 독일 정부에서는 노동시장의 경직성 때문에 현장 실습 일자리가 감소하는 현상에 대처하여 2004년 6월, 훈련 협약National Pact of Promote Training and Young Skilled workers in Germany을 발표했다. 훈련 협약은 고용주와 기업집단 대표들이 모여 훈련 실습 협약을 체결하고 기업들이 의무적으로 훈련 실습을 제공하도록 하는 규정이다. 이 규정에 따라 2010년까지 기업은 매년 6만 개의 새로운 현장 실습 장소를 제공해야하며 4만 개의 초기 훈련 장소를 제공하도록 했다. 독일 정부(경제, 기술, 노동사회부, 교육연구부)뿐만 아니라 고용주 단체연합, 수공업협의회 등도 훈련 협약의 파트너로 참여하고 있다.

4. 훈련 바우처 제도

훈련 바우처 제도는 실업자를 대상으로 하는 적극적 노동시장 정책의 효율성과 효과성을 높이기 위한 정책으로 2003년 하르츠 개혁 이후 실시되고 있다. 적극적 노동시장 정책에 따른 직업훈련은 크게 양성 훈련과 계속 훈련으로 구분된다. 양성 훈련은 양성 교육을 받지 못한 사람이 특정 직업 분야에 취업하고자 할 때 직업 능력을 갖춰주기 위해 실시하는 입직 훈련 과정이다. 반면 계속 훈련은 이미 특정한 숙련을 갖고 있는 근로자가 실직으로 인해 새로운 일자리를 찾고자 할 때 기존의 숙련을 강화시켜 취업 가능성을 높이기 위해 실시하는 직업훈련을 말한다.

표 5-6 | 실업자 계속 훈련 참여 현황(2015)　　　　　　　　　　　　　　　　　　(단위: 명, 건)

구분	참여자 수			승인 현황		
	총계	사회법전III	사회법전II	총계	사회법전III	사회법전II
계속 훈련 전체	161,329	95,929	65,400	336,626	186,835	149,791
일반 계속 훈련	151,793	86,500	65,293	323,994	174,362	149,632
장애인 계속 훈련	7,205	4,868	2,337	7,750	4,563	3,187
훈련 보조금	9,052	8,945	107	8,690	8,531	159
조업 단축 보조금	484	484	-	3,942	3,942	-

자료: BiBB(2016).

계속 훈련은 향상 훈련과 재훈련으로 구분된다. 훈련 바우처 제도는 계속 훈련을 대상으로 연방노동사회부BMBAS 산하기관인 연방고용청의 관리 책임하에 실시되는 대표적인 적극적 노동시장 정책이라고 할 수 있다. 실업자는 지역고용청에서 훈련 바우처를 발급받아 지정된 기관에서 원하는 훈련 과정을 이수하면 된다. 훈련 바우처 제도는 훈련 수요자인 실업자에게 훈련 과정 및 훈련 기관 등에 대한 선택권을 부여함으로써 실업자의 훈련 욕구에 보다 효과적으로 부응하도록 설계된 제도이다.

2015년 기준 실업자 훈련의 법적 지원 근거인 사회법전II와 III에 따른 계속 훈련 참여자 수 현황을 보면, 〈표 5-6〉과 같이 약 16만 여명이 계속 훈련에 참여했고, 33만 여건의 훈련 참여가 승인되었다. 즉 실업자 1인당 2회 정도로 실업자 훈련 과정에 참여한 것이다. 기타 훈련 보조금 및 조업 단축 지원의 일환으로 조업 단축 기간에 계속훈련에 참여한 경우를 포함하면, 전체 계속 훈련의 규모는 더 커진다.

〈표 5-7〉은 훈련 바우처 제도에 참여한 훈련 참여자의 주요 특징을 보여주는 자료이다. 여성 참여율은 44.8%로 2009년 이후 증가하는 추세를 보여주고 있다. 또한 미숙련 근로자의 참여 및 훈련 참여 후 자격

표 5-7 | 실업자 계속 훈련 참여자 특징　　　　　　　　　　　　　　　　　　(단위: %)

구분	2009년	2010년	2011년	2012년	2013년	2014년
여성 참여율	41.1	42.3	45.3	46.3	45.7	44.8
자격 취득율	7.3	10.7	11.4	13.2	15.7	15.4
미숙련 근로자 참여율	30.5	30.7	33.2	35.4	34.0	35.0
청년 참여율	12.0	10.1	10.6	9.7	8.7	7.5
외국인 참여율	11.0	10.8	12.3	13.7	13.5	15.2
장기 실업자 참여율	7.8	11.4	12.7	12.6	12.5	13.1

자료: BiBB(2016).

취득율 역시 꾸준하게 증가하고 있다. 무엇보다도 실업자 집단 중에서 가장 문제가 되고 있는 장기 실업자의 훈련 참여율이 2014년에는 2009년 대비 약 100%의 증가율을 보여주고 있어, 훈련 바우처 제도가 독일의 실업자 감소에 중요한 역할을 하고 있음을 알 수 있다.

2003년 하르츠 개혁 법안Gesetze für moderne Dienstleistungen am Arbeitsmakrt의 실행과 동시에 독일의 노동시장 정책에도 급격한 전환이 발생했다. 직업 계속 훈련의 촉진FbW: Förderung der beruflichen Weiterbildung 영역에서 특히 급격한 변화가 이루어졌으며, 그 핵심이 바로 훈련 바우처 제도 Bildungsgutschein의 도입이다(Doerr and Kruppe. 2012: 6).

훈련 바우처Bildungsgutschein란 직업교육 및 직업훈련 수요자가 국가로부터 쿠폰을 부여받은 후, 직업교육 및 직업훈련 공급자를 직접 선택해 직업교육훈련을 받고 부여받은 쿠폰으로 훈련비를 지불하는 적극적 노동시장 정책을 말한다. 독일의 훈련 바우처 제도는 쿠폰제와 유사 쿠폰제Quasi-Gutschein으로 구분되며, 유사 쿠폰제는 직접 쿠폰을 부여받지 않고 국가가 직업훈련 공급자에게 직접 훈련비를 지급하는 형태이다. 주로 재직 근로자를 대상으로 시행되고 있다(Haberzeth, Erik et al. 2013).

훈련 바우처 제도는 다양한 형태로 실시되고 있다. 훈련 바우처 제도는 운영 주체에 따라 크게 연방 차원에서 실시되는 저숙련 고령자 계속 훈련 프로그램(WeGebAU) 및 훈련 보너스 프로그램, 그리고 개별 주정부가 실시하는 별도의 지역 프로그램이 존재한다.

- WeGebAU: 연방고용청이 미숙련 및 반숙련 근로자 및 고령 근로자를 대상으로 실시하는 바우처 제도. 쿠폰을 통해 훈련비의 50~100% 지원.
- 훈련 보너스Bildungsprämie: 연방교육부 및 유럽사회기금을 재원으로 연봉 2만 5600유로 이하 근로자 및 자영업자에게 교부되는 훈련 바우처 제도.
- 이외에도 각 주별 특정 대상 근로자에게 부여되는 다양한 형태의 훈련 바우처 제도가 존재함(노르트라인베스트팔렌주의 훈련 수표제, 헤센주의 숙련 수표제, 메클렌부르크포어포메른주의 기업 역량 개발제, 함부르크주의 향상 교육 보너스제, 브레멘주의 향상 교육 수표제 등).

연방고용청에서 운영하는 훈련 바우처 제도는 기본적으로 실직자의 계속 교육을 대상으로 하고 있다. 재직자를 대상으로는 별도의 훈련 바우처 제도를 실시하고 있으며, 모든 재직 근로자를 대상으로 하기보다는 취약 근로층을 대상으로 하고 있다(Käpplinger, 2013).

훈련 바우처 제도의 도입 취지는 국가 주도의 일방적인 직업훈련 과정의 제공이라는 공급자 중심의 직업훈련시장을 직업훈련에 참여하는 수요자의 선택권을 강조하는 수요자 중심으로 변화시키기 위한 것이었다. 훈련 수요자가 직접 및 훈련 과정을 선택함으로써 직업훈련 기관이 지역별 훈련 수요에 좀 더 직접적으로 반응하고 변화하도록 지역별 훈련 시장의 역동성을 제고하고자 했다.

따라서 훈련 바우처 제도는 훈련 수요자가 자발성과 책임성의 원칙하에 직업훈련과 관련된 선택의 자유를 확장할 수 있도록 기획되었다고 볼 수 있다(Doerr and Kruppe. 2012: 6). 더 나아가 훈련 바우처 제도는 평생교육의 강화라는 사회정책적 목표와도 밀접한 관련이 있다. 훈련 수요자의 선택권 보장은 선택할 수 있는 직업훈련 기관의 양과 질이 전제되어야 함으로, 직업훈련 기관의 품질관리Qualitätsmanagement가 동시에 강조되고 있다. 결과적으로 훈련 바우처 제도는 훈련 수요자가 직접 및 훈련 과정을 선택함으로써 직업훈련 기관이 지역별 훈련 수요에 좀 더 직접적으로 반응하고 변화하도록 함으로써 지역별 훈련 시장의 역동성을 제고하기 위한 시도라고 볼 수 있다.

훈련 바우처 제도는 기본적으로 향상 훈련의 한 부분으로 실직 근로자의 숙련 향상을 통한 취업 역량 강화를 목표로 한다. 직업학교Berufsschule를 통해 양성 훈련을 이수했거나, 3년 이상 취업 경력이 있는 실직 근로자를 대상으로 실시된다. 지역 고용사무소에서 직업 상담사와 의무적으로 상담을 함으로써 훈련 바우처 발급의 적정성을 기관에서 엄격하게 판단하고 있다. 직업 상담사와의 상담 결과, 훈련 이수 후 경제활동률Verbleibsquote[6]이 70% 이상으로 예상될 경우에만 훈련 바우처를 발급하도록 되어 있다.

다만 기존 직업경력, 직업훈련 이력, 지역 노동시장의 상황 등을 고려해 훈련 쿠폰의 발급을 엄격하게 통제함으로써 부정 수급이나 취업과의

---

6 경제활동률이란 직업훈련 과정 이수 후 실업자로 남아 있지 않은 사람의 비율을 뜻하며, 고용보험 가입자만을 대상으로 하는 취업률보다 포괄적인 범위를 갖는다. 즉 취업자 외에 창업을 한 자영업자, 고용보험 통계에 잡히지 않는 공무원, 군인, 또 다른 직업교육훈련 참여자 등 고용청에 실업자로 등록되지 않은 모든 사람을 포괄한다.

낮은 연계성 등의 문제를 훈련 바우처 발급 과정에서 선별하고 있다. 이로 인해 훈련 바우처 제도의 선별성Selektivität을 둘러싼 찬반 논란이 존재한다(Doerr and Kruppe. 2012: 8). 즉 선별 과정을 엄격하게 운영하고 있기 때문에, 훈련 쿠폰의 발급에 대한 승인이 거부된 훈련 신청자들의 불만이 높으며, 선별 기준에 대한 문제 제기가 존재한다.

훈련 바우처는 발급 후 4주간 유효하며, 이는 발급 후 한 달 이내에 훈련 수요자가 본인에게 적합한 훈련 기관 및 훈련 과정을 탐색해 등록해야 함을 의미한다. 공간적으로도 주거지로부터 훈련 기관이 일반적으로 통근 가능한 거리Tagespendelbereich 내에 위치해야 한다. 직업 상담사는 훈련 바우처 수급자에게 훈련 기관 및 훈련 과정에 대한 정보를 줄 수는 있으나 훈련 기관 및 훈련 과정의 선택에 직접적으로 개입하는 것은 금지되어 있다.

훈련 수요자의 훈련 기관 및 훈련 과정 탐색을 돕기 위해 연방고용청은 쿠르스넷KURSNET이라는 직업훈련 과정 정보망을 제공하고 있다. 이 정보망에는 2013년 기준 58만 3836개의 훈련 과정, 훈련 바우처 활용 가능한 40만 1598개의 훈련 과정, 1만 8585개의 양성 훈련 과정이 소개되어 있다(http://kursnet-finden.arbeitsagentur.de/kurs). 쿠르스넷에서는 훈련 기관 정보 및 개설 과정에 대한 정보를 직접 실시간으로 입력하고 변경할 수 있다. 훈련 수요자가 쿠르스넷을 통해 해당 지역에서의 훈련 과정 정보를 획득하고 훈련 과정을 선택한 뒤 해당 훈련 과정을 실시하는 훈련 기관에 훈련 바우처를 제시하면, 훈련 기관은 훈련 바우처에 훈련 과정을 기재한 후 훈련 과정 시작 전에 훈련 바우처를 발급한 지역 고용사무소에 제출해야 한다.

이 과정에서 훈련 목표 계획의 수립을 위해서는 지역 고용사무소와 잡센터Job Center 사이의 긴밀한 협력 관계가 중요한 역할을 수행한다. 잡

그림 5-2 | 훈련 바우처 운영을 위한 훈련목표계획 전달 체계

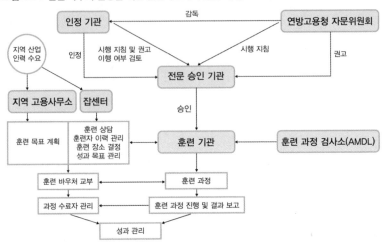

자료: Doerr and Kruppe(2012: 9) 일부 수정 및 보완.

센터는 지역 차원의 공동고용지원센터를 말하며, 지역 고용사무소 및 지자체, 유관 기관이 공동으로 운영한다. 지역 고용사무소가 잡센터와 함께 훈련 목표 계획을 수립해 발표하고, 잡센터가 지역 훈련과 관련된 상담, 이력 관리, 성과 관리 등을 담당하고 있다.

훈련 바우처를 활용한 훈련 과정 참여자의 훈련 기간은 2007년 기준 4개월 미만이 42%, 4~9개월이 31%, 1개월 미만이 17%, 9개월 이상이 10%로 4개월 미만이 전체의 48%를 차지하고 있다. 훈련 바우처 제도는 직업훈련의 훈련 수요를 촉진하기 위한 정책적 수단으로 도입되었으나, 그 효과에 대해서는 상반된 평가가 존재한다(Käpplinger. 2013). 경제학자들은 수요자의 선택의 자유를 강조하는 반면, 교육학자들은 교육 훈련의 일방적 시장화로 인한 부작용 우려하고 있다.

일반적으로 정책의 사중손실 효과Mitnahmeeffekt는 43~61%로 매우 높게 나타난다. 그러나 심층 분석을 통해 훈련 바우처 프로그램에 따른 부

수적 훈련 수요자의 행태 변화를 분석한 결과, 사중손실 효과가 10% 미만인 것으로 조사되었다. 즉 참여 훈련의 수가 늘어나고, 고급 과정에 대한 참여가 증가하고, 교육훈련에 대한 참여가 빨라지는 등의 부수적 효과가 나타나고 있는 것이다.

훈련 바우처 제도의 문제점 역시 많이 지적되고 있다. 가장 큰 문제는 제도의 핵심적 운영 주체인 지역 고용사무소와 전문 승인 기관FKS: Fachkundige Stelle 사이의 협업 과정에서 문제가 발생하고 있다는 점이다 (Doerr and Kruppe, 2012: 11~12). 민간 기관인 전문 승인 기관이 고용 행정의 역할, 의미 및 운영 과정을 제대로 이해하지 못하는 문제와 지역 고용사무소가 인증 업무를 제대로 파악하지 못하는 현상이 문제점으로 지적되고 있다. 특히 초기에 지역 고용사무소의 홍보 및 정보 제공 미비로 인해 훈련 기관이 승인과 관련된 정보를 제대로 알지 못함으로써 상당한 혼란이 발생했다.

또한 훈련 과정 승인에서 훈련비 단가가 평균 훈련비 단가를 기준으로 정해지고 중요한 승인 요건으로 작용함에 따라 훈련 기관 사이의 경쟁이 심화되는 부작용이 나타나고 있다. 그로 인해 훈련 비용의 경쟁을 통한 하락 효과가 나타나고 있으며, 다른 한편으로는 훈련 비용의 절감을 위해 훈련 교사의 임금 및 근로조건의 악화가 나타나고 있는 점도 주로 지적되고 있다.

5. 훈련 기관 품질관리

1) 의미

훈련 바우처 제도는 수요자 중심의 직업훈련 체계의 구축을 통해 실직자의 직업 능력 개발을 지역별 산업 인력 수요와 연계시키고, 이를 통해 취업 기회를 실질적으로 향상시키는 것을 목적으로 하고 있다. 따라서 지역별 산업 인력 수요와 실직자의 직업 능력 개발 사이의 핵심적 매개 요인으로 훈련 기관의 훈련 과정이 위치하게 된다.

훈련 바우처 제도 실시 전 독일 향상훈련 제도의 가장 큰 문제점은 지역 고용사무소와 훈련 기관 사이의 담합 및 유착으로 인한 훈련의 질 저하가 발생할 수 있다는 점이었다. 이로 인해 훈련 바우처 제도의 실시와 더불어 훈련 기관의 품질관리를 엄격하고 철저하게 함으로써 훈련의 질을 높이기 위한 제도적 장치를 고안할 필요가 발생했다

하르츠 개혁 과정에서 1997년부터 시행된 계속 훈련 시장에 대한 품질관리의 문제점이 지적되었다(Doerr and Kruppe, 2012: 10). 통일 이후 급격히 확대된 직업훈련 시장이 양적인 확대에만 치우쳐 제대로 된 품질관리가 이루어지지 못했다는 비판이 제기되어왔기 때문이다.

국제표준화기구ISO와 같은 국제 품질관리 규격에 대한 논의가 동시에 이루어졌으나 제도화되지는 못했으며, 국제표준화기구 규격에 제시된 과정 중심의 품질관리의 도입이 논의되었다. 그 결과 인정과 승인의 2단계 시스템을 통한 훈련 기관의 품질관리 시스템이 등장하게 되었다.

훈련 기관의 품질관리는 2004년 7월 1일 발효된 '향상 훈련 인정 및 승인 규정AZWV'에 따라 이루어져왔으나, 2012년 4월 1일 '고용 촉진을 위한 인정 및 승인 규정AZAV: Akkreditierungs und Zulassungsverordnung Arbeitsfö rderung'으로 개정되었다. 향상 훈련 인정 및 승인 규정은 다음과 같은 내용을 담고 있다.

① 전문 승인 기관의 인정 절차
② 훈련 기관의 승인
③ 훈련 과정의 승인
④ 승인 절차
⑤ 관련 기관 사이의 협력

전문 승인 기관으로부터 훈련 기관 및 훈련 과정 승인을 받지 못한 훈련 기관은 훈련 바우처 사업에 참여할 수 없도록 함으로써 훈련 바우처 사업을 통해 제공되는 훈련 과정의 질을 제고하고 있다. 훈련 시장 내 경쟁으로 인해 훈련 기관의 품질보장을 위해 훈련 기관이 보다 적극적으로 훈련 기관 관련 인증을 획득하고 있다(Doerr and Kruppe, 2012: 10).

2010년 독일직업교육연구소 조사에 따르면, 조사 대상의 80%가 한 개 이상의 훈련 기관 인증을 획득하고 있으며, 약 71%가 두 개 이상, 25%는 네 개 이상의 기관 인증을 획득한 것으로 나타났다. 특히 국제표준인증인 DIN EN ISO 9000ff는 조사 대상 훈련 기관의 36%가 인증을 획득한 상태이다.[7]

7　DIN은 독일표준협회(Deutsches Institut für Normung e.V.), EN은 유럽 표준(Europäische Norm), ISO는 국제표준화기구를 말한다. DIN EN ISO 9000ff는 ISO 9000을 바탕으로 9001 및 9004로 구성된 품질관리시스템 표준이다. ISO 29990은 2010년 제정된 교육기관 서비스 및 품질관리 국제표준으로 독일의 경우 인정 기관에서 활용하고 있으나 보편화되지 않은 상태이다.

2) 훈련 기관 승인 과정

훈련 기관의 품질보증을 위해 훈련 기관의 승인은 2단계로 이루어진다. 1단계에서는 독립 기구인 독일 인정 기관DAkks: Deutsche Akkreditierungsstelle은 훈련 기관의 승인을 담당하는 전문 승인 기관을 승인한다. 2단계에서는 인정 기관으로부터 승인받은 전문 승인 기관이 훈련 기관 및 훈련 과정을 승인한다. 이 과정에서 연방고용청은 훈련 기관 및 훈련 과정의 승인에 직접적으로 개입하지 않는다. 인정 기관에 대한 관리 감독만을 수행한다.

연방고용청은 훈련 기관 및 훈련 과정의 승인을 담당하는 전문 승인 기관에 훈련 기관 및 훈련 과정의 승인과 관련된 시행 지침을 제시한다. 연방고용청의 자문위원회는 훈련 기관 및 훈련 과정의 승인과 관련된 권고안을 제시할 수 있는 권한을 갖고 있다.

전문 승인 기관의 자격은 독립적 인정 기관이 심사하도록 되어 있다. 독일 인정 기관은 연방정부의 관리를 받는 공공 기관으로 경제활동과 관련된 다양한 인증을 관리하는 기관이다. 2010년 1월 1일 이전 전국에 걸쳐 산재한 20여 개의 인정 기관을 하나의 전국 조직으로 통폐합하여 독일 전체 인정 기관으로 출범했다. 인정 기관은 훈련 시장에서 전문 승인 기관의 자격을 심사하고 인증서를 발급한다. 인정 기관은 전문 승인 기관의 요건 및 전문성을 검토하여 훈련 기관 및 훈련 과정의 승인에 필요한 자격을 갖추고 있는지를 심사하여 인증한다. 인정 기관 역시 훈련 기관 및 훈련 과정의 승인에 직접적으로 개입하지 않는다. 인정 기관으로부터 인증을 받은 전문 승인 기관이 훈련 기관 및 훈련 과정의 승인을 직접 담당한다. 훈련 기관 및 훈련 과정의 승인은 결과적으로 민간 전문가들에 의해서 이루어지게 된다.

그림 5-3 | 훈련 기관 및 훈련 과정의 인정 및 승인과정

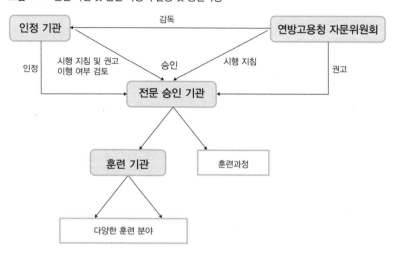

전문 승인 기관은 훈련 기관 및 훈련 과정의 승인을 전담하는 민간 전문 기관이다. 연방고용청의 시행 지침과 자문위원회의 권고를 고려하여 독립적으로 훈련 기관 및 훈련 과정에 대한 승인권을 행사한다. 쿠르스넷에 따르면 2013년 기준 35개의 전문 승인 기관이 활동하고 있다. 전문 승인 기관은 훈련 기관 및 훈련 과정의 승인 수수료를 재원으로 하고 있다. 연방고용청 산하 인정 기관의 심사를 통해 3년 유효한 전문 기관 인증서를 획득하여 활동하며, 인정 기관의 지속적인 관리 감독을 받는다. 검정 기관으로서 인증받기 위한 필요조건은 다음과 같다.

- 적절한 조직 구조
- 직원 및 재정적 능력
- 역량과 자격을 갖춘 직원
- 독립성과 신뢰성

- 기업 정보에 대한 비밀성
- 질적 관리 시스템
- 고충 처리 시스템
- 느슨한 검정 과정에 대한 규제
- 인증 기관과 감독위원회의 규제 준수

이 요구 사항은 검정 기관을 위한 국제 기준인 ISO DIN EN 17021에 기초한다.

3) 훈련 기관의 승인

전문 승인 기관으로부터 훈련 기관 승인을 받지 못한 훈련 기관은 훈련 바우처 사업에 참여할 수 없다. 훈련 바우처를 받는 훈련 과정을 제공하기 위해 훈련 기관은 반드시 전문 승인 기관으로부터 훈련 기관 승인을 받아야 한다. 훈련 기관의 품질관리를 위해 전문 승인 기관이 '고용 촉진을 위한 인정 및 승인 규정' 2조에 따라 훈련 기관의 자격 요건을 엄격하게 심사한다. 심사 항목은 다음과 같다.

- 기관 자산의 충분성
- 조직적 및 인적 구조의 적격성
- 훈련 공간의 적격성
- 전체 제공 훈련 과정 명세서
- 지역 노동시장과의 네트워크
- 훈련 교사의 자격 및 경력
- 훈련 교사의 교육학적 역량

훈련 기관은 승인 기관을 통해 승인될 경우 3년간 인정되는 인증서를 부여받으며, 예외적으로 5년 유효한 인증서를 부여받을 수 있다. 훈련 기관은 노동시장의 변화와 훈련 정책의 변화에 적응하기 위해 기본적으로 3년마다 재승인 과정을 거쳐야 한다. 훈련 기관은 승인을 받더라도 매년 정기적으로 승인 기관의 감사를 받아야 하며, 정기 감사와 훈련 기관 재승인은 연계되지 않는다.

훈련 과정의 승인은 매우 세부적인 기준에 의거해서 이루어진다. 우선 훈련 과정의 승인의 초점은 훈련 내용과 훈련 대상의 일치성에 있다. 여기에는 지역 노동시장 상황에 대한 고려, 훈련 비용의 적절성, 훈련을 위한 강의실 및 기술적 장비, 강사에 대한 정보, 법적·계약적 동의 여부, 경제적 효율성 원리 준수 등도 포함된다. 즉 훈련 과정의 승인에는 훈련 프로그램의 내용에 대한 검토뿐만 아니라 훈련 과정의 적정성 및 운영 합리성도 같이 고려된다. 이 과정에서 훈련 과정에 대한 정기적 모니터링을 훈련 기관이 실시하고 있는지, 훈련 기관의 주요 변화에 대한 즉각적 안내가 이루어지는 등 훈련 기관에 대한 검토도 이루어진다. 또한 인증 기관과 감독위원회의 규제 준수 여부 역시 같이 검토한다. 훈련 과정은 승인 후 교육훈련 시장 및 노동시장 상황에 따라 최소 3년에서 최장 5년간 승인 효력이 유지된다(AZAV §5 Abs. 4).

다음으로 중요한 사항은 훈련과정에 대한 훈련비 단가의 산정이다. 훈련비단가 산정의 기본원칙은 훈련의 활용성과 훈련품질의 보장이라는 두 가지 원칙이 적용된다(BA, 2012). 훈련과정의 노동시장 정책적 효과가 보다 중요하게 고려되고 있다. 이와 같은 훈련의 활용성과 훈련과정의 고품질이라는 기준은 훈련 수료자의 취업률 또는 경제활동 참가율을 의미하는 것으로 볼 수 있다. 따라서 취업지표가 훈련비 단가 산정에 중요하게 고려되고 있다.

표 5-8 | 연방 평균 훈련비(일부 업종 선별, 2013.4 기준)

직업집단 분류 번호	하위 직업집단 개수	직업 종류 (1=보조, 2=숙련공, 3=분야전문가, 4=전문가)	2010 직업 분류 직업명	연방 평균 훈련비
223	·	1 또는 2	목재 가공	4.82유로
242	3개	3	기계 금속가공(분야전문가)	8.61유로
341	·	2	건축 기술(숙련공)	6.48유로
42	·	3	환경보호 직업(분야전문가)	10.41유로
24	·	1	기계 가공	6.05유로
24	·	2	기계 가공	6.55유로

자료: BA(2013).

취업 지표로는 취업 성공 지표 및 취업 가능성 지표가 주로 활용되고 있다. 취업 성공 지표Intergrationserfolg로는 유사 훈련과정의 최근 3년간 취업률을 기준으로 작성되며, 다른 한편으로 개설 예정 훈련과정의 취업 가능성 지표Intergrationsprognose도 함께 고려된다. 기타 고려사항으로 훈련과정의 실시에 필요한 기술적, 조직적 및 인적 비용이 평균 비용 이상이 될 수밖에 없는 긴요성도 중요한 기준이다.

훈련비 단가의 적절성을 평가하기 위한 기준으로는 매년 연방고용청이 발표하는 연방 평균 훈련비B-DKS: Bundes-Durchschnittskostensätze가 활용된다. 연방고용청의 2010년 개정 직업분류KLdB 2010에 따라 전문 승인 기관이 제출하는 월별 보고서를 토대로 시간당 훈련비 단가를 산정한다. 연방 평균 훈련비는 크게 직업훈련Maßnahme der beruflichen Weiterbildung을 위한 훈련 과정과 고용 촉진Maßnahme zur Aktivierung und Eingliederung을 위한 훈련 과정으로 구분되어 책정된다. 연방 평균 훈련비는 연방고용청 홈페이지에 공시된다(AZAV §3 Abs. 2).

2012년 고용 촉진을 위한 인정 및 승인 규정의 개정을 통해 연방 평균

표 5-9 | 훈련 성과 측정을 위한 취업률 지표

노동시장 정책 유형	6개월 후 경제활동 참여율				6개월 후 취업률			
	2010.12~2011.11		2011.12~2012.11		2010.12~2011.11		2011.12~2012.11	
	명	%	명	%	명	%	명	%
향상 훈련	367,626	72.3	308,179	66.7	367,626	55.1	308,179	47.9

자료: BA(2013).

훈련비를 상회하는 훈련비는 연방고용청의 동의가 있어야만 승인받을 수 있다. 2013년 1월부터 9월 현재까지 연방 평균 훈련비를 상회하는 훈련 과정에 대한 승인율은 48.1%로 훈련비 단가의 표준화를 위해 엄격하게 통제하고 있다.

2010년 개정된 직업 분류에 따라 직업명과 직업집단의 직업 분류 코드가 제시되고, 이러한 분류 코드별로 연방 평균 훈련비가 집계되고 있다. 직업집단 내에서 다시 직업 수행의 전문성, 즉 직무 수준별 차이에 따라 보조Helfer, 숙련공Fachkraft, 분야 전문가Spezialist, 전문가Expert 등으로 구분되어 평균 훈련비가 집계된다. 위의 2013년 기준 연방 평균 훈련비 집계표에 따르면, 기계 금속가공의 직업 분류 코드는 242이며, 하위 직업 분류 코드는 3이다. 동일한 직업 분류 코드를 갖고 있더라도 직업 수행의 전문성에 따라 연방 평균 훈련비가 다르게 책정될 수 있다. 예를 들어 기계 가공의 경우 보조는 6.05유로, 숙련공은 6.55유로로 전문성 분류에 따라 상이한 연방 평균 훈련비가 책정되었다.

훈련 성과는 취업률 지표를 주로 활용한다. 훈련 종료 후 6개월 동안의 취업률 및 경제활동 참여율을 기준으로 지표값을 작성한다. 취업률은 사회보험 가입 근로자 집계치이며, 경제활동 참여율은 사회보험 가입 근로자 및 자영업자, 공무원 등 사회보험 가입 비대상자를 포함한다.

6. 직업훈련 교사

독일의 직업교육훈련과 관련된 교원은 크게 세 가지로 구분된다. 첫 번째로 직업학교에 근무하는 직업훈련 교사Lehrer이다. 이들은 제도 교육 내에 있기 때문에 공무원의 신분을 갖는다. 두 번째로 사내교육을 담당하는 직업훈련 실습 교육 담당자Ausbilder로서 사무직 노동자의 신분을 갖는다. 세 번째로 장애인을 위한 직업교육훈련 워크숍 운영자 및 향상 교육기관 훈련 담당자가 있다. 이들은 고용 주체인 기관의 성격에 따라 사무직 노동자 또는 공무원의 지위를 갖는다.

이와 같은 독일 직업교육훈련 교원 양성체계를 살펴보면 다원적이고 분권화된 체계라고 할 수 있다. 직업교육훈련 제도는 연방정부의 주관 하에 이루어지지만, 직업훈련 교원 양성은 주정부의 소관으로 나뉘어져 있다. 직업학교 교사와 관련된 교원 자격 인정 국가고시는 연방정부 또는 각 주정부의 국가고시위원회에서 담당한다. 사내 실습 교육 담당자의 자격 요건은 직업교육훈련법(BBiG, 28~30조)와 직업교육 담당 적성 검정 시험AEVO 규정에 근거하고 있으며, 장애인을 위한 직업교육훈련 워크숍 운영자에 대해서는 별도의 규정이 존재하지 않는다.

직업교육 담당자의 자격 요건은 매우 엄격하게 제시되어 있다. 이론 담당 직업훈련 교사Berufsschullehrer는 직업학교에 재직하면서 주로 이론 교육을 담당한다. 직업학교 직업훈련 교사는 일반 대학에서 양성되며, 중등 11단계 교사 또는 직업학교 교사자격증을 소지해야 한다. 구체적인 자격 요건은 다음과 같다.

① 대학에서 전공 교과와 교육학을 이수(최소 3년)
② 1차 국가 교사 자격시험

③ 지역 교사 양성 인턴 과정(2년 과정)

④ 2차 국가 교사 자격시험(정교사 자격증)

직업학교 직업훈련 교사 역시 대졸 이상 및 교직과목을 이수한 자로서 1차 국가 교사 자격시험 합격 후 2년 과정의 실습 인턴 과정을 이수하고 2차 국가 교사 자격시험에 합격해야 한다. 직업훈련 교사의 양성 과정 역시 이원적 직업훈련 체계가 그대로 적용된다. 이론교육과 더불어 2년이라는 장기의 현장 인턴 과정을 이수하고, 인턴과정에 대한 평가를 또 다시 받아야 비로소 직업학교 직업훈련 교사가 될 수 있다.

다음으로 실기 담당 직업훈련 교사Fachlehrer는 직업학교에서 실기 교육을 담당하는 직업훈련 교사 유형이다. 실기 담당 직업훈련 교사는 마이스터Meister 또는 기술사Techniker 자격증 소지자로서 6개월간의 교육대학Pädagogische Hochschule에서 교육학을 이수한 후 교육부에서 실시하는 국가 자격시험에 합격한 자로 자격 요건이 정해져 있다. 실기 담당 직업훈련 교사의 신분은 주마다 상이하다. 일부 주는 공무원의 신분을 부여하나 일부 주는 사무직 노동자Angestellte의 지위를 갖는다.

마지막으로 재직자 사내 교육을 담당하는 실습 교육 담당자가 있다. 사업체 현장 실습 교육을 담당하는 실습 교육 담당자의 자격요건은 매우 까다롭다. 현장에 바로 적용 가능해야 하며, 실무에 종사하는 재직자들의 교육을 담당해야 하기 때문이다. 우선 5년 이상의 동종 업종 직업 경력이 있어야 하며, 해당 분야의 마이스터 또는 기술사 자격증을 소지해야 한다. 마이스터 과정에 이미 160시간 이상의 직업교육학이 포함되어 있어, 일종의 교직과목 이수 자격을 갖췄다고 볼 수 있다. 마지막으로 수공업협회나 상공회의소에서 실시하는 직업교육 담당 적성 검정 시험을 통과해야 한다.

구체적으로 직업학교 직업훈련 교사의 양성 및 자격 체계를 살펴보면서 현장 지향의 실무형 훈련 교사 양성을 위해 독일 직업훈련교육 체계가 얼마나 엄격하게 작동하고 있는지를 살펴보도록 하겠다. 독일의 직업훈련 교사는 일반적인 교원 양성 과정과 동일하게 일반 종합대학 및 교육대학을 통해서 이루어진다. 직업훈련 교사 양성 과정은 실업계 전공과 교육학으로 구분되며, 교수법과 실습이 포함되어 있다.

직업학교 직업훈련 교사의 처우와 근로조건은 국가공무원의 신분을 갖기 때문에 관련 법률에 의해 규정되어 있다. 독일 공무원 임금표의 일반 교사(A13), 주임 교사(A14), 교감(A15), 교장(A16) 등이 직업학교 직업훈련 교사에 해당된다.

직업학교 교사는 앞서 살펴본 것처럼 이론 담당 직업훈련 교사와 실기 담당 직업훈련 교사로 구분된다. 이론 담당 직업훈련 교사Berufsschullehrer는 이론교육과 직업교육을 담당한다. 전공과목(금속가공, 전자공학, 가정경제, 보건 등)과 일반과목(독어, 영어, 수학, 정치학, 물리학 등)을 담당한다. 실기 담당 직업훈련 교사는 전공과 관련된 전문적 실기 교육을 담당하며, 주로 직업훈련 과정 및 교육학 과정 이수자로 구성된다. 대학을 졸업하지 않은 현장 전문가가 직업학교 실시담당교사로 일하기 위해서는 교육대학Pädagogische Hochschule과 같은 특별 교육과정을 이수해야 하며, 이러한 과정은 현재 바덴뷔르템베르크, 바이에른, 노르트라인베스트팔렌 주에서만 제공되고 있다.

직업학교 교사의 양성 과정은 크게 3단계로 구분된다. 1단계에서는 대학 또는 그와 동등한 교육기관의 직업훈련 교직Lehramt과정 이수를 요구한다. 각 주마다 상이하지만 대략 8~10학기로 4~5년이 소요된다. 대학과정에서 한 개의 주전공(기술계 전공)과 한 개의 부전공(일반교육: 독일어, 영어, 수학, 정치학, 물리학, 스포츠 등)을 이수해야 한다. 또한 교직

과목으로 직업교수법, 교육학(교육학 및 교육심리학), 교생실습 준비 등의 과목과 실습을 이수해야 한다. 1단계는 1차 국가고시 또는 디플로마 Diploma 시험으로 종료된다.

2단계는 현장 인턴 실습 과정이다. 1차 국가고시 합격자는 교생실습 Referendariat에 참여해야 하며, 이 과정은 2년 과정으로 구성되어 있다. 최근 일부 주는 관련 실습 경험이나 과목 이수를 인정하는 방식으로 12~18개월로 단축하여 실시하는 경우도 있다. 2단계 현장 인턴 실습 과정이 끝나면 다시 2차 국가고시에 응시해서 합격해야 한다.

3단계는 평생 현장 훈련OJT으로 구성된다. 직업학교 교사는 지속적으로 향상 교육과 계속 교육을 받아야 한다. 직업학교교사의 향상 교육과 계속교육은 주정부의 관할하에 이루어진다. 직업학교 교사의 향상 교육과 계속 교육은 주 교육법에 근거해 의무화되어 있으며, 고용주인 주정부는 직업학교 교사의 향상 교육과 계속 교육에 적절한 조치를 취할 의무를 갖는다. 주정부는 직업학교 교사의 향상 교육과 계속 교육을 위해 교육부 산하에 중앙, 지역, 지구로 행정구역 수준별로 위계화된 향상 교육 기구를 설치하여 운영한다. 향상 교육 및 계속 교육은 주로 세미나의 형태로 이루어지며, 그 외에도 학습 모임, 회의, 연구 여행, 컬로퀴엄 등 다양한 형태가 존재한다. 향상 교육은 특정 과목의 직업학교 교사가 해당 과목에 대한 교수 능력을 유지 및 강화하기 위한 교육이며, 계속 교육은 특정 과목의 직업학교 교사가 전공과목이 아닌 다른 과목에 대한 교수 능력을 갖출 수 있도록 하는 교육이다.

유럽 통합 이후 볼로냐 회의를 통해 학제 통합의 로드맵이 결정됨에 따라 석사 졸업의 독일 대학 학제도 학사Bachelor와 석사Master과정으로 구분되기 시작했다. 그 결과 교직과목을 이수한 석사 학위자Magister에게 국가 자격 고시 1차 시험을 면제해주기도 한다. 특정 과목의 직업학교 교사 부족이 심화됨에 따라 일부 주에서는 직업훈련 교사 과정을 이수하지 않은 대학 졸업자들을 직업학교 교사로 활용하기 위해 다양한 경력 전환 프로그램Quereinsteiger/Seiteneinsteiger을 제공하기도 한다. 경력 전환 프로그램에 참여하기 위해서는 해당 과목과 관련된 학사 이상의 학력을 취득했거나 다년간의 현장 경험이 있어야 하며, 1년 과정의 교직 준비 과정Vorbereitungsdienst을 이수해야 한다. 즉, 어떤 경우에도 장기간의 현장 경험을 요구하며, 직업훈련 교사의 요건에서 매우 중요한 비중을 차지하고 있다.

재직자 직업훈련을 담당하는 사내 실습 교육 담당자의 역할과 기능은 해당 사업체의 규모에 따라 상이하다. 사내 실습 교육 담당자는 전임으로 또는 자신의 기존 직무를 수행하면서 부차적으로 수행하기도 한다. 주로 소수의 직업훈련생을 받아들이는 중소기업의 경우, 사내 실습 교육 담당자는 기존 직무를 수행하면서 사내 실습 교육을 부가적으로 담당하지만, 중견 기업 이상 사업체에서는 사내 교육 부서 소속의 전임 사내 실습 교육 담당자가 존재한다. 사내 실습 교육 담당자들은 경험 많은 숙련공들로서 직업훈련생들에게 직무 수행에 필요한 현장 지식과 기술을 전수하는 중요한 역할을 수행한다.

사내 실습 교육 담당자의 요건은 직업교육훈련법(BBiG, 28~30조)과 수공업조례(HwO, 21조)에 근거한다. 법령과 조례에 따르면, 사내 실습 교육 담당자는 인성과 전문 지식의 측면에서 합당한 자격을 갖추어야 한다. 사내 실습 교육 담당자는 직업교육 담당 적성 검정 시험(교육학 이론 포함)을 거쳐야 한다.[8] 독일 직업교육훈련의 특징은 실무형 교육훈련

---

8 2003년 8월 1일부터 2008년 7월 31일까지 사내 실습 교육 장려를 위해 일시 면제되기도 했다.

에 대해서도 실무지식뿐만 아니라 교육 역량을 중요시한다는 점이다.

사내 실습 교육 담당자에 대해서도 지속적이고 체계적인 향상 및 계속 교육이 실시된다. 사내 실습 교육 담당자는 향상 및 계속 교육에 참여해야 할 의무는 없다. 그러나 중소기업과 달리 대부분의 대기업은 사내 실습 교육 담당자의 향상 및 계속 교육을 위한 프로그램을 운영하거나 외부에 위탁하여 실시하고 있다.

마지막으로 향상 교육훈련 담당자 역시 엄격하게 관리되고 있다. 독일의 향상 교육 시장은 다양한 참여자들 사이의 경쟁 체제를 특징으로 하고 있다. 향상 교육을 제공하는 주요 기관으로는 성인교육기관, 직종 및 기술학교, 대학, 직업 아카데미, 상공회의소의 교육센터, 노동조합과 교회의 교육 시설, 민간 교육기관 등이 있다. 향상 교육기관 자격 요건은 1970년 교육 및 문화부 연석회의KMK에서 규정한 바에 따르고 있다.

향상 교육훈련 담당자는 학사 이상의 학력을 소유한 자로서 기술학교를 이수했거나 다년간의 현장 경험을 가진 자 중에서 직업훈련 전 과정을 이수한 자여야 한다. 또한 1981년 KMK는 성인교육기관은 전임 훈련 담당자를 채용해야 한다고 규정하고 있다. 향상 교육훈련 담당자의 향상 및 계속 교육은 외부 교육기관(대학, 상공회의소 등)이 제공하는 1주 이내의 단기 교육 위주로 이루어지며, 교육은 주로 교육행정에 관한 내용으로 이루어진다.

7. 한국에의 함의

독일의 경우, 직업교육과 직업훈련의 영역 구분이 명확하며, 한국과는 달리 연소 입직자의 양성 훈련은 주로 직업교육을 통해 이루어진다.

입직자 양성에 대해서는 직업교육이 중요한 역할을 하고 있으며, 직업교육의 형태는 교육기관Off-the-Job 훈련과 현장 훈련OJT이 결합된 형태로 이루어지고 있다. 연소 입직자 양성 훈련은 직업교육 중심이기 때문에, 교육기관 훈련의 경우에는 정부 또는 공공 직업훈련 기관의 역할이 매우 강조되고 있으며, 재직자 직업훈련에 대해서는 민간 훈련 기관의 역할이 중시되고 있다.

한국의 경우, 직업교육과 직업훈련의 역할이 명확히 구분되어 있지 않다. 직업교육이 부실하게 이루어지고 있으며, 이로 인해 직업교육을 통한 숙련 노동자의 노동시장 진입이 제대로 이루어지지 못하고 있다. 최근 마이스터고 등의 새로운 정책은 이러한 현실을 개선하기 위한 노력이라고 할 수 있으나, 그 성과는 아직 판단할 수 없다. 이로 인해 그간 직업교육의 역할을 직업훈련에서 상당 부분 대신하여 수행해왔으며, 직업훈련이 입직자 양성 훈련 위주로 실시될 수밖에 없는 상황이었다. 따라서 한국도 직업교육과 직업훈련의 역할을 입직자, 이직자, 실업자, 재직자의 대상에 따라 명확히 구분할 필요가 있다.

예를 들어 독일의 경우에는 새로운 직종의 노동시장에 진입하는 신규 입직 노동자는 대부분 직업교육을 통해 숙련 노동자로서 양성되며, 동종 업종으로의 이직자는 직업훈련을 통한 중기 훈련 과정을 통해 직업능력 개발이 이루어지고 있다.

직업교육훈련에서 노사정 3자주의에 입각한 거버넌스 체제의 구축과 활용은 직업교육훈련의 현장 활용성과 효과성을 높이는 요인으로 작용하고 있다. 직업교육훈련의 기획과 운영에 있어서, 사용자, 노동조합 및 정부의 이해 관계자 거버넌스를 구축하여 적극 활용함으로써 직업교육훈련의 현장성, 효율성 및 효과성을 극대화하고 있다. 분권형인 독일의 경우, 모두 직업교육훈련의 기획 및 운영 과정에서 정부 외에 사용자 및 노동조합 대표가 이해관계자로 참여하여 교육훈련 내용의 구성 및 교육훈련 프로그램의 개발에 직접 관여한다.

공공 훈련 기관과 민간 훈련 기관의 역할 구분 역시 중요하다. 독일의 경우, 훈련 대상자에 따라 공공 및 민간 훈련 기관의 역할을 다르게 설정하고 있다. 공공 직업훈련 기관은 주로 연소 입직자 양성 훈련 및 실업자 직업훈련에서 중요한 역할을 수행하도록 제도적으로 설계되어 있으며, 반면 민간 훈련 기관은 재직자 직업훈련에서 주도적인 역할을 수행하고 있다.

한국의 경우, 직업교육과 직업훈련의 역할이 명확하지 않아, 공공 직업훈련 기관과 민간 훈련 기관이 동일한 훈련시장에서 경쟁하는 체계로 작동하고 있으며, 이로 인해 직업교육훈련의 질이 하향 평준화되고 있다. 특히 국가 기간 전략 산업 직종과 같이 국가 인적자원 개발의 핵심 영역에 대해서는 공공 직업훈련 기관을 중심으로 장기간의 직업훈련 과정을 거친 숙련 노동자 양성이 필수적이나, 최근의 정부 정책은 국가 기간 전략 산업 직종과 관련된 인력 양성의 불안정성을 높이는 방향으로 추진되고 있다. 예를 들어 그간 장기 훈련 과정을 운영해온 상공회의소 산하 인력개발원을 공공 직업훈련 기관에서 제외하고, 장기 훈련 과정을 중앙정부가 관할하는 폴리텍대학으로 집중시킴으로써 장기 훈련 과정에 대한 접근성이 현저하게 어려워졌다. 실무형 숙련 인력은 내일배움카드와 같은 3개월 단위의 단기 훈련으로는 절대 양성될 수 없다. 단기 훈련은 양성 훈련이 아니라 계속 훈련과 같이 숙련의 향상이나 재훈련과 같이 이미 상당한 현장 경력이 있는 노동자의 재숙련에 적합하지만, 신규 인력의 양성에는 적합하지 않다. 이러한 점에서 단기 위주의 양성 훈련은 독일 직업훈련교육의 체계를 제대로 이해하지 못한 소치로 보인다.

또한 직업교육훈련 시장을 민간화하는 정책 방향은 중장기적으로 산업 현장에서 필요로 하는 양질의 숙련 노동자 공급을 위협하는 요인이 될 수 있다. 한국의 민간 훈련 기관은 규모와 시설의 영세성으로 인해 숙련 노동자 양성 기관으로는 적합하지 않은 실정이다. 민간 훈련 기관의 재정, 경영 능력, 교사의 질, 교육 설비 등을 고려하면, 국가 기간 전략 산업 직종은 공공 직업훈련 기관의 장기 훈련 중심으로 이루어지도록 정책 방향을 조정할 필요성이 있다.

참고문헌

김기선 외. 2013. 『독일 노동법전』. 한국노동연구원.

나영선. 2010. 「독일의 직업교육훈련 제도」. 최지희 외 엮음. 『G20 국가의 직업교육훈련 제도』. 한국직업능력개발원.

독일 직업교육훈련연구소(BIBB). 2013. 「독일의 직업훈련 규정 및 절차」. 한국직업능력개발원.

정남기·남윤형. 2012. 「한국과 독일의 직업훈련 제도 및 훈련비 단가산정에 대한 연구」. ≪한독 사회과학논총≫. 22(2): 3~26.

윤도현·박경순. 2010. 「유럽 국가에서 교육(훈련)에서 고용으로의 이행: 이행노동시장이론의 관점에서」. ≪한독사회과학논총≫. 20(4): 105~136.

한국노동경제학회. 2008. 「훈련비 기준단가 체계 개편방안 연구」.

Akkreditierungs- und Zulassungsverordnung Arbeitsförderung(AZAV). 2012. "Verordnung über die Voraussetzungen und das Verfahren zur Akkreditierung von fachkundigen Stellen und zur Zulassung von Trägern und Maßnahmen der Arbeitsförderung nach dem Dritten Buch Soyialgesetzbuch."

Autorengruppe Bildungsberichterstattung. 2012. *Bildung in Deutschland: Ein indikatorengestützter Bericht mit einer Analyse zur kulturellen Bildung im Lebenslauf*. Bielefeld: Bertelsmann, W.

BiBB. 2016. *Datenreport zum Berufsbildungsbericht 2016*. Bonn: Bundesinstitut für Berufsbildung.

Büchter, K. and F. Gramlinger. 2005. "The System of Continuing Education in German VET", *bwp@*, No. 7.

Bundesagentur für Arbeit. 2008. "Förderung der beruflichen Weiterbildung für Arbeitnehmerinnen und Arbeitnehmer."

Bundesministerium für Bildung und Forschung. 2007. "Duale Ausbildung sichtbar gemacht."

_____. 2008. "Von der Hauptschule in Ausbildung und Erwerbsarbeit: Ergebnisse des DJI-Übergangspanels." Bonn: BMBF.

Doerr, A. and T. Kruppe. 2012. "Bildungsgutscheine und Zertifizierung aus Sicht der Arbeitsverwaltung: Umfrageergebnisse aus der Bundesagentur für Arbeit." *IAB-Forschungsbericht*. No. 6.

Ebbinghaus, Margit. 2009. "Ideal und Realität betrieblicher Ausbidlungsqualität: Sichtweisen ausbildender Betriebe." Bundesinstitut für Berufsbildung.

Haberzeth, E. et al. 2013. "Förderprogramme der beruflichen Weiterbildung – Entwicklung und Bedeutung von Weiterbildungsgutscheinen in Deutschland." Effekte-Abschlusskonferenz,

Humboldt-Universität zu Berlin. 25. Feb. 2013.

Hippach-Schneider, Ute, M. Krause and C. Woll. 2007. *Vocational education and training in Germany.* Luxemburg: Amt für amtliche Veröffentlichungen der Europäischen Gemeinschaften.

_____. 2007. *Berufsbildung in Deutschland.* Luxemburg: Amt für amtliche Veröffentlichungen der Europäischen Gemeinschaften.

Käpplinger, Bernd. 2013. "Weiterbildungsgutscheine wirken – jedoch anders als erwartet. Deutsches Institut für Erwachsenenbildung."

Rauner, Felix. 2003. "Ausbildungspartnerschaft Regelmodell für die Organisation der dualen Ausbildung?" ITB-Forschungsberichte, Nr. 12.

Soskice, D and B. Hancké. 1996. "Von der Konstruktion von Industrienormen zur Organisation der Berufsausbildung. Eine vergleichende Analyse am Beispiel von Großbritannien, Deutschland, Japan und Frankreich." *WZB.* FS I 96-310.

Statistisches Bundesamt. 2013. "Immer mehr private Bildungseinrichtungen." http://www.presseportal.de/pm/32102/2275856

Vogler-Ludwig, Kurt. 2009. VET situation in Germany: Peer Review on "Towards a new vocational training system more adjusted to the new competencies and skills requirements of the labour market", SPAIN, 25~26 May 2009.

Zedler, Reinhard. 2004. "Neue Wege der Berufsausbildung." *Aus Politik und Zeitgeschichte.* No. 28.

Ⅲ
—
위험사회

탈핵으로 가는 독일의 선택
후쿠시마 핵 사고를 문명의 전환점으로

노진철 ｜ 경북대학교 사회학과 교수

1. 현재 우리의 풍요냐, 미래 후손의 생명이냐

　후쿠시마福島 핵 사고 이후의 사회는 그 이전의 사회와는 완연히 다른
사회이다. 핵 사고를 겪은 사회는 이전의 다른 재앙을 겪은 사회와 달
리, 더 이상 미래를 기대할 수 없는 지구 종말을 예감하게 된 사회이다.
핵 사고가 일어난 지 몇 년이 지났지만 세 기의 원자로가 여전히 생명에
치명적인 방사능과 열기를 쏟아내는가 하면 방사능으로 오염된 냉각수
가 매일 수십만 리터씩 흘러나오는 등 핵 재앙은 현재진행형이다. 이것
은 핵발전이 인류가 만들어낸 그 어떤 에너지 발전 방식보다 안전하고,
핵 사고의 확률이 10^{-8}에 불과하다는 핵공학계의 주장을 무색하게 만들
고 있다(노진철, 2010: 61). 근대의 발전된 과학기술과 합리적이고 체계
적인 재난 관리 시스템이 위험을 통제할 수 있다는 인류의 확신은 오만
으로 드러났다. 후쿠시마 핵발전소 인근 지역은 핵분열 시 생성되는 10
여 가지 방사성 물질에 오염되었다. 체르노빌 핵 사고에 비해 벌써 두
배 이상의 방사성물질이 방출되었으며, 그에 따라 핵발전소 주변 반경

그림 6-1 | 후쿠시마 핵 사고 후 후쿠시마 한 도시의 모습

20km 이내는 죽음의 땅으로 변했다. 거리와 바람의 방향에 따라 정도의 차이는 있지만 200km가량 떨어진 곳마저 기준치 이상의 방사능 수치가 나올 정도로 오염되었다. 1만 5891명이 목숨을 잃었고 2584명은 행방불명 상태다(노진철, 2011: 68). 20만 명을 웃도는 후쿠시마 주민의 피난 생활은 언제 끝날지 누구도 확신할 수 없다. 30~40년간 전기를 풍족히 쓰기 위해 후손에게 10만 년 이상 위험한 핵폐기물을 남겨주는 집단적 횡포는 참으로 감당하기 어려운 시대 이기주의의 소산이다. 절망이 지옥의 문을 열고 미래를 지배하고 있다. 생명 일반이 온전히 탄생하고 온전히 죽을 수 없는 파국의 세계가 선각자의 판단이나 철학자의 사고에서 나온 경고를 넘어 우리 삶 속에서 당장 실현가능한 현재적 사건이 되고 있다.

우리는 구제역을 이유로 수백만 마리의 소와 돼지를 산 채로 땅에 묻

어보기도 했고, 신종 플루가 9개월간 일으킨 세계적인 공포 속에서 생명의 안전을 찾아 몰려드는 잠재적 환자로 의료 기관과 공중보건 조직이 과부하가 걸리는 경험도 했다. 또한 병원균에 의한 감염증을 치료하기 위해 투여한 항생제가 오히려 어떤 강력한 항생제에도 저항할 수 있는 슈퍼박테리아를 생겨나게 한다는 사실에 절망하기도 했다. 하지만 그것들은 생명의 위협에 대한 과잉 반응이거나 지식의 축적을 통해 어느 정도 해결 가능한 위험이었을 뿐 생명 그 자체가 절멸하는 위험은 아니었다. 후쿠시마 반경 30km 이내의 '계획 피난 구역'에서 진행되는 제염 처리 과정에서 우리는 아무리 철저히 제염 작업을 하더라도 방사선량이 90% 이상 그대로 남아 있다는 사실을 다시 한번 확인해야 했다(노진철, 2011: 71). 모든 생명이 소생하는 3월에 내린 죽음의 재는 시작과 끝이 반복되는 생명 순환의 섭리를 흘트러버렸다.

만물의 영장이라고 자부하며 지구의 주인임을 자임해온 인류는 이제 문명의 지속이냐 멸망이냐의 갈림길에 서 있다. 위험 사회의 핵심적인 문제는 '통제할 수 없는 위험을 통제한다'는 역설적 가능성을 모색하는 데 있다(노진철, 2011: 72). 통제 불가능한 핵분열을 통제하여 에너지를 얻는 핵발전은 생명을 절멸시키는 일을 한다. 핵반응이 방출하는 단위 입자의 에너지는 너무도 큰 것이어서 이것과 마주치면 생명을 구성하는 모든 것은 그대로 파괴된다. 핵발전소는 핵연쇄반응을 완벽히 통제하면서도 극단적 상극인 생명과 죽음의 세계 사이에 연결 통로를 내어 에너지를 빼내야 하는 '역설적 상황을 현실로 받아들이는 장치'이다. 그런데 모든 장치는 최종적으로 핵 앞에 붕괴하게 되므로 완벽한 통제란 불가능하다. 일단 핵에 접촉된 모든 물질은 핵 위험을 지니는 존재로 변모할 수밖에 없다. 이런 상황에서 완벽한 안전에 접근하는 기술은 이론적으로 존재하지 않는다. 이는 근본적으로 인간의 한계를 넘어서는 일이다.

뉴클리어 플랜트nuclear plant는 '원자력발전소'가 아니라 '핵발전소'라고 번역하는 것이 맞다. 핵발전 정책을 추진하는 정부와 지지파는 핵폭탄을 연상시키는 핵 대신에 원자력atomic power의 평화적 이용을 내세운 '원전'을 호명하는 상징조작을 한다. 이러한 상징조작의 결과로 서구의 핵발전소가 마을에서 멀리 떨어진 외딴 곳이나 산으로 둘러싸인 격리 지역에 설치되어 있는 것과 달리, 한국의 핵발전소는 인구가 밀집되어 있는 대도시 외곽에 위치하거나 마을을 끼고 발달하고 있다. 서구에서는 있을 수 없는 일이 한국에서는 정부가 상징조작을 통해 국책 사업의 이름으로 자행하고 있다. 발전 국가의 계획경제는 생명과 안전보다 개발과 이익을 우선하는 풍조를 만들어내고 있다. 부산 외곽의 고리 핵발전소는 총 12기가 모여 있는 세계에서 가장 밀집도가 높은 고위험 지역이기도 하지만, 반경 30km 안에 322만 명 이상의 주민이 사는 인구 밀집 지역이기도 하다. 경주 외곽의 월성 핵발전소도 6기가 밀집해 있고 반경 30km 안에 주민 109만 명이 살고 있다. 그런데도 정부는 노후 핵발전소의 재가동을 결정해 주민들에게 언제 터질지 모르는 '핵폭탄'을 안고 살 것을 강요하고 있다. 방사능이 누출되면 이들은 모두 몇 시간 안에 죽음의 사정권에 들게 된다. 대피 계획은 있지만 폭발 순간 그 많은 주민들이 일제히 대피하는 것이 불가능한 데다 도로 정체와 피폭을 고려한다면 유명무실한 것이다. 게다가 핵발전소 제거에는 너무 많은 비용이 들기 때문에 고리, 월성, 영광, 울진 등의 핵발전소 밀집 지역은 아마도 완전히 제거하지 못하고 영원히 죽음의 땅으로 남을 것이다.

후쿠시마 핵 사고 이후 국내에서 핵발전 의존도를 줄여야 한다는 자성의 목소리가 불거져 나왔다. 하지만 곧 현실적으로 핵발전 이외에는 다른 대안이 없다는 반론이 호응을 얻었다. 보수 정부와 찬성파는 핵발전보다 효율이 좋은 발전 시스템이 없다고 주장한다(과학기술정책연구

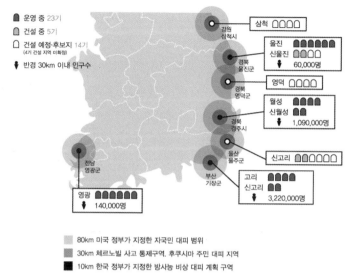

그림 6-2 ㅣ 한국의 핵발전소 반경 30km 지역(2016년 10월 기준)

운영 중 23기
건설 중 5기
건설 예정·후보지 14기
(4기 건설 지역 미확정)
반경 30km 이내 인구수

삼척 ᄆᄆᄆᄆ
강원
삼척시

울진 ᄆᄆᄆᄆᄆ
산울진 ᄆᄆᄆᄆ
경북   60,000명
울진군

영덕 ᄆᄆᄆᄆ
경북
영덕군

월성 ᄆᄆᄆᄆ
신월성 ᄆᄆ
경북   1,090,000명
경주시

신고리 ᄆᄆᄆᄆᄆᄆ
울산
울주군

고리 ᄆᄆᄆᄆ
신고리 ᄆᄆ
부산   3,220,000명
기장군

전남
영광군

영광 ᄆᄆᄆᄆᄆ
140,000명

80km 미국 정부가 지정한 자국민 대피 범위
30km 체르노빌 사고 통제구역, 후쿠시마 주민 대피 지역
10km 한국 정부가 지정한 방사능 비상 대피 계획 구역

자료: 나눔문화(www.nanum.com).

원, 2011). 보수 정부는 원유 공급의 불안정을 이유로 핵발전 정책을 추진하는 한편, 초중등 교육과정에서의 핵발전 안전에 대한 교육과 공익광고를 이용한 캠페인, 크고 작은 핵 사고에 대한 보도 통제 등을 통해 '핵발전은 안전하다'는 환상을 심어왔다(노진철, 2011: 73). 핵발전의 위험을 우려하는 사람들을 향해서는 전기가 부족하면 공장과 에어컨을 돌릴 수 없다고 엄포를 놓았다. 전력이 남아돌아 산업용 전기와 심야 전기를 원가의 절반밖에 되지 않는 헐값에 공급하면서도 여름철마다 대정전 black-out 사태에 이를지 모른다는 협박을 반복했다. 탈핵을 주장하는 사람들에게는 '비현실적인 몽상가'라는 낙인을 붙여 비난을 퍼부었다.

동일한 맥락에서 보수 정부는 후쿠시마 핵 사고를 핵산업 시장에서 경쟁력 우위를 확보할 수 있는 절호의 기회로 받아들인다. 세계 4대 핵

산업 강국인 미국, 프랑스, 일본, 러시아가 여론의 악화로 주춤거리는 사이 한국이 핵산업 강국으로 올라설 수 있는 기회라고 판단한 것이다. 핵발전이 한국의 보수 정부에겐 지속적인 이익을 보장하는 미래의 전략 산업으로만 보인다. 그에 반해 독일의 보수 정부는 후쿠시마 핵 사고를 '안전한 핵발전소는 없다'는 경고로 받아들였고, 17개 핵발전소에 대한 안전 점검을 3개월간 실시해 1980년 이전 건설된 8기의 가동을 즉각 중단시켰다. 급구성된 '안전한 에너지 공급 윤리위원회Ethikkommission für eine sichere Energieversorgung'가 여론 수렴을 거쳐 2022년까지 모든 핵발전소를 폐로하기로 결정했다(염광희, 2011: 140; 박진희, 2012: 216). 독일은 탈핵을 생명과 환경을 지키는 것은 물론, 새로운 일자리 창출과 경제 발전의 기회로 삼아 지역마다 다양한 에너지 혼합 프로그램을 실험하고 있다.

한국 정부와 독일 정부는 같은 보수 정부이면서도 다른 선택을 했다. 사실 독일의 재생에너지 중심의 에너지 정책은 미래의 후손을 위한 투자라는 관점에서 시사하는 바가 크다. 하지만 그것은 독일이 한국과는 다른 체급의 경제력과 공업 생산력을 지녔기에 가능한 것인가? 아니면 한국과 독일의 위험 소통 방식이 다르기 때문인가? 기민당·자유당 보수 연정이 탈핵을 선택할 수밖에 없던 이유는 무엇인가? 기름 한 방울 안 나는 나라에서 탈핵 결정은 과연 한국 정부가 주장하는 것처럼 무모한 선택인가?

우리는 이런 의문에서 2012년 초 독일 탈핵 견학 여행을 기획했다. 후쿠시마 핵 사고를 계기로 결성된 '탈핵 에너지 교수 모임'이 주도를 하고 천주교 주교회의 '정의평화위원회'의 신부와 수녀, 신자 10명, 그리고 '초록교육연대'와 '환경과 생명을 지키는 교사 모임'의 교사 5명, '인천의 제21' 사무국장, '귀농운동본부' 대표, 신문기자 2명 등 총 21명이 여행을 함께 했다. 여행은 독일 수도인 베를린에서 생태마을공동체 제그 ZEGG가 있는 바트 벨치히Bad Belzig, '피리 부는 사나이'의 전설을 간직한 하멜른Hameln, 내가 유학을 했던 빌레펠트Bielefeld를 거쳐 대서양 연안에 위치한 도시국가인 브레멘Bremen과 함부르크Hamburg에 이르는 긴 여정이었다. 낯선 여행지에서 관광에는 관심도 없이 오로지 탈핵 현장을 기록하느라 분주한 사람들은 이분들 외에 다시 또 없을 것이다.

2. 베를린의 공기는 다르다

탈핵 견학팀은 2012년 2월 14일 열흘 일정으로 인천 공항을 출발했다. 우리는 과연 어느 정부가 선택한 길이 옳은 길인지, 어떤 정황에서 독일은 탈핵이 가능한 것인지를 직접 경험하고 가늠하고자 먼 길을 나섰다. 중간 기착지인 헬싱키 공항은 시계가 제로에 가까운 블리자드blizzard로 인해 비행기 이륙이 마냥 지연되었다. 강풍을 동반한 매서운 눈보라로 앞을 볼 수 없는 상태에서도 핀에어Finair 조종사들은 이착륙을 잘도 했다. 헬싱키 공항의 휴게실 창가에 앉아 휘몰아치는 북극의 눈보라 속을 힘차게 내닫는 비행기들의 자태를 한동안 넋을 잃고 바라보았다. 이륙 전 비행기는 활주로에 서서 몸통과 날개에 덮인 눈을 털어내는 전신 온수욕을 받았다. 인천 공항이 안개가 끼면 결항이 잦은 것과 달리, 헬싱키 공항의 비행기들은 강풍과 눈보라에 맞서서 줄기차게 내달았다. 환상적이었다. 그러고 보면 헬싱키 공항에는 스웨덴, 노르웨이 등 스칸디나비아의 항공기 이외에 다른 항공기는 보이지 않았다.

기상학자들에 따르면, 지구온난화로 인해 북극 빙하가 크게 줄어든 탓에 북반구에는 폭설이 잦아졌다고 한다. 빙하가 줄어들면서 북극 상공의 기온이 올라가고 다른 지역과의 기온차가 좁혀지면서 편서풍의 영향력이 줄어들었다. 이 때문에 북극에서 내려오는 찬 공기가 늘어나면서 겨울이 더 추워지고 눈도 더 많이 내린다. 돌아갈 때도 블리자드 때문에 헬싱키 공항에 갇혔던 것을 보면 우리 여행은 시종일관 지구온난화의 굴레에서 벗어나지 못한 셈이다.

1979년 미국 스리마일 섬 핵 사고, 1986년 소련 체르노빌 핵 사고, 2011년 일본 후쿠시마 핵 사고 등 세계 3대 핵 사고는 '핵발전의 안전에 대한 불신'에 가장 큰 영향을 미친 것으로 분석되고 있다. 독일은 사회민주당과 녹색당의 '2000년 핵 합의'로 탈핵 원년을 시작할 때만해도 전체 전력량 중 핵발전이 차지하는 비중이 현재 한국 수준인 30%였다(Rüdig, 2000: 54; 박진희, 2012: 231). 하지만 후쿠시마 핵 사고 직후 한국이 핵발전소를 폐로하게 되면 당장 전력 대란으로 인해 경제적 위기에 빠질 것처럼 야단법석을 떨었던 것과는 달리, 독일은 노후 핵발전소 8기를 폐로하고도 그해 60억kWh가량의 전기를 유럽 전역에 수출하는 성과를 올렸다. 독일의 이런 저력은 어디에서 오는 것일까? 유럽 송전사업자네트워크ENTSO-E에 따르면, 노후 핵발전소 8기의 폐로 직후인 5월부터 9월까지 독일은 일시적으로 외국에서 들여오는 전력 수입량이 수출량보다 더 많았다고 한다. 하지만 10월부터는 다시 전력 수지가 흑자로 돌아섰다. 2011년 한 해 독일의 전력 수출량은 수입량보다 약 4200kWh가량 많은 것으로 집계되었다. 이처럼 독일이 핵발전소 8기의 폐로 이후 다시 전력 수출국으로 돌아설 수 있었던 이유로는 발전 차액 지원 제도FIT에 의한 재생에너지 발전 비중의 증가를 꼽는다. 그해 독일의 전력 생산량 가운데 핵발전은 18%로 전년도의 22%에서 4% 줄어든데 비해, 재생에너지 발전량은 17%에서 20%로 증가했다. 2014년에는 재생에너지 비율이 27%에 이르렀다. 이에 비해 한국은 2012년에 발전 차액 지원 제도를 버리고 대기업에 몰아주는 신재생에너지 의무할당제 RPS를 도입하면서 폐열 에너지를 빼면 재생에너지 비율이 1%대에 정체되어 있다. 독일은 발전 차액 지원 제도를 도입한 결과 1000개 이상의 배전 업체, 200만 개 이상의 전력 생산자를 갖고 있다. 재생에너지 비중이 높아지면서 전력 생산 단가는 갈수록 낮아지고 있다. 재생에너지 기술의 발달로 지난 6년 동안 태양광발전 설치 가격은 66% 수준까지 내려갔고, 풍력은 20년 전에 비해 40배나 출력이 좋아졌다. 5년 이내 단가가 화력발전과 같아질 것으로 예측하고 있다. 또한 독일은 수년간 주택의 창호와 벽체를 포함한 건물 전체를 단열 처리한 패시브 하우스passive house 지원 등 적극적인 에너지 정책 덕분에 전력 소비량이 지속적으로 감소하는 것에도 유리한 조건을 만들었다.

반면 58개의 핵발전소를 가동하는 프랑스는 오히려 독일로부터 전력을 수입하는 신세가 되었다. 한파가 몰아치는 동안 프랑스는 핵발전소 전부를 가동했는데도 전력 수요가 가장 많은 오후 7시를 전후로 독일로부터 전력을 수입해야 했다. 자국 내 전력 생산량의 75%가량을 핵발전에 의존하는 프랑스는 긴급한 전력 수요를 충당하기에는 역부족이었다. 핵발전이 그동안 각광을 받은 것은 한 번 가동하면 밤낮을 가리지 않고 전력의 일정 부분을 꾸준히 출력하는 기저부하의 전원에 있었다. 하지만 핵발전은 낮은 수급 탄력성 때문에 평상시 전력이 남아돌다가도 피크 타임peak time이 되거나 급작스러운 수요가 생기면 대정전의 위험에 상시적으로 노출될 수밖에 없다. 갑작스러운 원자로의 가동 중단 사고에 대비해 항상 필요량보다 과잉 시설을 해놓는데도 이런 복병에 취약한 것이 핵발전이다. 그 때문에 핵발전 대국인 프랑스가 탈핵의 길을 걷고 있는 독일에 전력을 의존하지 않으면 안 되는 아이러니가 일어난다.

한국에서도 탈핵 프로그램이 성공적으로 작동하려면 무엇을 어떻게 해야 하는지를 배우려는 열망이 우리 탈핵 견학팀을 베를린으로 이끌었다. 28년 만에 다시 찾은 베를린은 어둠의 한 자락을 물고 조도가 낮은 야간 조명등 아래 조용히 누워있었다. 28년 전에는 동·서독 통일 전이어서 기차를 타고 동독 땅을 가로질러 서베를린에 들어갔다. 일행 중 한 명이 국경에서 사열하는 동독 수비대의 교대식을 촬영하다가 스파이 혐의로 몰려서 동독 경찰과 한바탕 실랑이를 벌였던 탓인지, 베를린은 그 후 꿈속에서 여러 번 누군가에 쫓기며 길을 헤매던 곳이다. 공항에는 브란덴부르크 공대TU Brandenburg의 문기덕 박사가 마중 나와 있었다.

통일 이후 베를린은 제2차 세계대전의 종전과 함께 잃었던 독일 수도의 위상을 되찾았다. 베를린의 밤거리는 듬성듬성 서있는 가로등의 나트륨 불빛 속에 자동차 불빛의 행렬만 이어질 뿐 예나 지금이나 밝지도 시끄럽지도 않은 고풍스러운 모습 그대로였다. 서울의 건물들이 늦은 밤까지 화려한 조명과 네온사인으로 치장하고 건물을 뒤덮을 정도로 어지럽게 걸린 간판과 요란한 쇼윈도로 몸과 마음을 피로하게 만들던 것과 달리, 고색창연한 건물들은 휘황찬란한 네온사인도 달지 않은 채 수수한 모습으로 서 있었다. 도시 전체가 북위 52.5도에 위치한 북구의 긴 겨울밤의 어둡고 차분한 분위기를 자아냈다. 번화가인 알렉산더광장Alexanderplatz에 인접해 있는 호텔에 여장을 풀었지만 깊고 느린 겨울밤의 분위기에 눌려서 누구도 밤거리를 쏘다닐 생각은 하지 못했다. 베를린의 첫날 밤은 그렇게 조용히 사위어갔다.

다음 날 아침은 파울 린케Paul Lincke가 부른 '베를리너 루프트Berliner Luft'를 연상시키는 다소 차갑게 느껴지는 공기가 맑고 시원했다. 도로변에는 과거에는 없었던 특별한 모양의 주차 요금 계산대가 가로등처럼 서 있었다. 태양광 패널이 LED 가로등에만 달려 있는 것이 아니라 주차 요금 계산대에도 달려 있었다. 시정부는 공공 시설물에 필요한 전력을 햇

그림 6-3 | 베를린 거리의 주차 요금 계산대와
태양광 패널

빛에서 거저 얻고 있었다. 핵발전 비중이 높은 한국에서는 생각하지도 못하던 방식이다. 동물원Zoo역에서 지하철을 갈아타고 베를린 남부 달렘Dahlem 지역에 있는 베를린 자유대학교 앞 틸광장Thielplatz에서 내렸다. 정치·사회과학부 산하 연구 기관인 환경정책연구소Forschungszentrum für Umweltpolitik를 방문하기 위해서였다. 자유대학교에 유학 와 있던 환경운동연합 염광희 간사가 마중 나왔다.

환경정책연구소는 베를린 자유대학교 외곽 인네스트라세Ihnestraße에 있는 전후에 지어진 낡은 3층 건물의 꼭대기 지붕 밑 방을 쓰고 있었다. 이 연구소는 마르틴 에니케Martin Jänicke 교수가 1986년에 각국의 환경 정책을 비교 연구하고 에너지 정책의 기초 조사를 위해 창립했다고 한다. 염광희 간사는 루츠 메츠Lutz Mez 교수 밑에서 박사과정을 밟고 있었다. 그날 발표에서 메츠 교수가 보내는 메시지는 분명했다. 후쿠시마 핵 사고 당시 핵발전소는 미국(104기), 프랑스(58기), 일본(50기), 러시아(33기), 대한민국(21기), 인도(20기), 영국(18기), 캐나다(18기), 중국(16기), 우크라이나(15기), 독일(9기) 등 31개국 총 435기였다(IAEA, 2011: 16 이하). 하지만 미국, 프랑스, 일본, 러시아, 한국, 인도 등 여섯 개 국가가 전 세계 핵발전의 70%를 차지한다는 사실은 핵발전에 의존하는 국가는 소수에 불과하고 대부분의 국가가 핵발전을 미래의 에너지원으로

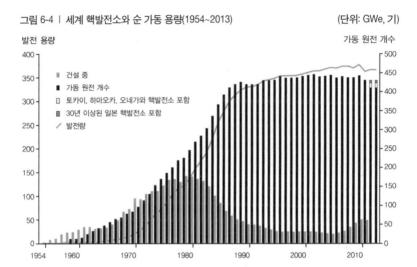

그림 6-4 | 세계 핵발전소와 순 가동 용량(1954~2013)　　　(단위: GWe, 기)

자료: 환경운동연합.

고려하지 않는다는 의미이다.

　체르노빌 핵 사고 이후 대부분의 국가는 핵발전을 포기하거나 중단하면서 그 이유로 '핵발전의 안전에 대한 불신'을 꼽았다. 그 불신은 후쿠시마 핵 사고에서 재확인되면서 항시적인 불안으로 고착되고 있다. 유럽 국가들은 체르노빌 핵 사고 이후 탈핵 정책을 선언하면서 신규 건설을 중단하거나 포기했다. 그리고 미국도 이미 스리마일 섬 핵 사고의 경험으로 1985년 이후 신규 건설된 핵발전소가 없다. 일본도 후쿠시마 핵 사고를 계기로 2013년 9월부터 '핵발전 제로 시대'로 접어들었다.

　이른바 '핵 르네상스'는 2000년대 들어 각국의 에너지 정책 기조가 핵발전을 재도입하는 방향으로 바뀐 것을 일컫는다. 그 배경으로는 과거 20여 년간 무사고의 지속에 따른 핵발전에 대한 불안 감소와 안전 관리 능력에 대한 신뢰를 언급할 수 있다. 또한 개발도상국들은 급속한 경제성장에 따른 전력 수급의 불안정을 해소하기 위해 핵발전에 관심을 가졌다. 매장량의 한계를 드러내는 화석연료와 그에 수반한 지속적인 고유가가 에너지 위기를 고조시키고 있었다. 그리고 기후변화 협약에 따른 CO_2 감축 의무도 핵발전을 최선의 대안으로 인식하도록 만드는 데 일조했다. 그 결과 부존자원이 없는 개발도상국뿐만 아니라 핵발전을 포기했던 선진 각국도 핵 확산을 거부할 수 없는 시대적 흐름으로 간주하고 핵발전소 건설을 서두르는 분위기였다. 세계핵협회(WNA, 2009)는 2030년까지 44개국에서 핵발전소 417기가 추가 건설될 것이라고 예고했다. 국제원자력기구(IAEA, 2011)에 따르면, 당시 건설 중인 핵발전소만 중국 27기, 러시아 10기, 한국 7기, 인도 6기 등 15개국 총 65기이며, 계획된 핵발전소는 중국 61기, 인도 58기, 미국 32기, 러시아 24기, 남아공 16기, 헝가리 12기, 한국과 일본 각 11기, 이탈리아와 영국, 캐나다 각 10기 등 19개국 총 287기에 이르렀다. 이처럼 각국의 핵발전 확대 추세에 대한 반향으로 2010년 몬트리올 세계에너지총회WEC는 핵 르네상스를 공식적으로 선언했다.

하지만 후쿠시마 핵 사고는 핵발전이 인류가 만들어낸 그 어떤 물질보다 안전하고, 사고 확률이 번개에 맞을 확률보다 낮다는 과학자들의 주장을 공허한 것으로 만들었다. 선진국들은 핵 사고가 정확성과 치밀성, 숙련성으로 무장한 최고의 기술진이 포진해 있는 일본에서 일어났다는 점에 주목했다. 지진 빈발 지역인 일본은 돌발적인 지진 발생에 대비한 다중 안전장치가 다른 어떤 국가보다도 잘 갖추어져 있는 것으로 정평이 나 있었다. '핵 안전 신화'의 주역은 한국이 아니라 일본이었다. 그런 일본에서조차 설계 기준치를 벗어난 대규모 지진과 지진해일tsuna-mi이 덮치자 침수로 인한 정전과 냉각 체계의 중단으로 다중 안전장치가 통제 불능 상태에 빠지면서 몇 시간 안에 노심용융과 수소 폭발이 연쇄적으로 일어났던 것이다. 일본에서 핵발전소 사고가 일어났다는 것은 세계 어느 나라에서나 핵 사고가 일어날 수 있다는 것을 의미했다. 세계가 받은 충격은 지진이나 지진해일이 과학자들의 예측 범위를 넘어섰다는 것보다는 예측을 벗어난 단 한 번의 외부 충격에 핵연쇄반응에 대한 통제를 잃었다는 것에 있었다. 이런 외부 충격으로는 테러, 비행기 추돌, 운석 충돌, 로켓포 혹은 미사일 공격, 사이버 공격 등 다양한 요인들을 고려할 수 있다. 그동안 각국 정부나 핵발전소 측은 이에 대한 대비가 되어 있어 안전하다고 주장했다. 하지만 이것이 허구라는 것을 보여주기 위해 그린피스Greenpeace는 2011년 12월초 프랑스 노장쉬르센Nogent-sur-Seine 핵발전소에 행글라이더로 침투해서 '안전한 핵발전소는 없다Sichere Atomkraft gibt es nicht'는 구호를 남겼다.

많은 국가들이 2030년까지 적어도 현재의 두 배 이상 핵발전소를 지을 계획을 세웠으나 후쿠시마 핵 사고 이후 상황은 달라졌다. 핵발전의 위험에 다시 한 번 경악한 주요 선진국들은 핵발전 정책의 재검토에 들어갔다. 오스트리아, 덴마크, 노르웨이, 스코틀랜드, 포르투갈, 그리스 등이 애초에 핵발전소의 건설과 가동 자체를 반대하던 기존의 '반핵' 노선을 재확인했다면, 독일, 스위스, 이탈리아, 스페인, 벨기에 등은 핵발전소 폐로 결정과 함께 에너지 절약과 에너지 이용의 효율화, 재생에너지로의 전환을 단행하는 '탈핵' 선언을 했다(노진철, 2011: 75). 물론 그 국가들이 핵발전에 의존하지 않는 사회를 건설하기로 한 결정은 쉽게 내린 것이 아니었다. 그 국가들도 핵 르네상스의 분위기에 젖어서 탈핵에서 신규 건설로 정책 전환을 시도했던 터라, 후쿠시마 핵 사고 이후 그에 따른 이해 집단 간 갈등과 긴장 속에서 정부의 결단 혹은 여야 합의, 국민투표 등을 통해 탈핵으로 가는 길을 선택했다. 독일 보수 정부는 의회 산하에 특별위원회를 구성하고 시민 참여의 대토론회를 통한 여론 수렴을 거쳐 2011년 6월 초, 2022년까지 단계적으로 모든 핵발전소를 영구 폐쇄한다고 발표했다. 스위스 연방정부도 2007년에 기존의 탈핵 정책을 뒤집어 세 개의 신규 핵발전소 건설 계획을 발표했지만, 후쿠시마 핵 사고 직후 즉각적인 핵발전소 폐쇄를 요구하는 반핵 시위 등 반대 여론이 거세지자 2011년 5월 말 전력 수요의 40%를 담당하던 핵발전소 다섯 개를 2019년부터 2034년까지 단계적으로 폐쇄한다고 발표했다. 이탈리아 역시 집권 보수당은 2009년 7월 기존의 탈핵 정책을 뒤집어 신규 핵발전소 후보지의 선정과 건설을 허용하는 법안을 의회에 제출했고 국민투표를 통해 핵발전의 도입 여부를 결정키로 했다(노진철, 2011: 75~77). 후쿠시마 핵 사고 이후 보수 정부는 핵발전소 건설을 일단 무기한 동결하는 법안을 상·하원에서 통과시켰지만, 이탈리아 대법원은 정부의 법안이 핵발전의 완전한 포기가 아니라며 국민투표의 실시를 확정했다. 국민투표에서 핵발전 재추진 계획은 94%의 반대로 부결됐다.

핵 사고 당사국인 일본도 당시 30%이던 핵발전의 전력 공급량을 2030년까지 50%로 늘리겠다던 신규 건설 계획을 포기하고, 2013년부터 '핵발전 제로 시대'로 접어들면서 폐로 수순에 들어갔다. 프랑스는 '신에너지전환법'을 제정해 당시 총 전력 생산량의 75%에 이르던 핵발전 비중을 2025년까지 50%로 축소하기로 결정했다. 헝가리, 체코, 슬로베니아, 리투아니아, 멕시코 등은 노후 원자로의 교체 계획을 보류했다. 네덜란드, 폴란드, 스웨덴, 핀란드 등은 건설 중이던 핵발전소는 완공하되 에너지 정책의 기조를 재생에너지로 전환한다는 계획이다. 세계 전력 생산량에서 핵발전이 차지하는 비중이 1996년의 17.6%에서 2015년 기준 약 13%로 감소한 것은 서구 선진국이 체르노빌 핵 사고 이후 선택한 탈핵 정책의 영향이다. 핵발전소의 평균 가동 햇수가 28.5년에 이르고, 그중 3/4이 20년 이상, 거의 반 정도가 31년 이상인 노후 핵발전소라는

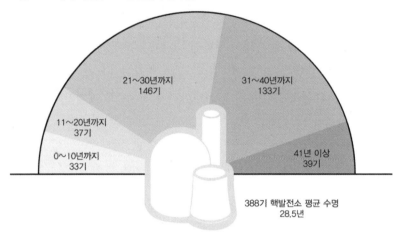

그림 6-5 | 세계 핵발전소 10년 단위 수명 구분

21~30년까지
146기

31~40년까지
133기

11~20년까지
37기

0~10년까지
33기

41년 이상
39기

388기 핵발전소 평균 수명
28.5년

자료: 세계 핵산업 상황 보고서(2014).

것은 핵발전의 비중이 점차 감소할 수밖에 없다는 예측을 가능하게 한다. 물론 중국, 인도 등 개발도상국은 급격히 증가하는 에너지 수요를 충당하기 위해 핵발전소를 증설할 가능성은 있다.

하지만 세계 2위의 경제 대국으로 부상한 중국이 핵발전소의 신규 건설을 주도하고 있지만 과연 핵발전 대국으로 갈지는 불확실하다. 왜냐하면 중국, 스페인, 인도 등이 재생에너지 개발의 주도 국가로 급부상하고 있기 때문이다. 중국은 풍력발전과 태양광발전 모두에서 미국과 독일을 앞지른 세계 최강의 재생에너지 생산국이고, 스페인과 인도는 두 국가의 뒤를 이어 세계 4, 5위를 차지하고 있다. 중국에서 총 전력 생산량 중 핵발전 비중은 2%에 불과하며 그 10배인 20% 이상을 재생에너지가 차지하고 있다. 중국의 풍력발전 용량은 2013년 말 기준 91GWe로 세계 풍력발전의 45%를 차지하며, 태양광발전 용량은 38GWe에 이른다. 미국의 풍력발전이 61GWe이고 태양광 전력 생산량이 20GWe인 것

그림 6-6 | 세계 5대 핵발전과 풍력발전 국가　　　　　　　　　　　　　(단위: %)

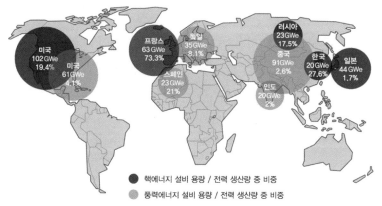

러시아
23GWe
17.5%

미국
102GWe
19.4%

미국
61GWe
4.1%

프랑스
63GWe
73.3%

독일
35GWe
8.1%

스페인
23GWe
21%

중국
91GWe
2.6%

한국
20GWe
27.6%

일본
44GWe
1.7%

인도
20GWe
2%

● 핵에너지 설비 용량 / 전력 생산량 중 비중
● 풍력에너지 설비 용량 / 전력 생산량 중 비중

자료: 세계풍력에너지협회(2013).

에 비하면 그 두 배에 달하는 생산 규모이다. 중국은 재생에너지 총량을 2017년까지 550GWe로 늘릴 계획이다.

세계 각국에서 현재 건설 중인 핵발전소들은 완공은 하겠지만 신규 건설은 주민들의 항의와 지난 10년 동안 여덟 배 이상 증가된 건설 비용 때문에 제한적 수준에 머물 수밖에 없다. 특히 지난 4년 동안 핵발전에 대한 투자가 3% 증가한 데 반해서 재생에너지에 대한 투자가 57% 증가한 점을 고려한다면, 핵 르네상스가 다시 도래하기는 어려울 것이다.

반면 한국의 보수 정부는 '제2 핵 르네상스'가 다시 도래할 것이라는 근거 없는 기대에서 핵산업 강국을 지향하는 핵 확산 프로그램을 발표했다. 보수 정부는 2035년까지 핵발전소를 55기로 늘리는 '에너지 기본계획'과 핵산업 수출 전진기지 구축을 위한 '동해안 원자력 클러스터' 사업을 추진하고 있다. 과거 이명박 정부는 '녹색 성장'의 이름하에 자연을 철저히 파괴한 기만적인 4대강 사업을 끝내자마자 정권 말기인데도 경북에 현재 가동 중인 핵발전소 12기와 건설 중인 4기, 중·저준위 방사성

폐기물 처분장에다 추가적인 핵발전소 신설과 제2원자력연구원, 스마트 원자로 실증 플랜트, 원자력산업진흥원, 핵산업 단지 등을 묶어 울진, 영덕, 월성, 포항을 연결하는 동해안 원자력 클러스터 사업을 국책사업으로 선정했다(노진철, 2014: 37). 박근혜 정부 역시 그 연장선상에서 울진과 영덕에 핵발전소 신규 건설 계획을 추진하고 있다. 보수 정부와 공기업인 한국수력원자력이 표면적으로는 '안전'의 중요성을 언급하면서도 오히려 현재의 이익을 위해 위험을 제도화하는 것은 자기기만이다. 보수 정부는 유럽 국가들의 탈핵이나 핵발전 축소 움직임에 대해 너무 성급한 정치적 결정이라고 비판한다. 보수 정부는 핵발전소를 폐로하게 되면 당장 전력 공급의 차질을 빚을 것이며, 석유나 석탄, 천연가스와 같은 기존 에너지원의 소비가 증가할 것이고, 그에 따라 CO_2 배출량이 많아지고 전력 요금이 상승할 것이라는 우려를 내놓고 있다. 하지만 정부가 필요 전력량을 높게 예측해 핵발전소 추가 건설을 정당화한다는 비판이 나온다. 보수 정부의 전력 공급의 차질 우려가 핵 확산 프로그램을 정당화하기 위한 논리인지 아니면 현실을 직시한 정치적 판단인지를 확인하는 것은 우리 탈핵 견학팀의 여행 목적이기도 하다.

어느 정부든 미래를 정확히 예측한다는 것은 불가능하다. 하지만 한 국가가 어떤 이유에서든 미래 세대에게 재앙을 안길 수 있는 계획을 밀어붙이고 있다면, 그것은 옳지 않은 일이며 부당한 일이다. 탈핵을 결정한 독일 정부의 선택은 핵발전 기술 개발과 투자 확대를 결정한 한국 정부의 선택보다 더 존중되어야 하며, 훨씬 더 윤리적이다. 적어도 정의는 독일 정부의 편에 서있다. 비록 발생 확률은 낮지만 핵 재앙은 돌발 사고가 났다 하면 자연재해와 달리 해당 지역에 국한되지 않고 전 세계를 파국적 위험에 노출시킨다. 또한 대부분의 다른 오염원이 현재에 국한하여 손실을 끼치는 것과 달리, 핵 재앙은 방사성물질의 반감기로 인해 그 영향이 수십만 년에 걸쳐 미래로 확장된다. 핵분열 시 생성되는 제논 -133(^{133}Xe 반감기 5일), 요오드-131(^{131}I 반감기 8일), 스트론튬-90(^{90}Sr 반감기 28년), 세슘-137(^{137}Cs 반감기 30년), 플루토늄-239(^{239}Pu 반감기 2만 4000년) 등 십여 가지 방사성물질(노진철, 2011: 71)이 생명체에 무해한 상태가 되기까지의 세월은 100년도 살지 못하는 인간에게는 도래하지 않는 미래이며, 빼앗긴 미래이다.

생명은 그다음 세대로 이어지는 연속성에 의해 보장된다. 하지만 핵 발전의 위험은 생명의 순환을 단절시키는 핵의 파괴성에 의해 특징지어 진다. 방사성물질이 직접적으로 생명체를 구성하는 단백질이나 세포막, DNA 등을 직접 이온화시키기도 하지만, 더욱 많이 발생하고 더 심한 손 상을 입히는 것은 신체의 70% 이상을 차지하는 물의 이온화 현상이다 (김익중, 2013: 93). 방사선에 피폭된 생명체는 세포조직의 손상으로 인 한 비정상 상태로 일정 기간을 연명할 수도 있고, 피폭의 효과가 나타나 지 않는 행운을 입을 수도 있다. 하지만 유전적으로 손상된 생식세포는 그로부터 잉태되는 미래의 모든 생명체에게 영구적인 침해를 가한다. 피폭된 생명체는 절대로 다시 정상적인 생명체를 잉태할 수 없다. 핵은 생명의 미래를 파손시켜 정상적인 순환을 불가능하게 만든다. 다시 말 해서 방사성물질은 생명의 시작과 끝의 반복 가능성, 즉 생명의 재생산 체계를 근본적으로 교란시킨다. 그러므로 방사능 오염 지역은 핵의 치 명적인 파괴로 인해 미래가 없는 죽음의 땅으로 버려질 수밖에 없다.

인간은 타인의 존엄한 인격과 천부적 권리를 침해하거나 박탈해서는 안 된다. 이것은 생명과 환경에 대해서도 마찬가지이다. 우리는 지구를 소유한 것이 아니라 미래 세대와 생명으로부터 잠시 빌린 것이다. 우리 가 현재의 안락과 탐욕에 눈이 어두워 자연과 환경을 마음대로 쓰고 파 괴한다면 인류의 앞날은 돌이킬 수 없는 파멸의 길로 들어설 것이다. 더 구나 핵발전은 지금 중단한다고 하더라도 즉시 문제가 해결되는 것이 아니다. 후쿠시마 핵 사고는 원자로뿐만 아니라 핵폐기물을 보관하는 냉각장치가 기능을 상실할 경우에도 핵발전소가 더 이상 통제할 수 없는 가공할 재난 덩어리로 변한다는 것을 극명하게 보여주었다. 다시 말해서 우리가 직면한 핵발전의 위험은 가동을 중단하고자 해도 중단할 수 없다는 역설에 있다. 따라서 현 세대가 핵발전을 포기한다 하더라도 미래 세대는 언제 어떤 폐로에서 터질지 모르는 핵 재앙을 막기 위해 핵폐기물의 관리 기술을 핵연쇄반응이 완전히 소진될 때까지 계속 개발해 내지 않으면 안 된다.

3. 결정적 전환은 그냥 오지 않는다

독일에 도착한 당일 오후 우리는 독일이 탈핵으로 가는 길을 다시 되찾는 정치적 과정을 알아보기로 했다. 구시가지에 자리 잡은 호텔 근처에도 제법 큰 시민 공원이 있었지만, 독일연방의회Deutscher Bundestag에 이르는 길은 큰 녹지대를 여럿 지나 슈프레Spree 강을 건너 거대한 숲 지대인 동물원Tiergarten을 통과하는 녹색 비오톱biotope이 뿜어내는 생명의 향연 그 자체였다. 한반도는 산지 면적이 전국토의 약 70% 이상을 차지하고 있다고는 하지만, 서울을 비롯하여 인구가 밀집된 도심지는 녹지가 거의 없이 빌딩과 아파트로 채워져서 답답하고 삭막한 분위기를 연출하며 삶의 질을 형편없이 떨어뜨리는 것과 비교가 되었다. 중심부의 전승 기념탑을 지나 의사당에 이르는 동물원의 숲길은 길기도 했다.

의사당은 통일 후에 과거 제국의회의 건물을 보수해 쓰고 있었다. 독일 녹색당의 의원 두 사람이 마중을 나와서 의사당 내부 및 유리 돔의

그림 6-7 | 독일연방의회 의사당의 유리 돔과 본 회의장 내부로 연결된 환기통

건학과 토론회는 화기애애한 분위기에서 이어졌다. 의사당 건물은 1999년에 영국의 건축가 포스터 경Sir Poster이 벽만 남기고 모두 뜯어낸 뒤 내부 본회의장 위로 가벼운 유리와 알루미늄 틀로 만든 돔을 덮고, 내부 공간은 모서리에 톱니를 장착한 가변식 벽으로 용도에 따라 방의 크기를 조정할 수 있게 설계했다. 각 정당의 공간은 의석수에 따라 벽면을 이동해 크기를 정한 다음에 각 정당에서 필요에 따라 내부 공간을 재배치해 사용한다. 벽면을 따라 나선형 경사로를 매달은 유리 돔은 시민들이 베를린시를 전망할 수 있게 하는 한편으로, 아래에 있는 의회 본회의장을 언제든지 볼 수 있도록 설계하여 의회정치의 개방성을 형상화하고 있었다. 또한 거울로 덮은 환기통이 돔에서 본회의장의 유리 천장까지 내려와 햇빛 조명과 환풍을 동시에 해결할 수 있도록 했다.

녹색당은 2009년 연방 선거에서 10.7%의 득표율로 622석 중 68석을 확보했다. 반면 집권당인 기독민주당·기독사회당 연합은 득표율 33.8%로 216석을 차지해 시민들의 지지 비율에 상응하게 전체 공간의 34%를 배당받아 쓰고 있었다. 연합 측과 연정을 구성하고 있는 자유민주당도 14.6%의 득표율로 93석을 차지하며 통일 후 최고의 지지를 받고 있었다. 연합 측이 소강당 규모의 너른 공간을 몇 개씩 여유롭게 쓰고 있었다면, 녹색당은 좁은 공간을 여러 개로 나눠 녹색으로 소박하게 치장해

쓰고 있었다. 의원 사무실의 배당이 정당별로 이루어지는 것은 당연한 일이겠지만 의사당의 전체 공간을 의석 수에 따라 분할할 생각을 했다는 것은 지나칠 정도로 합리적인 현대 독일인의 사유 행태의 단면을 보여주는 것이었다.

후쿠시마 핵 사고가 나자 독일이 다른 국가들보다 먼저 탈핵으로 가는 길을 선택하는 데도 이러한 합리적 사유 행태가 반영되어 있다. 핵 사고 직전 한국이 핵발전소 설비용량 세계 5위로 총 전력 생산량의 32.2%를 핵발전에 의존하고 있었다면, 독일은 세계 6위로 전체 발전량의 28.4%를 핵발전에 의존하고 있었다. 한국과 독일은 석유, 천연가스, 우라늄 등의 에너지원을 전량 해외에서 수입해야 하는 "기름 한 방울 나지 않는" 국가로서 산업체의 동력과 가정의 냉난방에 필요한 전력 생산을 핵발전에 의존하고 있었다. 독일도 핵 르네상스로부터 자유롭지는 못했다. 기민당·자민당의 보수 연정은 2010년 8월 핵발전 사업자들의 수명 연장 요구를 받아들여 '2000년 핵 합의'를 깨고 최장 12년까지 연장하는 법안을 통과시켰고, 태양광 전력 매입 가격을 인하하는 등 핵발전 정책을 재도입하는 방향으로 선회했다. 2000년에 적록연정은 2020년까지 핵발전을 점진적으로 폐쇄하기로 합의했고, 제정된 '재생에너지법EEG'은 풍력발전에 제한되었던 발전 차액 지원 제도를 태양광발전, 바이오매스 등 모든 재생에너지원으로 확장했다(염광희, 2011: 139). 발전 차액 지원 제도는 소규모 발전 사업자들을 재생에너지 시장에 참여시켜서 태양광·풍력 등 재생에너지로 생산된 전력을 일정 기간 고정 가격으로 판매할 수 있도록 정부가 수익성을 보장해주는 제도다. 또한 재생에너지 매입 가격은 기술 발전의 정도에 따라 시간적 간격을 두고 조정할 수 있도록 했다. 전력망 연결도 재생에너지 발전사업자에게 유리한 방향으로 정비되었다. 그 결과 독일에서는 소규모 발전사업자들이 재생에너지 분야에서 기술 발전을 선도할 수 있었다. 2002년 제정된 '핵에너지의 평화적 이용과 그 위해로부터의 보호에 관한 법(핵발전법)'은 핵발전소의 최대 수명을 32년으로 제한하고 신규 건설을 불허했다. 하지만 메르켈 보수 정부는 노후 폐쇄에서 수명 연장으로 전환했고, 정치 체계의 합리적 작동이 후쿠시마 핵 사고를 계기로 에너지 정책을 재전환했다.

우리 탈핵 견학팀은 시민단체의 토론 공간처럼 꾸며진 의원 세미나실에서 녹색당의 역사와 탈핵 정책에 대한 당의 입장을 들을 수 있었다. 녹색당은 탈핵 정책의 승리자이면서도 동시에 정체성의 위협을 받는 모순적 위치에서 집권 여당과의 차별성을 드러내기 위해 싸우고 있었다. 후쿠시마 핵 사고의 직접적 수혜자는 제1 야당인 사회민주당과 녹색당이었다. 양당은 핵 사고 직후 치러진 지방선거에서 탈핵 정국을 주도하며 잇달아 승리했다. 3월 27일의 바덴뷔르템베르크주와 라인란트팔츠주, 5월 22일의 브레멘, 9월 18일의 베를린 등 2011년 치러진 모든 지방선거에서 양당은 승리했다. 특히 녹색당은 바덴뷔르템베르크주 지방선거에서 장기 집권하던 기독사회당을 물리치고 연정 파트너인 사회민주당의 득표율을 뛰어넘는 24.2%의 득표율을 기록하며 독일 역사상 처음 녹색당 주총리를 탄생시켰으며, 브레멘 선거에서는 득표율 22.5%로 역사상 처음으로 기민당을 제치는 성과를 거두었다. 이러한 독일 유권자의 정치적 선택은 정작 핵 사고 당사국인 일본에서 2012년 치러진 중의원 선거에서 일본 유권자들이 민주당의 탈핵 대신 자민당의 경제성장을 선택한 것과는 판이하게 다른 것이었다.

녹색당은 창당 이래 최고의 정국 장악 능력을 보였다. 녹색당의 정치 세력화 배경도 체르노빌 핵 사고 직후 치른 니더작센Niedersachsen주와 바이에른Bayern주의 지방선거에서 즉각적인 핵발전소 폐쇄 주장이 7%대의 득표와 1987년 연방 선거에서 8%대의 득표로 연결된 결과였다. 그

그림 6-8 | 네카르베스트하임 핵발전소를 둘러싼 탈핵 촉구 인간띠

자료: 독일환경자연보전연맹 분트(BUND).

여세를 몰아 1998년 연방 선거에서 녹색당은 10년 유예기간을 둔 핵발전소 폐쇄를 주장하던 사회민주당과 적록연정을 구성했으며 세 명의 각료(외교부 장관, 환경부 장관, 보건부 장관)를 배출했다. 하지만 2005년 집권한 보수 연정은 2010년에 슈투트가르트Stuttgart 인근 네카르베스트하임Neckarwestheim 핵발전소의 수명 연장을 둘러싼 논의에서 핵산업계의 요구를 받아들여 탈핵 프로그램 뒤집기를 감행했다. 그 반향으로 후쿠시마 핵 사고 직후인 2011년 3월12일 전국에서 6만 명의 시민들이 네카르베스트하임에 모여 핵발전소의 주변을 둘러싸는 인간띠 45km로 폐쇄 촉구 시위를 벌였다. 3월 14일에는 전국 각지에서 14만 명이 후쿠시마 희생자를 위로하고 노후 핵발전소의 즉각 폐쇄를 촉구하는 촛불 시위에 참여했다.

기민당·자민당 보수 연정은 후쿠시마 핵 사고가 선거에 미칠 영향을 의식해 3월 14일 노후 핵발전소 7기에 대한 3개월 가동 중지 조처를 내렸고, 이어 바덴뷔르템베르크주와 라인란트팔츠주의 지방선거에서 패배한 이튿날인 3월 28일 종교 지도자, 철학자, 대학교수, 원로 정치인, 재계 인사, 시민단체 대표 등 총 17명으로 '안전한 에너지 공급 윤리위원회'를 구성해 핵에너지의 기술적 위험에 대한 윤리적·사회적 영향의 평가 및 조사를 맡겼다. 보수 연정은 원자로안전위원회Reaktor-Sicherheitskommission가 3월 15일부터 3개월간에 걸쳐 최신 안전기준을 가지고 17개 핵발전소 전체에 대한 안전 점검을 실시하도록 조치하는 이외에, 기술적 안전 점검의 미비점을 보완하기 위해 윤리위원회에 탈핵을 위한 사회적 합의를 준비하고 재생에너지로의 정책 이행을 제안하는 과제를 부여했다. 당시 녹색당과 환경 단체, 반핵 단체들은 보수 연정의 긴급 제안을 정치적 위기를 타개하기 위한 꼼수로 의심해서 윤리위원회의 참여를 거부했다(염광희, 2011: 141).

하지만 우려와는 달리 윤리위원회는 사흘간의 집중 토론과 28명의 전문가 및 단체 대표가(노진철, 2014: 327) 참여하는 11시간의 TV 생방송 등 여론 수렴을 통해 연방정부에 2021년까지 핵발전소의 완전 폐쇄를 권고하는 보고서를 작성했다. 2011년 4월 21일 베를린 근교의 리벤베르크Liebenberg에서 사흘간 진행된 토론은 독일의 현재와 미래에 필요한 에너지의 공급과 수용 방식, 핵발전소의 안전과 위험, 핵발전소의 필요성 여부와 대안 에너지원의 현실화 가능성 등의 주제를 중심으로 이루어졌다. 윤리위원회 위원들 간의 의견이 좁혀지지 않자 4월 28일 TV 공개 토론회를 개최하여 17명의 위원들과, 전력 회사 에온E.ON, 재생에너지 협회, 응용기술윤리기획팀, 기독교 사회윤리 교수, 핵공학자, 경제연구소, 세계자연보호기금WWF, 그린피스 등 28명의 외부 전문가들이 토론을 벌였다. 공개 토론회는 인터넷 이메일과 전화, 문자메시지를 통해 시청자들의 질문과 의견을 청취하고 토론하는 방식으로 전개되었다. 이 폐쇄 권고 보고서에 근거하여 보수 연정은 6월 초 노후 핵발전소 8기를 즉각 폐쇄 조치했고, 2021년 말까지 6기를 추가적으로 폐쇄하며 2022년 말까지 나머지 3기를 영구 폐쇄 조치하는 '에너지 전환을 위한 핵심 사안'을 발표했다. 이 탈핵 프로그램은 2050년까지 총 전력 생산량의 80%를 재생에너지로 전환하고, 에너지 절약과 에너지 이용의 효율화를 통해 전력 소비를 2008년 대비 25%를 줄인다는 목표를 포함하고 있다. 이것은 정부가 후쿠시마 핵 사고를 당하여 생명과 환경의 보존을 위한 핵발전의 윤리적 책임에 대해 답을 내놓았다는 데 그 역사적 의의가 있다.

윤리위원회가 시민들의 의견을 수렴해 탈핵을 결정하는 과정은 한국 정치 문화와의 큰 격차를 실감케 한다. 체르노빌 핵 사고 이후 독일의 적록연정이 핵발전을 거부하는 여론을 수렴해 탈핵과 재생에너지의 두 마리 토끼를 좇았다면, 한국 보수 정부는 핵 위험에 대한 여론이 형성되지 못한 채 오히려 '핵산업 강국'의 꿈을 키울 수 있는 기회로 포착했다. 독일이 2000년 핵 합의에 이르렀다면, 한국은 자국 내 반핵운동으로 인해 핵발전소 건설이 어려워진 미국과 캐나다의 기업으로부터 잉여설비의 구입 조건으로 기술이전을 받아 핵발전 대국으로 발돋움했다. 한국은 캐나다원자력에너지공사AECL로부터 중수로형 캔두CANDU의 기술이전, 미국 컴버스천엔지니어링사CE로부터 주기기 설계의 기술이전, 미국 서전트&러니사S&L로부터 종합 설계의 기술이전을 받아 한국형 원자로의 기술 개발에 나섰다. 25년 후 후쿠시마 핵 사고에서도 양국의 정치 문화의 격차는 데자뷰처럼 그대로 반복되었다. 독일이 핵발전 정책으로의 일시적 회귀에 대한 비판적 여론이 선거와 연계되면서 탈핵과 재생에너지 프로그램을 재가동하고 있다면, 한국은 새로운 강자로 부상하던

일본 핵산업의 좌초 위기를 핵산업 강국으로 도약할 수 있는 절호의 기회로 간주하고 있다. 핵산업 시장은 도시바Toshiba가 2006년 웨스팅하우스WEC를 인수해 경수로와 비등수로의 원천 기술을 모두 확보한 도시바 전력시스템東芝電力システム으로 급부상하고, 2007년 히타치Hitachi가 전략적으로 제너럴일렉트릭GE과 제휴해 제너럴일렉트릭히타치GHI 컨소시엄을 탄생시키고, 미쓰비시Mitsubishi는 프랑스 아레바AREVA와 합작해 1100MWe급 아트미아Atmea를 만들면서, 러시아의 로자톰Rosatom과 함께 핵 르네상스를 주도하고 있다(노진철, 2014: 327).

후쿠시마 핵 사고 직후 한국 보수 정부도 기존 핵발전소의 안전 점검을 지시했으나 조사위원회는 단 3일만에 '한국 핵발전소는 미국, 소련, 일본과 달라 안전하다'는 결론을 내렸다. 세계 3대 핵 사고는 전원의 관리 미숙, 기술력 부족 등 제한적 요소에 의해 발생했다는 것이 한국 핵발전소가 안전하다는 주장의 근거였다. 스리마일 섬 핵 사고는 운전 개시 후 100일이 채 되지 않아 운전원의 관리 미숙이 결정적인 원인이었고, 체르노빌 핵 사고도 완공 3년만에 발생했으며 냉각수의 과열로 인한 폭발 사고로 기술력 부족이 주된 원인이었으며, 후쿠시마 핵 사고도 33~40년의 노후 탓이 아니라 지진해일에 대비해 쌓은 방호벽이 낮은 데서 오는 바닷물 침수와 단전이 주된 원인이었다는 것이다. 따라서 한국은 지진 조산대에서 벗어나 있기 때문에 해일의 발생 확률이 극히 낮으며, 발생하더라도 해일 방벽을 높게 쌓아놓으면 안전하다는 논리이다. 이처럼 핵 사고의 원인을 우연한 요소의 개입이라는 근본 원인보다 고립된 사건의 이미 알려진 원인에 귀속시키는 보수적 계산은 핵산업 강국 지향의 정치적 결정을 정당화하는 데 그 목적이 있다.

하지만 안전 점검이 시민의 생명과 안전보다는 대국민 기만용으로 형식적으로 행해졌다는 것은 2년 후에 터진 핵발전소 납품 비리 사건에서 드러났다. 시민들은 가동 중인 핵발전소뿐만 아니라 건설 중인 신규 핵발전소까지도 불량품들로 채워졌다는 사실에 경악했다. 적어도 10여 개 핵발전소의 직원들은 2014년까지 드러난 것만 2116건에 걸쳐 부품 제조업자, 검증 기관, 승인 기관과 짜고 시험 성적표를 위조해 자재 빼돌리기와 낙찰자 내정을 통해 불량품의 납품을 조직적으로 하고 있었다. 보수 정부와 핵 전문가 집단이 안전은 뒷전인 채 경제성장에 편중하는 행태는 사회적 책임을 도외시한 채 이윤에만 치중하는 기업들의 비윤리적 행태와 적나라하게 일치한다.

핵발전 찬성파가 다수를 차지하도록 구성되어 있는 '원자력안전위원회'는 자신들의 전문성과 한국 핵발전소의 안전성을 주장하며 보수 정부의 핵발전 정책을 보완하는 이데올로기적 국가기구로서 기능하고 있다. 노후 핵발전소의 수명 연장과 관련해서도 원자력안전위원회는 시민의 생명과 안전을 보호하는 것보다는 핵발전 정책을 추진하는 보수 정부에게 면죄부를 주는 역할을 한다. 그 방법으로는 지역 주민의 의견 수렴과 토론보다 전문가의 기술적 판단과 표결 처리가 동원된다. 보수 정부는 집권하자마자 2008년 6월에 지역 주민과 환경 단체의 항의에도 불구하고 고리 1호기의 수명 연장을 결정했다. 원자력안전위원회는 안전 여유도를 줄이는 검사 방법으로 평가 방식을 바꿔 수명 연장을 승인했다. 또한 위조된 시험 성적서의 불량 제어 케이블이 설치된 신규 신고리 1·2호기와 신월성 1·2호기의 가동도 2013년 여름철 대정전 위기의 해소를 이유로 승인했다. 월성 1호기의 수명 연장은 2015년 2월 말 민간 검증단의 최신 안전기준 도입 및 32가지 안전 개선 사항의 요구, 경주 시민의 집단 거부 의사를 무시한 채 표결에 부쳐 승인했다. 다시 말해서 원자력안전위원회는 위험과 안전에 대한 사회적 인식의 기준을 임의적으로 정하는 폐쇄적 집단이었다. 그 결과 핵 전문가 집단은 '핵 마피아'

라는 비난과 불신을 받고 있다. 한국수력원자력이 고리 1호기의 2차 재연장을 포기한 것은 그나마 다행스러운 일이다.

보수 정부는 후쿠시마 핵 사고를 계기로 핵발전 대국에서 핵산업 강국으로 도약한다는 위험천만한 계획을 실행에 옮겼다. 핵 사고 후 두 달이 지난 5월 말 이명박 정부는 지식경제부 내에 핵발전소 신규 건설과 핵산업 수출, 사용 후 핵연료 처리를 전담하는 '원전산업정책국'을 신설했으며, 아랍에미리트UAE에 한국형 원자로 1400MW급(APR1400) 4기와 요르단의 소형 연구용 5MW급 가압 경수로 수출을 성사시켰다. 그러나 한국형 APR1400은 핵심 원천 기술인 설계 코드(핵연료 상태·사고 예측용 소프트웨어), 원자로 냉각제펌프RCP, 원자로·터빈의 계측제어기술 MMIS 등이 웨스팅하우스WEC에 있기 때문에 항상 웨스팅하우스와 전략적 제휴를 해야 수출할 수 있는 상황이었다. 이처럼 원천 기술이 없는 상황인데도 정부는 후쿠시마 핵 사고가 터진 2011년 11월 제1차 원자력 진흥위원회를 열어 세계 3위의 핵산업 강국이라는 '위험한 미래상'을 제시하며 '제4차 원자력 진흥 종합 계획'을 심의·의결했다. 그리고 삼척, 영덕 등 동해안 지역을 대상으로 신규 핵발전소 부지의 확보에 나섰다.

동일한 시기에 독일 보수 정부는 11년 기한의 단계적 탈핵 프로그램을 실행하기 위한 후속 조치로서 법체계 정비와 재정 확보에 들어갔다. 2011년 '상업적 전력 생산용 핵에너지 이용의 단계적 폐쇄법(탈핵법)'을 제정하고 국가 전략산업을 재생에너지 산업으로 전환하는 구체적 프로그램을 제시했다. 여기에는 재생에너지 공급 체계 형성에 필요한 인프라 구축, 재생에너지의 효율 향상을 위한 기술혁신, 재생에너지 기술을 신성장 동력으로 하는 경제 발전 등이 핵심 정책 과제로 제시되었다. 그리고 풍력, 태양광, 바이오매스 등의 재생에너지 공급 체계를 구축하기 위해 '재생에너지법'과 '전력망확충가속법NABEG', 도시와 농촌의 기후

친화적 발전을 강화하기 위해 건물 단열화를 촉진하는 '건축법BauGB'과 '에너지경제법EnWG' 등의 제·개정 작업을 했다. 2011년 7월에는 재생에너지 연구와 저장 기술 개발, 그리고 건물 개보수에 들어갈 재정 확보를 위해 '에너지·기후펀드'를 조성했으며, 추경 예산을 통해 개인들의 재생에너지 설비 융자를 위한 재원을 확충했다. 그 결과 독일은 탈핵 원년에 재생에너지 비중이 19.9%로 핵발전 비중 17.7%를 추월했다. 이리하여 독일은 에너지 정책을 재생에너지 중심으로 전환하는 탈핵의 길에 접어드는 데 성공했다.

이처럼 보수 연정이 핵발전소 완전 폐쇄를 결정하고 탈핵 프로그램을 성공적으로 본 궤도에 올려놓았다는 사실로부터 녹색당은 오히려 차별화의 압력을 받고 있었다. 녹색당은 핵발전소의 폐로 결정이 과거 적록 연정이 합의했던 2000년 핵 합의로 복귀한 것이라고 평가절하했다. 그리고 녹색당은 탈핵 프로그램의 방향과 속도에서 기존의 입장보다 훨씬 급진적으로 선회했다. 메르켈 보수 연정이 초기엔 가스와 석탄을 이용한 화력발전을 일시적으로 늘렸다가 2020년까지 재생에너지 비율을 40%로 끌어올리고, 2050년까지 석탄 4%, 재생에너지 80%로 높이는 계획을 제시했던 데 반해, 녹색당은 더 이상 화력발전소를 짓지 않고 핵발전소를 2015년까지 완전 폐로하고, 2030년까지 100% 재생에너지로 대체하는 프로그램을 제시했다. 이것은 당초 녹색당이 주도했던 2000년 핵 합의보다 훨씬 더 강화된 목표치였다. 녹색당은 보수 정부가 에너지 절약 정책을 지속적으로 지원하고, 에너지 저장 기술과 에너지 이용의 효율화에 전력투구한다면 이 목표가 실현 가능하다는 주장과 함께, 급진적인 탈핵 프로그램을 내놓고 유권자의 선택을 기다렸다. 결과는 2013년 연방 선거에서 기독민주당·기독사회당 연합은 41.5%의 표를 얻어 631석 중 311석을 얻으며 대승한 데 반해 녹색당은 8.4%의 득표에

63석을 차지하는 데 그쳤다. 독일 유권자들은 지나치게 급진적인 탈핵 프로그램보다 단계적인 탈핵 프로그램을 선호한 것이다.

4. 생태마을공동체 제그의 사랑의 치유

다음 날 우리의 행선지는 베를린에서 남서쪽으로 80km 정도 떨어진 바트 벨치히Bad Belzig에 있는 실험적인 사회설계센터 제그ZEGG: Zentrum für Experimentelle Gesellschaftsgestaltung였다. 이동 수단은 함부르크까지의 동서 횡단을 고려하여 전세 버스를 택했는데, 제그는 포츠담을 지나 1시간 반 정도 걸렸다. 바트 벨치히는 독일 북부의 구릉지대인 플래밍Fläming의 자연공원 내에 위치한 휴양지답게 키 큰 나무들로 이루어진 울창한 숲과 드넓은 목초지, 호수가 어우러진 조용한 온천 마을이었다. 제그는 68 학생운동의 지도자 중 하나였던 디터 둠Dieter Duhm이 1978년 독일 남부 흑림Schwarzwald에 세운 비폭력 문화의 실험적 마을공동체인 바우휘테Bauhütte의 일원 60명이 떨어져 나와 독일 통일 직후인 1991년 9월 바트 벨치히의 외곽지역에 세운 생태학적이고 사회적으로 지속 가능한 생활양식을 실험하는 마을공동체이다. 대체로 자유로운 사랑을 통한 진정한 교감을 강조하던 무리인 그들은 구동독 국가안전부의 첩보 요원 훈련장으로 사용되던 구릉지 16ha를 210만 마르크(약 10억 원)의 헐값으로 공동 구매하여 '제그 포럼ZEGG-Forum 주거공동체'를 세웠다. 이 그룹의 분리로 인해 결국 바우휘테는 해체되고 둠과 그 핵심 구성원들은 1995년에 포르투갈 알렌테주Alentejo로 이주해 전쟁 없는 미래를 위한 지구적 평화운동을 교육·실천하는 뉴에이지운동의 일환으로 생활공동체인 타메라Tamera를 세웠다.

이런 운동 내부의 갈등이야 우리가 일시적 방문을 통해 경험할 수 있는 것은 아니었다. 제그 구성원의 직업은 회계사, 건축가, 화가, 조각가, 음악가, 그래픽 디자이너, 목수, 기계공, 요리사, 미용사, 정원사 등으로 다양했으며, 그중 일부는 공동체 안에서 활동하지만 또 다른 일부는 공동체 밖에 직장을 갖고 있으면서 공동 주거 생활을 하고 있었다. 생태공동체의 모습은 물건 나누기, 물 절약, 토양 개량, 재생에너지 공급, 생태학적 건축, 지역의 순환 강화, 유기농, 채식주의 식단 등에서 다양하게 찾을 수 있었다. 생태학적 대안 사회의 실험은 일상생활에서 자연이 내장된 영속 농업 문화와 생태 사상을 실천하는 데 있었기 때문이다.

우리는 최대한 자연을 훼손하지 않고 지속 가능하게 자연 세계와 인간관계가 일체감을 갖는 다양한 실험들을 공동체의 도처에서 발견할 수 있었다. 카셰어링, 공용 도서관, 연장·기기의 공용화, 아나바다 장터 등을 통한 소비 줄이기로 자원 소모를 적게 하는 것에서, 모든 건물의 건축 자재를 시멘트가 아니라 생태학적 소재를 사용하는 것에서, 물은 지하수를 뽑아 올려 사용하고 생활하수는 갈대, 갯버들 등의 식물 정화시설에서 정화시켜 지하수로 돌려보내는 것에서, 건초와 거름을 섞어 부식토를 만들어 토지의 비옥도를 높여 다양한 동식물이 서식할 수 있는 토양을 조성하는 것에서, 사무실을 비롯한 네 개 건물에 태양열 집열판을 설치하고 벽면은 나무, 점토 등 지역 자재를 활용하는 것에서, 경내 소나무 숲에서 나는 목재를 잘게 부순 목재칩을 소각해 발생하는 가스로 세 개의 열 병합 발전기를 돌려 전기를 생산하고 소각 과정에서 발생하는 열을 난방용 에너지로 활용해 탈중심화된 에너지 생산을 유지하는 것에서, 유기농 농장을 운영해 공동체의 먹거리를 조달하고 지역 유기농 매장에 농산물을 공급하는 탈중심화된 경제순환을 유지하는 것에서 찾을 수 있었다. 그리고 생태학적 소재를 사용한 건물이 화재에 취약한 점을 해소하기 위해 소방용 연못과 자체 소방시설을 갖추고 있었다.

점심은 공동체의 레스토랑에서 구성원들과 함께 즐겼다. 공동체의 유기농 농장에서 제공되는 채소, 과일 등을 활용한 다양한 채식 요리가 점심 메뉴로 제공되었다. 레스토랑은 단순히 음식을 먹는 곳이 아니라 구성원들이 끊임없이 소통하고 생태학적 삶을 일상적으로 실천하고 실험하는 장소였다. 초창기 제그 구성원 중 남아 있는 사람은 15명에 불과했지만 이들이 마을공동체를 유지하는 핵심 세력이었다. 새로운 식구가 들어와 성인 60명 선은 그대로 유지하면서 청소년과 어린아이 16명과 더불어 살고 있었다. 부부나 독신 몇 사례를 제외하고 대부분의 사람들은 공동 주거를 하면서 하나 혹은 그 이상의 파트너와 사랑을 공유하거나 파트너를 바꾸는 등의 방법으로 공동체 생활양식을 실천하고 있었다. 경내 소나무 숲속 곳곳에 흩어져 있는 사랑의 오두막은 공동체의 이념인 '자유로운 사랑'을 다양하게 실험하는 공간이었다.

둠이 제창했던 자유로운 사랑, 즉 질투, 상실의 불안, 소유 욕구, 결핍, 거짓 등으로부터 자유로운 사랑은 근대 가족제도가 강요하는 일부일처제와 핵가족을 의도적으로 해체하고 다수의 파트너와의 사랑, 다양한 형태의 성관계를 추구하는 정치적 선언이라는 점에서 공동체에 대한 신뢰를 전제하지 않으면 안 된다. 68 학생운동 이후 유럽에서 활발하게 일어난 공동체운동이 대부분 실패한 이유 중 하나는 구성원 간 갈등이었다. 이 갈등의 해소 방법인 '제그 포럼'은 1980년대 바우휘테에서 개발된 공동체에 대한 신뢰 문화의 구축 방식으로 매일 일과 후에 그룹 미팅을 열어 공개 토론을 통한 자기 표출과 감정 교류를 중시하는 내부지향적 치유healing 프로그램이다. 제그의 중심에 있는 원형 광장과 강당, 컨퍼런스 룸은 사랑, 성, 생태학 등에 관한 자유로운 논의와 명상, 음악, 춤을 통해 공동체에 대한 신뢰 문화를 생성하는 공간이다. 다시 말해서 제그 포럼은 자기 표출과 사회혁신적 생활 실천을 통해 인간 본연의 자연스러운 사랑을 찾아가는 과정이다.

한국에서도 마을공동체의 실현을 꿈꾸는 많은 사람들이 제그를 다녀갔다고 한다. 그런데 그들의 관심이 주로 공동체 유지 관리의 비법, 즉 조직 운영 방식이나 구성원 관리 방식, 자원 조달 방식에 머무른 것은 유감스러운 일이다. 제그의 본질은 자본주의 사회의 억압, 착취, 경쟁에 대한 변화 요구를 평등주의적 방식의 급진적 노동운동 같은 세계거부운동에서 자연과의 상생·공존, 공동생산·공동소유의 새로운 사회 설계라는 세계긍정운동으로 전환하는 뉴에이지운동에 있다. 공동체에 대한 신뢰는 모든 구성원의 언어와 몸짓, 창의성, 감정을 결합시키는 포럼의 성패에 달려있다. 포럼의 핵심은 타자의 시선과 되먹임이다. 포럼은 어떤한 사람이 언어든 몸짓이든 창의성이든 감정이든 자기 표출을 하고 타자들이 이에 대해 무엇을 인지했는지를 소통하는 방식으로 진행된다.

생태공동체는 과연 핵 위험을 해결할 수 있는 대안이 될 수 있을까? 제그 같은 치유 위주의 생태공동체는 핵 위험 같은 생명의 위협과 직결된 현실적인 문제를 정면으로 다루기에는 역부족이다. 하지만 공동체의 활동가와 지지자들은 자유로운 사랑, 성생활, 배우자 관계를 즐기는 자신들의 경험을 다양한 세미나와 워크숍의 형태로 방문자들에게 제공하는 것이 인간과 지구를 치유하는 공동체 생활을 확산하는 정치적 혁신운동이라고 믿고 있었다. 그들은 젠더 문제, 성 불평등으로 왜곡된 현대사회를 변화시키는 자유로운 성생활을 통해 그들 자신의 자아 정체성을 변화시키는 생활과 학습을 결합시킨 내부지향적 운동이라고 강변하지만 사회의 비난과 배척으로부터 자유롭지는 못했다. 제그 구성원들은 다양한 실험적인 성적 수행, 강간의 무해성 발언 때문에 비판을 받았다. 하지만 그들의 성과 사랑에 자유로운 태도가 다양한 실험과 시도를 통해 일상생활에 내장되는 방식은 공동체운동에 대한 세계적 관심 고조와 연계되어 많은 방문객이 찾는 장소가 되어 있다. 제그 방문자는 2만 명을 헤아린다고 한다.

한국의 생태공동체는 자연과 사람의 공존을 추구하는 대안사회운동으로 출범하는 경우는 소수에 불과하고 대체로 텃밭을 가꾸고 식재료를 구하는 살기 좋은 마을 만들기 틀을 크게 벗어나지 못하고 있으며, 제그처럼 문명 비판이나 근대 자본주의의 모순에 대한 성찰에서 구성원의 생활양식이나 가치관의 변화를 추구하는 대안사회운동으로 나아가지는 않는다. 생태마을 혹은 생태공동체 사업은 정부가 주도하는 마을 재생 프로젝트의 위탁 사업(기존 도시·농촌 마을의 생태학적 전환공동체, 생산자협업공동체)으로 추진되거나 사회적 책임 담론에 의지한 시민 세력을 결합시킨 지역 기반의 농업공동체(생활협동조합, 생태교육공동체, 지역통화운동 등)로 작동하고 있다. 따라서 한국의 생태공동체에는 근대성의 후속 결과에 대한 책임보다는 근대성의 결핍에 대한 불안이 짙게 배어 있다. 다시 말해서 한국의 생태공동체는 공동체를 유지하는 추진력으로 생태학적 환경의 파괴나 현실 생활에 대한 실존적 불안보다는 물질적 생존 또는 경제적 자립에 대한 불안을 더 강하게 의식한다. 제그에 대한 그들의 관심은 제그가 추구하는 가치관과 사회 혁신 프로그램보다는 공동체의 유지 관리 비법에 쏠려 있다.

한국의 생태공동체는 핵 위험을 핵발전소의 운영에 따른 어쩔 수 없는 일, 그래서 관리만 잘하면 막을 수 있는 사고로만 인식할 뿐이지 근대성의 결과로서 받아들이지 않는다. 동북아시아는 이미 세계 최대의 핵발전소 밀집 지역으로 핵 위험이 일상생활에 깊숙이 들어와 있는 상황인데도, 그들은 전력 공급의 불안정에 따른 경제적 위기를 더 불안해한다. 한국과 일본, 중국이 경쟁적으로 핵발전소를 건설해 한반도는 '핵의 고리'

의 중심에 놓인 상황이다. 그런데도 박근혜 정부는 '제7차 전력 수급 기본 계획(2015~2029년)'에서 핵발전소를 2029년까지 현재의 23기에서 36기로 늘리기로 결정했다. 현재 경제가 저성장 국면에 접어들고 있고 핵발전소의 1/4이 가동하고 있지 않아도 전력 공급에 차질이 없는데도 13기를 추가 건설한다는 계획은 납득하기 어렵다. 중국은 경제 위기의 탈출을 위해 2020년까지 핵발전소를 현재의 세 배로 증가시킬 계획인데다, 일본은 후쿠시마 핵 사고 이후 종래 전체 전력 공급 능력의 1%에 불과하던 태양광발전이 6% 정도로 급성장했는데도, 아베 정권은 수출 경쟁력이 문제될 때마다 핵발전소 재가동 카드를 만지작거린다.

중국이 건설 중인 핵발전소 가운데 상당수는 남부 저장성浙江省에서 산둥성山東省을 거쳐 랴오닝성遼寧省, 지린성吉林省, 헤이룽장성黑龍江省까지 중국의 동해안을 따라 거대한 띠를 이루고 있다. 특히 산둥성 인근의 쉬다오완石島完 발전소는 서울과 직선거리가 400km에 불과하다. 이들 지역은 대부분 황사가 한국으로 넘어오는 길목에 있다. 이런 추세라면 중국은 내년에는 한국을 제치고 세계 4위의 핵발전소 보유국으로 올라서고, 2020년에는 3위 일본까지 제칠 전망이다. 핵발전 대국 3~5위가 동북아시아 지역에 나란히 포진하는 셈이다.

핵 위험의 해소는 중국이나 한국, 일본의 핵발전 기술력이나 핵 안전 기술이 유럽 국가들보다 좋으냐 나쁘냐의 문제가 아니다. 생태마을공동체는 자본주의 사회의 부정적인 결과에 저항하여 구성원들이 서로 치유하고 성장하는 원동력으로서 주목을 받고 있다. 공동체를 유지하는 역동성은 개인성과 공동체성을 동시에 가능케 하는 협동적인 사회 형식을 발전시키는 실험 정신에 있는 것이다.

5. 탈핵 프로그램 실천은 지역마다 다르게

우리 탈핵 견학팀의 주요 목적은 후쿠시마 핵 사고 이후 정치적 변화가 지역 수준에서 어떻게 탈핵 프로그램으로 실천되는지를 알아보는 데 있었다. 그래서 전형적인 농촌 마을인 하멜른과 산업화된 대도시인 빌레펠트, 거대 도시국가인 브레멘과 함부르크를 견학 대상으로 선택했다. 우리는 다양한 규모의 지자체들이 2022년의 핵발전 완전 폐로에 어떻게 대비하는지 확인하고 싶었다. 즉, 연방정부가 탈핵 프로그램의 세 가지 핵심 사항으로 내세운 재생에너지원 확대와 에너지 절약, 에너지 이용의 효율화가 서로 다른 조건의 지자체에서 각기 어떤 방식으로 작동하는지를 알고 싶었다. 나아가 연방정부의 탈핵 결정에 따라 에너지 공급 체계의 구조적 변화가 요구되는 상황에서 지역 주민들이 자발적으로 참여하고 있는지, 아니면 수동적으로 동원되고 있는지 알고자 했다.

하멜른은 북독일 베저weser강 상류에 발달된 농촌형 소도시로서 13개의 마을을 합쳐서 5만 8000명 정도가 살고 있었다. 하멜른 하면 그림형제가 동화로 소개한 '피리 부는 사나이'가 떠오른다. 1284년 6월 26일 발생했던 것으로 추정되는 130명에 이르는 마을 아이들의 집단실종 사건으로 유명해진 소도시이다. 피리 부는 사나이는 13세기경 성 보니파티우스 수도원(802년 건축)과 성 니콜라이 성당(1250년 건축)을 중심에 두고 하수도 시설을 갖춘 시가지 형성을 배경으로 해서, 들끓는 쥐들을 퇴치해야 하는 시정부의 과제와 아이들의 집단 실종 사건을 연계시킨 얘기이다. 지금도 구시가지는 가톨릭 수도원과 성당, 16세기 건립된 오래된 술집과 관공서 건물 몇 채가 남아 있어 중세도시의 외양을 유지한 채 '피리 부는 사나이'를 소재로 한 연극, 뮤지컬, 축제로 관광객을 유치하고 있었다. 하멜른 시청 방문 때 선물로 나눠준 갈색 쿠키로 구운 쥐는 인상적이었다. 그에 비해 신시가지는 주거지역으로 자전거도로가 인도 및 차도와 분리되어 있는 것이 인상적이었다. 또한 기차 역사와 버스 승차장 지붕, 관청, 학교 등 공공건물의 옥상에 태양광 패널을 설치해놓고 있었고, 다수 연립주택 지붕에서도 태양광 패널을 볼 수 있었다. 이 덕분에 하멜른 시는 해가 뜨기만 하면 전기를 자가 생산했다.

하멜른은 2001년 솔라에너지연구소의 도움을 받아 재생에너지 사용을 촉진하기 위한 솔라시티solar city 프로그램에 선정되었다. 당시 솔라시티 프로그램에는 우리 대구시도 선정되었지만 태양광발전에서 별다른 성과를 거두지 못한 것과는 달리, 하멜른은 쓰레기 소각용 열병합발전소에 의한 중앙난방 도입, 건물 외벽의 단열화, 도시공사의 재생에너지 전력 생산, 학교의 에너지 절약 실천 등을 성공적으로 시행하고 있었다. 놀라운 것은 하멜른의 이런 시도가 시민들의 제안에서 비롯되었다는 것이다. 운영도 태양광발전을 전공한 전문가들이 아니라 공무원과 시민으로 구성된 위원회가 담당하고 있었다. 시청은 마을 전체의 태양광 패널 설치 적합성 지도를 만들어 인터넷 홈페이지에 올려놓았다. 이 웹 지도는 마을 주민들에게 자신의 집 지붕이 태양광 패널 설치에 어느 정도 적합한지를 등급별로 표시해서 어떻게 리모델링할지를 판단할 수 있게 하는 지표였다. 모든 지붕이 최적 조건의 붉은색부터 좋은 조건의 주황색, 조건부 적합인 노란색까지 색깔별로 구별되어 있었다. 주민들은 투자자와 연결하여 자신의 지붕을 임대하기도 했고 솔라협동조합을 만들어 모아진 돈으로 학교나 공공 기관 등에 제안해 소규모 태양광발전소도 설치했다. 이런 주민들의 자발적 참여는 2000년 적록연정 시절에 연방정부가 지붕의 임차권을 토지의 임차권과 분리하는 법 제정을 통해 집주인이 태양광발전 회사에 지붕을 임대하여 수익을 올릴 수 있도록 여건을 조성했던 데 있다. 다시 말해서 시민의 자발성은 정부에 대

그림 6-9 | 하멜른을 적정성 3등급으로 분류한 태양광발전 시설 지도 부분

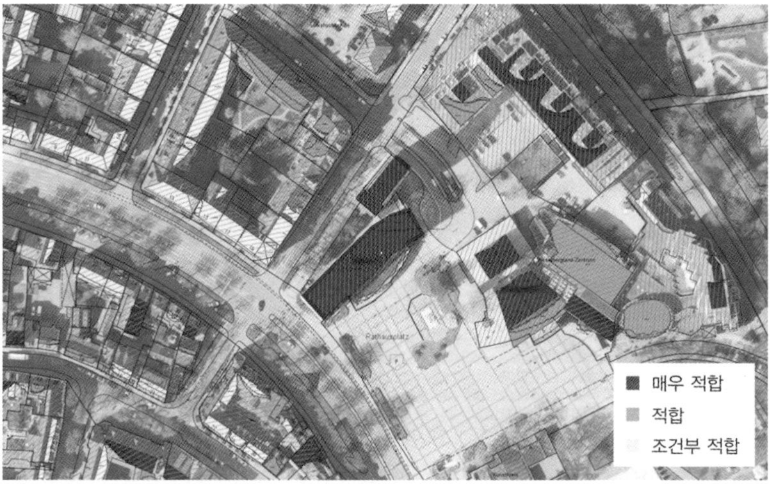

자료: Stadt Hameln.

한 신뢰와 사적 이익 추구가 연계되었을 때 작동하는 것이다.

하멜른은 농촌 소도시인데도 1996년부터 해마다 유럽 최대의 태양광 박람회 '솔텍SOLTEC'을 개최해 전문가들에게 태양광발전에 참여하도록 자극을 주고 조언하는 역할을 하고 있었다. 한국의 대기업들도 참여하고 있던 것으로 보아 그 규모를 짐작할 수 있다. 2011년 행사에는 전 세계에서 1만 5000여 명이 참석했다고 한다. 작은 도시인데도 태양광 패널 기업들이 여럿 자리 잡고 있었으며, '하멜른태양에너지연구소'는 전도율이 아주 높은 단결정 크리스털 실리콘을 개발해 전기 변환율을 20% 이상 높였다고 한다.

독일은 북위 47도에서 55도에 걸쳐 있는 북구권 나라여서 태양에너지의 강도가 한국의 1/3 수준에 불과한데도 집중적인 태양광 산업 육성책을 통해 재생에너지 산업에서 경쟁력을 갖추었을 뿐 아니라 주민 참여로 핵발전에서 재생에너지로의 전환에 성공했다. 하멜른은 '북독일의

솔라시티'라는 슬로건을 내걸고 2008년에 '유럽기후동맹Klimabündnis e.V.'
에 가입했다. 유럽 도시들은 국가가 법령과 예산 지원을 통해 위로부터
밀어붙이는 종래의 방법으로는 기후변화를 해결할 수 없다는 인식에서
지역 수준에서 주민 참여를 조직화한 연대 조직을 만들었다. 하멜른은
2009년부터 기후연대의 도움으로 5년마다 CO_2 배출량을 10% 감축해
2030년까지 1990년 기준으로 반으로 줄이는 감축 프로그램을 실행에
옮겼다. 기후 보호 프로그램은 주민참여를 기본 원칙으로 하기 때문에,
도시공사의 공조와 주민 참여 속에 에너지 절약, 재생에너지로의 전환,
에너지 이용의 효율화, 기후친화적 교육 및 홍보 등 다섯 개의 행동 집
단으로 나뉘어 의제를 설정하고 결정하는 협치를 만들어냈다. 주민들은
집단별로 시청, 도시공사, 학교와 함께 10% 이산화탄소 감축 목표를 달
성하기 위한 방법을 토의했으며 80여 가지의 제안 사항을 행동강령으로
구체화했다. 2010년 8월 다섯 개 행동 집단은 '하멜른 기후 보호 행동
강령 2010~2020'을 확정 발표하고 시장에게 전달했다. 지방정부는 지방
의회의 결정을 거쳐 목표 달성 기간을 단기와 중기로 구분해 실천에 옮
겼다. 대표적 행동 강령인 '자전거 친화 도시 하멜른'은 자동차 위주로
설계된 기존의 도로를 자전거 위주로 획기적으로 바꾸는 것이다. 시민
기금 '대안 에너지'는 주민과 에너지 관련 회사들의 주식 투자를 통해 태
양광 시설 등 재생에너지 계획의 실천을 재정 지원한다. 그밖에 학교 식
당에 요일별 채식주의 식단 도입, 에너지 절약형으로 생활양식 바꾸기
등이 있다.

하멜른은 후쿠시마 핵 사고 이후 특별한 프로그램을 도입하지는 않았
다. 2000년 핵 합의 체결 이후 농촌의 소도시는 보수 연정이 집권해도
기후 보호 프로그램을 주민 참여 속에 지속적으로 진행했다. 다시 말해
서, 지자체들은 연방정부의 정책 변화로부터 일정 정도 독립해서 탈핵

프로그램을 지속적으로 실천하고 있었고, 그 때문에 2011년에 내려진 연방정부의 탈핵 결정이 부담이 되지는 않았던 것이다.

우리 일행은 베저강 위로 비가 부슬부슬 내리는 저녁 어스름에 하멜른을 떠나 빌레펠트로 향했다. 빌레펠트는 하멜른에서 지척에 있는 대도시이다. 빌레펠트는 2001년, 2010년과 2011년에 '유럽 에너지 상 금상'을 연속 수상한 친환경 도시로서 독일의 대표적인 세 기후 보호 모델 도시 중 하나이다. 특히 빌레펠트는 인구 33만의 대도시로서 재생에너지 발전과 건물 단열화, 주민참여형 기후 캠페인 등에서 다른 도시들에 비해 우수한 것으로 평가되고 있다. 빌레펠트는 1214년 자유도시로 승격된 라벤스베르크Ravensberg 백작령에 속했던 한자동맹 도시로서 당시 건설된 성 니콜라이 성당과 마리아 성당, 슈파렌부르크Sparrenburg 요새는 지금도 남아 있다. 산업혁명 이후 유럽에서 가장 규모가 큰 아마포 산업의 중심지로 성장했다. 오늘날은 식료품 산업, 인쇄업, 의류 제조업, 기계 제작, 서비스산업이 번성하고 있다. 특히 1968년 일어난 학생운동의 격랑 속에서 개교한 빌레펠트 대학교는 연구와 교육을 결합시킨 개혁 대학으로서 인문학과 사회과학, 자연과학 간의 학제 간 연구로 세계적인 명성을 얻고 있기도 하다.

빌레펠트는 개인적으로는 내가 35년 전에 유학을 와서 정을 붙였던 도시이다. 나의 스승이신 니클라스 루만Niklas Luhmann 교수는 빌레펠트 대학교의 제1호 교수로 부임해서 우수한 학자들을 불러 모아 세계적 명성을 지닌 사회학과를 만들었다. 당시 사회학과의 교수가 128명에 이르렀고, 사회학 이론 영역에만 루만을 비롯해 엘리아스Elias, 오페Offe, 베르거Berger, 그라트호프Grathoff 등 석학 11명이 포진하고 있었다. 빌레펠트 대학교는 1980년 5.18 광주민중항쟁을 지난 가을에 유학 와서 1990년에 박사학위를 받을 때까지 만 10년을 머물렀던 나의 정신적 고향이다.

빌레펠트는 세금을 내지 않는 외국인에 대해서도 자국민과 동등하게 교육 및 의료, 양육 복지의 혜택을 제공하는 보편적 복지 제도를 직접 체험케 했던 도시다. 당시 한 학기 학비 56마르크(3만 원 정도)는 의료보험비를 포함하고 있어서 치과 치료부터 출산에 이르는 모든 의료 서비스를 무료로 받았다. 아내가 임신했을 때는 시정부의 사회복지사가 찾아와 부부용 학생 기숙사에서 20평 규모의 아파트로 옮길 것을 권고했고, 새로 건축한 아파트의 비싼 월세를 상당 부분 사회복지 보조금으로 지불해주어 큰 경제적 어려움 없이 공부할 수 있도록 도와주었다. 아이가 태어났을 때는 병원비는 물론 축하금과 매달 양육비까지 지원해주었다.

　우리 일행이 빌레펠트 교외 엘렌베크Jöllenbeck 지역에 위치한 열병합발전소를 방문했을 때 리첼Ritschel 환경국장과 크롭케Kropke 발전소장은 대대적인 환영을 해주었다. 공기업인 빌레펠트 도시공사에 소속된 열병합발전소는 하루 24T의 바이오매스를 태워서 얻은 고압증기로 발전용 터빈을 구동해 1200kWh의 전력을 생산하고 2만 가구에 지역난방용 온수를 공급하고 있었다. 독일은 2000년 4월 '열병합발전신규건설법'을 제정했으나 목표 실적을 충족시키지 못하는 등 어려움이 따랐다. 이에 2010년 10월 열병합발전 확대를 통해 CO_2 감축 목표를 달성하는 것으로 기후변화 프로그램을 수정하면서, 열병합발전의 전력 생산 비율은 총 전력의 16%로 늘어났다. 현재 독일은 2020년까지 총 전력 생산량의 25%를 열병합발전에서 생산하는 것을 목표로 과거보다 더욱 강력한 지원 제도를 시행하고 있다.

　2007년 기후변화에 대응하기 위해 시정부 51%와 민간 49% 출자로 출범한 빌레펠트 도시공사는 뮌헨과 함께 독일에서 핵발전소를 보유하고 있는 두 개의 거대 공사 중 하나다. 따라서 빌레펠트는 후쿠시마 핵 사고에 가장 민감하게 반응하고 있었다. 핵 사고 직후인 3월 15일 시의회의

그림 6-10 | 빌레펠트 열병합발전소 열관리 저장 시설

'환경 및 기후 보호 위원회'는 2018년까지 도시공사 소유의 그론데Grohnde 핵발전소의 조기 폐로와 대체에너지 도입을 결정했다. 시의회는 고위험 기술인 핵발전소를 계속 가동해 건강과 환경에 위해를 가하는 것이 경제적으로도 에너지 공급 측면에서도 지역에 도움이 안 된다는 결정을 내렸다. 그에 비해 재생에너지에 대한 투자는 지역에 새로운 일자리를 창출하고, 구매력을 높일 뿐만 아니라 가스, 석탄, 우라늄 등의 수입 에너지원으로부터 독립하는 계기도 될 것으로 보고 시정부에 에너지 전환을 공식적으로 요청했다.

빌레펠트에 살면서 좋았던 것은 시내 중심부의 슈파렌부르크를 중심으로 녹지 공원들을 연결하는 비오톱이 생활공간 안에 깊이 들어와 삶의 일부분을 이루면서 삶의 질을 높이는 그 녹색의 싱그러움이었다. 그 맛에 집에서 학교까지 늘 자전거를 타고 다녔다. 식사 후에 가족이나 친구들과 숲길을 거니는 산책은 10년에 이르는 긴 유학 생활을 견뎌낼 수 있는 힘이었다. 사회민주당과 녹색당 적록연정이 오랫동안 지배하던 빌레펠트는 1991년 유럽 도시들이 지역 수준에서 CO_2 감축을 실행할 목적으로 만든 도시 연결망인 '유럽기후연대'를 창립할 때 창단 멤버였다. '유럽기후연대'는 프랑크푸르트에 본부를 두고 독일, 프랑스, 이탈리아,

스페인, 포르투갈, 오스트리아, 스위스, 덴마크, 네덜란드, 벨기에, 룩셈부르크, 스웨덴, 헝가리, 폴란드, 체코, 슬로바키아, 불가리아, 슬로베니아 등 18개국의 1653개 시·군·읍이 가입하고 있다. 교토의정서 의무 당사국의 도시뿐만 아니라 비당사국의 도시들도 다수 이 연대 조직에 가입해 활동하고 있다. 기후연대는 기후변화 전략으로 전환하려는 도시에게 필요한 자문과 프로그램을 지원해주고, 에너지 소비와 CO_2 배출량을 측정하기 위한 도구를 공동 개발하고, 열대우림의 보호를 위해 열대 목재의 사용을 거부하는 등의 실천 활동을 하고 있다.

우리의 중등 과정에 해당하는 빌레펠트의 50개 김나지움은 1997년부터 에너지 절약 프로그램에 참여했으며, 1998년 이래 '자전거 친화 도시' 프로그램을 진행했고 2012년에는 1000T의 CO_2 감축을 목표로 '도시 자전거 타기' 경연 대회에 참여했다. 1999년부터 시정부는 '지속 가능한 지방정부연합ICLEI'의 협력하에 지자체의 환경 예산을 편성하고 다수의 태양광 마을 조성 사업에 들어가 2004년 완공을 보았다. 우리 일행이 그중 한 태양광 마을을 방문했을 때 연립주택들의 지붕마다 설치된 태양광 패널의 행렬은 우리의 눈길을 끌기에 충분할 만큼 장관이었다. 연립주택의 지하에 설치된 10~30가구용 중간형 열병합발전소는 소음이 거의 없었고 덩치도 별로 크지 않았다. 운영 방식은 두 가지였는데 하나는 개별 가정이 투자하여 생산되는 에너지를 쓰고 남는 것을 파는 방식이고, 다른 하나는 도시공사가 설치·운영하고 에너지를 모두 회수한 후 일정 이익금을 나눠주는 방식이었다. 패시브 하우스 군집은 주민 개개인이 소규모 발전 사업자가 되는 미래의 생태마을 풍경을 보여주었다.

후쿠시마 핵 사고 이후 보수 연정은 에너지 생산에서 풍력, 태양광, 바이오매스 등 재생에너지의 몫을 점차 상승시키는 결정을 내렸다. 연방 정부는 CO_2 배출량을 핵발전 없이 2020년까지 1990년 기준 40%로,

2050년까지 80%로 감축한다는 분명한 목표를 제시하고 에너지 전환 정책을 추진했다. 과거 사회민주당과 녹색당 집권 시기부터 추진하던 에너지 절약, 에너지 이용의 효율화, 건물 단열화 등에 의한 CO_2 감축 프로그램이 다시 본 궤도에 올랐다. 특히 연방정부는 육지보다 바람이 더 항구적으로 부는 해상에 풍력 단지를 조성해 에너지 공급의 안전성 확보에 초점을 두고 북해 원근해에 해상 풍력발전 단지의 건설을 서둘렀다.

보수 정부의 이런 에너지 전환 메시지는 사회민주당이나 녹색당이 동일한 메시지를 던졌을 때보다 시장에 훨씬 더 강한 영향력을 행사했다. 독일 내 핵발전소 건설을 주도하던 지멘스Siemens가 핵발전에 대한 투자를 완전히 포기하고 재생에너지 기술개발과 투자로 돌아섰다. 알베에 RWE, 에온E.ON, 바텐팔Vattenfall, 엔베베EnBW 등 4대 거대 전력 회사들도 재생에너지로 전환하면서 대규모 구조 조정을 단행했다. 태양광발전이 친환경적이지만 전력 생산량이 소규모인데다 너무 날씨에 의존적이고 산등성이에 조성하는 풍력 단지는 삼림 훼손을 피할 수 없다는 점을 고려한다면, 또한 안정적인 전력 공급을 보장할 만큼 대량생산을 위해서는 해상 풍력 단지의 조성이 답이었다. 이에 따라 북해에는 현재 4개 해상 풍력 발전 단지(Borwin, Dolwin, Helwin, Sylwin 등)가 가동 중이고 86개가 계획 중에 있으며 그중 24개가 인가를 받았다. 계획대로라면 2020년까지 핵발전소 7개에 상응하는 7600MWh 규모가 가동될 것이고, 2030년까지는 그 3.5배에 달하는 2만 6000MWh 규모의 발전 단지가 조성될 계획이다. 거대 전력회사들은 해상 풍력을 탈핵 시대에 대박을 터트릴 선도 사업으로 인식하고 있다. 하지만 해상풍력단지로부터 해안으로의 전력 운송과 남북을 횡단하는 송전탑 연결망 구축은 자연 훼손이라는 장애 요인을 안고 있다. 산악 능선을 따라 설치하는 풍력발전 단지들은 자연 훼손이라는 벽에 부딪힐 수밖에 없었다. 그 때문에 바

그림 6-11 | 독일 해상 풍력 단지 일부

다로 나간 해상 풍력 단지도 송전탑 건설의 난제를 안고 있는 것이다. 환경 단체의 저항으로 인해 전력 운송망의 완공이 지연되는 데 따라 전력회사들은 대규모 구조 조정이 불가피할 정도로 손실을 입고 있었다. 결국 탈핵의 성공은 그것을 대체할 안정된 재생에너지원을 확보하는 데 있는 것이고, 차선책으로 해상 풍력 단지가 등장했지만 전국을 연결하는 전력수송망 구축의 부담을 안고 있는 것이다.

빌레펠트는 국제 기후 보호 프로그램을 지역 수준의 에너지 정책과 기후 정책으로 최적화시켰다. 1995년에 빌레펠트는 이미 2010년까지 1987년 기준 CO_2 20% 감축 목표를 세워서 목표치를 2008년에 조기 달성한 바 있었다. 이어서 빌레펠트 시정부는 2008년 6월 '유럽기후연대'의 기후 보호 프로그램에 따라 도시공사의 협력하에 2020년까지 CO_2 40% 감축 목표를 세운 '기후 보호 행동 프로그램 2008~2020'을 작성 발표했다. 이로써 기후 보호 프로그램은 경제정책 및 에너지 정책과 긴밀하게 결합되어 지역에서 주요한 정치 영역의 하나로 되었다. 시정부는 2011년 4월 시의회의 요구를 받아들여 2022년 폐로 예정인 그론데 핵발전소를 2018년까지 폐로하기로 결정했다. 나아가 시정부는 정보 공유와 의견 수렴, 토론, 보고서 작성 등 시민의 자기 결정을 통해 에너지 전환 프로그램에의 참여를 끌어냈다. 시정부와 도시공사는 2011년 7월부터 4개월간 공동으로 '빌레펠트는 알고 싶다'는 기후 캠페인을 벌려 에너지 전환 프로그램에의 시민 참여를 유도했다. 주민의 의견 수렴은 에너지 전환 인터넷 포럼, 시내 중심부 및 네 개 지역 주민 행사, 환경 단체·경제인연합회·산업체 관계자 대상 포럼, 대학생 대상 설문조사 등을 통해 이루어졌다. 시민 자문단은 모집에 응한 주민 500명 중에서 회신을 준 30명으로 구성되었지만 보고서 작성에까지 참여한 사람은 20명에 불과했다. 오랜 주민자치의 역사를 갖고 있는 독일도 정치적 결정 과정에 시민의 자발적 참여를 끌어내기는 쉽지 않은 것이다.

시민 자문단의 보고서 '에너지 행동 강령 2020'은 2018년까지 도시공사 보유의 핵발전소와 화력발전소를 완전 폐쇄하는 것을 골자로 하는 주민 참여형 에너지 전환 도시의 선언이다. 시정부는 2011년 12월 도시공사에게 행동 강령에 상응한 조치를 취할 것을 결정했다. 이에 따라 도시공사는 당시 핵발전과 석탄이 주축이던 에너지 생산구조를 2020년까지 가스 39%, 외부 가스 21%, 재생에너지 20%, 폐기물 열병합 7%로 전환해 CO_2 40% 감축 목표를 달성한다는 계획을 제시했다. 시내에는 벌써 1600km의 가스관이 깔려 있었고 전기는 94%, 열(난방과 주방)은 92%를 자급하고 있어서 목표 달성은 어렵지 않다고 했다. 날씨에 의존적인 풍력·태양광 발전의 불규칙한 전력 생산의 한계를 보완하기 위해 스마트 그리드에 의한 탄력적 조절이 용이한 가스 화력은 유지하기로 결정했다. 풍력발전은 투자 비용이 비교적 적으면서도 CO_2 감축 효과가 높은 재생에너지원이기 때문에 재생에너지의 20%는 풍력발전에 집중할 예정이라고 한다.

일정이 빠듯했던 우리 견학단은 아쉽지만 빌레펠트를 뒤로 하고 다음

기착지인 브레멘으로 향했다. 브레멘을 찾은 이유는 독일환경자연보전
연맹 분트BUND 본부를 방문해 독일 탈핵운동의 역사와 현황을 알기 위
해서였다. 브레멘 중앙역에서 한 블록 떨어진 암 도벤Am Dobben 거리에
위치한 분트 본부는 독일 반핵운동의 거점치고는 소박했다. 낡은 전차
가 다니는 왕복 4차선을 낀 평범한 주택가에 있는 4층 연립주택이었다.
분트는 건물 정면을 밝은 적갈색으로 칠해 다른 집들과 차별화하고 있
었을 뿐만 아니라 건물 앞에 자전거들이 즐비하게 세워져 있어 금방 눈
에 띄었다.

전후 복구기에 지어진 건물 특유의 좁은 공간은 답답한 느낌을 주었지
만 세월의 투박함이 나뭇결에 새겨진 떡갈나무 마룻바닥과 계단이 어우
러져 어두침침하면서도 육중한 분위기를 자아냈다. 카챠 무초Katja
Muchow 사무총장은 40대 초반의 열정적인 여성 활동가였다. 건물 뒤 정
원과 연결된 중앙 회의실은 비교적 넓게 리모델링을 해놓아서 우리 일행
을 맞이하는 데는 불편함이 없었다. 분트의 활동가는 전국적으로 100명
정도지만 회원은 40만 명에 이른다고 했다. 분트는 비록 본부의 사무 공
간은 좁았지만 한국 최대의 환경 단체인 환경운동연합보다 10배나 많은
회원을 확보하고 있는 힘 있는 환경단체였다. 분트의 활동은 의회 로비
활동, 시민 참여의 환경보호 프로그램 운영, 환경 캠페인, 환경오염 모니
터링, 환경 교육 프로젝트, 환경 컨설턴트, 통신강좌, 환경 세미나 개최
등으로 폭넓었다. 우리와 다른 점은 그 활동의 주축이 회원이었고 활동
가들은 자료를 수집해 회원에게 제공하고 회합을 유도하거나 연락하는
일을 맡는다는 점이었다. 시민의 자발적 참여가 시민운동의 원동력이
되는 사회에서는 굳이 우리처럼 '시민 없는 시민운동'이라는 자조적 비
판을 할 필요도 없었고, 활동가들끼리 현장에서 날밤을 세우며 시위할
필요도 없었다. 시민사회가 건강하게 살아 움직이고 있는 것이다.

분트는 그 역사적 뿌리를 1968년 학생운동에 두고 있다는 점에서 1987년 6월 항쟁에 기반을 두고 있는 우리의 환경운동과 많이 닮아 있었다. 직접적으로는 1975년 뷜Whyl 핵발전소의 입지 반대 운동이 계기였다. 핵발전 반대 시위를 조직화한 분트는 환경 정책에 관한 로비와 시민 캠페인을 통해 방사능오염 저감과 에너지 이용의 효율화, 재생에너지 확대 등 탈핵 프로그램을 정치 의제화하면서 독일의 대표적인 환경단체로 발돋움했다. 동일한 시기에 같은 생태학적 가치에 기반을 두고 출발한 녹색당의 정치조직화가 기폭제가 되어 유럽에서는 체르노빌 핵사고 이후 탈핵 논의가 본격화되었고 공중은 에너지원의 근본적 전환을 요구하고 나섰다.

분트 회원들은 시의회 활동의 감시도 게을리하지 않았다. 이들 회원은 매주 시의회를 방청해 기명투표가 행해진 환경 관련 사항의 의결, 가령 프레온가스 사용 금지, 쓰레기 소각장 건설 등의 의결 결과를 모두 기록해 어느 의원이 어떤 의안에 찬성 반대 혹은 기권했는지 등을 보고서로 작성, 선거 전에 발표해 포스터로 알리거나 언론이 다루도록 만들었다. 그 결과 자연보호 및 탈핵 관련 법안을 통과시키거나 낙선운동으로 이어지는 등의 성과를 거두었다. 분트는 핵발전소 건설 반대에서 한 걸음 더 나아가 핵발전을 대신하는 대체에너지 연구 개발의 필요성을 절감해 태양광발전 장치의 설치 보급에도 앞장섰다. 후쿠시마 핵 사고가 터지자 분트는 노후 네카르베스트하임 핵발전소의 주변을 둘러싸는 45km 인간띠를 만들어 탈핵을 재이슈화하여 보수 정부가 다시 탈핵으로 회귀하는 데 결정적 역할을 했으며, 지방선거에서 탈핵을 공약으로 내세운 녹색당의 승리를 지원했다.

우리는 구시가지에 있는 레스토랑에서 분트의 대표인 바이거Weiger 교수를 비롯한 임원 여럿을 만날 수 있었다. 제법 붐비는 레스토랑이었지만 주인은 우리를 위해 3층 공간 전체를 내어주었다. 바이거 교수는 분트가 항상 이용하는 덕분에 이렇게 잘해준다고 너스레웃음을 지었다.

우리 일행은 브레멘 외항인 브레머하펜Bremerhaven 근교에 있는 최근 폐로된 운터베저Unterweser 핵발전소를 방문하기로 했다. 이 핵발전소는 2011년 6월 연방정부의 폐로 결정에 따라 폐쇄된 노후 핵발전소 8기 중 하나이다. 우리는 베저강 하류에 위치한 마을 브라케Brake 입구에 있는 레스토랑에서 인근 주민들과 면담을 했다. 이 레스토랑은 저녁에 주민들이 모여서 술도 마시고 마을의 현안 문제를 논의도 하는 목로주점 Kneipe의 역할을 하고 있었다. 주인이 한국에서 견학단이 왔다고 전화 연락을 취하자 40대 후반부터 60대에 이르는 10여 명의 마을 주민들이 모였다. 그들은 그동안 방사능 누출 사고로 인해 겪어야 했던 불안에 대해, 그리고 폐로된 핵발전소가 주는 미래에 대한 불안에 대해 많은 얘기를 했다. 독일은 폐로 해체 기술을 보유하고 있는데도 주민들이 불안해하는 것을 보면서, 아직 폐로의 해체 관련 계획도, 예산도, 법도 준비되어 있지 않은 한국 정부를 과연 주민들이 신뢰할 수 있을지 의문이 들었다. 한국은 2017년 폐로되는 고리 1호기 외에 2020년대에 12기의 핵발전소가 설계 수명을 다하지만 아직 폐로 해체기술을 가지고 있지 않다. 폐로 해체 기술은 초고도의 제염 기술, 제어 기술 등의 고난이도 기술을 필요로 한다. 특히 타 분야의 지식과 복합된 종합 엔지니어링 및 융합 기술이며 시설별 환경을 반영하고 적용해야 하는 현장 특화 기술이다. 핵발전소 해체는 폐로 즉시 진행되는 것이 아니라 세 단계로 진행되며 1단계는 원자로의 안정화 및 해체 준비로 5년이, 2단계는 제염, 절단, 철거, 폐기물 처리로 10년이, 마지막 3단계는 환경 복원으로 5년이 더 소요돼 총 20년 정도가 걸린다. 또한 폐로는 중·저준위 폐기물 처분장 및 사용 후 핵연료 처분장과 연계되어 입지 선정부터 운영까지 많은 사회적 저항과 진통이 예상되기 때문에 미래를 낙관할 수 없다는 점에서 정부는 더 이상 해체 기술의 개발을 미룰 수 없다.

운터베저 핵발전소 방문은 마을 주민들의 동행으로 이루어졌다. 한국의 핵발전소가 마을을 끼고 있어 위험에 무관심한 태도를 보여주는 것과 달리, 운터베저 핵발전소는 마을과는 4km 정도 떨어져 있었다. 우리 일행은 핵발전소 입구까지 갔지만 외부인의 출입을 제한하고 있어서 들어가지는 못했다. 주민들은 핵발전소가 내려다보이는 베저강 둔덕에 올라갈 것을 제안했고, 우리는 주민들을 따라 강 둔덕 위의 철조망을 넘어 핵발전소 증기탑 가까이 접근할 수 있었다. 물론 핵발전소 경내는 높은 쇠 울타리로 둘러싸여 있어서 접근이 불가능했으며, 다만 둔덕 높은 곳에서 전체를 조망하는 것이 고작이었다. 이제 쓸모가 없어진 핵발전소는 냉각 체계의 상시적 작동을 위해 오히려 전기를 외부에서 공급해야 하는 상황에 있었다. 경제적으로는 아무런 도움이 안 되면서도 언제든 터질 수 있는 위험을 상시적으로 안고 살아야 하는 현실에 대한 주민들의 불만은 컸다. 과거에 핵발전소 건설을 수용했던 사람들에게도 폐로된 핵발전소는 애물단지에 불과했다.

저녁 어스름에 우리는 마지막 방문지인 함부르크Hamburg를 향하여 일정을 서둘렀다. 함부르크는 인구 180만 명이 넘는 대도시로서 주변 지역까지 합치면 430만 명에 이르는 '도시국가'이다. 함부르크와 브레멘은 나폴레옹 몰락 후 독립 전쟁 과정에서 1815년에 도시이면서도 대외적으로는 국가처럼 기능하는 도시국가로서 독일연방에 소속되었다. 함부르크 항구는 바다에 면해 있지 않고 엘베강을 따라 길게 들어온 하안에 조성된 내륙 항구로서 한 번에 300척이 넘는 선박을 정박시킬 수 있는 유럽에서 가장 큰 항구이다. 811년 카를Karl 대제가 알스터Alster 강과 엘베Elbe 강이 합류하는 지점에 '하마부르크Hammaburg' 성을 쌓은 것이 시의 기원이다. 함부르크 증권거래소(1558년 건립)와 함부르크 은행(1619년 건립)은 그 역사가 신성로마제국까지 거슬러 올라간다. 18세기 중엽에는 신대륙과 무역을 하면서 번영의 기초를 닦았으며, 프랑스와 영국의 영향으로 독일 계몽주의의 요람이었다. 1842년 5월 도시 중심부의 1/4을 파괴한 대화재가 있었다. 1888년 독일제국의 3대 황제로 등극한 빌헬름 2세가 자신의 세계정책을 반대한 재상 비스마르크를 전격 해임하고 세계시장 개척에 나서면서, 함부르크는 세계로 통하는 독일 관문으로서의 지위가 강화되었고 엘베강 좌안에 새로운 선창과 부두를 건설했다. 그러나 독일제국이 제1차 세계대전에서 패망하면서 함부르크는 성장이 주춤했으며, 제2차 세계대전 동안 계속된 공습으로 함부르크 주거지역의 50%, 항구 설비의 60%가 파괴되었고 5만 5000여 명의 주민이 죽었다. 제2차 세계대전에서 희생된 함부르크 시민을 기리는 추모비는 현재 함부르크 시청 앞 운하 입구에 거대한 검은색 석탑으로 서 있다. 전후 급속히 전개된 재건으로 1960년대 새롭게 건설된 광대한 사무지역과 함께 전후 상업적 번성이 다시 시작되었다.

우리 견학단 일행이 나흘간 머물렀던 함부르크는 대화재 이후 재건된 구시가지와 도심 한복판에 조성된 숲, 그리고 엘베강과 광대한 공원, 가로수 길이 조화롭게 어우러진 '순환형 녹색 도시'였다. 함부르크에서의 체류는 주말이 끼어 있어서 우리 견학단은 여유를 갖고 본래의 목적인 탈핵 견학도 하고 관광과 쇼핑도 즐길 수 있었다. 하지만 나흘 동안 비가 오는 듯 마는 듯 찌푸린 회색빛 하늘은 유학 시절 우울증을 유발했던 전형적인 독일 날씨를 다시 경험케 했다. 거기다 차가운 겨울 바닷바람은 체온을 뺏어가기 일쑤여서 거리 구경을 하기도 쉽지 않았다. 일요일이어서 30년 전 방문했던 때의 기억을 더듬어서 레퍼반Reeperbahn의 생선시장 Fischmarkt과 상파울리St. Pauli, 그리고 정교한 조각상과 화려한 시계탑의 시청Rathaus, 인넨알스터Innenalster 호수, 성 미하엘 교회St. Michaelis와 성 야코비 성당St. Jacobi, 성 페트리St. Petri 성당 등을 찾아 나섰다. 워낙 유명한 장소들이라 찾는 것은 어렵지 않았으나 기억 속의 그곳은 낯설기만 했다.

월요일 시청사에서는 '도시 발전 및 환경국' 직원들과 미팅을 갖고 함부르크가 2007년부터 추진하고 있는 기후변화 전략과 기후변화 행동 정책, 그리고 '녹색 자본 프로젝트Green Capital Project'에 대한 브리핑이 있었다. 함부르크 시정부는 1979년부터 8년마다 도시 비오톱 지도를 만들어 도시 계획을 위한 기초 자료로 활용했다. 또한 1998년부터 '기후변화 조정센터'를 구성해 CO_2 감축 목표를 달성하기 위해 화석연료의 사용을 배제하고 지역난방을 확대하는 등 에너지 이용의 효율화 사업으로 연간 7만 9000T의 CO_2를 감축하고 있었다. 빌딩 에너지 효율성 제고를 위해 '에너지 패스포트Energie Passport 제도'를 도입했다. 이 제도는 현장의 에너지 컨설팅, 즉 전문 기술자들이 건물의 에너지 효율을 분석하여 개선 방법을 제시하고 어떻게 외벽과 열, 통풍 등이 에너지를 절약하는지 의견을 제시·자문하는 제도로 매년 약 1000개의 건물에 실행했다. 2003년부터 시행한 '녹색 전구 프로그램'은 400곳 이상의 공공건물에 20만 개 전구를 절약형 LED 전구로 교체해 연간 2200만kWh 전력을 절약하고 1만 4000t의 CO_2를 감축했으며, 600개의 보일러 시스템을 교체해 연간 340만 유로의 비용을 절감했다. 또한 '에코 파트너십 네트워크Eco Partnership Network'는 5000개 이상 기업들의 자발적인 참여로 연간 8만 5000T의 CO_2를 감축하는 등 기업의 에너지 이용 효율화를 촉진했다. 이런 에너지 이용 효율화 프로그램은 우리 정부가 전기 요금을 기름값보다 싸게 공급해 산업과 농업, 가정 전반에서 기름 대신 전기를 쓰는 전력화 현상을 심화시키는 것과는 판이하게 달랐다.

수송 부문에서는 두 개의 도시 철도망과 세 개의 버스 노선을 국가 철도망과 연결시켜 모든 도로를 철도 혹은 도시철도와 연결되게 하여 철도의 수요가 증가하고 도시 외곽에서의 출퇴근이 버스와 철도로 이뤄지도록 했다. 모든 시민이 어느 곳에서든 300m 이내에서 대중교통을 이용할 수 있도록 도시를 설계했으며, 모든 시내버스는 저탄소 배출형이고 지하철, 전철, 급행열차 등 도시 철도 교통은 모두 전기로 운행되고 있었다. 1700km(차도 및 인도와 분리된 도로망 1500km, 페인트 라인으로 분리된 도로망 20km, 전용도로망 180km)의 자전거도로망이 시의 대부분 지역을 연결하고 주차 공간 등의 인프라를 구축하는 등 자전거 이용의 활성화를 추진했다. 전철 환승역은 자전거 1만 4000대를 수용하는 무인 자전거 대여 시스템을 운영하고 있었고, 함부르크 전체 도로 3900km 구간 중 자전거도로망과 연계된 1755km 구간은 자전거 이용의 안전을 보장하기 위해 차량 속도를 시속 30km로 제한했다. 함부르크는 2011년 현재 9%인 자전거의 교통 분담률을 2015년까지 18%로 확대하기 위해 자전거도로를 280km 더 확충할 계획이다. 2013년부터 이명박 정부가 4대강 자전거도로를 대대적으로 선전하고 생활 자전거 붐이 일었는데도 우리의 자전거 교통 분담률은 아직 2.5%에 불과한 것은 교통 문화가 자전거보다 자동차 위주로 발달되어 있기 때문이다.

2011년 2월 20일 치러진 함부르크 지방선거에서 사회민주당·녹색당은 집권당인 기민당·자유당 보수 연정을 제치고 압승을 거두었다. 집권한 적록연정은 후쿠시마 핵 사고 이후 기후 보호 프로그램을 강도 높게 밀어붙이고 있었다. 함부르크는 자전거도로 확충, 대중교통 근접성, 비오톱 조성, 건물 단열화, 폐기물의 에너지원 활용, 환경 관리, 지속 가능성을 고려한 토지 사용 등 10개 분야에서 탁월한 성취를 보였다. 그 결과 2011년 유럽연합 집행위원회는 환경 정책에 대한 평가를 실시해 함부르크에게 '유럽 녹색 자본상European Green Capital Award'을 수여했다. 함

그림 6-12 | 함부르크 하펜시티

부르크는 '2011년도 유럽 환경 수도' 선정이 무색하지 않게 CO₂ 배출량을 2007년까지 1990년 기준으로 15% 줄였으며, 2020년까지 연방정부의 30% 감축안보다 상향 조정된 40% 감축안, 2050년까지 80% 감축안을 제시하고 주변 지역과 협력해 400여 개의 기후 보호 프로그램을 움직이고 있었다. 지난 5년 동안 주정부가 연간 2500만 유로(약 370억 원)의 예산을 투여한 데 대응해 민간 부문은 두세 배 더 투자가 이루어졌다.

화요일 오전에 방문한 하펜시티Hafencity는 21세기형 생태 도시를 목표로 공사 중에 있었다. 하펜시티 개발 구역은 과거 항만 구역의 중심부에 위치하여 1950년대까지 항만 시설과 공장, 물류 창고들 위주로 지속적으로 성장 발전했으나, 1960년대 이후 대형 컨테이너 화물선이 등장하면서 얕은 수심 조건 때문에 경제적 침체에 빠졌다. 엘베강 남쪽 지역에 대형 컨테이너선의 접안 시설을 갖춘 현대식 항만이 건설되자 하펜시티 개발 구역의 항만 기능은 점차 상실되었다. 21세기 들어 1만 2000명의 주거 인구를 수용하고 4만 개의 일자리를 창출할 수 있는 산업·문화·주거 복합단지로 탈바꿈하는 도시 재생 사업이 한창 진행 중이었다. 함부르크 주정부는 1997년 '함부르크 항만지구개발주식회사'를 설립하고 2000년 국제 공모에서 당선된 네덜란드인 케이스 크리스티안서Kees Christiaanse의 마스터플랜을 바탕으로 항만을 11개 지구로 구분해 사업을 단계적으로 추진하고 있었다.

무엇보다도 하펜시티의 개발 방식은 환경 파괴가 아니라 환경 보존의 도시 개발이라는 생태학적 패러다임을 따르고 있었다. 즉, 무분별한 개발이 아니라 도시의 생태학적 환경을 개선·회복하는 도시 재생 사업이었다. 이에 따라 항만 시설로 이용된 토지를 재활용하고 공장 시설과 석유 저장 탱크로 인해 오염된 토지를 복구하는 생태 도시 계획을 포함하고 있었으며, 비오톱이 단절되었던 수변 공간에 공원과 산책로를 조성해 도시민에게 여가와 휴식을 제공하여 삶의 질을 높이고자 했다. 또한 친환경 자원·에너지 순환형 시스템을 구축하여 화석 에너지 소비에서 나오는 CO_2 배출량을 줄이고 환경오염을 방지하는 지속 가능한 생태 도시를 지향하고 있었다. 수변을 따라 조성된 총길이 11km의 산책로와 하펜시티 곳곳을 연결하는 자전거도로는 주민들이 차를 이용하지 않고도 모든 시설물을 주거 반경 5km 내에서 접근할 수 있도록 설계되었다. 또한 모든 건물에 자전거 전용 주차장을 의무적으로 설치하도록 하여 자전거 이용의 활성화를 기획했다.

2025년 완공을 목표로 하는 5단계의 순차적인 도시 재생 사업은 한 지구를 완성한 후에 개발 여건과 수요 변화를 파악해 그다음 지구 건설에서 보완하는 자기 학습 효과를 유도했다. 하펜시티의 건축물은 여름에 에어컨을 전혀 사용하지 않고, 겨울에는 별도의 난방을 하지 않도록 에너지 효율을 극대화해 설계되었다. 에코 라벨이 붙은 유니레버Unilever

는 에너지 낭비를 최소화한 패시브 하우스다. 유니레버의 건물은 3중 외벽으로 비닐과 햇빛 차단 장비, 유리로 만들어졌다. 전면 문으로 이루어진 1층은 공기의 대류를 유도해 자연스러운 냉난방이 되었다. 유니레버 하우스를 비롯해 하펜시티의 대부분 건물은 이런 방식을 따르고 있었다. 혹은 시사 주간지 ≪슈피겔≫의 신축 건물처럼 재생에너지인 지열로 냉난방을 이용했다.

오후에 방문한 국제환경단체인 그린피스 독일 본부는 가운데 중정을 끼고 5층 건물 전체가 사무실로 들어차 있는 것이 인상적이었다. 사무실 방마다 특정 분야의 전문 활동가들이 해외 및 국내의 환경 관련 정보를 수집하여 분석하거나 토론을 벌이며 분주하게 움직이고 있었다. 사업별로 배치되어 최대한의 자율성을 갖고 활동하는 상근 활동가만 200여 명에 이른다고 했다. 한국 환경 단체의 활동가들이 그때그때 이슈에 따라 정보를 수집하고 현장에서 시위하거나 연대 투쟁에 동원되는 등 환경 관련 사건에 대한 즉각적 대응에 동분서주하는 것과는 사뭇 다른 분위기였다. 박사급 연구진들이 다수 포진해 있어 사안마다 전문 연구기관 뺨치는 조사 결과를 내놓는다고 했다.

그린피스의 활동 범위는 비교적 넓은 편이어서 핵발전 반대, 핵실험 반대, 핵폐기물 해양투기 저지 같은 핵 활동 금지와 재생에너지로의 전환, 기후변화 대응, 해양오염 방지, 포경 반대, 세계 원시림 생태계 유지, 생물종의 다양성 보호, 군축과 평화, 유해 물질 없는 미래, 지속 가능한 농업운동 등에 걸쳐 있었다. 전략적으로 활동가들은 철저한 과학기술적 실태 조사와 대언론 여론 환기, 국제기구를 통한 문제 해결을 선호했다. 대체로 그린피스의 발표는 두 가지로 크게 나뉘었다. 전 세계의 정보망을 통해 입수한 정보를 1차 가공해 내놓은 폭로와 몇 년씩 전문가들이 수행한 연구 결과의 발표가 그것이다. 이처럼 그린피스의 활동가들은 전문성을 담보하기 때문에 과학적 조사와 정교한 정치적 로비, 국제기구의 옵서버 활동을 통해 지구를 지키는 파수꾼으로서 국제 환경 운동의 역사에 뚜렷한 족적을 남기고 있었다.

6. 독일 탈핵이 가지는 한국 사회에서의 함의

우리는 독일 탈핵 견학 여행에서 많은 것을 보고 들었다. 탈핵의 길에 들어선 독일이 우리에게 주는 메시지는 분명했다. 기후변화나 핵발전의 위험 같이 불확실성이 큰 경우는 인간의 관리능력의 범위를 넘어서 있기 때문에 미래 세대의 위험을 고려해야 하는 사회적이고 윤리적인 결정의 문제이지 경제적이고 기술적인 해결 문제가 아니라는 것이다. 다시 말해서 현세대의 이익을 위해 기술적 가능성의 측면에서 점진적으로 문제 해결을 모색하는 것이 아니라, 시민의 요구를 반영한 정치적 결단의 측면에서 미리 탈핵의 시점을 정하고 그로부터 역산해 가능한 시나리오를 짜서 실행에 옮겨야 한다는 것이다. 독일의 탈핵과 에너지 정책의 변화는 민주적 절차와 합의를 기본으로 하고 있다. 독일의 탈핵 전환 과정은 급격하게 이루어진 것이 아니다. 그것은 40여 년 간 지속적으로 전개되며 성장한 광범위한 독일의 반핵운동의 성과이며, 녹색당을 통해 시민운동 세력의 정치 세력화에 성공함으로써 반핵운동의 영향력이 급부상했고 사회민주당의 입장 변화, 적록연정을 통한 정치사회적 합의 등으로 이루어진 결과물이다. 한국 정부는 핵발전 확대 정책을 고집하는 이유로서 아직 재생에너지의 기술이 발전하지 못하여 핵발전의 발전 가격에 비해 세 배 이상 비싸다는 단점을 거론한다. 하지만 후쿠시마 핵사고 이후 핵발전의 건설 비용과 운영 비용, 폐로 비용은 기하급수적으로 증가해 이미 1kWh당 전력 생산 비용이 풍력발전을 능가하고 있다. 핵발전소는 국가가 건설 비용을 대지 않으면 건설이 불가능하며, 사고 후 복구 비용은 물론 폐로 비용도 국가가 떠맡아야 가동이 가능할 정도로 발전 전체에 비싼 가격을 지불해야 한다. 따라서 서구에서는 누구도 핵발전이 다른 에너지보다 싸다고 말하지 않는다. 이에 독일은 보수 연정의 일시적 일탈이 있었지만 후쿠시마 핵 사고가 터지자 즉시 수정해 다시 한번 탈핵으로 가는 길을 확인하는 사회의 성찰 능력을 보여준다.

한국 정부가 후쿠시마 핵 사고를 핵산업 강국으로 도약할 수 있는 절호의 기회로 파악해 핵발전 확대 정책을 고집하는 것은 현세대가 눈앞의 이익에 눈이 어두워 미래 세대에게 돌이킬 수 없는 재앙을 안기는 야만적인 행위이다. 우리는 우리의 유전자를 물려받은 후손들이 다른 생명체와 조화를 이루며 지속 가능한 미래를 물려주어야 한다는 역사적 소명을 받고 있다. 따라서 핵발전소를 운영하는 국가는 사회 정의의 관점에서 정치적 결정을 내려야 한다. 유럽 각국은 후쿠시마 핵 재앙을 '상상을 초월한' 위험으로 간주하고 핵발전소의 신규 건설 포기와 단계적 폐로, 해상 풍력 단지 조성 등 탈핵 프로그램으로 급선회하고 있다. 일부 국가는 핵발전소의 신규 건설 제한과 재생에너지 비율 강화를 조율하고 있다. 유감스러운 것은 한국의 핵 마피아는 일촉즉발의 시한폭탄과 같은 노후 핵발전소의 심각한 중단 사고들을 접하면서도 안전을 방치한 채 수명 연장을 고집한다는 사실이다. 더 나아가 경상북도는 이웃 국가에서 벌어진 핵 재앙에도 불구하고 미래 세대의 안위는 아랑곳하지 않은 채 동해안에 핵발전소를 증설해 핵산업의 수출 전진기지로 삼겠다는 역주행을 계속하고 있다. 그런데도 정치권은 핵 위험에 대해 진정 어린 관심을 보이지 않고 있고, 주요 보수 언론들은 이 문제를 외면하고 있다.

우리는 우리 자신과 후손들이 다른 생명체와 공존하는 가운데 인류 문명을 지속할 수 있도록 하기 위해, 인류의 생존과 생명을 위협하는 핵 에너지 체계에서 한시 바삐 벗어나야 한다. 반감기에 빼앗긴 미래를 되찾기 위한 첫걸음은 에너지 절약과 재생에너지에 기초하는 사회로의 전환으로부터 시작된다. 문명사회의 구성원으로서 우리는 국가적, 경제적 이해관계를 떠나 정의와 인류 공영의 관점에서 국제적으로 연대해 핵 위험으로부터 미래를 구원해야 한다.

후쿠시마 핵 사고는 한국에서도 방사능 피해에 관한 우려를 가중시켰다. 한국도 핵 사고의 위험에서 결코 자유로울 수 없다는 것을 확인시켰다. 탈핵과 반핵의 다른 점은 반핵이 단순히 핵발전을 반대하는 데 비해 탈핵은 그 대안으로서 에너지 절약과 에너지 이용의 효율화, 재생에너지 확대를 동시에 추진한다는 데 있다. 한국 정부는 후쿠시마 핵 사고 이후에도 핵발전 확대를 계속하겠다는 메시지를 시장에 계속 보내고 있다. 2030년까지 핵발전 비중을 전체 발전량의 59%로 늘린다는 정부의 무모함은 삼척과 영덕에 신규 핵발전소 부지를 확정하는 것으로 나타났다. 이처럼 한국 정부가 세계적 흐름에 역행하여 핵발전 확대 정책을 밀어붙일 수 있는 것은 시민들이 핵발전을 경제 발전과 생활 편의를 위해 어쩔 수 없이 감수해야 하는 필요악으로 받아들이고 있고, 그에 따라 핵발전에 대한 시민들의 저항이 집권당의 정책 변화를 이끌어낼 만큼 강하지 못한 데 있다.

그렇다면 독일 국민들이 불편함을 감내하면서도 스스로 탈핵 프로그램에 동참하는 힘은 어디에서 나오는 것인가? 기본적으로 독일은 지방분권을 근간으로 하는 주민자치 제도가 잘 정비되어 있어 지자체의 결정권이 상대적으로 크다. 연방정부는 특정한 정책을 지원금의 형태로 촉진할 수는 있으나 직접적으로 지방정부에 지시할 수는 없다. 예를 들어 연방정부는 새 건물을 지을 때 에너지 보존 기준을 법적으로 제시하는 방식으로 개입할 수는 있지만, 구체적인 건물 단열화 프로그램은 지자체가 자체 평가를 통해 실현 여부 판단과 조정, 5년 후 상태를 제시해 연방정부의 지원과 자체 대응 자금을 투여해 조치를 실행에 옮기게 된다. 따라서 하멜른부터 함부르크에 이르는 독일 각 지역에서 확인된 바와 같이 지방정부는 주민자치의 형태 속에서 상대적으로 연방 정부의 정책 변화에 영향을 받지 않고 기후 보호 프로그램을 꾸준히 전개할 수 있었다. 지난 10년간 에너지 절약과 에너지 이용의 효율화, 재생에너지 확대를 지역 수준에서 꾸준히 진행해온 것이 마침내 효과를 발휘하고 있는 것이다.

하지만 한국의 보수 정부는 재생에너지와 관련해서도 2002년 도입했던 발전 차액 지원 제도를 2012년부터 신재생에너지 의무할당제로 대체하는 등 역행을 거듭하고 있다. 신재생에너지 의무할당제로의 전환 목적은 소규모 발전 사업자보다는 대규모 발전 회사를 우대해서 목표치를 조기 달성하는 데 있다. 한국 정부는 대형 발전소에서 전기를 생산하고 대규모 송전·배전 시설을 통해 전력을 소비지로 공급하는 대규모 중앙집중적, 자본집약적, 기술집약적 에너지 공급 체계를 고집하면서, 재생에너지 지원 정책도 에너지 공급의 안정성을 유지하기 위해 중앙집중식 에너지 공급 체계를 고수하고 있다. 시민사회가 핵발전의 폐로, 재생에너지 보급 확대, 지역분산적 전력 공급 구조로의 전환, 에너지 생산 및 소비 비용·편익의 공평한 분배, 민주적 결정 구조의 확립 등을 요구하는 것이 거북하기만 하다. 그래서 한국 정부는 독일과 달리 시민사회가 결정 구조에 참여하는 것을 애초에 배제하고 있다.

결론적으로 말해서, 이번 탈핵 견학은 우리가 도대체 무언가를 할 수 있는 시간이 거의 없다는 사실을 깨닫는 여행이었다. 한국과 독일 간 차이를 낳은 것은 에너지 정책의 결정과 실행에 시민들이 자발적으로 참여하느냐 아니냐의 차이에 있다는 것이다. 후쿠시마 핵 사고 이후 독일은 누가 결정하느냐가 문제되면서 위험과 위해의 구별이 위험 소통을 지배했다면, 우리는 행정 관료와 핵 전문가 집단에 대한 신뢰가 문제되면서 위험과 안전의 구별이 위험 소통을 지배했다. 독일의 지자체가 연방정부의 정책 변화로부터 상대적으로 독립해 에너지 정책을 결정하고 시민들과의 공개 토론으로 탈핵으로 가는 길을 선택했다면, 우리 지자체들은 정부의 에너지 정책을 무조건 따르거나 경제적으로 낙후된 지자체들은 핵발전소 유치 경쟁까지 벌였다. 이렇게 된 데는 우리 정부와 핵 전문가 집단의 폐쇄적인 결정 구조와 빈번한 사고 은폐가 큰 몫을 했다. 핵 마피아들은 우연한 기회에 외부에서 폭로되기 전까지는 사고를 철저히 은폐했다. 2009년 월성 1호기의 핵연료 교체 과정에서 폐연료봉 다발 파손으로 인한 연료봉 두 개의 치명적인 방사성 누출 사고를 5년간 은폐했는가 하면, 2012년 고리1호기에서 작업원의 실수로 인한 12분간 정전 사고를 한 달간 은폐했다. 정부가 취하는 이런 폐쇄적인 정보 통제 탓에 시민들은 에너지절약운동 등 탈핵 프로그램 참여를 생각도 못하고 있으며, 환경 단체들도 이미 결정된 에너지 정책에 뒤늦게 반대하는 극단적 대립각을 세우고 있다. 탈핵으로 가는 독일의 선택은 설득력 있는 대안 없이는 사람들에게 탈핵 의식을 불러일으키는 불가능하며, 그 대안은 거저 주어지는 것이 아니라 정부와 시민이 협력해 만들어내는 것이라는 점을 보여준다. 정부가 핵발전의 위험을 완전 통제할 수 있다는 자기기만을 버릴 때 탈핵으로 가는 길에 시민의 협력도 끌어낼 수 있는 것이다. 결국 정부 정책의 계획 및 결정 과정에 시민들의 참여가 가능한 정치 구조인지 아닌지가 후쿠시마 핵 사고 이후 한국과 독일이 다른 길을 선택한 구조적 차이인 것이다.

참고문헌

김익중. 2013. 『한국 탈핵』. 한티재.

노진철. 2010. 『불확실성 시대의 위험사회학』. 한울.

_____. 2011. 「핵발전과 위험사회에서의 정치적 결정: 후쿠시마 핵발전사고를 중심으로」. ≪기억과 전망≫, 제25권, 66~99쪽.

_____. 2014. 『불확실성 시대의 신뢰와 불신』. 한울.

박진희. 2012. 「독일 탈핵정책의 역사적 전개와 그 시사점」. ≪역사비평≫, 제98권, 214~246쪽.

염광희. 2011. 「'반핵 르네상스' 맞은 독일」. 김정욱 외 지음. 『탈핵 르네상스를 맞은 독일을 가다』. 명문미디어아트팩. 135~145쪽.

윤순진. 2011. 「한국의 원자력 발전 현황과 쟁점」. 김정욱 외 지음. 『탈핵 르네상스를 맞은 독일을 가다』. 명문미디어아트팩. 43~94쪽.

홍사균 외. 2011. 「후쿠시마 원전사고 이후 원자력발전을 둘러싼 당면과제와 발전방안」. 과학기술정책연구원.

Hirschl, Bernd. 2007. *Erneuerbare Energien-Politik. Eine Multi-Level Policy-Analyse mit Fokus auf den deutschen Strommarkt.* VS Research.

IAEA. 2011. *Nuclear Power Reactors in the World.* Reference Data Series. Vienna.

Jacosson, S. and V. Lauber. 2006. "The Politics and policy of energy system transformation-explaining the German diffusion of renewable energy technology." *Energy Policy* 34: 256~276.

Roose, Jochen. 2010. "Der endlose Streit um die Atomenergie. Konfliktsoziologische Unter-suchung einer dauerhaften Auseinandersetzung." In P.H. Feindt and T. Saretzki(eds.) *Umwelt- und Technikkonflikte.* Wiesbaden: VS Verlag.

Rüdig, Wolfgang. 2000. "Phasing Out Nuclear Energy in Germany." *German Politics* 9(3): 43~80.

World Nuclear Association(WNA). 2009. *The Global Nuclear Fuel Market Supply and Demand 2009-2030.* London.

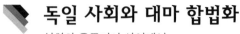

독일 사회와 대마 합법화
신화와 유토피아 사이에서

김주일 ㅣ 서울시립대학교 사회복지학과 교수

1. 변화의 시작

대마大麻, Cannabis는 20세기 약물의 역사에서 가장 큰 감정적·이데올로 기적 논쟁을 불러일으킨 약물이었다. 선과 악으로 구분된 이분법적 논쟁 속에서 대마는 감정적인 비난 혹은 일방적인 옹호의 대상이 되었다. 과학적 사실에 바탕을 둔 이성적인 대마 논의는 찾아보기 어려웠다. 감정적이고 이데올로기화된 분위기 속에서 대마 금지가 일방적으로 결정되었다. 이에 따라 20세기 많은 사람들은 대마에 대한 강력한 범죄화를 당연한 것으로 받아들였다.

대마 반대론자들은 대마 사용이 유발할 수 있는 중독과 범죄 문제 등 개인과 공동체에 대한 대마의 위험성에 주목했다. 이들은 대마의 생산, 판매, 사용 등 대마와 관련된 모든 행위에 대한 엄격한 법적 규제와 처벌의 필요성을 주장했다. 대마 반대론자들에게 대마는 헤로인과 같은 경성 약물과 큰 차이가 없는 위험한 물질이었다. 이들은 대마가 경성 약물의 사용으로 이끄는 부가적인 기능을 가지고 있다고 보고 그 자체를 악으로 인식했다. 이들은 악에 대항하여 대마와의 십자군 전쟁을 수행하는 것을 당연하게 받아들였다. 대마 금지 혹은 대마에 대항한 전쟁 이외의 다른 대안은 불법 약물에 대한 항복을 의미했다.

반면, 대마 찬성론자들은 대마를 인체에 해가 거의 없는 기호품의 하나로 이해했다. 대마 사용은 지금까지의 사회적 통념과 달리 음주와 흡연보다 훨씬 위험하지 않다고 생각했다. 따라서 이들은 대마 사용에 대한 법적 처벌이 타당하지 않다는 견해를 피력했다. 대마 찬성론자들은 대마의 자기 사용을 통해 사용자 자신에게 피해를 주었을지는 모르나 다른 사람에게 피해를 주지 않았음에도 대마 사용과 관련된 행위를 엄격하게 형법을 통해 처벌하는 것은 헌법상 보장된 개인의 자유권을 지나치게 침해하는 것이라고 파악했다. 더 나아가 이들은 대마가 아니라 대마 금지 정책이 대마 사용자를 범죄인으로 낙인찍어 이들을 사회적으로 배제할 뿐만 아니라 불법 약물 시장(암시장)의 형성에도 기여하는 등 공동체가 당면한 약물 문제를 스스로 만들어내고 있다고 비판했다. 그러나 이러한 대마 찬성론자들의 목소리는 그동안 대마 금지 정책의 획기적인 변화로 연결되지 못했다.

대마와 관련하여 아직까지 전 세계적으로 금지 레짐Prohibitionsregime이 존재하고 있다. 독일에서도 1990년대 이후 지금까지 대마 합법화에 관한 논의가 꾸준하게 진행되고 있으나, 연방정부는 지난 세기부터 지금까지 대마 금지 정책을 별다른 변화 없이 추진하고 있다. 그러나 21세기에 접어든 현재 많은 변화가 감지되고 있다. 독일뿐만 아니라 전 세계적으로 대마 합법화의 기대가 높아지고 있다. 세계적으로 살펴보면, 1990년대 이후 유럽 지역과 중남미 지역에서 대마 사용자에 대한 비범죄화 정책을 추진하는 국가들이 증가하고 있다(≪서울신문≫, 2013.8.10). 실제로 2013년 우루과이는 세계 최초로 마리화나 합법화 법령을 공포했다. 또한 2014년부터 미국의 콜로라도 주와 워싱턴 주에서는 마리화나를 기호 목적으로 사용하는 것을 허용했다. 이 두 곳에서는 대마를 합법적으로 판매하기 위한 시장경제 모델을 세계 최초로 도입하여 운영하고 있다. 이에 고무되어 많은 약물 전문가들은 머지않은 장래에 대마 합법화의 움직임이 전 지구적 차원에서 본격적으로 나타날 것으로 예측하고 있다.

한국에서는 1976년 '대마관리법'이 제정된 이후 전면적인 금지를 원칙으로 하는 대마 사용에 대한 철저한 무관용 정책을 추진하여왔다. 따라서 대마 사용은 오랫동안 사회적 금기의 영역에 속했다. 이러한 사회적 분위기 덕분에 대마를 비롯한 불법 약물의 합법화와 관련된 논의는 한국에 많이 소개되지 않았다. 또한 불법 약물의 합법화나 불법 약물의 사용자에 대한 비범죄화에 관한 논의도 한국에서 그동안 매우 드물었다. 따라서 대마 합법화에 관한 사회적 관심이 전 세계적으로 높아지는 상황에서 독일의 대마 합법화에 관한 그간의 흐름과 논의를 살펴보는 것은 한국에서 대마에 관한 인식 개선에 기여하고, 더 나아가 한국 대마 금지 정책의 개혁에 의미 있는 시사점을 제공할 것으로 보인다.

여기에서는 먼저, 독일 대마 금지 정책의 역사와 대마 금지의 신화들을 비판적인 관점에서 분석했다. 또한 대마 합법화의 대표적인 논거와 다양한 대마 합법화 모델들을 소개하면서 대마 합법화가 지향하는 대마 사용에 대한 규제가 구체적으로 어떤 모습인지를 살펴보았다. 이를 통해 대마 합법화가 대마 금지 정책의 실현 가능한 대안이 될 수 있는지를 검토하고자 했다. 아직도 대마 사용에 대한 철저한 무관용 정책을 추종하고 있는 한국에서 대마 금지 정책의 개혁에 대한 보다 적극적인 관심이 일어나기를 기대한다.

2. 대마와 대마 사용

1) 대마, 신이 주신 마지막 선물

마리화나와 해시시의 원천인 대마는 아시아가 원산인 삼과 식물이다. 대마는 한국에서는 주로 삼Hemp으로 불려왔다. 대마의 학명은 Cannabis sativa이다. 산업적인 측면에서 살펴보면, "대마는 이 시대에 신이 주신 마지막 선물"(이병수, 2011: 8)이다. 대마는 섬유, 식품, 의약품, 연료, 각종 친환경 소재 등의 생산을 위해 쉽게 구할 수 있고, 효과가 높은 원료 식물이기 때문이다(이병수, 2011; 16). 섬유 제조를 위한 대마 재배는 석기시대까지 거슬러 올라간다. 대마의 의료 목적의 사용과 그의 도취성에 대해서는 이미 5000년 전의 의서인 『신농본초경神農本草經』에 언급되고 있다(레빈탈, 2008: 180; 레이·크시어, 2003: 431; 유현, 2004: 33).

대마의 향정신성 성분은 수지resin에 함유되어 있다. 대마 수지는 약 400여 종 이상의 화학물질을 함유하고 있다. 이 가운데 대마에만 존재하고 있는 60여 종의 화학물질을 카나비노이드cannabinoid라고 한다. 1964년부터 그 가운데 하나인 THC(delta-9-tetrahydrocannabinol)가 약리학적으로 가장 큰 정신 활성 작용을 하며, 도취 효과를 내는 것으로 잘 알려져 있다(김주일, 2013: 146~147).

기호 및 도취 목적으로 사용되는 대마의 주요 유통 형태는 마라화나(대마초), 해시시(대마 수지)와 해시시 오일(대마유)이다. 마리화나는 대마의 잎과 꽃을 건조시켜서 만든다. 해시시는 대마 수지를 건조시킨 후 압착하여 덩어리로 만든 것이다. 해시시 오일은 대마 수지를 증류하여 농축한 것이다. 대마의 주요 활성 성분인 THC의 함량은 일반적으로 해시시 오일(12~60%), 해시시(3~12%), 마리화나(0.5~7%) 순으로 높다(김주일, 2013: 147; Loviscach, 1996: 138). 활성 성분의 함량이 높은 해시시 오일은 마리화나나 해시시에 비해서 상대적으로 드물게 사용된다.

기호 및 도취 약물로서의 대마 제품의 생산에는 인도산 대마Cannabis indica가 많이 사용된다. 다른 대마 종류에 비해 인도산 대마로부터 THC 의 함량이 높은 제품을 생산할 수 있기 때문이다. 대마에 포함된 THC 성분을 체내에 흡수하는 일반적인 방법은 마리화나나 해시시를 태워서 그 연기를 흡연 혹은 흡입하는 것이다. 경구투여보다 폐로 깊이 들이마시는 흡입 시에 THC는 혈액 속으로 신속하게 흡수되고 뇌세포로 전달되어 수 분 이내에 효과를 나타낸다. THC 성분은 지용성이라 지방조직에 흡수되기 때문에 인체에서 제거되는 속도는 느린 편이다(레빈탈, 2008: 179, 182; 레이·크시어, 2003: 437~438; Loviscach, 1996: 137).

THC는 약한 진정 및 진통 작용과 약간의 흥분 효과를 가지고 있다. 또한 고용량에서 환각 작용을 유발할 수 있다. THC에 대한 신체적 의존은 사용된 THC의 양이 극도로 높은 수준에서만 관찰된다. 일반적으로 거리에서 유통되는 수준의 THC 함량을 가진 마리화나의 사용은 알코올과 아편제에 비해서 신체적 의존을 발생시키지 않고, 경미한 수준의 심리적 의존만이 나타난다는 입장이 지배적이다(레빈탈, 2008: 186~187; 윤명숙, 2005: 302). 대마 사용에 의한 정신 활성 효과는 일관성 있게 나타나지는 않는다. 사용한 대마 제품의 종류, 사용 방법 및 사용량(Drug), 사용자의 성격이나 신체적 상태(Set), 약물 사용의 환경 및 조건(Setting), 약물의 효과에 대해서 개인적·문화적으로 통용되는 기대감 등이 대마 사용의 개인적 경험에 많은 영향을 미친다. 또한 진정 및 진통 작용과 흥분 작용을 일으키는 대마의 이중적 생리작용과 사용한 대마 제품에 포함된 활성 성분(THC 등)의 함량 차이가 대마 사용의 일관적이지 않은 경험의 원인으로 작용한다(Loviscach, 1996: 137~138).

2) 대마 사용 실태

흔히 불법 약물 사용의 실태 파악에 사용하는 자료는 약물 사용에 대한 자기 보고 자료나 약물 사용과 관련된 범죄에 관한 자료이다. 그러나 이러한 자료를 통해 불법 약물의 사용과 약물 범죄의 실태를 정확하게 파악하는 것은 쉽지 않다. 약물 사용 여부에 대한 조사에서 약물의 불법성이 자기 보고에 영향을 미치기 때문이다. 또한 약물 범죄는 적발과 단속이 어려운 암수성을 지니고 있다.

기존의 공식적인 약물 사용 실태 조사는 대마가 독일에서 가장 많이 사용되고 있는 불법 약물이라고 일관되게 보고하고 있다. 2012년의 독일 약물 사용 실태 조사ESA에 응답한 18세에서 64세까지의 성인 가운데 23.9%가 그들의 생애 동안 한 번이라도 불법 약물을 사용한 경험이 있다고 보고했다. 즉, 약 1160만 명에서 1300만 명 정도로 추정되는 성인들이 생애 동안 한 번이라도 불법 약물을 사용한 경험이 있는 것이다. 최근 12개월 동안의 불법 약물 사용 경험은 4.9%(210만 명~280만 명), 그리고 최근 1개월 동안의 사용 경험은 2.6%(110만 명~160만 명)에 달했다. 또한 2011년에 실시된 독일 청소년 약물 사용 실태 조사DAS에서는 12세에서 17세까지의 청소년의 경우, 생애 동안의 불법 약물 사용 경험은 7.2%(29만 4000명~40만 명), 최근 12개월 동안의 사용 경험은 4.9%(19만 3000명~27만 9000명), 최근 1개월 동안의 사용 경험은 2.0%(6만 7000명~12만 5000명)에 달했다(Orth, Piontek and Kraus, 2015: 135~136).

불법 약물의 사용 경험과 대마의 사용 경험은 약간의 차이는 있으나 사실상 거의 일치하는 경향을 보여준다. 예를 들어 설문에 응답한 18세에서 64세까지의 성인 가운데 4.5%와 12세에서 17세까지 청소년 가운데 4.6%가 최근 12개월 동안 한 번이라도 대마를 소비한 경험이 있다고

그림 7-1 | 국가별 대마 사용 경험률 (단위: %)

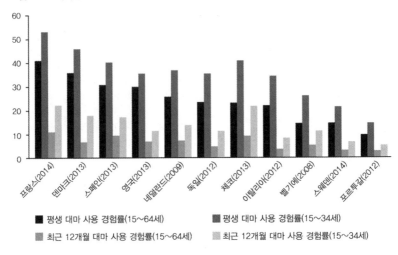

자료: EMCDDA(2015b).

보고했다(Orth, Piontek and Kraus, 2015: 134).

독일의 대마 사용 경험은 통계자료가 제시된 유럽 30개국 가운데 중
상위 그룹에 해당한다. 독일에서는 생애 동안 청소년과 성인(15~64세)
의 23.1%가 대마 사용 경험을 갖는다. 최근 12개월 동안 청소년과 젊은
성인(15~34세)의 대마 사용 경험은 11.1%였다(2012년 자료 기준). 가장
최근의 자료(2014년)를 제시한 프랑스에서는 생애 동안 청소년과 성인
의 대마 사용 경험은 40.9%, 최근 12개월 동안 청소년과 젊은 성인의 대
마 사용 경험은 22.1%에 이르러 가장 높은 수준을 보여주고 있다. 대마
정책과 관련하여 높은 관심의 대상인 네덜란드(2009년 자료 기준)는 생
애 동안 청소년과 성인의 대마 사용 경험이 25.7%이었다. 최근 12개월
동안 청소년과 젊은 성인의 대마 사용 경험은 13.7%에 이르렀다. 네덜
란드의 대마 사용 경험률은 독일보다 약간 앞선다(EMCDDA, 2015a, 79;

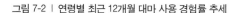

그림 7-2 ㅣ 연령별 최근 12개월 대마 사용 경험률 추세　　　　　　　　(단위: %)

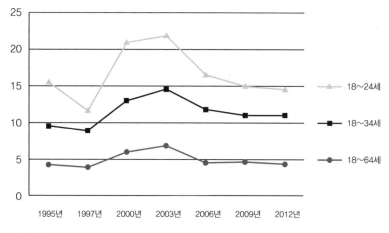

자료: EMCDDA(2015b).

EMCDDA, 2015b). 한편, 1990년대부터 지금까지의 최근 12개월 동안 대마 사용 경험률의 변화를 살펴보면, 전체적으로 지난 10여 년 동안 독일의 대마 사용 경험률은 조금씩 증가하다가 감소하는 경향을 보인다(EMCDDA, 2015a: 40; EMCDDA, 2015b; Orth, Piontek and Kraus, 2015: 136~137).

독일 경찰 범죄 통계PKS에 따르면 '약물법BtMG: Betäubungsmittelgesetz'을 위반한 약물 범죄 적발 건수는 2004년에 28만 3708건에 도달했다. 이후 소폭으로 꾸준히 감소 추세를 유지하여 2010년 23만 1007건에 이르렀다가 다시 증가 추세를 유지하여 2013년에는 25만 3525건에 달했다. 약물 범죄 적발 건수 가운데 불법 약물의 취득이나 소지 등의 약물 사용 관련 범죄의 적발 건수는 2013년 18만 9783건에 달하여 전체 약물 범죄 적발 건수의 2/3 이상을 차지하고 있다. 최근의 약물 범죄 적발 건수의 증가는 이러한 약물 사용 관련 범죄의 적발 건수 증가와 관련이 있다

(Bundeskriminalamt, 2013: 3). 적발된 대마 범죄는 최근 지속적으로 증가하고 있으며 2013년에 14만 5013건에 이르렀다. 이는 지난 5년 동안 가장 높은 수치이다. 전체 대마 범죄의 증가도 주로 대마 사용 관련 범죄의 증가에 기인한다(Bundeskriminalamt, 2013: 4). 독일의 약물 사용 및 약물 범죄 실태에서 나타나는 특징은 불법 약물 가운데 대마 사용이 가장 널리 퍼져 있고, 전체 약물 범죄 가운데 약물 사용 관련 범죄가 차지하는 비중이 매우 높다는 점이다.

3) 범죄행위 혹은 위험 행동

대마 사용은 청소년 위험 행동의 대표적인 사례 중 하나로 논의되고 있다(Tossmann, Soellner and Kleiber, 1993: 143). 대마 사용 경험이 있는 독일 청소년들은 평균적으로 17세 정도에 처음으로 마리화나나 해시시를 시험적 혹은 실험적으로 사용한다(Raschke and Kalke, 1997: 93). 마리화나나 해시시를 시험적 혹은 실험적으로 사용한 청소년들의 대부분은 수차례의 경험 후에 대마 사용을 다시 중단하는 경향을 보인다(Raschke and Kalke, 1997: 100). 따라서 대마 사용은 대부분의 경우에 청소년기가 끝나고 성인기로 접어들면 중단되는 사실상 문제될 것이 없는 일시적 행동으로 평가되고 있다(Kolte, Schmidt-Semisch and Stöver, 2006: 7). 그러나 청소년의 약물 사용에 관한 대부분의 접근들은 대마 사용이 청소년의 건강이나 사회적 발달에 부정적 영향을 줄 수 있기 때문에 대마 사용을 전형적인 청소년 위험 행동의 하나로 이해하고 있다.

독일에서는 대략 1000만 명을 넘어서는 사람들이 그들의 생애 동안 적어도 한 번은 대마를 사용해본 경험이 있다. 또한 200만 명 이상으로 추정되는 사람들이 1년에 한 번 이상 대마를 사용하고 있다. 이로 미루어 볼 때 대마 사용은 독일에서 더 이상 청소년이나 특정 부분 문화에 국한된 것은 아니다. 사실 오래 전부터 대마 사용은 모든 사회계층과 연령집단에서 일상생활 속에 널리 퍼져 있다고 보고되고 있다(Leune, 1994: 122). 그러나 대마 사용은 지금까지 일상생활 속에 통합된 하나의 기호 행위로 인정받지 못하고 범죄행위 혹은 청소년 위험 행동으로 이해되고 있는 것이다.

3. 反대마 합의의 변화

1) 대마 사용의 사실상 범죄화

대마와 관련하여 사실상 전 세계적으로 금지 레짐이 존재하고 있다. 대부분의 국가들이 국제연합UN의 불법 약물 관련 협약을 비준하고 이를 바탕으로 약물 형법을 공포했다. 독일도 전통적으로 약물 없는 사회를 목표로 한 약물 금지 정책을 추진하여왔다. 독일 약물 정책은 기본적으로 불법 약물의 위험성을 가정하고 있다. 즉, 불법 약물 사용이 개인이나 공동체에 야기할 수 있는 위험을 방지하기 위해 개인들이 불법 약물과 접촉할 가능성을 약물 금지 정책을 통해 철저하게 제한하고 통제하고 있는 것이다(김주일, 2007: 54~55).

독일에서 대마를 비롯한 불법 약물의 통제는 주로 국내법인 약물법에 기반을 두고 있다. 대마는 약물법 별첨 목록1에 수록되어 유통이 불가능한 금지된 물질의 범주에 속해 있다. 그러나 독일에서는 불법 약물의 자기 소비 행위 그 자체는 타인의 법익을 침해하지 않고 사용자 자신의 건강 손상만을 야기하므로 형법적 처벌의 대상이 아니다(김주일, 2013:

151). 즉, 불법 약물의 사용 그 자체는 일반적으로 자살과 같은 자기 상해 행위로 간주되기 때문에 형사 범죄가 아니다. 또한 불법 약물의 자기 소비에 선행하는 소량 불법 약물의 취득과 소지도 처벌되지 않을 수 있다(약물법 제29조 제5항, 제31a조). 독일 형법에서는 자기 책임적 자기 상해 행위 또는 자기 위해 행위에 대한 불가벌성의 원칙이 적용되기 때문이다(김주일, 2016: 184). 그러나 불법 약물 사용이 형법적 제재 없이 자유스럽게 허용된다는 것을 의미하지는 않는다. 약물법이 규제 대상 약물과의 예측 가능한 모든 접촉 행위를 원칙적으로 형사처벌의 대상으로 규정하고 있기 때문이다. 따라서 자기 소비를 위해 꼭 필요한 사전 준비 행위에 해당하는 불법 약물의 취득이나 소지가 사실상 형사처벌의 대상이 되고 있다(김주일, 2016: 186). 또한 불법 약물의 조달은 대부분 암시장을 통해 가능하다. 이러한 점들을 고려하면, 독일에서 불법 약물에 속하는 대마의 자기 소비 그 자체가 형법적 처벌의 대상이 아니라고 하더라도 대마 사용자들은 사실상 범죄화의 위험 속에서 대마 사용을 유지하고 있는 셈이다.

2) 反대마 합의의 형성과 붕괴

대마 금지는 지난 20세기의 창조물로 평가받는다(Raschke and Kalke, 1997: 11). 인류가 대마를 재배하고, 대마 제품을 이용한 긴 역사에 비하면, 대마 금지의 역사는 사실 최근 수십 년에 불과할 정도로 짧다. 19세기 말엽만 하더라도 독일에서 기침, 천식, 수면 장애, 경련 등의 치료에 대마 의약품이 이용되었다. 대마 권련이나 대마를 섞은 대마 혼합 담배와 대마 식용유 또한 널리 사용되었다. 그러나 20세기 초부터 미국의 주도로 '죽음의 약물'인 대마와의 전쟁이 비로소 시작되었다(Körner, 2004:

127). 제1차 세계대전에서 패전한 독일은 처음에는 대마와의 전쟁에 참여하기를 원하지 않았지만 결국 이 전쟁에 참여하게 되었다.

1925년 제네바에서 국제 아편 협약이 체결되었다. 이 협약은 1912년의 헤이그 국제 아편 협약에 실효성을 보완한 것이다. 여기에서 미국의 요구에 따라 처음으로 인도삼에 대한 국제적 통제가 포함되었다. 즉, 이 협약은 대마의 취득과 소지를 금지했다. 1929년에 개정된 독일 '아편법 Opiumgesetz'은 1925년에 체결된 제네바 국제 아편 협약의 내용을 담고 있다(김주일, 2013: 148). 이로써 독일에서도 허가받지 않은 대마의 취득이나 소지를 처벌하게 되었다(Körner, 2004: 127; Krumdiek, 2006: 83).

1960년대 말부터 독일에서는 히피운동과 학생운동의 발생과 함께 청소년들과 젊은 성인층의 불법 약물 사용, 특히 마리화나와 해시시의 사용이 급속하게 확산되었다. 이른바 약물 파동Drogenwelle이 시작된 것이다. 이러한 불법 약물의 급속한 확산을 막고, 독일이 비준한 국제연합 협약의 요구에 부응하고자 당시의 사회민주당과 자유민주당의 연립정부는 기존의 '아편법'을 강화하여 '약물법'으로 교체했다(김주일, 2013: 148; 김주일, 2007: 50). 이 시기의 약물 정책은 연성 약물과 경성 약물을 구분하지 않고 불법 약물에 대한 일관된 금지 정책의 추진을 통해 일반 및 특별 예방적 효과를 기대했다. 그러나 기대한 효과는 분명하게 나타나지 않았다. 이때부터 이미 연성 약물(대마)과 경성 약물(헤로인)을 구분하지 않고 동일하게 불법 약물로 보고 억제적으로 접근하는 약물 금지 정책은 성과보다 역효과가 많을 수 있다는 비판이 제기되기 시작했다. 그 당시에 이미 비처벌화와 비범죄화 전략과 같은 대안들이 모색되었다(김주일, 2013: 149; Raschke and Kalke, 1997: 13~14).

약물 문제는 점차 심각해졌다. 경성 약물 사용과 약물 범죄가 증가하고, 불법 약물 사용 관련 사망자가 늘어나기 시작했다. 이에 따라 1970

년대 말부터 약물법의 개정에 대한 논의가 새로이 시작되었다. 그 결과, 1982년의 더욱 강화된 약물법에서는 형량의 범위가 상향되었다. 또한 '형벌 대신 치료'라는 슬로건 아래 약물중독자가 자유형 대신 약물중독의 치료 프로그램에 참여할 수 있도록 치료와 관련된 법제도를 도입했다(김주일, 2013: 149; 김주일, 2007: 50). 여기에서도 대마의 취득과 소지에 대한 금지와 처벌 가능성은 변화 없이 그대로 유지되었다. 대마의 자기 사용 자체는 자기 상해 행위로서 형사처벌을 면제했으나 대마 사용 전후에 대마의 취득과 소지가 일어나지 않은 경우에 한했다. 이것은 사실상 대마의 흡연 라운드에서 조인트를 흡연하고 다시 재떨이에 놓는 경우만 형사처벌 면제 대상에 해당된다는 것이었다. 이러한 상황은 일반적으로 많은 대마 사용자들이 대마 사용에 수반되는 대마의 취득 및 소지 때문에 형사처벌을 받을 수 있음을 의미했다(Körner, 2004: 129). 따라서 대마 사용과 관련된 소송이 급격하게 증가했다. 이와 관련하여 이미 1970년대부터 대마 사용자의 비범죄화가 공론화되기 시작했다. 그러나 이때까지만 해도 아직 약물 정책의 영역에서는 대마 금지가 약물 문제의 방지를 위한 가장 적절한 대책이라는 反대마 합의가 폭넓게 존재했다.

그러나 1980년대 중반부터는 대마 금지 정책에 대한 지금까지의 사회적 합의에 변화가 분명하게 나타나기 시작했다. 1983년 연방의회에 진출한 녹색당은 대마 합법화를 처음으로 주장했다. 또한 사회민주당과 자유민주당, 각 정당들의 청년 조직, 그리고 독일연방의 북부 및 서부 지역에 위치한 연방주들이 네덜란드와 같은 관용적 약물 정책의 추진을 주장하기 시작했다. 1980년대 말부터 독일 사회에서 약물 문제가 심각하게 제기되었기 때문이다. 약물중독자들은 지속적으로 피폐화되었고, 에이즈 확산으로 인하여 불법 약물 사용 관련 사망자가 급격하게 증가했다. 이때부터 당면한 약물 문제를 해결하기 위해 전통적 약물 금지 정책의 개혁 필요성이 본격적으로 대두되기 시작했다(김주일, 2013: 154; 김주일, 2010: 72). 대체 약물 유지 치료와 주사기 교환 제도의 도입 등 실용주의적 관점에서 당시의 약물 문제를 해결하기 위한 논의가 본격화되었다. 이에 따라 그동안 내용상 큰 변화가 없었던 약물법도 1990년대부터 빈번하게 개정되었다. 1992년 약물법 개정에서 대체 약물 유지 치료와 일회용 주사기 교부에 대한 규정이 도입되었다(김주일, 2013: 155; 김주일, 2007: 51). 또한 자기 소비를 위한 소량 불법 약물의 취득 또는 소유에 대한 형사소추를 이미 검찰 단계에서 중지할 수 있다는 규정(약물법 제 31a조)을 도입했다. 이로써 독일은 불법 약물 사용자에 대한 비범죄화로의 첫걸음을 시작했다(김주일, 2013: 155).

1990년대에 이르러 경성 약물 사용의 확산을 막기 위해 연성 약물과 경성 약물의 시장 분리 정책의 필요성이 제기되기 시작했다. 연성 약물과 경성 약물이 함께 유통되는 암시장을 통한 대마의 조달 과정에서 경성 약물을 접촉할 가능성이 높기 때문에 경성 약물 사용의 확산을 막기 위해 약물 시장을 분리하는 것이 중요하다고 본 것이다. 이와 함께 단순한 자기 사용을 위한 대마의 합법적인 공급과 대마 금지 정책의 개혁에 대한 논의가 연방의회와 연방참사원Bundesrat에서 본격적으로 나타나기 시작했다(Raschke and Kalke, 1997: 20). 그러나 이러한 개혁에 대한 논의에도 불구하고 연방정부는 약물법을 통해 대마의 취득, 유통, 생산 등을 형사처벌하는 포괄적인 접촉 금지를 지속적으로 추구하고 있었다. 즉, 대마 사용에 대한 처벌 가능성은 이전과 마찬가지로 계속 존재하고 있었다(김주일, 2013: 155; Raschke and Kalke, 1997: 19~20).

이와 관련하여 1994년 연방헌법재판소BVerfG: Bundesverfassungsgericht의 대마 결정BVerfGE 90, 145에 대해 자세하게 살펴볼 필요가 있다. 1990년대 초부터 독일 법원에서는 사소한 대마 범죄에 대한 유죄판결이 헌법인 '기본법GG: Grundgesetz'에 합치하는지에 대한 이의 제기가 점증했다. 특히 1992년 뤼베크 지방법원Landgericht Lübeck의 판사인 볼프강 네스코비치Wolfgang Nešković가 제기한 위헌 심판 제청이 대마 금지 정책의 개혁에 대한 사회적 공론화에 크게 기여했다. 뤼베크 지방법원은 피고인이 약물법 위반으로 뤼베크 교도소에 미결구금 중인 남편에게 해시시 1.12g을 전달한 혐의로 2개월의 자유형을 선고받은 사건에 대한 항소심에서 약물법의 제29조 제1항 제1문의 규제 약물에 대한 처벌 규정이 독일 헌법인 기본법에서 보장된 인격의 자유로운 자기 발현의 권리, 비례성 원칙, 평등 원칙 및 자의 금지 원칙과 신체를 훼손당하지 않을 권리를 위반하고 있다고 보았다. 이에 소송절차를 중단하고 연방헌법재판소에 약물법의 해당 처벌 규정이 기본법과 합치하는지에 대한 심사를 신청했다. 뤼베크 지방법원은 이러한 결정을 구하면서 기본법에 보장된 인격의 자유로운 자기 발현의 권리로서 취함에 대한 권리Recht auf Rausch를 명시적으로 표명하고, 공개적으로 이를 지지하여 사회적 관심을 크게 불러일으켰다(김주일, 2013: 155~156).

위헌 심판 제청에 대해 1994년 3월 9일 연방헌법재판소는 대마 결정이라는 이름으로 잘 알려진 결정을 통해 합헌적인 취함에 대한 권리는 존재하지 않는다는 것을 확인했다. 또한 문제가 된 대마 취득 및 소지 등에 대한 약물법의 처벌 규정의 합헌성을 인정했다(BVerfG, 1994). 그동안 지배적인 입장이었던 대마 금지가 다시 한번 강조된 것이다. 한편, 대마 결정은 과잉 처벌을 방지하기 위해 제3자의 피해가 없는 자기 소비 목적의 소량 대마의 취득과 소지에 대한 형사소추가 면제되어야 함을 언급했다. 연방헌법재판소는 형사소추 면제가 규정된 약물법 제31a조의 적용을 위해 형사소추가 면제되는 소량의 약물에 대한 연방주 전체의 통일된 규정을 시급히 요구했다(김주일, 2013: 156; BVerfG, 1994: 190~191; Raschke and Kalke, 1997: 34~35).

대마 처벌에 대한 합헌 결정과 함께 대마 자유화에 대한 잠깐 동안의 기대는 끝이 났다. 그러나 이러한 사회적 논의의 과정을 통해 정치권과 시민들의 대마 금지 정책의 개혁에 대한 관심이 높아지기 시작했다. 이러한 사회적 분위기 속에서 이제 본격적인 대마 자유화의 흐름들이 일상생활 속에서 나타나기 시작했다. 특히 1994년 대마 결정 이후, 같은 해에 베를린에 대마박물관Hanfmuseum이 생겨났다. 또한 대마에 관한 잡지 ≪그로!grow!≫와 자조집단 그뤼네 힐페 네츠베르크Grüne Hilfe Netzwerk e.V가 설립되어 대마 금지에 대한 반대 운동을 시작했다. 이러한 의미에서 연방헌법재판소의 대마 결정은 독일의 대마 합법화 논의에서 하나의 이정표가 되었다. 사회민주당, 녹색당, 민주사회당 등의 좌파 정당들도 대마 자유화 정책을 주장하고 다양한 대마 정책 개혁안을 발의했다. 그러나 연방정부를 장악하고 있던 집권 보수 정당인 기독민주당·기독사회당 연합은 이러한 개혁안의 발의에 분명한 반대 의견을 제시하고 전통적 대마 금지 정책의 개혁을 허락하지 않았다(김주일, 2013: 156, 166).

이러한 상황에서 슐레스비히홀슈타인Schleswig-Holstein 주정부는 현행 약물법 규정의 범위 내에서 대마 금지 정책의 대안을 시험하고자 했다. 슐레스비히홀슈타인 주정부는 1995년 약물법 제3조 제2항에 따라 학술 연구 목적을 가진 국가 통제적 대마 교부 시범 사업에 대한 허가를 연방 의약품 및 의료용구원BfArM에 신청했다. 이러한 시범 사업에 대한 허가는 거부되었으나 전체 사회적으로 대마 금지 정책의 개혁에 대한 높은 사회적 관심을 불러일으켰다(김주일, 2013: 156).

한편, 연방건강성Bundesministerium für Gesundheit의 지원으로 수행된 대마 사용의 영향에 대한 연구들(Kleiber and Kovar, 1998; Kleiber and Soellner,

1998)은 대마 사용으로 인한 약리학적 작용과 심리사회적 결과들이 지금까지 일반적으로 가정했던 것보다 훨씬 덜 위험하다는 결과를 제시했다. 또한 이 연구들은 대마 사용으로 인한 심리적 건강의 악화, 심리적 의존 및 무동기 증후군의 필연적인 발생과 대마의 경성 약물 사용으로의 유도 기능과 관련된 기존의 가설들을 기각했다. 이러한 연구 결과들은 대마 정책의 자유화에 대한 근거를 제시하고 있으나 당시의 기독민주당·기독사회당 연합과 자유민주당의 연립정부는 이를 무시했다. 오히려 자기 소비 목적의 무허가 대마 재배를 방지하기 위해 THC를 함유한 대마 종류의 종자에 대한 거래와 소지가 1998년 2월부터 금지되어 새로운 불법화가 시작되었다. 또한 대마 소지에 대한 검찰의 소추가 완화된 반면, 대마 사용자에 대한 운전면허 취소가 대마 사용에 대한 새로운 억제 도구로 자리 잡기 시작했다.

1998년에 연방정부 차원에서 사회민주당과 녹색당의 연립정부로의 정권 교체가 일어났다. 이는 약물 정책에 있어서 중요한 노선 변경이 예고된 것이었다. 약물 정책은 더 이상 질서유지 정책이 아니라 건강 정책으로 인식되었다. 연방 약물 담당관의 소속이 연방내무성에서 연방건강성으로 변경되었다. 새로운 연립정부는 이전의 연립정부와 비교하여 불법 약물 사용에 대한 관용적인 입장에서 출발했다. 형법에 바탕을 둔 전통적인 억제적 약물 정책보다는 예방 정책과 생존 지원 및 폐해 감소 정책을 강조했다. 문제적 헤로인 사용자를 위한 주사기 교환, 안전한 사용에 관한 상담, 대체 약물 유지 치료, 헤로인 유지 치료, 약물주사센터 등의 생존 지원 및 폐해 감소 프로그램이 도입되어 약물 정책에서 많은 변화가 있었다(김주일, 2013: 157; 김주일, 2011: 100~101).

반면, 연립정부에 참여한 사회민주당과 녹색당은 스스로 주장했던 대마 사용자의 비범죄화 정책에서는 상대적으로 소홀했다. 이들은 2005

년까지 정권을 담당했지만 주로 헤로인 문제의 해결에 약물 정책의 우선순위를 두었다. 이들은 대마 금지 정책의 개혁에는 큰 관심을 두지 않았다. 사실상 이전 정부의 정책을 답습했다. 그 이후 대마 금지 정책에 대한 개혁은 오랫동안 정체된 상황에 빠졌다.

그러나 대마 금지 정책의 개혁에 대한 논의는 지속적으로 계속되었다(김주일, 2013: 157). 국제적 차원에서 전개되고 있는 대마 합법화 추세가 최근에는 독일 사회에서 대마 금지 정책의 의미와 유용성에 대한 근본적인 질문을 다시 불러일으키고 있다. 또한 대마 합법화를 암시장과 불법 약물 문제의 해결을 위한 하나의 가능한 선택지로 보고 국가 통제적 대마 교부 시범 사업을 신청하거나 계획하고 있는 지방자치단체도 늘어나고 있다. 2015년에는 녹색당의 연방의회 원내교섭단체가 '대마통제법CannKG: Cannabiskontrollgesetz' 초안을 연방의회에 제출했다(Deutscher Bundestag, 2015). 이 법안의 목적은 기호품인 대마를 성인들이 합법적으로 사용할 수 있도록 하고, 동시에 청소년 및 소비자 보호와 중독 예방에 기여하는 것이다. 이 법안은 대마와 산업용 삼을 약물법의 적용 범위에서 제외하여 새로운 법안으로 규제하는 내용을 담고 있다. 대마 합법화가 새로이 정치적 의제가 되고 있는 것이다.

이러한 과정들을 통해 시민들의 대마에 대한 인식이 많이 변화했다. 특히 시민들의 대마 합법화에 대한 태도가 지난 30여 년 사이에 눈에 띄게 달라졌다. 최근에 발표된 연구 결과에 의하면, 1982년에 실시된 대마 합법화에 대한 질문에 시민들은 찬성 6%, 반대 90%로 응답했으나, 2014년에는 찬성이 26%로 늘어났다. 반면, 대마 합법화에 대한 반대는 63%로 줄어들었다(Reuband, 2015, 34~35). 물론 과반수 이상의 시민들이 대마 합법화에 아직도 반대하고 있다. 그러나 시민들의 적지 않은 태도 변화를 통해 독일 사회에서 그동안 공고하게 존재했던 反대마 합의가 붕괴되기 시작했다는 것을 알 수 있다.

전체적으로 그동안의 대마 금지 정책과 이에 대한 개혁 논의의 흐름을 살펴보면, 독일은 대마 금지 정책을 지난 세기부터 지금까지 근본적인 변화 없이 추진하고 있다는 것을 알 수 있다. 대마 금지 정책의 개혁에 대한 논의는 대마 금지 정책의 전환과 연결되지 못했다. 그러나 이러한 개혁 논의는 끊임없이 진행되었다. 이 과정에서 오랫동안 당연한 것으로 받아들여지던 反대마 합의가 무너지기 시작한 것이 분명해 보인다.

4. 대마 합법화: 신화와 유토피아

1) 대마 금지의 신화, 혹은 근거 없는 믿음

독일 대마 금지 정책의 배후에는 대마 금지를 옹호하는 뿌리 깊은 신화와 고정관념들이 존재한다. 대마 금지 정책의 기반이 되는 이러한 논거들의 공통적인 논리는 간단하다. 대마는 사용자 자신과 국민 건강에 해로운 영향을 주는 중독 위험이 있는 물질이기 때문에 대마와의 접촉 행위를 엄격하게 금지하고, 대마 사용으로 인한 위험으로부터 개인과 공동체(특히 청소년들)를 보호해야 한다는 것이다. 또한 대마 금지 정책은 일반 예방적 효과를 가지고 있으며, 대마를 합법화하는 것은 그동안의 대마 사용의 확산 방지를 위한 사회적 합의를 무너뜨려 대마의 사용을 폭발적으로 증가시킬 것이라는 우려이다(김주일, 2013: 158~159). 그러나 이러한 논거들은 대부분 이데올로기적이고 도덕적인 관점에 바탕을 두고 있다. 따라서 경험적 근거가 부족하고 과학적 설명력이 제한적이라는 비판을 받고 있다.

대마 금지 정책의 배후에 존재하는 신화와 고정관념들에 대한 비판적 논의는 결국 대마 합법화를 위한 논거가 되고 있다. 즉, 대마 사용으로 인한 중독 등의 위험은 음주나 흡연에 비해 경미하며, 오히려 대마 사용에 대한 범죄화가 개인적·사회적인 차원에서 대마 사용과 관련된 위험(건강 손상, 경성 약물 사용으로 전환, 암시장의 형성, 금지 정책 수행을 위한 막대한 비용 투입 등)을 발생시키고 있으므로 대마 금지 정책의 본질적인 개혁이 필요하다는 것이다(김주일, 2013: 159).

그동안 대마 금지 정책의 정당화를 위한 논거로 관문 가설, 문화 이질성 가설, 건강 위험 가설, 무동기 증후군 가설, 제방 붕괴 가설 등이 대표적으로 인용되고 있다. 이 논거들은 대마의 위험성과 대마 사용으로 인하여 발생한다고 주장되는 개인적·사회적 차원의 부정적 결과들에 초점을 맞추고 있다. 이러한 논거들을 비판적으로 분석하면, 대마 금지론과 대마 합법화론의 관점을 좀 더 구체적으로 알 수 있다. 또한 이러한 비판적 분석을 통해 대마에 관한 뿌리 깊은 신화와 고정관념들로부터 벗어날 수 있을 것이다.

(1) 관문 가설

관문 가설은 위험도가 낮은 단계의 약물 사용은 위험도가 높은 단계의 약물 사용으로 입문할 수 있는 가능성을 높인다고 가정하고 있다. 이 가설은 청소년기의 대마 사용이 경성 약물인 헤로인의 사용을 유도하는 가장 중요한 관문이라고 해석한다(윤명숙, 2005: 303). 따라서 대마 사용의 금지는 당연히 필요하다는 것이다. 이러한 관문 가설은 대마 금지를 위한 가장 오래된 신화에 속한다. 그의 오류는 이미 40년 이상 비판받고 있다. 그러나 대마 사용의 위험성을 강조하기 위한 자리에서는 아직도 그의 유용성을 인정받고 있으며 지금도 변함없이 활용되고 있다.

관문 가설에 대한 비판은 다양한 측면에서 제기되고 있다. 먼저, 관문 가설은 생리적 또는 심리적 관점에서 이론의 증거를 제시하는 것보다 대마 사용에서 헤로인 사용으로의 자동적인 발전을 가정하고 있다(유현, 2004: 60~62; Loviscach, 1996: 140; Schneider, 2009: 83~84). 관문 가설은 헤로인 사용자들이 일반적으로 헤로인 사용 이전에 첫 번째의 불법 약물로 대마를 사용했다고 언급한 사실을 근거로 들고 있다. 그러나 관문 가설은 대마 사용이 헤로인 같은 더욱 강력한 약물을 사용하게 만든나는 일관된 인과관계를 증명할 수 있는 결정적인 실증적 증거를 제시하지 못하고 있다. 그동안의 연구들은 대마 사용에서 경성 약물 사용으로의 약물 경력의 발전에는 대마의 약리학적 특성 외에도 약물 사용과 관련된 다양한 상황 조건들(불법 약물에 대한 접근 용이성, 불법 약물을 사용하는 친구 집단의 존재 등)과 심리사회적 요인들(다양한 약물의 약리작용에 대한 호기심, 친구 집단의 압력 등)이 상호작용하면서 관련된다고 보고되고 있다(윤명숙, 2005: 304; Kleiber and Kovar, 1998: 180~183; Kleiber and Soellner, 2004: 23; Raschke and Kalke, 1997: 102; Schneider, 2009: 83~84). 즉, 대마 사용으로부터 보다 강력한 불법 약물 사용으로의 이행은 대마의 직접적인 약리적 효과보다는 대마 사용자가 소속되어 있는 부분 문화가 다른 불법 약물의 사용에 얼마나 관대하고, 어느 정도 실제적인 사용의 기회를 제공하는지 등 대마 사용자의 일상생활 환경과 더욱 많은 관련성을 가지고 있다고 보는 것이다.

또한 관문 가설이 내포하고 있는 방법론적 문제에 대한 비판이 제기되었다. 첫째, 예외로부터 규칙을 추론하는 것은 무의미하다는 것이다. 이러한 오류는 대부분 아편제 사용자에 대한 회고적 설문조사를 바탕으로 한 연구들에 기원을 두고 있다. 특히 치료 시설에서 치료받은 약물중독자들은 회고적 설문조사에서 첫 번째 불법 약물로 대부분 대마를 사용했다고 응답한다. 그러나 이러한 결과를 가지고 대마 사용이 헤로인 사용의 관문이라는 결론을 이끌어내는 것은 너무나 기계적인 해석이다. 왜냐하면 이러한 연구 방법에서는 아편제 사용 경험이 없는 대마 사용자들이 모두 배제되었기 때문이다(Kleiber and Soellner, 2004: 24).

관문 가설은 지나치게 불법 약물에 고착되어 불법 약물의 사용이 일반적으로 알코올이나 니코틴 같은 합법 약물로부터 시작된다는 점을 간과했다(Loviscach, 1996: 140~141). 만약 대마를 사용하지 않은 사람들에 비해 대마 사용자들이 미래의 어느 순간 경성 약물을 사용할 개연성이 있다고 하여 대마 사용을 경성 약물 사용의 관문이라고 한다면, 알코올과 니코틴 같은 합법 약물의 사용도 대마 사용의 관문으로 인정하고 (Kleiber and Soellner, 2004: 25) 대마와 마찬가지로 금지해야 할 것이다.

전체적으로 보면, 대마 사용이 경성 약물의 사용을 자동적으로 유도한다는 관문 가설은 지금까지 분명한 경험적 근거를 제시하지 못하고 있다. 따라서 독일 약물 전문가 대부분은 이 가설을 인정하지 않는다 (Kleiber and Kovar, 1998; Kleiber and Soellner, 1998; Kleiber and Soellner, 2004; Raschke and Kalke, 1997; Zimmer, Morgan and Bröckers, 2004).

(2) 문화 이질성 가설

대마는 독일에서 문화적으로 이질적인 약물로 이해되고 있다. 대마는 다른 문화권에서 서구 문화로 유입된 '추악한' 외국산 물질이며, 이 물질을 제대로 통제할 수 있는 문화가 독일에서 형성되지 않았으므로 국내에서 당연히 금지되어야 한다는 논리이다. 이러한 문화 이질성 가설은 사실 역사적 기원이 오래 되었다. 독일에서 담배나 커피의 수용 과정에서도 이 가설이 빠짐없이 등장했다. 즉, 아메리카 대륙에서 도입된 담배나 아랍권에서 흘러들어온 커피가 독일의 기독교 문화와 합치되지 않는다는 이유로 금지되어야 한다는 논리를 펼친 것이다.

또한 대마와 관련하여 문화 이질성 가설은 대마 사용을 사회 문제로 처음 인식한 1960년대와 1970년대의 경험과 직접적으로 관련된다. 당시 서구 사회는 대마 사용의 오랜 역사적 경험에도 불구하고 청년 세대에서 나타났던 대마 사용의 급증에 직면하여 대마를 통제가 불가능한 이국적인 약물로 인식했다. 더 나아가 대마 사용은 기성 사회의 성과주의, 합목적적 사고, 미래에 대한 낙관주의에 대항하고 거부하는 젊은 세대의 저항의 상징으로 이해되있다(Loviscach, 1996: 141).

사실 기독교적 시각에서 보면 대마는 문화적 이질감을 가진 약물로 볼 수 있다. 청교도적 금욕주의와 '현재', '여기'에서의 행복과 쾌락을 추구하는 도취는 쉽게 어울리기 어렵다. 또한 1960년대와 1970년대 대마를 사용하던 히피들이 보여준 삶의 방식은 금욕적 노동에 기초한 자본주의적 이데올로기와 쉽게 합치되지 않는다(유현, 2004: 216). 그러나 젊은 세대의 새로운 것에 대한 선호와 도전, 사회 비판과 문화적 다양성을 수용하지 못하는 문화 이질성 가설은 결국 그 편협성으로 인하여 지금까지 큰 논란을 불러일으키고 있다.

먼저, 대마에 대한 문화 이질성 가설은 인종차별주의적 편견과 많이 관련되고 있다. 이 가설은 1900년대 초의 외래 약물에 대한 서구 사회의 방어적 태도와 맥이 닿아 있다. 즉, 사악한 유색 외국인들이 약물 사용을 통해서 자신들의 몸을 해치는 것도 모자라 순진무구한 백인 여성들과 젊은 세대를 약물 사용으로 유혹하여 이들을 농락하고 서구 사회를 퇴폐하고 부도덕하게 만들고 있기 때문에 서구 사회의 신사, 숙녀들은 자신들의 품위를 유지하기 위해서 수치스러운 외국산 약물의 사용을 단절하는 것이 당연하다는 생각이다. 이러한 종류의 생각은 외국 문화에 대한 경멸적 태도 혹은 방어적 태도와 약물 사용에 대한 욕구를 자기 자신이 아니라 외부의 유혹으로 돌리는 회피적 태도를 내포하고 있다.

또한 문화 이질성 가설은 서구 사회에서 이미 사적인 일상생활의 영역에 대마 사용이 문화적으로 통합되어 있다는 현실을 간과하고 있다(Schneider, 2009: 85). 독일에서 대마는 더 이상 부분 문화적 맥락에서만 사용되는 것이 아니다. 대마는 주로 기호품으로서 긴장 해소와 여가 등의 목적으로 많은 사람들의 일상생활 속에서 사용되고 있다. 대마 사용 경험과 학습 과정에 바탕을 둔 다양한 대마 사용 방법들이 전수되고 있다. 대마는 오래 전부터 이미 젊은 세대의 '일상 약물Alltagsdroge'로 지칭되고 있다.

(3) 무동기 증후군 가설

무동기 증후군 가설은 대마가 청소년들에게 무동기 증후군을 야기한다고 주장한다. 무동기 증후군 가설은 1960년대 말과 1970년대 초에 대마 사용이 중산층의 청소년들에게 유행했을 때부터 나타나기 시작했다. 무동기 증후군 가설은 특히 청소년에 대한 대마의 위험성을 강조한다. 대마를 사용하는 젊은 세대에게서 나타나는 거부, 중도탈락, 대항 등의 행동에 주목하여 이러한 행동을 나타나게 하는 무관심, 무계획, 의욕 상실 등을 대마 사용으로 인한 심리적 장애로 파악했다. 무동기 증후군 가설은 대마 사용이 야기할 수 있는 무동기 증후군이 결과적으로 청소년의 발달과업의 달성과 사회적 발달에 지속적으로 부정적 영향을 미칠수 있으므로 대마 사용이 금지되어야 한다고 보고 있다.

그러나 지난 20여 년 동안 수행된 대마 사용과 무동기 증후군의 인과관계에 관한 연구들은 무동기 증후군 가설의 타당성을 인정하지 않고 있다. 중·고등학생이나 대학생을 대상으로 한 연구에서 대마 사용자의 대부분은 대마 비사용자와 비교하여 성취동기와 성과 지표에서 차이가 발견되지 않았다(Kleiber and Soellner, 2004: 37; Zimmer, Morgan and Bröckers, 2004: 81~82).

아주 드물기는 하나 청소년기의 수년간에 걸친 거의 매일 반복된 만성적인 대마 사용은 청소년 시기에 직면한 청소년의 발달과업의 달성에 필요한 동기부여나 노력 등을 소홀하게 할 가능성이 있는 것은 사실이다. 그러나 청소년 시기에 대마 의존으로 인한 현실 회피와 감정 회피가 나타나는 경우는 대마 의존의 발달 이전에 이미 심리적 문제나 해결이 필요한 여러 가지 어려운 문제 등 무동기를 야기할 수 있는 다양한 계기들을 가졌던 경우가 대부분이다. 또한 이미 존재하고 있던 불안과 우울감이 대마 의존을 촉진할 수도 있다(Passie, 2010: 36). 즉, 청소년기에 나타나는 무관심, 회피 등과 같은 무동기 증후군은 대마 사용보다는 다양한 다른 요인들에 의해서 발생할 수 있다는 것이다. 따라서 대부분의 최근 연구들은 대마 사용이 무동기 증후군을 일으킨다는 무동기 증후군 가설이 타당성이 없다고 보고하고 있다(윤명숙, 2005: 300; Kleiber and Kovar, 1998: 216, 246; Kleiber and Soellner, 2004: 37~39; Schneider, 2009: 88~89; Zimmer, Morgan and Bröckers, 2004: 80~86).

(4) 건강 위험 가설

대마 금지론의 배후에는 장기적 대마 사용으로 인한 건강상의 손상과 대마의 약리작용에 의한 약물 의존의 발생 가능성 등을 경고하는 건강 위험 가설이 있다. 즉, 대마 사용이 건강상의 손상과 약물 의존을 불러일으키기 때문에 대마 사용이 금지되는 것은 당연하다는 것이다. 과도한 대마 흡연이 폐암과 인두암의 발생을 촉진하고, 과도한 대마 사용은 청소년기의 정신 질환을 야기한다는 등의 대마 사용과 관련된 건강상의 손상에 대한 언급이 대마 금지에 대한 논의에서 자주 등장한다. 또한 이러한 논의에서 약물 의존의 발생 위험성에 대한 우려가 언제나 함께 등장한다(Petersen and Thomasius, 2007: 160; Schneider, 2009: 85~86). 특히 대마 사용으로 인한 정신 질환과 약물 의존의 발생 가능성은 대마 사용 반대를 위한 핵심적인 논거 가운데 하나로 작용하고 있다.

그러나 대마 사용과 질병 발생 간의 관계에 대한 그동안의 연구들은 일치하지 않은 결과를 보여주고 있다. 이러한 결과는 질병과 정신 질환의 발생에 함께 작용하는 약물 사용의 사회문화적 조건들과 사용 동기, 사용 방법, 사용자의 육체적·심리적 상태 등을 종합적으로 고찰하지 않았기 때문에 나타난 것으로 보인다. 다양한 개인적·환경적 요인 등을 종합적으로 고려하지 않고 대마 사용 자체에만 초점을 맞추어 대마 사용이 건강상의 손상을 유발한다고 주장하는 것은 방법론적 측면에서 지지받기 어렵다.

그동안의 연구 결과를 간단하게 요약하면, 대마 사용은 질병과 정신 질환의 발생에 관여되는 다양한 요인들 중의 하나의 요인이지 유일한 요인은 아니다. 또한 대마 사용이 청소년이나 성인들에게 심리적 장애나 정신 질환을 일으킨다는 설득력 있는 학문적 증거는 존재하지 않는다(Zimmer, Morgan and Bröckers, 2004: 98~103). 대마 사용과 정신 질환의 발생 간의 관계에 대한 연구는 1970년대부터 주로 정신병원의 환자들을 중심으로 회고적 방법으로 수행되었다. 이러한 방법을 사용한 다양한 연구들은 일반적으로 대마 사용이 시간적으로 정신 질환의 발병 이전에 존재했다는 것을 발견했다. 처음 대마를 사용하는 평균연령이 대부분 16~17세 정도이기 때문에 생애사적으로 보면 정신 질환의 발병 이전에 대마 사용이 존재하는 것으로 볼 수 있다. 그러나 이러한 결과를 가지고 대마 사용과 정신 질환의 발생 간의 인과관계를 증명하는 것으로 해석하는 것은 무리가 있다. 인과관계는 시간적 선행성만으로 증명되는 것이 아니기 때문이다(Kleiber and Soellner, 2004: 29).

또한 1960년대부터 확산된 대마 사용이 청소년들에게 복잡한 심리적 장애를 발생시킨다는 주장도 동의하기가 어렵다. 왜냐하면 대마를 대량으로 사용하는 청소년들은 이미 대마 사용 이전에 심리적 문제와 행동장애를 가지고 있는 경우가 대부분이기 때문이다. 대마 사용이 청소년들의 그러한 문제를 강화할 수 있으나 이것을 심리사회적 장애의 원인으로 파악하는 것은 무리이다(Zimmer, Morgan and Bröckers, 2004: 100). 대마 사용이 심리적 건강의 악화를 초래한다는 가설에 대해서 대마 사용의 심리사회적 영향에 대한 광범위한 분석을 수행한 클라이버Kleiber와 코바르Kovar는 자신들의 연구 결과가 이러한 가설을 기각한다고 밝히고 있다(Kleiber and Kovar 1998).

국제보건기구WHO의 국제질병분류표ICD 10와 미국정신의학회APA의 정신장애 진단 통계 편람DSM-V에서는 대마 의존 증후군 혹은 대마 관련 장애의 존재를 인정하고 있다. 또한 매일 반복하여 상습적으로 대마를 사용할 경우에 심리적 의존이 발달할 가능성이 있다는 것을 대체로 확실한 것으로 가정하고 있다. 대부분의 연구에서는 THC에 대한 신체적 의존은 사용된 THC의 양이 극도로 높은 수준에서만 관찰되며, 일반적으로 거리에서 유통되는 수준의 THC 함량을 가진 마리화나의 사용에서는 알코올과 아편제에 비해 신체적 의존이 나타나지 않는다고 보고 있다. 다만, 상습적으로 사용할 경우에 한하여 경미한 수준의 심리적 의존만이 나타날 수 있다고 보고 있다(Kleiber and Kovar, 1998: 245; Kleiber and Soellner, 2004: 32, 34~35; Levinthal, 2008: 186~187). 그러나 대부분의 대마 사용자들이 대마를 간헐적으로 사용하기 때문에 대마 사용이 의존을 유발할 가능성은 아주 적으며, 많은 양의 대마를 자주 사용한 사람들도 금단증상과 같은 큰 어려움 없이 대마 사용을 중단할 수 있다고 파악하고 있다(Kleiber and Soellner, 1998: 232; Zimmer, Morgan and Brö
ckers, 2004: 48~52).

　사실 다른 약물을 함께 사용하지 않고 대마만을 사용하는 사람들이
매우 드물기 때문에 순수한 대마 의존은 아주 드물게 존재한다. 대마 의
존으로 진단받은 경우에도 실제로는 다중 약물 사용이 대마 의존의 뒤
에 숨겨져 있는 경우가 빈번하다(Kleiber and Soellner, 2004: 35). 대마
사용은 대마에 대한 의존을 발생시킬 가능성이 없진 않으나 신체적·심
리적 의존과 필연적으로 연결되지는 않는다. 그동안의 연구들은 대마
의존은 1차적으로 약물의 약리작용이 아니라 오히려 이전부터 이미 존
재하고 있는 사용자의 심리적 상태나 문제들과 보다 더 많이 관련된다
고 보고 있다. 대마 의존은 이러한 문제들이 나타난 증상으로 파악되어
야 한다(Kleiber and Kovar, 1998: 168, 245; Kleiber and Soellner, 1998:
232). 또한 대마 사용으로 인한 약물 의존이나 중독의 발생 가능성에 대
해서는 이미 1994년 독일연방헌법재판소의 대마 결정에서도 매우 미미
한 수준에 해당한다고 밝히고 있다.

　한편, 대마가 담배보다 폐를 더 많이 손상시킨다는 주장이 설득력을
가지고 있는 것처럼 보인다. 그러나 대마의 유해성에 대한 연구들은 대
부분 대마가 알코올이나 니코틴, 헤로인 등 다른 약물들과 비교하여 유
해성이 가장 미약한 수준이라고 보고하고 있다(유현, 2004: 27~32). 특
히 담배의 흡연과 비교하여 대마의 흡연이 폐에 미치는 영향은 현저하
게 적다(유현, 2004: 137~139; Passie, 2010: 37; Zimmer, Morgan and Brö
ckers, 2004: 128~131). 다만, 흡연 자체가 폐에 좋은 영향을 미치는 것이
아닌 만큼 보다 안전한 대마 사용 방법Safer Use을 찾을 필요가 있다. 예
를 들어 기화기Vaporizer나 물파이프Bong를 이용하면, 발암 물질 등 유해
물질의 흡수를 줄일 수 있다. 대부분의 유해 물질은 THC가 아니라 연기

에 포함되어 있기 때문이다.

또한 대마가 뇌세포를 파괴하기 때문에 장기적인 대마 사용은 지속적으로 뇌의 구조 및 기능을 변화시키고, 기억상실 및 사고력의 손상, 인성의 변화, 생산성 하락 등을 불러일으킨다는 주장이 널리 퍼져 있다. 그러나 이러한 주장은 1960년대와 1970년대의 선정적인 연구들에 기반을 두고 있다. 당시의 많은 연구들은 THC가 뇌세포를 파괴하는 것을 증명하기 위해 반복적으로 작은 동물이나 원숭이를 대상으로 대마 사용자들이 일반적으로 사용하는 양과는 비교가 안 될 정도로 많은 양의 THC를 집중적으로 투여하는 동물실험을 진행했다. 이러한 연구에서 THC와 뇌세포 손상과의 관련성이 발견되었다. 그러나 여기서 사용한 방법론적인 문제(특히 유독한 수준의 THC 투여량) 때문에 연구 결과를 사람들의 대마 사용에 그대로 적용하는 것은 전혀 의미가 없는 것으로 받아들여지고 있다. 대마 사용이 뇌손상을 일으킨다는 주장은 지금까지 학술적인 연구에서 증명된 바가 없다. 최근에는 대마 사용이 뇌 손상을 불러일으키지 않는다는 것에 대다수가 동의하고 있다(유현, 2004: 133~135; Passie, 2010: 37; Zimmer, Morgan and Bröckers, 2004: 74~78).

건강 위험 가설은 사회적으로 광범위하게 퍼져 있는 불법 약물의 위험성에 대한 과장과 우려에 대한 학술적인 반영으로 나타났다. 그러나 그동안의 연구 결과는 대마 사용과 정신 질환 및 의존, 신체적 손상과의 관련성에 대한 확실한 증거를 제시하지 못하고 있다.

(5) 제방 붕괴 가설

마지막으로, 제방 붕괴 가설이 독일 대마 금지 정책의 중요한 기반을 제공하고 있다(Raschke and Kalke, 1997: 104). 이 가설은 불법 약물의 위험성에 대한 인식을 바탕으로 금지를 통해 불법 약물과의 접촉을 우선적으로 막는 것이 불법 약물에 대한 접근성을 낮추고 수요를 감소시키는 출발점으로 보고 있다. 불법 약물과의 접촉 자체를 범죄로 간주하고 엄격하게 이를 금지하는 것은 청소년들이 불법 약물의 사용에 빠지는 것을 막아주는 중요한 억제 수단이 된다는 것이다. 제방 붕괴 가설은 대마의 합법화가 대마 금지 정책이 그간에 쌓아놓은 불법 약물의 사용 방지를 위한 사회적 통념을 제방이 무너지듯이 붕괴시켜 청소년들의 대마 사용을 촉진하고 더 나아가 경성 약물 사용으로 인한 폐해를 급격하게 증가시킬 것이라고 우려한다. 따라서 합법화 정책을 통해서 청소년들에게 대마 사용이 나쁘지 않다는 잘못된 신호를 보내어 이들의 판단을 흐리게 할 필요가 없다는 것이다.

그러나 불법 약물을 사용하거나 사용하지 않는 것에는 형사처벌에 대한 두려움 외에도 유행이나 또래 집단의 약물 사용에 대한 평가, 사회경제적 조건 등 다양한 요소들이 함께 영향을 미친다. 이러한 다양한 영향 요소들을 배제하고 금지와 처벌을 통한 약물과의 접촉 방지만 강조하는 제방 붕괴 가설은 약물 사용에 대한 지나치게 단순한 설명 방식이라고 비판받고 있다(Raschke and Kalke, 1997: 106). 제방 붕괴 가설은 역으로 대마 금지 정책의 대마 사용 억제 효과에 대한 구체적인 증거를 제시하지 못하고 있다. 지금까지의 대마 사용 실태를 살펴보면, 대마 금지 정책의 억제 효과는 미미한 수준으로 평가할 수 있다. 또한 네덜란드의 대마 정책 사례는 제방 붕괴 가설이 적합하지 않다는 것을 보여주고 있다. 1970년대부터 대마 사용자에 대한 비범죄화 정책을 시행하고 있는 네덜란드에서는 대마 사용자 수가 급격하게 증가하지 않았다(윤명숙, 2005: 307; Reuband, 1992: 42~44; Zimmer, Morgan and Bröckers, 2004: 68~74).

2) 대마 문제 혹은 대마 금지 정책의 문제?

독일에서는 근거 없는 신화와 고정관념에 기반을 둔 대마 금지 정책이 대마 자체가 직접적으로 유발하지 않는 부정적 효과들을 야기한다고 여러 가지 측면에서 비판받고 있다. 먼저, 대마 금지 정책은 대마의 불법화를 통해 대마의 공급을 차단하고자 했으나 우선적으로 대마 사용자를 범죄화하고 있다고 비판받고 있다(김주일, 2013: 151). 약물법은 대마의 순수한 자기 소비를 법적 치벌의 대상에서 제외하고 있으나, 이를 위한 사전 준비 행위에 해당하는 대마의 취득과 소지를 포함하여 대마 제품과의 예측 가능한 모든 접촉 행위를 처벌하고 있다. 따라서 약물법에 저촉되지 않고 자기 소비를 위한 대마를 조달하는 것은 현실적으로 매우 어렵다. 자기 소비를 위한 준비 행위에 대한 형사처벌의 가능성 때문에 대마 사용자는 범죄화의 위험에 늘 직면해 있다. 특히 대마 사용을 처음 시작하는 연령층인 청소년과 젊은 성인들이 경찰의 단속에 많이 노출되어 있다. 경찰범죄통계PKS에 따르면, 2013년 약물법을 위반한 대마 범죄 적발 건수는 14만 5013건에 이르고 있다(Bundeskriminalamt, 2013: 4). 이는 지난 5년 동안 가장 높은 수치이며 주로 대마 사용 관련 범죄의 증가에 기인하고 있다. 대마 사용과 관련하여 경찰에 적발되는 것은 비록 검찰에 의해 기소가 유예되더라도 약물 범죄자로 낙인찍힐 위험이 있다. 이러한 낙인은 대마 사용자의 학교, 직장 등의 일상생활에 심각한 수준의 부정적인 영향을 미칠 수 있다. 따라서 대마 사용자에 대한 범죄화는 오히려 형사처벌을 통해 낙인과 부정적 약물 경력의 형성을 촉진하면서 이들의 사회적 배제에 기여할 수 있는 것이다(김주일, 2013: 152~153).

둘째, 대마를 포함한 규제 대상 약물에 대한 금지 정책은 불법 약물의 공급과 유통에 대한 철저한 단속과 형사처벌을 통해 불법 약물과의 접촉을 차단하고자 했으나 오히려 암시장의 형성에 기여했다. 일반적으로 암시장에서 불법 약물의 가격은 단속과 처벌에 대한 위험 비용이 반영되어 생산 비용에 비해 엄청나게 높은 수준에서 형성된다. 또한 불법 약물의 상당수가 매우 강한 중독성을 가지고 있기 때문에 약물중독자들은 어떤 경우에도 해당 약물을 계속 구입하고자 한다. 이러한 상황은 불법 약물의 공급자들에게 막대한 수익을 보장해주고 있다(김주일, 2013: 153). 암시장에서는 연성 약물과 경성 약물이 함께 유통되고 있으며, 이러한 상황은 대마 사용자에게 경성 약물과의 접촉 가능성을 오히려 높이고 있다.

셋째, 대마 금지 정책은 대마의 단속과 처벌을 담당하는 형사사법제도에 과도한 부담을 지우고 있다. 독일에서 매년 10만 건이 넘게 적발되는 대마 범죄를 처리하는 것은 형사사법제도에 부담이 된다. 대마 범죄의 단속과 공소 및 재판 등 형사 처리 절차에 소요되는 시간과 비용은 막대한 것으로 추정되고 있다(김주일, 2013: 153~154).

마지막으로, 대마 금지 정책은 효과적인 약물 상담을 어렵게 하고, 청소년 보호에도 부정적인 영향을 줄 수 있다. 대마 금지 정책 아래에서 대마에 대한 정확한 지식과 정보 제공을 바탕으로 성숙한 약물 사용 능력의 형성을 목표로 하는 약물 교육과 상담의 추진은 어렵다. 이보다는 대마의 위험성을 강조하기 위한 부정적 지식과 정보의 전달을 위주로 한 대마와의 접촉 금지 목적의 예방과 상담을 추진할 가능성이 크다. 또한 약물 금지 정책의 부정적 결과로 나타난 암시장에서 청소년 보호는 존재하지 않는다. 약물 밀매자들이 오히려 미래의 약물 소비자가 될 수 있는 청소년들을 대마와 헤로인 등의 사용으로 유인하고 있다(김주일, 2013: 154).

결과적으로 대마 금지 정책은 대마의 불법화를 통해 대마 사용자의 범죄화와 사회적 배제, 암시장의 형성과 조직범죄의 증가, 대마 사용자의 경성 약물 사용으로의 전환, 대마 범죄의 단속과 처벌과 관련된 형사 사법제도의 비용 증가, 효과적인 약물 교육 및 상담과 청소년보호의 어려움 등 독일 사회에서 상당한 약물 문제를 발생시키고 있다. 대마를 포함한 규제 대상 약물에 대한 일반적 금지 정책의 부정적 효과들은 결국 약물 자체가 아니라 이에 대한 금지 정책이 직간접적으로 스스로 초래한 부작용이라고 평가할 수 있다. 즉, 현재 독일 사회가 당면한 약물 문제는 '약물 정책의 문제Drogenpolitik-Problem'임을 보여주고 있다. 이러한 약물 금지 정책의 문제에 대한 인식은 합리적인 대안을 모색하는 출발점이 되고 있다(김주일, 2010: 71).

3) 대마 합법화의 개념과 근거

(1) 대마 합법화의 개념

대마 금지 정책의 개혁 방안들은 대마 자유화론과 관련된다. 대마 자유화론은 기존의 대마 금지 정책이 대마의 통제에 효과적이지 못했고, 오히려 약물 문제의 심화에 기여하고 있다는 전제에서 출발하고 있다. 대마 자유화의 개념은 비처벌화와 비범죄화, 합법화의 개념을 포함하고 있다.

비처벌화는 자기 소비를 위한 소량의 대마를 취득, 소지 및 재배하는 행위에 대한 경찰과 검찰의 기소편의주의에 따른 기소의 면제와 법원에 의한 처벌의 면제를 의미한다. 비범죄화는 자기 소비를 위한 정해진 범위 내의 대마를 취득, 소지 및 재배하는 것을 완전히 형사처벌로부터 제외하거나 질서 위반 행위로 분류하는 것을 말한다. 합법화는 대마에 대한 금지를 폐지하여 대마의 소비뿐만 아니라 생산과 공급까지 허가를 통해 완전히 합법화하는 것을 의미한다(김주일, 2013: 159~160; 김주일, 2010: 72~73). 따라서 대마 합법화가 가장 근본적인 개혁 방안이라고 할 수 있다.

대마 합법화는 약물 관계 법규상의 형법 규정에서 대마에 대한 금지를 폐지하여 대마에 대한 자유로운 접근 가능성을 허가하는 것을 의미한다. 그러나 금지의 폐지가 대마 규제의 완전한 포기를 의미하지는 않는다. 대마가 합법화되는 경우에도 합법 약물인 알코올이나 니코틴과 마찬가지로 청소년보호법이나 도로교통법, 식품위생법, 의약품관리법, 소비자보호법 등 관련 법규를 통해 해당 약물의 제조와 유통, 사용 행위 등에 대한 필요한 규제는 계속되기 때문이다(김주일, 2013: 161). 즉, 누가 약물을 생산하고, 어떻게 공급할 것인지, 가격과 품질은 어느 정도가 적당한지, 누구에게 약물에 접근할 수 있는 기회를 줄 것인지, 언제, 어디에서 약물을 소비할 수 있는지 등에 대해서 여전히 적절한 규제가 필요하기 때문이다.

대마 합법화라는 개념은 대마 반대론자들에게 대마에 대한 완전한 자유 시장을 의미하는 것으로 받아들여지는 경우가 있다. 이러한 오해를 방지하기 위해 최근에는 합법화라는 용어 대신 규제Regulierung라는 용어를 많이 사용한다. 합법화도 대마에 대한 사회적 규제 방식의 하나이기 때문이다. 대마 합법화는 대마 사용자의 범죄화와 암시장의 형성 등 현재의 대마 금지 정책이 야기한 문제들을 근본적으로 해결하고 대마에 대한 새로운 사회적 규제 방안을 발전시킬 수 있다는 장점이 있다. 특히 대마 합법화는 현재 조직범죄 집단에 의해서 통제되고 있는 암시장에 제대로 된 규제와 통제를 가할 수 있으며 더 나아가 이를 가장 확실하게 붕괴시킬 수 있는 방안으로 평가받고 있다(김주일, 2013: 161).

(2) 대마 합법화의 근거

대마 합법화의 이론적 근거로는 먼저, 현실적 차원에서 제기된 대마 금지 정책의 부정적 효과에 대한 개선 필요성을 들 수 있다. 독일의 현행 대마 금지 정책으로 인한 대마 사용자의 범죄화와 사회적 배제, 암시장의 형성과 조직범죄의 증가, 대마 사용자의 경성 약물 사용으로의 전환, 대마 범죄의 단속과 처벌과 관련된 비용의 증가, 효과적인 약물 교육 및 상담과 청소년 보호의 어려움 등 공동체가 당면한 대마 문제의 해결을 위해 대마 합법화는 근본적인 대안이 될 수 있다는 것이다.

둘째, 헤로인과 같은 경성 약물의 확산을 방지하기 위한 예방 방안의 하나로 대마와 같은 연성 약물을 합법화하자는 논리이다. 대마 사용자들은 대마의 조달 과정에서 암시장에서 유통되는 경성 약물과 접촉할 기회가 커지며, 이를 통해 경성 약물을 사용할 가능성이 높아질 수 있다. 암시장의 범죄 조직은 연성 약물과 경성 약물을 함께 취급하면서 보다 더 이윤이 높은 경성 약물을 판매하려는 성향을 보이기 때문이다. 따라서 대마 사용자가 경성 약물 사용자가 되는 것을 막기 위해서는 우선 대마 시장을 경성 약물 시장과 분리하여 경성 약물과의 연결 고리를 끊는 것이 중요하다. 제한된 영역에서 대마 판매를 합법화한 네덜란드의 시장 분리 정책은 경성 약물 사용의 확산 방지에 기여하는 것으로 평가받는다(김주일, 2013: 161~162; 유현, 2004: 123~125; Raschke and Kalke, 1997: 45).

셋째, 독일 헌법에서 보장된 개인의 행복추구권과 자기 결정권의 존중이 대마 합법화의 이론적 근거가 된다. 헌법상 개인은 자신의 인격을 자유로이 발현한 권리를 가지며, 개인의 자유의지에 따른 대마 사용은 개인의 이러한 권리에 속하는 것이므로 개인의 자기 결정권을 최대한 존중해야 한다는 것이다. 대마의 자기 사용 그 자체는 사용자 자신의 건강이나 신체에 위해를 가할 수 있으나 타인의 자유와 권리를 침해하지 않는 한 일반적으로 자살과 같은 자기 상해 행위의 하나로 간주하여 처벌하지 않는 것이 원칙이다. 만약 타인에게 아무런 피해를 입히지 않았음에도 그 자신을 해할 위험이 있다는 이유로 국가가 개입하여 개인의 자율적인 결정에 따른 어떤 행위를 가장 심각한 제재인 형벌로 위협하고 형사처벌하는 것은 자기 결정권에 대한 침해이자 타인에게 피해를 주지 않는 한도 내에서 자신의 행복을 최대로 추구할 수 있는 행복추구권에 대한 침해인 것으로 이해된다(김주일, 2013: 162; 김주일, 2010: 73~74; 이재상, 1997: 233~234 참조; Bauer, 1992: 53~57; Raschke and Kalke, 1997: 32; Stöver, 1994: 13~14).

넷째, 헌법적 관점에서 보면, 대마 사용 행위를 형법으로 엄격히 규제하는 것은 본질적으로 유사한 문제는 평등하게 다루어져야 한다는 평등 원칙에 어긋난다고 평가할 수 있다. 대마보다 중독성과 위험성이 높다고 평가받는 알코올과 니코틴의 판매와 사용이 허용되고 있기 때문이다(유현, 2004: 27~32 참조). 또한 대마를 형법적으로 금지하는 것은 법치국가의 중요한 요소의 하나인 비례성 원칙에도 어긋난다. 비례성 원칙은 국가 등의 공권력 행사에 있어서 공권력 행사를 통해 상실하게 되는 국민들의 사적 이익보다 얻고자 하는 공적 이익이 더 큰 경우에만 공권력 행사가 정당화된다는 입법 원칙이다. 국가는 대마에 대한 형법적 금지와 처벌을 통해 국민 건강 보호나 불법 약물 사용 방지 등의 원래의 목적을 달성하지 못했으며, 오히려 대마 사용자의 범죄화, 암시장과 조직범죄의 형성과 유지에 기여하는 등 개인과 공공에 피해를 야기하고 있다는 것이다(김주일, 2013: 162~163; 배종대, 1996: 434 참조).

다섯째, 경제적 관점에서 연성 약물의 합법화가 대안이라는 현실적 주장이 대마 합법화의 근거가 되고 있다. 약물 금지 정책을 유지하기 위해서는 너무 많은 사회적 비용이 필요하기 때문이다. 최근 플뢰터Flöter와 파이퍼게르셸Pfeiffer-Gerschel의 연구는 2006년 기준 독일에서 불법 약물과 관련된 다양한 영역(연방정부, 지방정부, 지방자치단체, 연금보험, 건강보험)에서의 공적 지출이 전체적으로 5200만~6100만 유로에 달한다고 보고하고 있다(Flöter and Pfeiffer-Gerschel, 2012). 비용 산출의 방법론적인 한계 때문에 산출된 비용에 대한 해석은 매우 제한적인 것이 사실이다. 그러나 약물 금지 정책의 추진을 위해 많은 비용이 직간접적으로 투입된다는 것을 이를 통해 쉽게 알 수 있다(Flöter and Pfeiffer Gerschel, 2012: 41~46). 경제적 관점의 약물 정책 개혁론자들은 불법 약물을 합법화하여 억제 영역에 지출하는 사회적 비용을 절감하고, 예방 교육, 상담 및 치료 등의 영역에 좀 더 많은 비용을 투입하는 것이 약물 문제의 해결에 더 효용성이 높다고 평가한다(김주일, 2013: 163; 김주일, 2010: 74~75; Hartwig and Pies, 1995: 19~34). 또한 이것은 그간의 약물 금지 정책이 형사사법 제도에 부과한 불법 약물에 대한 단속과 처벌의 과도한 부담에서 벗어나고자 하는 현실적 질서유지 정책의 관점이기도 하다. 자기 소비 목적의 소량 대마의 취득 또는 소지에 대해서는 대부분 기소유예 처분이 내려지고 있으나 경찰은 매년 대마와의 접촉 행위에 대한 수많은 고발과 수사 절차를 진행하고 있다. 대마를 합법화하여 국가가 대마를 관리할 경우, 대마의 법적 통제와 관련된 사회적 비용을 줄일 수 있으며, 오히려 세금 등 국가의 재정수입이 늘 수 있다. 또한 경성 약물의 통제에 형사사법제 도의 자원을 집중적으로 투입할 수도 있다(김주일, 2013: 163).

4) 대마 합법화 모델: 유토피아인가?

(1) 다양한 대마 합법화 모델

대마 합법화는 독일에서 전통적으로 크게 '커피숍 모델', '약국 모델', '기호품 모델'로 구분되어 제안되었다(Schmidt-Semisch, 2002). 최근에는 대마 합법화와 관련하여 미국의 콜로라도주와 워싱턴주가 도입하여 시행 중인 '시장경제 모델', 우루과이가 계획하고 있는 '국가 통제 모델', 대마 사용자들이 회원으로 가입한 비영리단체를 기반으로 스페인과 벨기에에서 시행되고 있는 '대마사용자클럽CSC: Cannabis Social Clubs 모델' 등이 많이 논의되고 있다.

(2) 커피숍 모델

네덜란드에서 오랫동안 시행되고 있는 커피숍 모델은 대마의 공급 및 판매에 대한 사실상 합법화 정책의 중요한 사례이다. 네덜란드는 1976년 '아편법' 개정부터 약물의 위험성에 따라 연성 약물(대마)과 경성 약물(헤로인, 코카인, LSD 등)을 구분하여 이에 대한 법의 적용을 차별화했다. 즉, 범죄 구성 요건이 존재함에도 대마(마리화나, 해시시) 30g 이하의 개인적 소지에 대해서는 범죄 행위가 아니라 질서 위반 행위로 취급하도록 했다. 더 나아가 1980년대 초부터 국가가 허가한 장소인 커피숍 Coffeeshops에서 18세 이상의 성인에 한하여 거주지와 상관없이 5g까지의 대마 판매와 대마 사용을 가능하게 했다(김주일, 2016: 203; 김주일, 2013: 164; Schmidt-Semisch, 2002: 441). 네덜란드는 면허를 발급받은 장소에서의 대마 교부를 통해 연성 약물에 속하는 대마를 경성 약물이 유통되는 시장으로부터 분리하고자 했다. 이러한 시장 분리 정책을 통해 대마 사용자들이 경성 약물 시장과 연결되는 것을 방지하고자 했다

(김주일, 2016: 203; 김주일, 2013: 164~165).

허가받은 커피숍의 수는 2000년대부터 커피숍 감소 정책의 영향을 받아 30% 정도 줄어들었다. 커피숍의 수는 2000년대 초에 800개 소 정도로 추정되고 있다. 커피숍은 전국적으로 골고루 존재하는 것은 아니다. 2000년을 기준으로 살펴보면, 네덜란드의 총 538개의 기초지방자치단체 가운데 81%에 해당하는 지역에 커피숍이 존재하지 않았다(De Vos, 2004: 166).

허가받은 커피숍의 운영 규정은 간단하나 엄격한 편이다. 커피숍에서는 알코올과 경성 약물을 판매할 수 없다. 또한 18세 이하의 청소년의 입장과 이들을 대상으로 한 대마 판매가 금지된다. 고객 1인당 하루 최고 5g까지의 대마만 판매가 허용된다. 커피숍 업소당 최고 500g 이상의 대마를 비치해서는 안 된다. 또한 대마 판매 관련 광고를 할 수 없으며, 이웃에 해를 끼치는 소란 행위를 야기해서는 안 된다. 만약 이러한 기준을 반복해서 위반하거나 경성 약물이 발견되면, 커피숍은 면허가 취소되고 항구적으로 폐쇄된다(김주일, 2013: 165; 문성호, 2008: 206~208; 문성호, 2006: 103; De Vos, 2004: 165~166).

커피숍을 보다 더 효과적으로 규제하기 위한 운영 규정에 대한 논의는 계속 현재형으로 진행되고 있다. 상황의 변화에 따라서 적절한 운영 규정이 보완되는 것이다. 최근에는 커피숍은 학교와 250m 이상의 거리를 유지해야 한다는 규정이 추가되었다. 또한 인접국의 대마 관광을 방지하기 위해 커피숍을 대마 카드Wietpas를 소지한 사람에게만 출입을 허용하는 회원제 대마사용자클럽으로 전환할 것을 요구받기도 했다.

네덜란드는 커피숍에서의 대마 판매를 통해 대마를 암시장으로부터 분리하고자 했다. 커피숍에서 판매되는 대마의 품질 유지를 통해 대마 사용자의 건강상의 위험을 예방하고, 더 나아가 암시장에서 대마를 조달하는 과정에서 발생할 수 있는 위험과 피해를 방지하고자 한 것이다. 대마 사용자와 암시장의 연결 차단은 대마 사용자가 경성 약물과의 접촉을 통해 경성 약물 사용자가 될 수 있는 가능성을 예방하여 경성 약물의 확산도 막을 수 있는 효과가 있다. 또한 이러한 시장 분리 정책은 결과적으로 경성 약물과 관련된 문제의 해결에 형사사법제도의 자원을 집중적으로 활용할 수 있다는 장점도 있다(김주일, 2013: 165~166).

커피숍을 통한 대마에 대한 합법적 접근 가능성은 대마 사용의 급격한 확산을 초래하지는 않았다. 네덜란드의 대마 사용 경험은 인접국인 독일에 비해서 약간 높은 수준이다. 15세~64세까지 인구 집단의 대마 사용 경험은 최근 10년 동안 조금씩 증가한 것은 사실이나 오랫동안 큰 변화 없이 유지되었다(EMCDDA, 2015a; EMCDDA, 2015b). 네덜란드의 경험은 대마에 대한 사실상 합법화가 대마 사용의 급격한 증가 없이 가능하다는 것을 보여주고 있다.

(3) 약국 모델

약국 모델은 네덜란드의 커피숍 모델을 참고하여 독일에서 논의되었던 비범죄화 전략이다. 1995년 슐레스비히홀슈타인 주정부는 현행 약물법 규정의 범위 내에서 대마 사용의 육체적·심리적 위험과 비범죄화의 효과를 평가할 목적으로 자기 소비 목적의 대마를 약국에서 판매할 수 있도록 하는 '국가 통제적 대마 교부 시범 사업'의 허가를 연방의약품 및 의료용구원에 신청했다(김주일, 2013: 156, 166). 독일 약물법은 유통이 불가능한 물질로 규정되어 있는 약물에 대해서도 연방의약품 및 의료용구원이 학술적인 목적과 공공의 이익과 관련된 목적으로의 사용을 예외적으로 허가할 수 있음을 규정하고 있기 때문이다(약물법 제3조 제2항). 즉, 연방의약품 및 의료용구원에 치료적 목적 또는 학술적 목적의 대마 사용을 위한 특별 허가 교부를 신청하여 이것이 받아들여지면 특별 허가 교부의 범위 내에서 대마 제품의 판매가 가능한 것이다.

독일은 메타돈 교부와 일회용 주사기 판매를 약국을 통해 이미 시행한 경험이 있었다. 따라서 약국은 이러한 사업을 위한 적합한 장소로 인식되었다. 또한 약국은 대마의 공급과 판매에 대한 엄격한 통제가 가능한 곳이다. 네덜란드의 커피숍 모델은 엄격한 운용 규정에 따라 운영되나 커피숍에서 경성 약물의 판매가 유도될 가능성을 완전히 배제할 수 없다. 또한 대마의 대량생산은 네덜란드에서 아직 금지되어 있기 때문에 커피숍들은 필요로 하는 대마 수요를 감당하기 위해 합법적이지 않은 경로를 통해 대마를 공급받을 가능성도 있다(김주일, 2013: 166). 슐레스비히홀슈타인 주정부는 대마의 공급과 판매에 대한 엄격한 통제가 가능한 약국에서의 대마 교부를 통해 커피숍 모델이 야기할 수 있는 문제점을 방지하고자 했다. 그러나 약국에서의 국가 통제적 대마 교부 시범 사업에 대한 허가는 논란 끝에 결국 거부되었다.

약국 모델의 기본적인 내용은 커피숍 모델과 유사하나 약간의 차이가 있다. 시범 사업 기간은 5년으로 계획되었다. 먼저 2년 동안 슐레스비히홀슈타인주에 속해 있는 세 개의 지역을 중심으로 마리화나와 해시시를 약국을 통해 판매하여 그 성과를 평가한 후, 시범 사업을 주 전체 지역으로 확대하고자 했다. 대마 구매자는 1인당 최대 5g까지 구매 가능하도록 계획되었다. 또한 개별 대마 제품은 0.5g 단위로 포장하여 판매할 예정이었다. 대마 제품 포장의 겉면에는 대마 제품의 활성 성분 함량을 표시하고, 포장 안에 대마 사용을 위한 안내서를 첨부하려고 했다. 시범 사업 참여자가 소지한 최대 5g까지의 원래 포장 상태의 대마는 슐레스비히홀슈타인주 안에서 경찰의 단속이나 압수의 대상이 아니다. 약국에서의 대마 가격은 기본적으로 암시장 가격보다 높은 수준에서 책정할 계획이었다. 이를 통해서 대마 밀매자들의 구매와 슐레스비히홀슈타인 주로의 대마 관광을 방지하고자 했다. 시범 사업 해당 지역에 주거지가 등록된 16세 이상의 모든 사람들이 시범 사업에 참여할 수 있도록 계획했다. 참여자들에게 참여자 번호가 찍힌 카드를 발급하여 약국에서 대마 구매 시에 제시하도록 할 계획이었다. 참여자로 등록된 대마 사용자에게만 대마를 합법적으로 판매하는 것은 커피숍 모델과 본질적으로 차이가 나는 부분이다(김주일, 2013: 167; Raschke and Kalke, 1997: 55~72; Schmidt-Semisch, 2002: 444~445).

약국에서의 대마 판매를 계획한 시범 사업은 아직까지 시행된 적이 없기 때문에 계획만으로 약국 모델의 효과를 평가하는 것은 어렵다. 슐레스비히홀슈타인주의 약국을 통한 국가 통제적 대마 교부 시범 사업 계획은 시행 여부에 관계없이 대마 금지 정책의 개혁에 대한 전체 사회적 관심을 크게 불러일으켰다는 점에서 대마 합법화 논의에 적지 않은 기여를 했다. 그러나 본질적인 차원에서 비판의 대상이 되기도 한다. 왜냐하면 커피숍 모델이나 약국 모델 같은 대마의 규제에만 제한된 모델은 기본적으로 현재의 지배적인 담론인 연성 약물과 경성 약물의 시장 분리 정책에 고착되어 연성 약물인 대마의 정상화에만 집중하고, 약물 문제의 또 다른 중요한 축인 경성 약물에 대해서는 침묵하고 있기 때문이다(Schmidt-Semisch and Urban, 2012: 268).

(4) 기호품 모델

커피숍 모델과 약국 모델은 대마 사용 및 자기 소비 목적의 소량 대마의 합법적인 공급과 관련되는 모델이다. 반면, 기호품 모델은 대마를 포함한 모든 약물의 소비뿐만 아니라 생산과 공급까지도 합법화하는 불법 약물의 전면적인 합법화를 가정하고 있다. 기호품 모델은 약물과 약물 사용에 대한 완전히 새로운 인식에 바탕을 두고 슈미트제미쉬Schmidt-Semisch에 의하여 제안되었다(Schmidt-Semisch, 1992, 1994). 이 모델에서는 모든 정신 활성 물질을 기호품으로 이해하고 있다. 즉, 이 모델은 대마를 알코올이나 니코틴과 마찬가지로 일상생활 속에 통합된 하나의 기호품으로 보고 있다. 또한 대마 사용은 인간적인 즐김으로의 욕구가 표현된 정상적인 행동으로 인식된다(Bauer, 1992: 94). 따라서 이 모델은 기호품과 마찬가지로 대마의 생산과 판매 및 구입이 자유로운 시장에서 이루어지는 것을 가정하고 있다(김주일, 2013: 168). 이것은 대마의 소비, 생산, 판매 모두가 더 이상 형법의 적용을 받지 않는 것을 뜻한다.

기호품 모델에서는 현행 약물법을 폐지하고 현재 기호품을 관리하고 있는 '식품법LMBG'을 통한 대마 규제를 전제하고 있다. 기호품으로 이해되는 대마 제품의 품질, 생산과정, 판매 등을 식품법을 통해 효과적으로 통제할 수 있다고 보는 것이다(김주일, 2013: 168; 김주일, 2010: 77~78; Schmidt-Semisch, 2002: 448). 특히 이 법을 통해 허가받은 약물 전문 판매 장소에서 약물 및 약물 사용에 대한 지식과 경험을 인정받은 면허 소지자들만이 대마를 판매할 수 있도록 규제할 수 있다. 또한 대마의 사용자와 사용 행위와 관련된 통제를 위해 청소년 보호 관련 법규(미성년자에 대한 대마 판매 금지 등)와 도로 교통 관련 법규(대마 사용 후 차량 운전 금지 등) 등의 활용을 제안하고 있다(김주일, 2013: 168; 김주일, 2010: 78; Schmidt-Semisch, 2002: 448). 이 모델에서는 현재 알코올과 니코틴에 적용되는 규제를 대마에 사실상 그대로 적용해도 대마 제품을 사회적으로 관리하는 데 큰 문제가 발생하지 않을 것으로 보고 있다.

대마의 전면적인 합법화를 전제하고 있는 기호품 모델은 대마 사용의 확산에 기여할 수 있다는 우려를 일으키는 것이 사실이다. 이에 대해 기호품 모델은 대마의 합법화로 인한 긍정적 효과를 제시하고 있다. 먼저,

대마를 비롯한 모든 약물의 생산과 유통이 식품법 등을 통해 통제되므로 판매된 제품의 성분, 품질, 부작용 등에 대한 자세한 정보가 소비자에게 제공될 수 있다. 또한 암시장과는 달리 판매되는 제품의 품질이 통제되기 때문에 품질이 보증되지 않은 제품이 야기할 수 있는 건강상의 위험이 예방될 수 있다. 시장에서 제품의 가격이 적절한 수준으로 유지되고 소비자의 수요에 맞추어 제품이 충분하게 공급되기 때문에 자연스럽게 암시장은 붕괴할 것이다. 또한 합법화된 조건에서 대마 사용은 점차 정상화되어 대마 사용에 대한 열린 의사소통이 가능하게 될 것이다. 이를 바탕으로 일상생활 속에서 약물 사용을 자율적으로 통제할 수 있는 '공동체적 약물 문화'가 발전할 가능성을 기대할 수 있을 것이다(김주일, 2013: 169; 김주일, 2010: 78). 이러한 개인적·집단적·공동체적 차원에서 자율통제적인 약물 사용 능력의 형성과 발전을 기호품 모델은 모든 불법화된 약물의 정상화를 위한 중요한 출발점이자 목적으로 파악하고 있다. 현실 정치적인 관점에서 보면, 기호품 모델의 실현 가능성이 다른 두 모델에 비해 현저하게 낮은 것이 사실이다. 그러나 기호품 모델은 약물에 대한 구분 없이 통일된 약물 정책의 추진을 위한 근본적인 규제 모델을 제시하고 있다는 점에서 중요한 의미를 가지고 있다.

(5) 최근의 대마 시장 규제 모델

네덜란드의 커피숍 모델 이외에도 최근에 실제로 도입되어 시행되고 있는 대마 시장 규제 모델들이 있다. 우선 미국의 콜로라도주와 워싱턴주에서 2014년부터 도입된 대마 시장 규제 모델은 알코올 음료의 유통에 관한 규제 모델을 바탕으로 하고 있다. 이 모델은 상업적 시장에 기반을 둔 수익 지향적 모델이기 때문에 상업 모델 혹은 시장경제 모델로 지칭된다. 대마 시장은 크게 재배 및 생산, 포장 및 공급과 판매 영역으로 구분된다. 대마 시장에 참여하기 위해서는 연방주의 면허와 지방자치단체의 허가가 필요하다. 물론 대마 제품에 높은 세금을 부과하고 있다. 21세 이상의 성인은 회당 최대 1온스(약 28.4g)까지 이력과 품질이 엄격하게 관리된 대마 제품을 구매할 수 있다(김주일, 2016: 204).

그리고 스페인과 벨기에에서 2000년대부터 시행되고 있는 대마사용자클럽 모델은 비영리단체를 중심으로 운영되고 있다. 대마사용자클럽으로 지칭되는 비영리단체가 회원들을 위한 대마의 생산과 분배를 담당한다. 18세 혹은 21세 이상의 성인은 대마사용자클럽에 회원으로 가입하여 자기 사용을 위한 대마를 취득할 수 있다.

2013년 대마합법화법을 가진 최초의 국가가 된 우루과이는 국가 통제 모델을 도입했다. 국가 통제 모델은 국가가 대마 시장에 적극적으로 개입하여 대마 제품의 생산과 판매에 대해 엄격하게 규제한다. 18세 이상의 성인은 허가받은 약국에서 대마 제품을 구매할 수 있다. 또한 자기 사용을 위한 제한된 양의 대마를 스스로 재배할 수 있으며, 대마를 공동 생산하여 분배하는 대마사용자클럽을 통해 대마를 취득할 수 있다.

시장경제 모델은 비록 강한 규제가 있으나 시장경제 지향적으로 운영되고 있다. 반면, 다른 두 모델은 이윤 추구를 지향하는 대마 거래를 원칙적으로 방지하고자 한다.

지금까지 논의된 모든 대마 합법화 모델은 대마의 규제와 관련하여 공통되는 부분을 가지고 있다. 즉, 대마 생산 및 판매에 대한 규제, 대마 판매량의 제한, 대마 사용의 제한, 대마 제품의 품질관리, 대마 판매 연령 제한, 대마 광고 제한, 대마 시장에 대한 감독 등이다. 또한 모든 모델들은 공통적으로 암시장을 약화시키고 대마 시장을 다른 불법 약물의 시장과 분리하고자 하는 목적을 가지고 있다(김주일, 2016: 205; Zobel and Marthaler, 2014: 30).

대마 합법화 모델들은 대마 합법화가 대마에 대한 통제를 완전히 개인이나 시장의 자유에 맡기는 것을 의미하는 것이 아니라는 것을 보여주고 있다. 대마 합법화는 개인과 공동체가 대마의 사용 및 공급과 판매를 범죄화가 아닌 다른 방법으로 적절하게 규제하는 것을 의미한다. 대마 합법화는 규제가 없는 막연한 유토피아가 아니라 그동안의 약물 금지 정책으로 인하여 발생한 약물 문제를 적극적으로 해결하고, 대마에 대한 합리적인 규제 방안을 개인과 공동체가 함께 만들어 나가는 구체적인 실천의 과정을 의미한다.

(6) 대마 합법화 운동

독일에서는 지금까지 대마 합법화 운동의 흐름이 끊어지지 않고 이어지고 있다. 이와 관련된 행사와 단체 등을 간단하게 소개하고자 한다. 먼저, 1997년부터 매해 8월에 베를린에서 개최되고 있는 대마 퍼레이드 Hanfparade가 있다(www.hanfparade.de). 대마와 대마 제품의 합법화를 주장하는 유럽에서 가장 오래된 시위 행사이다. 약물법의 폐지와 산업, 의료 및 기호 목적을 위한 대마의 합법화를 주장하고 있다. 시위 행사는 퍼레이드 차량 행렬이 베를린 시내를 가로질러 가면서 시작되고, 행사를 마치는 성명서를 발표하면서 끝난다. 시위 행사 중에 대마 합법화를 요구하는 정치인이나 저명인사들의 연설이 있다. 시위 행사 후에는 설치된 무대에서 음악 등 다양한 프로그램이 저녁까지 진행된다. 매년 수천 명 이상이 참여하고 있다. 이 퍼레이드는 독일에서 개최되는 약물 정책과 관련된 행사 가운데 가장 큰 행사이다. 물론 경찰은 약물법 위반에 대한 단속과 시위 행사의 보호를 위해 행사를 성실하게 에스코트하며 참석자들의 행동을 정밀하게 관찰한다. 2015년에는 8월 8일 13시에 베를린 중앙역에서 '대마를 사용하자Nutzt Hanf!'라는 표어를 앞세우고 개최되었다.

둘째, 세계 대마초 행진GMM: Global Marijuana March이다. 세계 대마초 행진은 1999년부터 매해 5월 첫 번째 토요일에 독일 전역의 여러 도시에서 동시에 열린다(www.globalcannabismarch.com). 다만, 첫 번째 토요일이 5월 1일 노동절과 겹치면 한 주 지나서 개최되고 있다. 이 행사는 1999년 미국에서부터 시작되어 전 세계적으로 동시에 개최되고 있다. 지역에 따라 명칭은 다양하나 전 세계 70여 개 국가의 800여 개의 도시가 함께 참여하고 있다. 세계 대마초 행진의 개최 목적은 대마 사용이 대마 사용자들이 스스로 선택한 하나의 삶의 방식이라는 것을 공개적으로 알리고 축하하는 자리를 만드는 것이다. 세계 대마초 행진은 시위 행진, 성명서 발표, 이벤트 부스, 연주회, 페스티벌 등으로 구성되어 대마 사용자, 대마 비사용자, 대마 합법화론자 등 모든 사람들이 만나는 기회를 제공하고 있다.

셋째, 대마박물관Hanfmuseum이 있다. 베를린의 유서 깊은 니콜라이지구Nikolaiviertel에 있는 대마박물관은 독일 대마 운동의 중심 역할을 하고 있다(www.hanfmuseum.de). 베를린 시청인 붉은 시청사Rotes Rathaus와 니콜라이교회Nikolaikirche에 가까이 위치하고 있는 대마박물관은 1994년 12월 6일에 문을 열었다. 대마박물관은 대마를 장기 전시하는 독일에서 유일한 박물관이다. 또한 대마 퍼레이드를 준비하는 사람들에게 만남의 장소가 되기도 한다. 대마박물관은 약 300㎡ 규모의 전시장에서 대마의 재배와 수확, 다양한 이용 가능성, 다양한 문화권에서의 대마 사용, 대마 관련 법적 문제, 대마 사용 도구 등 대마에 관한 거의 모든 것을 보여주고 있다. 식물 전시장에서 대마가 자라는 모습을 볼 수 있다. 또한 박물관의 작은 기념품 가게에서는 대마에 관한 도서나 대마로 만든 제품 등을 판매하고 있다. 월요일은 휴관이다. 이웃 네덜란드의 대마박물관들에 비해 작은 규모이나 베를린을 방문하는 사람들이라면 둘러볼 가치가 있다.

넷째, 자조 모임인 그뤼네 힐페 네츠베르크가 있다. 이 단체는 독일 전역의 대마 사용에 찬성하는 사람들의 모임들을 바탕으로 1994년에 설립된 조직이다(www.gruene-hilfe.de). '녹색 헬프 네트워크' 정도로 번역된다. 대마 사용으로 인하여 약물법이나 운전면허증 발급 기관, 관청, 고용주 등과 문제가 발생한 사람들을 돕기 위해 존재하는 자조 집단 성격의 네트워크이다. 독일 전역에 일곱 개의 지역 사무소를 운영하고 있다. 이 단체는 대마 사용과 관련하여 발생한 법적 문제에 대한 무료 상담과 해당자의 가족에 대한 지원을 하고 있다. 대마와 관련된 인적 교류와 정보교환의 장이자 자조를 위한 지원의 장이기도 하다. 당연히 대마 금지 반대와 관련된 일도 적극적으로 하고 있다. 그 외에도 다양한 지역적 기반을 가진 크고 작은 단체들과 인터넷 기반의 네트워크들이 활동하고 있다.

다섯째, 독일 대마 합법화 운동의 가장 큰 로비 활동 조직으로 독일 대마협회DHV: Deutscher Hanfverband가 있다(http://hanfverband.de). 독일 대마협회는 명칭과 달리 협회가 아니라 회원들과 후원자들의 위임을 받아서 대마 정책의 개혁을 위한 전문적인 로비 활동을 수행하는 조직이다. 이 조직은 대마 제품을 사용자 친화적 조건에서 사용할 수 있도록 기호품으로 합법화하는 것을 목적으로 하고 있다. 또한 의료 및 산업 목적의 대마 사용을 위해 대마 합법화를 추구하고 있다. 독일 대마협회의 경영자이자 소유주는 게오르그 부르트Georg Wurth이다. 그는 대마 관련 전문가로 독일연방의회를 비롯하여 베를린시의 대마 문제 관련 자문을 여러 차례 맡았다. 최근에는 대마사용자클럽의 설립을 적극적으로 지원하고 있다.

마지막으로, 독일에서 대마에 관한 가장 중요한 잡지로 ≪그로!≫와 ≪대마저널Hanfjournal≫이 있다. ≪그로!≫는 대마를 주제로 한 가장 오래된 독일어 잡지이다(www.grow.de). ≪대마저널≫은 발행 부수가 상당히 많은 편이며, 최근 국제적으로도 발간 도시를 확장하고 있는 중이다(www.hanfjournal.de).

5. 새로운 대마 규제 정책을 위한 변론

독일에서 대마 정책은 전통적으로 反대마 합의에 바탕을 둔 대마 금지 정책을 중심으로 추진되었다. 그러나 대마 금지 정책은 목적으로 한 약물 없는 사회를 실현하지 못했으며, 오히려 약물 문제의 심화에 기여하고 있다고 비판받았다. 이러한 맥락에서 1990년대부터 대마 금지 정책의 개혁 방안의 하나로 대마 합법화에 대한 논의가 본격적으로 시작되어 구체적인 합법화 모델이 제안되는 등 큰 변화가 예측되었다. 그러나 제도적 차원에서 대마 합법화 정책은 아직까지 도입되지 않았다. 이를 위해서는 아직 약간의 시간이 필요한 것으로 보인다. 독일의 대마 정책의 변화 과정에서 알 수 있는 것은 초기의 단속과 처벌 중심의 범죄화 정책에서 점차 범죄화의 폐해를 방지하기 위한 비범죄화 정책으로 변모하고 있다는 점이다. 이러한 변화 과정에서 독일 사회에서 오랫동안 공고하게 존재했던 反대마 합의가 점차 붕괴되는 것을 볼 수 있다.

지금까지의 독일에서 전개된 대마 합법화에 대한 논의 과정을 살펴보면, 논의의 중심은 대마의 사용을 처벌할 것인가 또는 처벌을 폐지할 것인가에 대한 것이 아니라 개인적인 기호 목적의 대마 사용을 위해 개인이 소량의 대마를 취득하고 소지하는 것에 대한 형벌의 적정성에 있다는 것을 알 수 있다. 독일의 경우, 이미 불법 약물의 자기 소비는 형법적으로 처벌되지 않기 때문이다. 불법 약물의 순수한 자기 소비는 처벌받지 않으나 자기 소비를 위한 준비 행위인 재배나 소지 및 취득 등이 형사처벌을 받을 수 있는 모순된 상황을 개선하기 위해서는 독일에서는 대마 금지 정책의 본질적인 개혁이 필요하다고 할 수 있다.

이를 위해서는 대마를 약물법의 별첨 목록1로부터 제외하거나, 대마 사용, 소지 및 취득과 관련하여 형법적 처벌을 규정하고 있는 법 조항들의 삭제가 필요하다. 독일에서 이러한 법적 대마 합법화의 도입을 위해서는 약간의 시간이 소요될 것으로 판단된다. 따라서 우선 현재의 여건에서도 할 수 있는 대마 소지 및 취득과 관련하여 대마 사용자의 비범죄화를 분명하게 추진할 필요가 있다. 또한 현실적으로 실현 가능한 국가통제적 교부 방식의 대마 교부 모델(커피숍 모델 또는 약국 모델)을 시범적으로 도입하여 운영 경험과 성과를 평가하는 것이 필요하다고 판단된다. 이를 바탕으로 장기적으로 기호품 모델을 지향하는 대마 합법화 정책을 추진할 수 있을 것이다(김주일, 2013: 172~173). 스페인과 벨기에서 운영 중인 대마사용자클럽 모델은 독일에서 대마에 대한 새로운 규제 모델의 개발에 의미 있는 시사점을 주고 있다. 이 모델은 국가에 비용을 발생시키지 않으며, 자율적 약물 사용을 지향하는 기능적 모델로 평가받기 때문이다.

대마 사용자에 대한 비범죄화가 완전한 방임이나 탈규제를 의미하는 것은 아니다. 또한 대마의 합법화가 규제 없는 대마 사용을 조장하거나 불법 약물과의 전쟁에서 항복을 의미하는 것은 더더욱 아니다. 이러한 점을 분명하게 인식하는 것이 중요하다. 대마 합법화론은 대마에 대한 그동안의 규제 방식인 대마 금지 정책이 암시장의 대마 거래까지 규제할 수는 없었으며, 기대한 효과보다는 오히려 개인과 공동체에 부정적인 효과를 더 많이 초래했다는 인식을 바탕으로 한다. 이러한 인식이 확산되면서 당면한 대마 금지 정책의 문제를 해결하고 대마 사용을 가장 실효성 있게 관리할 수 있는 규제 방안을 오랫동안 모색한 결과, 대마의 사용, 소지, 공급에 대해서 형법적 금지보다는 합법화하여 새로운 틀 속에서 규제하는 것이 가장 근본적인 정책 대안이 될 수 있다는 결론에 이른 것이다. 대마 합법화는 간단하게 표현하면 불법 약물인 대마를 합법 약물로 바꾸어 대마 사용이 더 이상 형법적 범죄행위가 되지 않도록 하는 것이다. 이러한 대마 합법화는 대마에 대한 통제를 완전히 개인이나 시장의 자유에 맡기는 것을 의미하는 것이 아니다. 대마 합법화는 개인과 공동체가 대마의 사용 및 공급과 판매를 형법적 금지가 아닌 다른 방법으로 적절하게 규제하는 방법을 도입하는 것을 의미한다. 이것은 대마 사용이 개인과 공동체에 초래할 수 있는 위험 가능성을 예방하고 최소화할 수 있도록 대마 관리에 대한 사회적 조건과 규칙을 새로이 만들어가는 작업이다.

오늘날 금지된 약물인 대마는 역사적 관점에서 살펴보면 아주 오랫동안 합법적으로 인류 공동체에서 사용되었다. 또한 20세기부터 시작된 대마 금지 정책의 틀 속에서도 대마와 대마 사용은 기대했던 것처럼 사라지지 않았다. 오히려 음성적으로 대마 사용이 확산되었고, 이의 공급과 판매는 사실상 범죄조직에 의해서 관리되었다. 이와 함께 개인 및 공동체적 차원에서 대마 금지 정책으로 인한 수많은 사회적 문제들이 나타났다. 이를 개선하고 대마를 개인과 공동체가 합리적으로 관리할 수 있는 효과적인 방안을 모색하고자 하는 것이 대마 합법화 논의의 목적이다. 경제적·정치적·종교적 이유 등 아주 다양한 이유에 바탕을 두고 20세기에 들어와 대마 사용이 금지되었다. 또한 아주 다양한 이유로 인하여 대마 금지 정책의 추진으로 인하여 발생하는 문제들을 해결하기 위한 개혁이 미루어지고 있지만 대마 합법화가 불가능한 현실은 아니다. 그동안의 흐름을 살펴보면, 머지않은 장래에 대마 금지 정책으로부터 벗어나서 대마에 대한 합법적인 규제의 길을 모색할 것으로 보인다.

대마 합법화와 관련된 논의를 대마나 다른 불법 약물의 사용에 대한 권장이나 반대의 차원에서만 파악한다면 대마 합법화 논쟁의 취지와 본질을 너무도 단순하게 이해한 것이다. 중요한 것은 현재 불법화된 약물이나 합법화된 약물의 단순한 허용이나 금지에 대한 논란이 아니다. 이들 약물을 개인적·공동체적 차원에서 어떻게 규제하는 것이 합리적인가에 대한 질문과 이에 대한 현실성 있는 해결 방안을 추구하는 것이 중요하다. 이를 통해 대마 합법화가 막연한 유토피아가 아니라 실현 가능한 현실이자 대안이라는 것을 알 수 있을 것이다. 대마 합법화는 독일에서 약물 문제의 종국적 해결이 아니라 해결을 위한 첫걸음이다. 이 걸음이 어디로 향할지는 지금 이 시점에서 정확하게 예측할 수는 없다. 분명한 것은 수십 년 전에 끊어졌던 길을 이어 새로운 길을 만들어 낼 것이라는 점이다. 사람들이 가면 길이 생긴다. 대마 합법화는 고려 가능한 하나의 대안이다.

참고문헌

김주일. 2007. 「독일 약물 정책에서의 패러다임 전환」. ≪교육의 이론과 실천≫, 제12권 제1호, 45~76쪽.

_____. 2010. 「독일 약물합법화론에 대한 연구」. ≪한·독사회과학논총≫, 제20권 제2호, 62~90쪽.

_____. 2011. 「독일 적·녹연정기(1998~2005)의 약물 정책 변화와 개혁」. ≪한·독사회과학논총≫, 제21권 제2호, 83~116쪽.

_____. 2013. 「독일 대마 합법화론에 관한 연구」. ≪한·독사회과학논총≫, 제23권 제3호, 141~182쪽.

_____. 2016. 「대마사용의 가벌성에 관한 비판적 검토 -독일사례를 중심으로-」. ≪형사정책≫, 제28권 제1호, 181~218쪽.

레빈탈, 찰스 F.(Charles F. Levinthal) 2008. 『약물, 행동, 그리고 현대사회. 정신약물학 입문』. 박소현·김문수 옮김. 시그마프레스.

레이, 오클레이(Oakley Ray)·크시어, 찰스(Charles Ksir). 2003. 『약물과 사회 그리고 인간행동』. 주왕기·주진형 옮김. 라이프사이언스.

문성호. 2006. 『삼과 사람(하): 삼 비범죄화, 범죄화와 합법화의 변증법』. 한국학술정보.

_____. 2008. 『마약은 범죄가 아니다(네덜란드 편): 마약 비범죄화 정책』. 한국학술정보.

배종대. 1996. 「마약범죄와 인간의 존엄」. ≪안암법학≫, 제4권, 423~465쪽.

≪서울신문≫. 2013.8.10. "대세가 된 마리화나 합법화. 마약 줄일까".

유현. 2004. 『대마를 위한 변명』. 실천문학사.

윤명숙. 2005. 「대마 사용자에 대한 낙인과 편견 그리고 논쟁들」. 『한국 사회복지의 딜레마』, 한국사회복지학회 2005년도 추계공동학술대회 자료집, 291~312쪽.

이병수. 2011. 『대마! 신이 주신 마지막 선물. HEMP』. 동양자연의학연구소.

이재상. 1997. 「현행의 주류적 약물통제정책과 약물자유화 논의에 관한 고찰」. ≪형사정책≫, 제9호, 215~249쪽.

Bauer, Christine. 1992. *Heroin freigabe: Möglichkeiten und Grenzen einer Anderen Drogen-politik*. Reinbeck bei Hamburg: Rowohlt Taschenbuch Verlag.

Bundeskriminalamt(ed.). 2013. *Rauschgiftkriminalität Bundeslagebild 2013*. Wiesbaden: BKA.

Bundesverfassungsgericht(BVerfG). 1994. "Beschluß vom 9. März 1994(2 BvL 43, 51, 63, 64, 70, 80/92, 2 BvR 2031/92). Umgang mit Cannabisprodukten." in Mitglieder des Bundesverfassungsgerichts(ed.). *Entscheidungen des Bundesverfassungsgerichts*. 90. Band. Tübingen: J. C. B. Mohr(Paul Siebeck), pp.145~226.

De Vos, Toon. 2004. "Cannabispolitik in den Niederlanden." in Deutsche Hauptstelle für Suchtfragen and Raphael Gaßmann(eds.). *Cannabis: Neue Beiträge zu einer Alten*

Diskussion. Freiburg im Breisgau: Lambertus-Verlag. pp.164~171.

Deutscher Bundestag(BT). 2015. *BT-Drucksache 18/4204* vom 4. 3. 2015.

European Monitoring Centre for Drugs and Drug Addiction(EMCDDA). 2015a. *European Drug Report: Trends and Developments 2015*. Luxembourg: Publications Office of the European Union.

_____. 2015b. "Data and Statistics. Prevalence of Drug Use. Cannabis. Last Year Prevalence(%)." http://www.emcdda.europa.eu/data/stats2015(검색일: 2015.9.3)

Flöter, S. and T. Pfeiffer-Gerschel. 2012. "Ökonomosche Auswirkungen der Prohibition." in Gerlach, R. and H. Stöver(eds.). *Entkriminalisierung von Drogenkonsumenten – Legalisierung von Drogen*. Frankfurt am Main: Fachhochschulverlag. pp.33~47.

Hartwig, K. H. and I. Pies. 1995. *Rationale Drogenpolitik in der Demokratie*. Tübingen: Mohr.

Kleiber, Dieter, K. Kovar and C. Brandt(eds). 1998. *Auswirkungen des Cannabiskonsums: Eine Expertise zu Pharmakologischen und Psychosozialen Konsequenzen*. Stuttgart: Wissenschaftliche Verlagsgesellschaft mbH.

Kleiber, D. and R. Soellner. 1998. *Cannabiskonsum: Entwicklungstendenzen, Konsummuster und Risiken*. Weinheim: Juventa Verlag.

_____. 2004. "Psychosoziale Risiken des Cannabis-Konsums." in Deutsche Hauptstelle für Suchtfragen and Raphael Gaßmann(eds.). *Cannabis: Neue Beiträge zu einer Alten Diskussion*. Freiburg im Breisgau: Lambertus-Verlag. pp.20~54.

Kolte, Birgitta, H. Schmidt-Semisch and H. Stöver. 2006. "Cannabis zwischen Problem und Problematisierung." in Kolte, Birgitta, H. Schmidt-Semisch and H. Stöver(eds.). *Was Tun, Wenn Cannabis zum Problem Wird?* Frankfurt am Main: Fachhochschulverlag. pp.7~16.

Körner, Harald Hans. 2004. "Die Entwicklung des Deutschen Rechts und Seiner Praxis." in Deutsche Hauptstelle für Suchtfragen and Raphael Gaßmann(eds.). *Cannabis, Neue Beiträge zu einer Alten Diskussion*. Freiburg im Breisgau: Lambertus-Verlag. pp.127~138.

Krumdiek, Nicole. 2006. *Die National- und Internationalrechtliche Grundlage der Cannabisprohibition in Deutschland. Eine Untersuchung unter Einbeziehung des Aktuellen Forschungsstandes hinsichtlich der Gesundheitlichen und Sozialen Auswirkungen des Konsums von Cannabis*. Bremen: LIT Verlag.

Leune, Jost. 1994. "Illegale Drogen in der Gesellschaft." in Deutsche Hauptstelle gegen die Suchtgefahren e.V.(ed.). *Jahrbuch Sucht'95*. Geesthacht: Neuland. pp.115~124.

Loviscach, Peter. 1996. *Soziale Arbeit im Arbeitsfeld Sucht: Eine Einführung*. Freiburg im Breisgau: Lambertus-Verlag.

Orth, Boris, D. Piontek and L. Kraus. 2015. "Illegale Drogen - Zahlen und Fakten zum Konsum" in Deutsche Hauptstelle für Suchtfragen e.V.(ed.). *Jahrbuch Sucht 2015*. Lengerich: Pabst. pp.127~139.

Passie, Torsten. 2010. "Gefahren durch Cannabiskonsum." *Via Medici* 4(2010). pp.35~37.

Petersen, K. U. and R. Thomasius. 2007. *Auswirkungen von Cannabiskonsum und -missbrauch. Eine Expertise zu Gesundheitlichen und Psychosozialen Folgen. Eine Systematisches Review der International Publizierten Studien von 1996~2006.* Lengerich: Pabst Science Publishers.

Raschke, P. and J. Kalke. 1997. *Cannabis in Apotheken: Kontrollierte Abgabe als Heroinprävention.* Freiburg im Breigau: Lambertus-Verlag.

Reuband, Karl-Heinz. 1992. *Drogenkonsum und Drogenpolitik. Deutschland und die Niederlande im Vergleich.* Opladen: Leske+Budrich.

_____. 2015. "Einstellungen der Bundesbürger zum Cannabisgebrauch und zur Cannabislegalisierung. Ein Langzeitvergleich Bundesweiter Bevölkerungsumfragen, 1982-2014." *Soziale Probleme. Zeitschrift für Soziale Probleme und Soziale Kontrolle* 26(1). pp.29~45.

Schmidt-Semisch, Henning. 1992. *Drogen als Genussmittel: Ein Modell zur Freigabe Illegaler Drogen.* München: AG-SPAK.

_____. 1994. *Die Prekäre Grenze der Legalität: DrogenKulturGenuss.* München: AG-SPAK.

_____. 2002. "Alternative Drogenkontrollmodelle." in Böllinger, Lorenz and Heino Stöver(eds.). *Drogenpraxis, Drogenrecht, Drogenpolitik. Handbuch für Drogenbenutzer, Eltern, Drogenberater, Ärzte und Juristen.* Frankfurt am Main: Fachhochschulverlag. pp.439~450.

Schmidt-Semisch, H. and M. Urban. 2012. "Von der Utopie zur Wirklichkeit oder: Über die (Un-)Möglichkeit, den Utopischen Charakter der Legalisierung Abzustreifen." in Gerlach, Ralf and Heino Stöver(eds.). *Entkriminalisierung von Drogenkonsumenten – Legalisierung von Drogen.* Frankfurt am Main: Fachhochschulverlag. pp.263~275.

Schneider, Wolfgang. 2009. "Problem- und Risikodroge Cannabis?: Zur Aktuellen Drogenpolitischen Debatte um die Gefahren Jugendlichen Cannabiskonsums." in Schneider, W. and R. Gerlach(eds.). *Drogenhilfe und Drogenpolitik: Kritische Gegenwartsdiagnosen.* Berlin: Verlag für Wissenschaft und Bildung. pp.75~98.

Stöver, Heino. 1994. *Drogenfreigabe. Plädoyer für eine Integrative Drogenpolitik.* Freiburg im Breisgau: Lambertus-Verlag.

Tossmann, H. Peter, R. Soellner and D. Kleiber. 1993. "Cannabis - Konsummuster und Gefährdungspotential." in Deutsche Hauptstelle gegen die Suchtgefahren e.V.(ed.). *Jahrbuch Sucht '94.* Geesthacht: Neuland. pp.143~159.

Zimmer, Lynn, J. P. Morgan and B. Mathias. 2004. *Cannabis Mythen – Cannabis Fakten.* Solothurn, Nachtschatten Verlag.

Zobel, Frank and M. Marthaler. 2014. "Four Shades of Green: Modelle der Cannabisregulierung." *SuchtMagazin* 6(2014). pp.26~30.

찾아보기

지은이

홍찬숙
독일 뮌헨 루트비히-막시밀리안 대학교 사회학과에서 박사학위를 받았다. 서울대학교 여성연구소 책임연구원으로 재직하고 있다. 저서로 『울리히 벡 읽기』, 『울리히 벡』, 『개인화: 해방과 위험의 양면성』이 있다.

차명제
독일 뮌스터 대학교에서 사회학 박사학위를 취득했으며, 전문 분야는 시민과 시민사회이다. (대통령자문)지속가능발전위원회 전문위원과 동국대학교 생태환경연구센터 교수를 역임했고, 한일장신대학교 NGO 정책대학원 교수로 재직 중이다. 『NGO 키워드 환경』의 저자이며, 『아시아의 시민사회』, 『NGO란 무엇인가』 등에 공저자로 참여했다.

전태국
서울대학교 사회학과를 졸업하고, 독일 프랑크푸르트 괴테 대학교에서 박사학위를 취득했다. 강원대학교 사회학과 명예교수이며, 괴테대학교 사회학과에서 강의하고 있다. 한국사회학회 회장, 대통령자문 정책기획위원 등을 역임했다. 주요 저서로는 『탈주술화와 유교문화』, 『사회통합과 한국 통일의 길』 등이 있다.

이종희
독일 하이델베르크 대학교에서 학사, 석사, 박사학위를 취득했다. 중앙선거관리위원회 선거연수원 교수로 재직 중이다. 한독사회학회 회장, 한국정치커뮤니케이션학회 부회장, 제18기 민주평화통일자문회의 상임위원으로 활동 중이며 한국사회학회 이사 등을 역임했다. 『커뮤니케이션으로 정치하라』, 『독일통일과 동독권력엘리트』 등에 공저자로 참여했다.

이승협
독일 튀빙겐 대학교에서 박사학위를 받았다. 대구대학교 사회학과 교수로 재직 중이다. 산업과 노동, 사회정책 전반에 대해 연구하고 있으며, 주요 논저로는 「무기계약직 노동자의 직무특성 및 기관별 임금격차 분석」, 「숙련노동시장과 지역인적자원개발」 등이 있다.

노진철

성균관대학교 사회학과를 졸업하고, 독일 빌레펠트 대학교 사회학과에서 니클라스 루만 (Niklas Luhmann) 교수의 지도로 Diplom과 사회학 박사학위를 취득했다. 경북대학교 사회학과 교수로 재직하고 있다. 환경 문제와 위험 문제, 사회적 배제 등에 관한 다수의 저서와 연구논문을 발표했다.

김주일

고려대학교 사회학과를 졸업하고, 독일 브레멘 대학교 사회사업학과에서 학부와 석사과 정을 마쳤다. 청소년 약물중독 예방에 관한 논문으로 베를린 공과대학교에서 철학 박사 학위를 취득했다. 서울시립대학교 사회복지학과 교수로 재직하고 있다. 청소년 약물중독 예방과 불법화된 약물의 합법화와 관련된 다수의 연구논문을 발표했다.

한울아카데미 2033

독일의 사회통합과 새로운 위험
한독사회학자들의 눈으로 본 독일 사회

지은이 홍찬숙·차명제·전태국·이종희·이승협·노진철·김주일
펴낸이 김종수
펴낸곳 한울엠플러스(주)
편집책임 조인순
편집 반기훈

초판 1쇄 인쇄 2017년 11월 29일
초판 1쇄 발행 2017년 12월 14일

주소 10881 경기도 파주시 광인사길 153 한울시소빌딩 3층
전화 031-955-0655
팩스 031-955-0656
홈페이지 www.hanulmplus.kr
등록번호 제406-2015-000143호

Printed in Korea.
ISBN 978-89-460-7033-2 93300